# 法学基础

主　编　张光宇
副主编　林　蕾　陈　颖
　　　　黄晓帆

中国人民公安大学出版社
·北　京·

图书在版编目（CIP）数据

法学基础 /张光宇主编．—北京：中国人民公安大学出版社，2013.3

ISBN 978-7-5653-1256-4

Ⅰ.①法… Ⅱ.①张… Ⅲ.①法学—中国—教材 Ⅳ.①D920.0

中国版本图书馆 CIP 数据核字（2013）第 037708 号

法学基础

主编 张光宇

出版发行：中国人民公安大学出版社
地　　址：北京市西城区木樨地南里
邮政编码：100038
经　　销：新华书店
印　　刷：北京兴华昌盛印刷有限公司

版　　次：2013 年 3 月第 1 版
印　　次：2017 年 1 月第 4 次
印　　张：15.125
开　　本：880 毫米×1230 毫米 1/32
字　　数：405 千字

书　　号：ISBN 978-7-5653-1256-4
定　　价：50.00 元

网　　址：www.cppsup.com.cn　www.porclub.com.cn
电子邮箱：zbs@cppsup.com　zbs@cppsu.edu.cn

营销中心电话：010-83903254
读者服务部电话（门市）：010-83903257
警官读者俱乐部电话（网购、邮购）：010-83903253
法律图书分社电话：010-83905745

# 编写说明

在全国法学教育系列中，公安法学教育可谓独树一帜。一方面，是因为它们之间存在着共性特征，决定了它要与法学教育的大环境相适应，这就需要注意发掘法学科中的最新研究动向，吸收在学界已经较为成熟的或者已经取得共识的科研成果；另一方面，公安法学教育毕竟有着与众不同的教学对象和专业需求，这就需要探索能够适应本专业特点的教学规律，并构建起与之相吻合的教学内容体系。譬如，在普通高校的法学教学计划中，通常是将“法理学”与“宪法学”单列计划，分开教学；而作为公安法学教育的特点之一，就是要将它们合并教学，而且多数又是安排在第一学期完成。由于在客观上存在着时间紧凑、内容繁多、理论抽象等问题，令教与学双方均倍感困扰和无奈，学习效果极不理想。为了解决这一问题，我们编订并出版了《法学基础》教材，内含“法学导论”与“宪法”两项学科，填补了我国公安法学理论教育的一项空白，也在很大程度上缓解了上述压力。

此次教材编写，我们借鉴了其他培训教材的成功做法，既延续了传统的教材编写体例，又扩充了以下三块内容：1.【资料检索】——主要是介绍理论背景、案例、事件等，有助于学生拓宽知识面，更好地领会抽象的理论，以及理论联系实际的思维方法，也使得每一个理论问题变得更加圆满、丰润；2.【观点论争】——主要是培养学生建立起对学科问题的兴趣及研究型思维的习惯，并借此拓展出学科的新思路，因为只有兴趣才是最好的老师；3.【讨论题目】——主要是在完成上述两大板块的基础上，为学生提供一些提出问题的切入点，绝非是以作业的形式出现。而新增的这三大块内容，则是在精编和压缩有关内容的基础上提出的，是专门为一些同学觉得需要扩展学习范围、开拓学科视野而准备的，也在一定程度上方便了教师在备课或上课时的选用。

本教材在编写过程中参考了部分已经出版的教材和著述。在此，我们特向这些作者表示感谢。中国人民公安大学出版社为本教材的顺利出版提供了许多便利条件，我们铭记在心。

主编

2012 年 4 月

# 目　录

## 上篇　法学导读

## 下篇　宪法导论

# 上 篇

# 法学导读

# 第一章　法学导论

【内容摘要】法学是一门关于法律知识的学科。由于这一学科所涵盖的知识体系非常庞大，作为初学者要想窥其门户、探其究竟，首先就需要对什么是法学及其基本问题、基本方法有一个概貌性的了解。对于初涉这一学科的读者而言，当你翻开本书的第一页时，法学给你的第一印象或许如同你曾经接触过的政治教科书那样枯燥、无趣；其实不然，这是因为法学总是紧贴着火热的社会生活，它的一切内容都是从纷繁复杂的社会事件中提炼出来的，又经过几千年来人类理性与智慧的不断阐释、积累，才形成了今天我们所看到的、精彩的每一页。

## 第一节　法学及其导论

“法学”一词最早是表示有系统、有组织的法律知识或法律学问，它的出现与古代法学家、法官和神官传播法律文化、解析法律条文、参与法律活动直接相关。在西方国家，法学至少在公元前3世纪古罗马帝国时期就已经出现，查士丁尼在《法学总论——法学阶梯》一书中给法学下过这样的定义：法学是关于神和人的事物的知识；是关于正义和非正义的科学。在中国的先秦时期，法学则被称之为“刑名法术之学”，后来又演变成“律学”。表面上，这只不过是东西方人因文化思维的习惯相异所致，而一旦深入研究下去，就会发现，这种差异性主要还是由其各自的哲学思想所决定的，他们的法学思想也因此分道扬镳。

【资料检索】

1. 第三卷第九章：凡订有良法而有志于实行善政的城邦就得操心全邦人民生活中的一切善德和恶行。……而法律的实际意义却应该是促成全邦人民都能进于正义和善德的（永久）制度。①

2. 希腊人经由对自然、社会和社会制度所做的彻底且基本的分析而成了西方世界的哲学先师，与此同时，希腊哲学也成了人们考察整个世界哲学的显微镜。……当时，法律被认为是由神颁布的，而人则是通过神意的启示才得知法律的。海希奥德指出，野兽、鱼和鸟之所以互相捕杀，乃是因为它们不知道法律；而奥林匹斯山众神之首宙斯却把法律作为他最伟大的礼物赐予了人类。②

3. “济济有众，咸听朕言，非唯小子，敢行称乱，蠢兹有苗，用天之罚。若予既率尔群对诸群，以征有苗。”③ 这反映了自古以来所盛行的神权法思想；但是，当商纣王作为“天命之王”被殷周灭了以后，神权思想被动摇，这时就需要新的思想来代替神权法的思想。于是，西周时就出现了“天不可信，民不可轻”之“以德配天”④ 与“明德慎罚”⑤ 的思想。“周公倡导的‘以德配天’、‘明德慎罚’，意在告诫西周的统治者，要勤于政事，注重民情，慎用刑罚，努力提高自身的道德，从而使周王朝永葆天命。”⑥

---

① 亚里士多德著：《政治学》，商务印书馆 1981 年版。

② ［美］博登海默著，邓正来译：《法理学——法律哲学与法律方法》，中国政法大学出版社 1999 年版，第 3 页。

③ 《墨子 · 兼爱下》。

④ 《尚书 · 君奭》。

⑤ 《尚书 · 康诰》。

⑥ 王立民主编：《中国法律思想史》，清华大学出版社 2008 年版，第 17 页。

## 一、法学举凡

科学是在客观上被证明了的、从经验事实中推导出来的知识体系。法学是一门科学，是以研究法律现象及其发展规律为主要对象的独立学科。作为社会科学的一个分支，法学具有不同于其他学科的特点，这可以从以下三个方面得到体现：

### （一）法学是一门内容上自成体系、方法上严谨规范的学科

法学同其他社会科学一样，是以特定的社会现象作为观察、分析和判断的对象。这一社会现象就是法的现象，是法学用以构建学科体系的主要内容。法的现象是一个具有概括性、综合性特点的概念，其内容非常丰富，有法的历史现象，如法的起源、发展和演变的历史；有法的社会现象，如法在社会经济、政治、文化等方面的表象；有法的本体现象，如法的价值与功能等，所有这些内容都是我们认识和研究法学的入门知识。但是，了解法的现象只是学习法学的初级步骤，要想进一步弄清什么是法，还必须掌握隐藏在各种法的现象背后的东西，即法的本质问题，也可以说是法的规律性内容。一般来说，法的现象总是零散无序、不成章法的，要想把这些杂乱无章的内容有条理地纳入法学研究领域，还需要通过抽象、判断和推理等方法形成工具系统，并在此基础上建立起相对严密的、有逻辑性的理论体系，才能最终形成形式科学的法学理论。但这只是法学获得“自成体系”的内在可能性，而它在历史上并不是从一开始就是“自成体系”的。在古希腊、古罗马时代，法学从属于哲学、政治学、伦理学或神学等，这种从属地位一直持续到19世纪。德国哲学家黑格尔在哲学等许多领域为人类作出过重大贡献，却仍然是把法学视作哲学的奴仆，法哲学成为他所建立的庞大哲学体系中的一个门类。随着社会的发展和时代的进步，已经很少有人再去质疑法学的独立性问题，这说明在漫长的历史长河中，法学以它对社会的进步作用获得了世人的认可，并使自己具有了高贵的科学品格。同其他文化现象一样，法学终于融入了人类文明的行

列，成为专门研究法律现象及其活动规律的社会科学。

除了法学内容以外，法学的研究方法也是促使法学走向科学殿堂的一个重要方面。法学的研究方法有许多，在历史上较有影响的，如实证分析方法、科学推理方法、价值判断方法等，它们对推动法学的形成与发展起过重要的作用。在马克思主义法学家的眼里，唯物辩证法才是法学方法论的轴心。这是因为，唯物辩证法是认识自然界、社会和人类思维等的一切现象的科学方法。在法学研究领域，唯物辩证法有助于我们认识或揭示法学真理，避免走上歧途。

【观点论争】

在古希腊，法学主要是围绕着法与神祇、自然、政治、道德、正义等之间的哲学关系展开话题的，譬如法是神定的还是人定的、法代表的是正义或自然或强权、国家应当实行圣人政治还是良法之治、理性对于法与法治有何意义等，这些话题充斥于苏格拉底、柏拉图和亚里士多德等的著作中；到了古罗马时代，除了延续上述话题之外，又围绕着实在法与自然法之间的关系问题，引申出新的哲学流派。斯多葛主义的朴素自然法学说得以兴盛，罗马法思想得以推广。但是，即便当时的法学家集团已经得到了炙手可热之权贵的高度认可，却还是没有让法学成为一门独立的学科；19 世纪中叶，当黑格尔撰写了《法哲学原理》一书，按理说这时的法学该从哲学、政治学、伦理学或神学中脱颖而出了，不曾想，结果还是被归于其庞大的哲学体系之中。反而是学过却没有写过法学专著的马克思与恩格斯在其二人所著的《德意志意识形态》一书中，第一次把法学从众多的学科中成功地独立出来，成就了后来的马克思主义法学。

（二）法学是一门具有理论研究价值与实践指导意义的学科

法学之所以具有理论研究价值，一是它的理论体系具有独立的学术地位，是其他学科所无法替代的；二是它对法律活动具有科学的指导意义，因为法学直接来源于法律实践，是对法律经验的高度概括和抽象的结果。法学的历史告诉我们，法学的产生一般要晚于法律活动。从起源上说，没有法律活动就没有法学。譬如，古罗马法之所以能够成为后世的楷模，是得益于当时社会商业经济的高度发达、法律家们精细的实践活动、法学家们从古希腊人那里舶来精奥的法哲学思想。由此而知，仅有法律实践还不足以“当然地”建立起法学理论及其科学体系，它充其量只是一堆尚未雕琢的玉石，还要有如同高明的雕刻家一般的法学家参与其中，更重要的是，要有宽松自由的思想空间和丰富深邃的哲学思维，因为抽象的理性思维是构筑法学理论体系、引领法学理论方向的基础，才能使得这些“璞玉”有可能成为精美的艺术品。那么，这些“高明的雕刻家”是如何做到的呢？“一种是对现有法学理论的再思考、再认识；另一种是对法律实践经验的进一步总结和概括。而其共同点都是对职业人员法律思维成果的再抽象、再概括，再辅之以对广大人民群众法律意识中具有世界观意义的思想认识的采掘、提炼、总括，并吸取、继承其他有益的法学遗产和哲学养料予以比较、鉴别、取舍，而加以理论化、系统化，形成特定的概念、范畴、原理、原则，才能构成法哲学的内容和理论体系。”①

恰如一位哲人说过，理论是一切行动的先导。如果还需要在这句话的前面加上一句定语，那就是科学的理论是引导一切行动的指南。法学理论既然是从实践中得到的，它就应当用来指导其相对应的法律活动。当然，法学研究的对象不能仅限于静态理论，如法的利益、法的自由、法的安全等，它还应当包括各种动态现象，即鲜活的法律实践生活。因为只有这样，法学才有机会摆脱注释法学思想的影响，才能对不断变化的法律活动提出指导性理论，引领法学研究朝着理性、科学的方向发展。否则，法学就可能成为一种僵化

① 吕世伦、文正邦主编：《法哲学论》，中国人民大学出版社 1999 年版，第 85 页。

的、教条式的理论，甚至变成一门伪科学。

【观点论争】

法学作为一门科学，它具有指导人们认识法的现象及其本质属性的功能，否则，它就会失去其存在的意义；而作为法律制度、法治系统的总知识，它又可以对整个的法律制定和运用活动施加影响，帮助人们提高法律意识，增强法律观念，从而实现研究法学理论、传播法学思想的意义。如果我们的工作只是为了研究而研究，只是满足于在所谓“纯而又纯”的法学理论中不停地打转，却忽视了它与法律实践的密切联系，这样的法学只能是“书斋式”的理论，即便其理论体系看上去是那么完美，也还是没有任何生命力的，就如同一束鲜艳夺目而又廉价的“塑料花”。

（三）法学是一门与时俱进、不断创新的学科

每一个时代的理论研究和思维活动都是一定历史的产物，都会被烙上时代的印记，法学研究亦是如此。一如上述，法学理论源于其同时代的法律实践。譬如，古罗马社会的民商事活动异常活跃，推动着当时的法学家参与法学研究及其实践的热情，并造就了罗马法（主要内容为民法）辉煌的历史。而历史的局限性给法学研究也造成了一定的障碍，束缚了法学理论的前瞻性研究。譬如，在中世纪的欧洲，法学在很长一段时间里受到宗教思想的渗透，神学、教义束缚了当时人们的创新思维理念，即便在神学中产生了有益于后人的人权与平等思想，但在总体上还是出现了倒退现象。要想终结这样的悲剧，一是要把握住“法随时转”这一特有的法的规律性，二是要赋予法学研究以创新精神，使法学研究不断超越历史的障碍，引领法学理论“更上一层楼”。

必须承认，法的发展总是滞后于社会的发展，这种滞后性现象是由法的现实适用性所决定的。因为过于超前的法律既无实际的操作意义，又容易遭到社会各个层面的抵制而引发各种社会问题。所以，立法者一般是在社会关系较为稳定或成熟之后再去用法律加以

调整，这就不可避免地造成了法律的滞后现象。如果法学理论总是紧随法律实践的身后亦步亦趋地前行，它又如何完成对法律活动的指导工作？其实，理论研究毕竟不同于法律活动，它具有自己独特的“科研品质”和专有的“文化现象”。所谓“科研品质”就是理论研究要具有与时俱进、不断创新的精神；所谓“文化现象”就是指优秀的法律文化会以各种各样的传承方式流传下来。譬如，古罗马时代确立的“谁控诉，谁举证”原则，因其背后蕴藏着的合理性，时至今日仍被各国所尊奉。一般情况下，能为后人普遍接受或流传长久的事物，总是因为其中具有合理的部分，或者是适合现实需要的内容；当然，真理也并非一成不变。又如，中国刑法规定对“巨额财产来源不明罪”的嫌疑人适用的恰好是与上述原则相对立的“举证倒置”原则，因为对于该罪如果仍然沿用古罗马法的举证原则，势必无法追究嫌疑人的刑事责任，该罪名也就没有存在的必要。总之，法学研究要做到与时俱进、不断创新，就需要有海纳百川的胸襟与流水不腐的品格，只有这样，它才能站在时代的潮头，去迎接法律实践不断提出的挑战。

【观点论争】

人类历史是在不断发展变化中逐步走向未来的，世界观是如此，方法论亦是如此，因为只有“变”才是“不变”的。虽然法学作为一门社会学科其独立发展的时间不长、空间不大，但是它依托不同的哲学流派，从不同的角度——唯心或唯物的、机械或辩证的、政治或经济的、社会或心理的等各方面，对法学做着不同的解说，而它们也在相互影响中改变着属于它们自己的轨迹。譬如西方的古典自然法哲学思想演变为新古典自然法主义，分析实证主义从约翰·奥斯丁到凯尔森纯粹法学理论、再到新分析法学思想的转变；又譬如中国的礼法思想，从孔子与孟子的“性善论”到荀子的“性恶论”，从董仲舒的“天人感应说”再到朱熹的“理气论”主张，儒学思想也在不断的变化中发展着；再譬如从马克思主义法学思想在中国的发展情况看，其同样经历了从早期李大钊引进的法学思想、毛泽东的法制思想、邓小平的民主与法制思想、依法治国的法治思想的形成和发展，而且我们有理由相信，这样的“变”还会继续下去，而社会情势的变化与哲学思想的改变，都将成为主导法学研究方向发生改变的主因。其实，法学本身就有这样不断接受新鲜事物和接受挑战的能力。因为构建法学的基础就是全部的法律实践生活。法律生活在不断变化，法学焉能不变？但是，法学内容怎么变却是有讲究的，是跟在法律实践的背后亦步亦趋地变，还是能够起到引领法律生活的方向？

法学作为一门具有专门研究对象的社会科学，既要回答类似于什么是法、什么是法学、法和法学有什么作用等一般性问题，还要研究来自社会各方面不断出现的与法学有关的各种问题。这就要求法学的知识体系应当是开放式的。我们在学习和研究法学知识的时候，不仅要掌握扎实的理论知识，而且要不断拓宽自己的视野，要学会应用知识解决实际问题的技巧与方法，并在学习过程中充实自己的理论素养。

### 二、法学导论

法学知识浩如烟海，学者习惯于从不同的角度展开研究，从而形成了不同的法学理论，如理论法学与应用法学、中国法学与外国法学、本体法学与边缘法学、历史法学与现代法学等，不一而足。虽然理论各异，学派林立，但它们相互之间存在着共同的、基础的知识。法学导论是指从宏观上阐明法和法学的基本概念、基本知识，是法学理论的基础课程，也是必修课程。

历史上与法学导论具有相近意义的名称有法学阶梯、法学诸论等。我国法学教育历来重视基础理论教育，遵循着循序渐进的教学规律，但在选取教学内容或编列法学体系方面却走过了很长的一段弯路。社会主义的新中国成立以后，曾沿用解放前的法学绪论，20世纪50年代，学习当时苏联的做法，改用国家与法理论；十年

"文革"后恢复法科教育，先后用过国家与法理论、法学基础理论、法哲学、法理学等。由于抽象的法学原理涵盖了丰富的社会知识，令初学者不求甚解，只能是囫囵吞枣式地死记硬背，教学效果不甚理想，客观上又背离了开设这一课程的初衷。针对这一现象，有的高校果断地提出教改方案，将基础性法学知识与抽象的法学原理分成两门课程，即在第一学年开设"法学导论"，在第四学年再开设"法理学"，从而解决了长期困扰法学教育的难题，我们认为这种改革富有创新精神，值得借鉴。

法学导论担负着宏观介绍和指导学习法学基础知识的任务，希望能给初学者以法学和法的一个基本印象，为今后的理论学习打下基础。所以，我们对法学导论的理论定位放在较低的层次，涉及的内容及其范围相对窄小。当然，这样做并不意味着法学导论所含理论知识是可有可无的。高楼大厦平地起，法律文化历经几千年的积淀，它历史性地证明：越是基础的知识就越是经典，越是基本的内容则越为重要。

学习法学导论，要从以下三个方面来把握：

首先，法学导论既是掌握法学知识的初级阶梯，又是学好法学理论的先导。我们在建构法学导论体系时，一是注意将那些最为经典也是最为基础的内容列作选取的素材；二是注意把这些素材与后续的法学理论衔接起来，以保持内容上的延续性；三是注意做到体系结构的逻辑有序与开放。所谓"有序"，就是要遵循先易后难、由浅入深的认知规律与学习心理，以及知识之间的合理搭配，尽可能剔除那些容易产生知识断裂的跳跃性环节，使章节之间形成有序对接；所谓"开放"，就是反对体系结构的封闭性。法学导论的提出前后不过10多年时间，许多问题还是在摸索阶段，以开放的姿态去接受来自各方面的意见，这对于进一步完善法学导论的体系是十分有益的。而且，开放的结构，还有利于学习者的自觉参与，形成教学上的互动关系。

其次，学习法学导论，从一开始就要树立正确的法学理念。一切理论都是在特定的哲学思想的影响下形成的，法学思想不仅决定着法学理论的研究方向，也决定着法律活动的性质和实效。中国社会主义法学从它建立的第一天起就奉行马克思主义、列宁主义、毛泽东思想和邓小平理论。学习法学导论，就是要从马克思主义哲学原理入手，端正自己的法学思想。与法学知识、理论相比，法学思想或法学理念则更为深刻、更加刻骨铭心，因为错误的法学理念一旦形成，要想把它端正过来绝不会是一件容易的事；相反地，在错误的法学理念指导下，一切的法学知识和理论都将脱离正确的轨道，这样的知识和理论学得越多，就会在错误的轨道上走得越远。因此，每一位初学者要把树立正确的法学思想作为学好法学导论的第一课，并注意做好长期培养的思想准备。需要说明的是，我们强调法学理念的正确培养，并不是要罢黜百家思想，唯尊马克思主义。其实，社会科学就是在百家争鸣中才走到今天的，马克思主义也是在批判地继承人类文化思想的基础上建立起来的。

【观点论争】

真理源于实践，是实践见诸于理论之精华，因此，理论不会也不应该沦落为实践的“跟班”。理论存在的价值就一定是要体现出对其所属的专业领域的指导，否则理论就失去了其存在的价值。“由马克思和恩格斯创立的历史唯物主义法律观，是一个开放的、不断前进的科学体系。它所包含的那些法发展规律性的即便原理是稳定的，但也需要通过总结新的实践经验而更加充实和完善。”①

最后，我们要学会运用法学理论、知识来分析和把握各种错综复杂的社会问题，指导法律实践活动。法学的一切源于具体的社会生活，是在长期的法律实践的基础上建立起来的理论体系，是一门

① 吕世伦、文正邦主编：《法哲学论》，中国人民大学出版社 1999 年版，第116 页。

实践性很强的理论学科。如果我们只是单纯地为学理论而学，再好的法学理论也将是空洞无物和毫无意义的。我们要学会把法学理论与社会实践紧密联系在一起，运用所学的理论、知识去指导法律活动，这不仅对巩固自己所学的内容是有利的，而且对解决社会问题能力的培养也是有利的。只有这样，法学理论的研究才能永葆常青的本色，法学导论的学习才能达成理想的境界。

【资料检索】

法律是社会规则，具有很强的实践性特征。这决定了法学、包括法学中最具理论色彩的法理学，也具有实践性特征。法理学是法律实践的抽象，它来源于社会实践，反过来又为社会实践服务。虽然法理学具有自己的核心概念和逻辑，但是不同国家、不同法律制度下的法理学一定都具有各自的特色，因为任何法律制度都是具体的，都与一定的国家形态相联系，作为法学的一部分的法理学归根结底也是由社会的物质生活条件决定的。①

在学习的过程中，有两种倾向值得关注：一是把法学理论看作对实践经验的简单总结，忘记了法学理论的独立地位和对实践的指导作用；二是不重视发挥法学理论的实际应用价值。当代著名的法理学家 E. 博登海默曾对此提出批评。他认为，法学并不是社会科学中一个自足的独立领域，能够被封闭起来或者可以与人类努力的其他分支学科相脱离。如果教员不阐明作出判决的政治与社会背景，法院的许多判决就无法被理解，也无从得到恰当的分析。当然，要想解决这一问题，教与学的双方都要不断提升法学理论的应用性价值，有意识地增加法学与社会实际接触的机会和交流的平台。

---

① 马克思主义理论研究和建设工程重点教材编写组：《法理学》，人民出版社、高等教育出版社 2010 年版，第 2 页。

【资料检索】

马克思主义法学作为当代法学中最科学、最进步、最有活力的理论体系，它以人类的全部法律实践活动为背景，把具有明显方法论优势的唯物辩证法运用于法律研究，始终遵循主观与客观统一、逻辑与历史统一的方法，从法律现象自身的客观属性、内在联系、发展过程中提炼能够真实地、深刻地反映法律现象的科学范畴。同时，马克思主义法学尊重人类以往的认识经验，以既有的范畴为其认识的逻辑起点，重视在分析批判的基础上扬弃既有的法学范畴，把那些依然有用的范畴吸纳进新的范畴体系中。因而马克思主义法学范畴体系体现了人类社会法律发展的最新阶段，凝结着人类世世代代积累起来的关于法律现象的认识成果。①

【观点论争】

我国台湾地区学者林纪东认为，学法学不光是要学它的“知识”，更重要的是要学它的“见识”。因为“知识”只是其平面化的内容，属于知其然，而“见识”则是从根本处、远大处去了解立体化的知识，属于知其所以然。所以从哲学的角度研究法学，法学通常会被认为是一种有智慧的学问。

## 第二节 法学基本问题

法学思想的萌动和扩张经历了四大过程：一是崇尚个人英雄主义的诗性时代，二是信仰上帝旨意的神性时代，三是张扬天赋人权的理性时代，四是笃信良法至上的法治时代。所以说法学是一门古

① 张文显著：《法哲学范畴研究》，中国政法大学出版社 2001 年版，第 12 页。

老而又常新的学问。说它是古老的，是因为它源自古希腊、古罗马时期，距今已有几千年的历史，虽然当时的法学只是作为哲学或政治学的仆从；说它是常新的，是因为法学总是与每一时代的社会文化同进步，虽然有时它不免会落后于时代发展的步伐，甚至开上倒车，如欧洲中世纪“政教合一”的法学思想。在历史的长河中，法学研究所关注的基本问题也在发生着变化，这种变化往往会成为我们观察和分析法学走向的脉表。学习法学导论，就是要从法学基本问题入手，才能真切地把握住法学的内在实质。

【资料检索】

1. 法就是最高的理性，并且它固植于支配应该做的行为和禁止不应该做的行为的自然之中。当这种最高的理性，在人类的理智中稳固地确定和充分地发展了的时候，就是法。所以，他们认定法就是理智，支配正当行为和禁止错误行为就是法的自然的职能。他们认为法的这种性质，在希腊是从每一个人自身假定的概念中取得法的名称的，而在我们的语言中，我认为是从选择的概念而得名的。因为，他们把公平这一概念归因于法这个词，所以我们给法以选择的名称。①

2. 公元前5世纪，希腊的哲学和思想发生了一次深刻的变化：哲学开始与宗教相分离，而且希腊古老的、传统的生活方式也受到了彻底的批判。人们渐渐地不再把法律看作恒定不可改变的神授命令，而认为它完全是一种人为创造的东西，为权宜和便利而制定，并且可以根据人的意志而更改。②

① 转引自《西方法律思想史资料选编》中关于古罗马西塞罗所著《法律篇》一书中的内容，北京大学出版社1982年版，第64页。

② ［美］博登海默著，邓正来译：《法理学——法律哲学与法律方法》，中国政法大学出版社1999年版，第5页。

## 一、法学是揭示法的现象与本质关系的科学

唯物辩证法的观点认为，本质和现象是揭示组成事物要素的内部联系和事物的表面特征及其外部联系之间关系的一对基本范畴，它们之间存在着对立统一的关系。一般来说，本质总是隐藏在一事物的内部，能够被人们直接感知的往往是事物的表面现象；本质又是相对稳定的，而现象却是多变的、易逝的；本质是同类现象中一般的、共同的东西，而现象则是本质的个别的具体的表现，这是二者之间的对立关系。同时，本质与现象又是统一的，它们之间相互依存，本质决定现象，通过具体的现象，人们可以清楚地看到事物的本质属性。法的本质与现象也存在着相同的关系。

【资料检索】

在马克思主义法学诞生之前，法学的基本问题因为受到不同哲学思想的影响而变得模糊不清。有的受神学思想的支配，认为法是“神的意志”，著名的神学家托马斯·阿奎那就把法分为四类：永恒法、自然法、人定法和神法。在他看来，永恒法是上帝的意志和理性，是上帝统治整个宇宙的法律，是最高的法，是一切法律的最终源泉；自然法是上帝统治人类的法律，是一切实在法的楷模；人定法是世俗统治者根据自然法制定的法律；神法就是《圣经》，是用以补充或校正人定法的根据。对于人定法，它要受到神法、理性和政治权威这三重秩序的支配。有的受自然法思想的影响，认为法是一种自然的权利，是最高的理性。这种理性来自人自身和大自然，当这种最高的理性在人类的理智中稳固地确定和充分地发展时，就形成了法律。自然法思想对资产阶级法学思想影响深远，如“天赋人权”学说和“社会契约论”的提出，都是以此作为思想基础的。古典自然法学派的影响主要是在各国国内法的传统领域方面，以及政治的意识形态方面，并为十八九世纪的革命运动担任了伴奏。有的是把法归结为一种民族的精神。萨维尼认为，法是民族

心理发展的产物，是对民族精神的凝结，主张现存的一切事物都是权威的，如习惯法就是法的基础，反对制定统一的成文法典。这一观点后来被臭名昭著的法西斯主义所利用，变成了现代历史上灭绝人类种族的最大的恐怖主义。这或许早已不是萨维尼的初衷。

从认识论的角度，我们不难发现，上述关于法的现象与本质的观点都是在一定社会条件下，秉承着各自的哲学思想（甚至有的本身就是对哲学思想的阐述）而提出的，是人类社会认识法的本质的一次又一次思想斗争的历程，虽然由于历史的局限性或政治观点上的偏见，他们都没有揭示出法的本质内核，但我们不能因此抹杀他们为构筑法律文明体系所作的努力。任何一种社会思想都不可能是没有源头、没有过程的，断裂的，如同没有机械唯物主义，就不会有后来的辩证唯物主义一样，也就不会有完整的马克思主义，更不会有今天的社会主义法学思想。历史唯物主义认为，评价历史或过去，绝对不能用超历史的眼光去看待历史事件或事物，更不能用简单的否定方法去人为地割断历史。对历史的评价，考问的恰恰就是现代人的社会良知及其学识品格。

【资料检索】

法律现象是法律哲学、法理学乃至一切法学必须首先予以关注的问题。可以说，一切法学学科的出发点和楔入点都与法律现象有关，不关注并透过法律现象，法律本质问题便难以开解，法律的其他问题也便难以深化。①

法的本质是在分析各种各样具体的法律现象之后得到的。马克思和恩格斯通过对资产阶级法学家的种种见解和观点进行剖析，以普鲁士现存的法律为评判蓝本，运用唯物辩证法的立场、观点和方

① 谢晖著：《法学范畴的矛盾辨思》，山东人民出版社1999年版，第36页。

法，一针见血地指出：法是被奉为法律的统治阶级意志的体现，而这种意志的内容是由这个阶级的物质生活条件来决定的。这一论断后来成为了马克思主义法学的经典性语录。

【观点论争】

沈宗灵教授提出要从下面三个角度来理解：第一，从法的初级本质上说，法所体现的是那些掌握国家政权的阶级的意志，维护的是以这一阶级为主体衍生出来的各种社会关系及其社会利益。具体地说，就是：（1）法维护的是统治阶级的根本利益或整体利益，而不是某个人的利益；（2）法维护的是统治阶级的共同利益与既得利益，而不可能是被统治阶级的利益；（3）法在表面上也会去维护社会的共同利益，但在阶级对立的社会里，这只能是一种对被统治阶级所作的一种利益上的让渡，是一种政治上的妥协。第二，从法的终极本质来说，法的一切内容与形式都是由当时社会的物质生活条件来决定的。马克思说过，只有毫无历史知识的人才不知道：君主们在任何时候都不得不服从经济条件，并且从来不能向经济条件发号施令。无论是政治的立法或市民的立法，都只是表明和记载经济关系的要求而已。第三，法除了要受到物质生活条件的决定性作用外，它还要受到其他因素的影响。恩格斯在他晚年的研究工作中发现了自己早年的疏忽，即因为过分关注社会物质生活条件对法的决定作用，而忽视了社会其他因素对法的影响。事实上，这种影响有时甚至也会起到直接的、决定性的作用。

我们认为：（1）法是统治阶级意志的体现，但它绝不是统治者恣意妄为或任性的结果；（2）法不是被动地由物质生活条件来支配的，法在其中具有一定的能动作用，或促进社会发展，或阻碍历史的进步；（3）法要反映事物发展规律的要求，但法毕竟是由人来制定的，不能把法与经济规律混为一谈。

【观点论争】

1. 20世纪80年代，当中国政府决定要从英国政府手中收回对香港的主权的时候，我们发现，在这百年的殖民统治期间，香港人已经完全接受了英国的法律理念和法律习惯，如果在收回香港后实行大陆法律的成文法习惯，明显不符合香港人对英美法系的适用习惯，这种习惯是一种法治传统，它与经济条件或许没有多大的关系，但却是决定性的。所以，哪怕不是出于主权政治上的考虑，仅在法治管理方面，我们也要推行“一国两制”的方针。这说明其他因素对法律的影响和作用有时也是不容忽视的。

2. 强调法的本质内容是以什么为首要，其实是一个非常主观的理论问题。在毛泽东时代，学自苏联的以“阶级矛盾与阶级斗争”作为法的本质特征，呈现的是国家的暴力与镇压。而在历史上，这些内容又都是真实的，不容抹杀的。沈宗灵教授所揭示的“物质”或“经济”决定论也是符合理论真实的，是马克思主义法的基本学说。他把法的本质问题进行层次划分，表面上看都有道理，实质上却是谁都不得罪。毕竟时代变了，这种类似“春秋笔法”的分类方法，要是搁在20世纪50～70年代末，恐怕会有不小的政治风险。让我们用这一段文字送走那非理性的年代吧，但愿它不再回来。

## 二、法学是阐明法的价值与功能的科学

在不同的学科领域，价值与功能的概念也不尽相同。从最一般的意义上来理解，价值是指客体的存在、作用以及它们的变化对于一定主体需要及其发展的某种适合、接近或一致；功能是指事物存在的依据或理由与其内部蕴藏的价值的共生意义。法的价值与功能是法学研究的一对理论范畴，也是揭示法学基本内涵的、不可或缺的概念，阐明法的价值与功能的学术意义一点也不会逊色于法的现象与本质。

【资料检索】

中国关于法的价值问题的理论研究起步较晚，一般认为始于20世纪80年代中期。一开始因为没有在统一的语境下加以使用，于是就有了不同的观点。有的认为，法律价值是法律对人的意义、作用或效用，以及人对这种效用的评价；有的认为，应当把法的价值界定为一定主体的需要和法的属性、功能之间的关系，或者是它们之间相互作用的过程；有的认为，这是法对满足主体需要的积极意义（作用）；有的认为是主体对法这一独特现象的认同和评价。这些观点在一定层面上反映了法的价值的内涵。

法的价值在不同的使用方式之下会出现不同的含义。一种方式是用它来指称法律在发挥社会作用的过程中能够保护和增加哪些价值，即所谓法的目的价值。譬如，法在促进安全、自由、秩序、福利等方面所拥有的价值目标。另一种方式是用它来指称法律所包含的价值评价标准，即所谓法的价值评价标准，譬如，法要坚持什么、反对什么、维护什么，为社会确立了行为的价值取向。再有一种方式是用它来指称法律自身所应当具有的价值追求的品质和属性，即所谓法的形式价值，譬如，法条是否合乎逻辑，语句是否通顺，文理是否有章法等。在上述三种使用语境中，后两种应以前一种为基准点。

所谓法的功能，是指法作为一个体系或部分，在一定的立法目标指引下，基于其内在结构属性而与社会单位所发生的、能够通过自己的活动（运行）造成一定客观后果，并有利于实现法的价值，从而体现其在社会中的实际特殊地位的关系。法的功能不同于法的作用，后者主要是指法在社会方面的外在表现，如法对经济、政治、文化等方面的影响，而法的功能主要是源于自身的结构属性，或称之为法的固有属性。它主要是通过调控社会利益，激励法律行为来达到理顺社会关系、维护社会秩序的价值目标。譬如，我国婚姻法规定的抚养与赡养的权利义务关系，其功能是为了保证社会基本单位——家庭内部的和谐与有序，进而实现国泰民安的价值目标。如果说法的价值体现为主体的一定需要，是法的一种设定的话，法的功能就是要满足这样的需要，因此后者更具有动态的意蕴。一般来说，只有法具备一定的价值，它才会发挥功能性作用；反之，没有价值的法，就不具有相应的功能。

法学研究价值与功能的目的，是因为它们属于法的基本内容，通过对法的价值与功能的分析，可以系统地了解和掌握法的核心架构。因为所有法的内容与形式、法的渊源与效力、法的历史发展的脉络等，都是以法的价值与功能作为理论前提的。所以，法的价值与功能理应成为我们研究法学的又一个基本范畴。

【资料检索】

中国曾在20世纪80年代颁布过一部法，名为《破产法》，由于该法规定的内容过于超前，无法适应当时中国的实际情况，其实际适用价值很低，到现在为止都没有发挥过什么功效，从某种意义上说，该法从一开始就已经“破产”了。对于已经没有法律效力的法而言，它是否就没有任何价值呢？如我国唐律，它在今天已不再具有任何效力，我们不可能借助唐律对现代的任何一种社会行为进行司法处理，仅以此而言，唐律没有任何适用价值。但它具备法律文化的价值，它作为理论研究和立法借鉴的价值依然存在。

### 三、法学是以权利与义务为基本范畴的科学

法学基本范畴是法学范畴中的核心部分，是其他范畴得以存在的基础，它是法学家根据社会实践主观构建的结果。在不同的历史时期，或是在不同的社会制度下，法学基本范畴的具体内容可能会发生与之相适应的变化。在西方国家，神的理念、自然理性、正义与自由的理念等都先后扮演过法学基本范畴的角色，传统中国的“礼”曾经是长盛不衰的法的理念；在20世纪80年代以前，阶级斗争、国家意志等内容在法学领域占据着统帅的地位。改革开放以

来，我国法学者开始重新审视法的基本理念，从社会关系最基本的意义上提出了法学基本范畴，这就是法的权利与义务，它是构成法的基本内容、连接主体与客体、责任与效力的基本元素，抽掉这一环节，法就不能成其为法，至多只是一篇没有内容的宣言。早在1988年6月于长春召开的全国法学基本范畴研讨会上，与会者就达成了共识：以权利和义务范畴重构法学理论体系，反对以“阶级斗争”与“法律规则”为核心的原有的法学理论体系。

【资料检索】

1. 权利、义务的矛盾是法学的基本矛盾。①
2. 德国法哲学家耶林提出，法学乃权利和义务之学。②

（一）通过权利和义务可折射出法的性质及其政治倾向

从法是国家意志体现的角度分析，立法者通常会将自己的立法意图尽可能地掩盖起来，而能够公示给全社会的则往往是貌似公允的内容。但是不论他们如何掩盖或粉饰，法的有关权利与义务的规定一定会将他们的立法意图给抖搂出来。这是没有办法的事：法必须规定权利与义务的内容，因为法所设定的行为模式是要通过权利与义务才能实现的；而有了权利与义务，人们就能够清楚地知道法要保护谁的利益、要维持什么样的社会秩序、要采取什么样的管理手段等，这一切必定会在权利与义务的每一项内容中暴露无遗。历史上，也有的统治者把法作“神秘化”处理，结果使得法的具体内容无人能识，也就无人会去遵守法，法也从此失去了其应有的控制社会行为的实效。在不断反复的历史选择中，立法者最终还是以“公示法”的方式作为明智的选择。

---

① 孙国华著：“权力（Power）和权利（Right）是一对矛盾吗?”，载《法学》2000年第2期。

② 张文显著：《法哲学范畴研究》，中国政法大学出版社2001年版，第326页。

【资料检索】

在奴隶制社会，奴隶主享有法律赋予的一切权力和权利，奴隶则只有法律强加的义务，管理国家的公权力主要来源于奴隶主的法定权利，这样的国家就是奴隶主剥削奴隶的政治实体，这样的法就是反映奴隶主阶级意志和利益的少数人的法，它保证了权力主体对义务主体的剥削行为的“合法性”。对奴隶而言，这样的法就是专制的法、暴政的法。在社会主义国家，国家主权来源于人民的授权，换句话说，公民的权利在很大程度上成为决定国家权力的重要来源，这样的国家就是由社会大多数人的意志来管理的政治实体，这样的法就是民主政治的产物。

（二）通过权利和义务可了解法的价值取向及其社会回应

法的价值包括正义、利益、秩序与安全等几个方面，有的内容看上去极为抽象，是依靠什么把它们具体化的？亦即权利与义务。哪些行为可以做、哪些行为不可以做、哪些行为是法所严禁的，其中法的价值都是根据权利与义务得以体现；而社会对法的价值取向的容忍度也是按照权利与义务给出的范围划定的。通常的情况是，社会秩序越是混乱，法的作用越是式微；相反地，当法的作用成为社会的主导时，社会秩序就呈现出良好的情形。而相信法的人、相信权利与义务是合理的人就会越多。这个时候，社会对法的回应就会显现出善意的一面。人性与法的价值之间的互动关系就在权利与义务中展现出来。

【资料检索】

拾金不昧的行为通常会被人们看作道德上的一种“善”，行为人只有行善的义务，而无行善后享有的权利，即行为人不能要求有任何的回报，否则这样的善行就是虚伪的，这是伦理学告诉我们的价值观和评判标准。而在民法方面，它同样肯定拾金不昧是一种善良的、符合中国传统美德的行为，是合法的，但考虑到拾得人要为此付出一定的代价，由此他要求得到补偿的权利是否应该得到民法的确认与保护？另外，拾得人是否会因为要求得到补偿而降低对其行为的伦理道德方面的评价？所有这些问题都反映了民法在对待这些内容上的价值取向。

（三）通过权利和义务可确认或引导社会行为的风向标

如上所述，法所形成的行为模式是以权利与义务作为通道的，它想让社会成员按照它给出的要求模式进行社会生产和社会生活。而在社会方面是否会按照法的这种想法去实现，则不是一个绝对的回应。因为除了法以外，影响社会成员的因素还有传统的道德与文化，还有社会的政治、经济与其他因素。但是，法的影响肯定是这许多因素中最为主要的。

【资料检索】

保险法规定，投保人如果在投保时故意隐瞒与保险事务有关的事实，在出险理赔的问题上，保险公司可以投保人有违“如实告知”的保险义务，有权终止保险合同，拒绝赔偿或减轻赔偿，一切后果将由投保人自己承担。在伦理方面，不诚实的回报或许是良心上的不安，或是受到舆论的谴责；而在法律方面，不如实告知所承担的经济损失有时是巨大的。从这中间我们不难看到，法正是通过具体的法律条文，明确规定了订立保险合同的双方的种种权利和义务，以此来约束或保障投保人与保险公司之间的行为或利益，引导人们朝着合法的方向去实施对自己有利的行为。

把法的本质与现象、价值与功能、权利与义务作为法学的基本问题提出来，目的是想让初学者对法学内容有一个概貌性认识，并为法学导论的后续内容做好理论铺垫，而这一切并不意味着法学的其他问题就不重要。其实，法学作为一门社会科学特有的知识体系，它的学科问题还有许多，有一些法学理念需要在新时期作出新的诠释。譬如，党中央提出的关于社会主义法治理念的五项内容

（依法治国、执法为民、公平正义、服务大局和党的领导），就需要研究者进行全新的理性分析，而法学的基本问题的解决也将为深入学习法学理论打下良好的基础。

## 第三节　法学研究方法

“方法”一词源于希腊语“沿着”和“道路”的合成，是指达到、认识或接近某种事物的途径。在西方思想的发展史上，方法论始终是作为与本体论相对应的概念而存在的，从亚里士多德到培根、笛卡儿等思想家、科学家，他们都对方法论提出过独特的哲学思考。我们要想了解法学的基本原理，就需要掌握法学研究的基本方法，因为“每种学科的方法论都是这个学科对本身进行的情况、思考方式、所利用的认识手段之反省，法学也不例外”①。

不同流派的法学思想对法学研究会形成不同的方法，在本书中，我们主要介绍几种比较常见的、影响较大的、实用性较强的研究方法。

### 一、历史考察的方法

法同其他社会现象一样有着自己演变和发展的历史，并且同其他社会现象交互作用、互相影响。因此，为了用科学的眼光观察和分析法律现象，就不能忘记它的历史联系，从历史的角度了解法学的基本观点，为研究法的现实问题打下牢固的理论基础。历史的分析方法强调，对法的研究要从以下三个方面入手：一是研究世界范围内各个古今和民族法的历史和现状；二是从人类文明发展进程的高度探讨特定地域内法的特点和状况；三是从法的某一领域或侧面，探讨宗教与法、经济与法、政治与法等范畴之间的关系在人类

① 胡玉鸿著：《法学方法论导论》，山东人民出版社2002年版，第99页。

历史的各个发展阶段上的表现等。运用这一方法要注意纵向与横向两个方面：纵向指的是时间顺序。因为一切事物都有其产生、发展的过程，对研究对象进行历史的考察是最合乎科学的方法之一。列宁说过，为了解决社会科学问题，为了真正获得正确处理这个问题的本领而不被一大堆细节或各种争执意见所迷惑，为了用科学眼光观察这个问题，最可靠、最必需、最重要的就是不要忘记基本的历史联系，考察每个问题都要看某种现象在历史上怎样产生，在发展中经过了哪些主要阶段，并根据它的这种发展去考察这一事物现在是怎样的。而横向指的是空间关系，即旨在考察在同样的或者相似的具体历史条件下，为什么法律制度和法治状况会存在差异，这类差异存在的原因是什么，有哪些，等等。

【观点论争】

法是一面魔镜，从中能够照出历史上的人们是在什么样的法制背景下如何生活的，今天的人们是在什么样的法治背景下生活的，这也说明了已经过去的历史又在不经意间成为了沟通古今的法宝。美国著名的法官霍姆斯认为："对法律的理性研究……在很大程度上，是对历史的研究。"①

### 二、社会调查的方法

社会调查在本质上属于实证分析法学派所提出的实证分析的方法之一。法既来源于社会生活，又要适用于社会生活，这就决定了它同社会生活之间在事实上的关联性，法学研究也因此需要从社会事实的角度去寻找属于自己的定位，而进行社会调查就成为研究法学最基本的方法之一。因为只有这样，才能保证研究者对法学理论

---

① ［美］伯纳德·施瓦茨著，王军等译：《美国法律史》，中国政法大学出版社1990年版，第4页。

的研究不至于脱离社会实际；而且，运用社会调查的方法研究法学理论，还有助于研究者寻找到社会热点问题，紧贴住社会脉搏，从而减少无的放矢的官样文章。社会调查的方式有许多，如普遍调查、抽样调查、典型调查和个案调查等，只有掌握了这些方法，才能提高调查结果的准确性，为法学理论研究提供可靠的资料。事实胜于雄辩。因果关系的理论推导在社会科学研究中是必要的、可行的，但是，最终要让人信服的还是事实，是真真切切的数据。

【资料检索】

19世纪中叶，英国法理学家约翰·奥斯丁的《法理学范围之限定》的发表，标志着分析实证主义法学的产生，也使得实证分析方法成为了主要的法学研究方法。约翰·奥斯丁并不试图像自然法那样从某种永恒不变的关于人性的形而上学假设出发推演出整个法律体系，而是努力从实证的角度对某个已经存在的法律体系，尤其是该法律体系中的法律制度、法律规则和法律概念进行分析。其后的凯尔森、哈特等人又发展了这一学派的观点和方法。凯尔森认为，只有将法学局限于对实在法的分析，才能将法律科学与正义哲学及法律社会学区分开来。牛津大学的哈特教授运用全新的分析工具，更新了分析法学，形成了“新分析实证法学”。哈特之所以能够吸收其他学派的合理内容，就在于将分析法学置于一个新的基础之上。在1953年的一篇题为《法学中的定义和理论》的演讲中，他强调要把语义分析哲学引入法学研究，以改变传统的法理学分析方法，从而解决了某些法理学的难题。

### 三、比较分析的方法

不同的国家或民族、不同的历史发展阶段的法律有着不一样的特殊形式和内容。为此，法学比较方法可以分为横向的比较与纵向的比较两种，并形成比较法学。沈宗灵教授认为，对法律的比较研究一般可以分为三个过程：第一，掌握所要比较的不同国家的有关法律材料；第二，对这些不同法律进行比较，亦即发现其异同；第三，分析异同的原因并作出适当的评价。应当承认，比较分析的方法较为古老，但是谁都不会否认，它也是法学研究最为重要的和主要的方法之一。

【观点论争】

从1900年在法国巴黎召开的第一次国际比较法大会到第二次世界大战以前，是比较研究的“黄金时代”。战后，大量的比较法著作不断问世，“国际比较法大会”也是每四年就召开一次。有的学者认为，比较研究的方法不是法学研究的基本方法，因为其他几种法学研究方法中已经隐含了比较的因素。美国的庞德教授认为，将比较方法称之为法理学的一种独特方法是否恰当，仍是颇有疑问的。作为法理学研究方法的分析方法、历史方法和哲理方法，必定是比较的。①

除上述三种方法以外，还有阶级分析方法、价值分析方法、实证分析方法、逻辑分析方法、语义分析方法、经济分析方法等。所有这些方法都为丰富和发展法学理论提供了重要的工具条件和思维方法，都是需要我们在学习时加以借鉴的。

【资料检索】

阶级分析方法就是用阶级和阶级斗争的观点分析阶级社会中各自社会现象的方法，它的独特功能在于：其一，是避免走入唯心主义法学误区的必要指南；其二，是探索法律制度和法律思想历史演变规律的基本线索；其三，是对于古今中外法律制度的定性研究的

---

① ［美］罗斯科·庞德著，邓正来译：《法理学》（第一卷），中国政法大学出版社2004年版，第22页。

分析工具；其四，是确立和坚持我国法制根本宗旨的重要理论参照。①

【思考题】

1. 你能否从“构建法学的独立体系、重视法学的实践意义与创新价值”三个方面，体会到什么才是法学最为跃动的生命力？

2. “法学导论”作为法科学生的一门入门课，是因为它的知识的初级性，还是因为我们要尊重学习知识的规律性？

3. “对法学基本问题的归纳是在主观作用的引导下作出的，但它却是理论研究的客观结果”。对于这一句话，你认为是自相矛盾的，还是有一定的道理？或者你对法学基本问题的归纳还有自己的独立见解？

4. 法学研究的方法是工具性的还是本体性的？是与研究对象的性质相对应的还是可以独立抽象存在的？

5. 有人说，每一种法学研究方法的背后其实都折射出各自不同的哲学思想。你同意这样的说法吗？

① 张文显主编：《法理学》，高等教育出版社、北京大学出版社1999年版，第37~38页。

# 第二章　法学引论

【内容摘要】法学理论不会从天而降，其源头肯定与一线的法律实践相联系，它的流向和对后世的影响，都是法学理论必须密切跟踪的；而法学理论在其发展过程中又形成了观点迥异、学派林立的境况，其中的一种理论值得社会主义国家关注，即马克思主义关于法学的基本观点，因为它是在科学总结前人的研究成果的基础上建立起来的，对社会主义法学思想起着指导作用。当然，这一理论本身也是在不断的发展过程中被逐渐丰富起来的；法学不仅要不断完善自身的学科体系建设，从而成为一门独立的学科知识，而且还会不可避免地要与其他学科（尤其是相邻学科）发生联系，形成学科之间的互动影响，这在一定程度上也推动了法学的发展进程。

## 第一节　法学思想源流

西方法学思想及各种流派被世界公认为法学理论的源头，而且构建这些思想和流派的都与它们的哲学思想密切相关。所以，学习西方法学思想就不得不学习或了解它们的世界观与方法论；中国的法学思想在长期的相对封闭的状态下一枝独秀，虽然与西方法学思想相比落后了许多，却也自成体系。这种状况直到 19 世纪末 20 世纪初才被打破，当时的一些维新变法人士主动接触西方思想，并且把外国的译著引进到国内，从而影响了一代又一代中国人的思想，使得中国法学理论有了空前的大发展。

## 一、西方法学思想源流

西方法学思想起源于古希腊。通过对历史的考察，人们很自然地发现，最早从整体社会控制的角度来给“法”下定义的是罗马人，因为是罗马人发展起来的法律和法律职业。但是，罗马人的法律思想却是源自古希腊。这在维诺格勒道夫的《历史法理学》（1922 年）中有详细的考察意见。所以，这也从一个角度证实了古希腊思想家们对法学思想的伟大贡献，只是他们更多的是以分析理性的方法而非实证分析的方法来解答法律问题。这是因为，在以雅典为代表的古希腊城邦国家里，法律的制定和适用通常采用直接民主或大民主的程序和方式，而且没有健全的专门法律机构和职业法学家集团，成文法也不多，因为欠缺产生法学的必备条件，因而也就不可能形成具有独立地位的法学。但以习惯法为主体的法律制度已经渗透到社会生活的方方面面，并有相当程度的发展。这就为古希腊研究法学提供了一定的社会条件。同时，古希腊发达的哲学激发了自由民（尤其是自由民中的知识分子）认识和评价社会现象的能力，促进了政治学、伦理学、文学、美学等相关专门知识体系的形成，在这些知识体系中，当时的思想家们试图用自然法思想来解释诸如法与人、神、自然的关系问题，并且由此引申出对法与权力、理性的关系，法与利益、正义，人治和法治，守法的道德基础和政治基础，恶法亦法抑或恶法非法、何谓最高的“法”等的讨论。用西方法学家的话说，这些问题是法学的“症结”、“永恒的主题”。这些法学史上最初提出的问题以及苏格拉底、柏拉图、亚里士多德等人在这些问题上的论述，基本上形成了对西方法学一直有着深刻影响的古典自然法学派思想体系。只是这些宝贵思想却没有专门的法学体系予以“收容”，也没有通过具体的法律实践去进一步地加以完善，终成为法学史上罕见的悖论现象。

【资料检索】

我们之所以从阐释希腊人而非某个其他民族的法律理论入手来考察法律哲学的演化过程，完全是因为古希腊的先哲们对自然现象和社会现象有着非凡的哲学洞察力。希腊人经由对自然、社会和社会制度所做的彻底且基本的分析而成了西方世界的哲学先师，与此同时，希腊哲学也成了人们考察整个世界哲学的一个显微镜。希腊思想家提出的一些假设和结论因日后的经验和发现而未能经受时间的考验，但是这些思想家用哲学的术语提出和讨论人生基本问题的方法以及寻求解决这些问题的各种可能进路的方法，却可以说是持久有效的。①

【观点论争】

黑格尔把古希腊文化视为西方人的精神家园，认为西方现世的科学、艺术以及一切“使精神生活有价值、有光辉的东西”，都是从古希腊世界中直接或间接地传承发展而来的。② 因为古希腊哲人对自然和包括法律在内的社会现象具有非凡的哲学洞察力，他们对自然、社会和政治法律制度首次进行了具有内在逻辑深度的分析和把握，提出了影响深远的认识、把握自然和人类社会诸现象之本质的概念工具和思想表达方式。

古罗马的法律制度是古代西方世界法律制度发展的顶峰，而且对后世产生了极为深刻的影响。与发达的法律制度相适应，罗马法学十分繁荣。以西塞罗、乌尔比安、盖尤斯等为代表的罗马法学家

① ［美］博登海默著，邓正来译：《法理学——法律哲学与法律方法》，中国政法大学出版社 1999 年版，第 3 页。

② ［德］黑格尔著，贺麟、王太庆译：《哲学史讲演录》（第 1 卷），商务印书馆 1959 年版，第 157 页。

不仅提出和解决了许多涉及立法、执法、司法的技术和方法问题，而且引入希腊人的自然法概念来论证罗马法的神圣性和广泛适用性，甚至在当时还流行过“法学家创造了罗马法”的一句谚语。其实在罗马帝国前期已经出现了简单的商品经济和较为复杂的财产关系，这就需要运用大量的法律来调整，古希腊的法学思想则给罗马人建立属于自己的法学思想创造了条件，因为法律调整机制和法律秩序越来越具有抽象性和普遍性，也越来越复杂，不断涌现的法律事务需要由受过专门训练的专家来处理，由此出现了职业法学家集团、法律学校和法学流派。由于奥古斯都大帝建立了法学家官方解答权制度，法学家的声誉大振，法学不仅获得了相对独立的地位，而且成为罗马法的渊源之一。西塞罗本人就深受斯多葛派哲学家思想的影响，他把自然与理性等量齐观，认为理性是宇宙中的主导力量，真正的法律乃是一种与自然相符合的正当理性，它具有普遍的适用性并且是不变而永恒的。囿于当时的思想局限，他认为人类只有一个共同的主人和统治者——上帝，因为只有它才是一切法律的制定者、颁布者和执行法官。在他的思想中，不仅存在着在今天的人们看来是唯心的成分，而且把自然与理性推向了绝对的境地；但是，需要肯定的是，他在强调人在本质上是平等的和把法律看作正义与自由的化身的观点是值得推崇的。在斯多葛派自然法观念中的一个重要因素乃是平等原则，如果是因为性别、阶级、种族或国籍不同而对人进行歧视的做法是不正义的，是与自然法背道而驰的。这种主张不仅在法学家中间流行，更重要的是得到了当时当权者的认可，形成了在奴隶制、封建制时期少有的人道主义与平均主义思想。在古希腊人那里产生的两种悖论现象——相对独立的法学体系和丰富的法律实践——终于在罗马人这里得到了部分解决，而对自然法与上帝的认识，又在一定程度上为后来的神学法律思想埋下了伏笔。

【资料检索】

罗马民族是务实的，具有深厚的实用理性的精神传统，它将希腊哲人的抽象思维落实到了现实事务中。正是在这样的背景下，罗马人所创立的法学以其产生的先导性、内容的完备性、影响的深远性在法学历史上占据着重要的地位。综观罗马法学的基本特质，可以概括为四个方面：1. 以私法为研究中心；2. 以唯理论和自然理性观为指导；3. 重在解决法律中的实际问题；4. 把法学与国家权力紧密地联系在一起。

当西方社会进入中世纪之后，随着世俗权力的逐渐衰落，宗教势力乘虚而入，基督教处于万流归宗的地位，神学思想成为统治西方社会的、占据人们内心的世界观，这一时期把意识形态的一切形式——哲学、政治学、法学都合并到神学中去，使之成为了神学中的科目。因此，法学在罗马时期形成的相对独立的地位业已崩溃，但这并不意味着法学思想就此消失。事实上，在托马斯·阿奎那的著述中包含着丰富的法律思想，他通过把希腊人和罗马人的法律思想糅合在神学中，保存和发展了古希腊和古罗马的法律思想。在他那里，世俗法思想与宗教法思想有了一次理论上的交流。基督教会为西方社会的法治文明注入了一剂最强有力的针药，许多人甚至提出，即使是在黑暗的中世纪，神学思想统领一切，而“尊重人格尊严”的思想则是在以基督教教义为背景的情形下产生的，为后来的法律思想带来了一抹彩虹。到了后期，日益发展的商品经济和资本主义生产方式产生了对法律的需要，于是出现了法学教育和法学研究，当时的法学教育和法学研究是以复兴罗马法为中心任务的。随着法学研究和法学教育的恢复和发展，又一次出现了职业法学家集团，出现了法学流派，这就是注释法学派。注释法学派分为前注释法学派和后注释法学派。前注释法学派的侧重点是通过对查士丁尼时代所编纂的各个罗马法文献的文字、语言、逻辑的解释和旁征博引，澄清罗马法文献的精确意思。后注释法学派则致力于使罗马法与城市法规、封建法、日耳曼的习惯法、教会法的原理相结合和同化，把古罗马法改造成现代意大利法，以便为实际的社会生活服务。因而，他们把纯注释的方法改成了既注释又评论的方法，着重从罗马法中提炼法律的原则和根据，建立法律的分结构。

【资料检索】

1. 中世纪天主教的神学和哲学在托马斯·阿奎那宏大的思想体系中达到了顶峰。阿奎那无疑是中世纪经院哲学最伟大的代表人物。他的学说至今仍可以被誉为罗马天主教神学、哲学、伦理学的权威解释。他的思想体系乃是基督教圣经教义与亚里士多德哲学的一种巧妙结合的表现。①

2. 中世纪法学所取得的成就主要就体现在注释法学与教会法学之中。前者的形成和发展意味着罗马法学的复兴与文艺复兴、宗教改革相并列，体现了市民阶级对古典文明的向往和对民主法治的追求，为新兴的资产阶级反封建斗争提供了思想武器。

新千年以后的13～14世纪，欧洲兴起文艺复兴和宗教改革运动，使西方法学朝着世俗化的方向发展和变革。一批出身于新兴中产阶级的思想家把君主或人性看作国家和法律的基础，使神性法学变成了理性法学，也使得法律从天国真正回到了人间。这种转变是以神学政治理论——由一个英国基督教神学家胡克创立并首先提出——作为标志的。他把神的法律看成是永恒的自然规律，是一种理性，一切自然法和人类的实在法都是在这一理性的指导下产生的。与托马斯·阿奎那不同的是，他不认为教会是独立的，教会和国家应当是融合的，它们都要为实施更高级的法律而努力。胡克的思想为后来的荷兰激进的哲学家斯宾诺莎所部分接受，后者是以世

① ［美］博登海默著，邓正来译：《法理学——法律哲学与法律方法》，中国政法大学出版社1999年版，第28～29页。

俗政治家的观点而不是神学家的观点来看待法律。这个时期产生了人文主义法学派，它是继注释法学派之后兴起的法学流派，因与文艺复兴运动中的人文主义思潮（一种反对封建旧秩序的社会思潮）相联系而得名。他们主张把罗马法作为整个古典文化的组成部分来对待，把哲学方法和历史方法运用于罗马法研究，以便更有说服力地复兴罗马法。注释法学派和人文主义法学派为民族国家的形成、资本主义法律制度的出现和法律的统一化创造了思想理论和技术等方面的有利条件。注释法学家和人文主义法学家是把古代法学传达给近代的使者，他们的研究是连接古代法学和近代法学的纽带。

【资料检索】

美国学者哈罗德·J. 伯尔曼对11世纪末至13世纪末的法律传统进行了系统的研究，把西方法律传统的形成期定位于这200年中，并且将教皇革命及其所引发的教会与世俗两方面的一系列重大变革作为西方法律传统得以产生的基本因素，成为了最有影响力的观点之一。他在《法律与革命》一书中运用了大量的历史资料，并且进行了科学的推理和系统的研究，提出了令人信服的观点：文艺复兴和宗教改革运动在推动社会变革中的巨大作用，以及为产生具有资产阶级性质的法律思想的萌芽提供了思想基础。

17~18世纪开始，世界涌起了如火如荼的资产阶级革命。一切革命都离不开某种思想与理论的指导，而引导资产阶级革命的思想和理论准备在革命之前便已完成。这一时期的法学就是在适应资产阶级革命和大规模发展起来的商品经济的需要而建立起来的。随着民主与自由思想的形成，法学教育蓬勃兴起，法学研究成为风气，各种法学流派纷纷涌现。与以往神权思想所不同的是，资产阶级建立起完全世俗的法权思想，其核心是自由、平等、人权与法治，主要集中在自然法学派的“社会契约论”和“天赋人权论”当中。奠定近代自然法思想基础的是被称为“自然法之父”的格劳秀斯。他认为，法是理性的体现，一切法律现象都应从人的理性中寻找。古典自然法的许多学说都是在格劳秀斯的观点中最早得到阐发的。这一学派的代表人物还包括霍布斯、洛克、孟德斯鸠、卢梭等。自然法学派是资产阶级革命的旗手，他们反对神性和神权，主张人性和人权；反对专制和等级特权，主张自由和平等；反对人治，要求法治。自然法学派不仅起着宣传、推动革命的历史作用，而且对于资产阶级民主和法制的建立起着论证和促进的作用。近代资产阶级国家民主和法制的模式主要是由他们设计的。契约自由、法律面前人人平等、罪刑法定主义等现代法律制度的基本原则也是由他们提出的。到了18世纪末，欧洲大陆陆续出现了法学学派的进一步发展与分野：（1）以德国黑格尔为代表的哲理法学派，他们以抽象的概念、保守的理论形式、费解的哲学语言传播着天赋人权、自由主义、宪政、法治等启蒙思想。他们把法揭示为“理念”的外在物，是人们对“理念”的认识才产生了“自由意志”，这种“自由意志的存在”就是法。（2）以德国萨维尼为代表的历史法学派，他们强调法律的民族精神或历史传统特征，认为法的内容实质就是民族的习俗和传统。（3）以英国边沁为代表的功利主义法学派，他们批判自然法思想，认为法律的目的在于人们的“避苦求乐”，这是功利主义在法学上的反映。（4）以奥斯丁为代表的分析法学派，他们以实证主义哲学为理论和方法论基础、以对实在法律的逻辑分析为己任，主张法是主权者的命令，法学研究只以实在法为范围。（5）以狄骥和庞德为代表的社会法学派。狄骥的“社会连带主义”学说认为，人们的社会连带关系是法产生和存在的根本原因，庞德则把社会看作一个以秩序为标志的“系统工程”，法是这一工程的表现。（6）以凯尔森为代表的分析实证法学派。凯尔森主张法是“社会组织的特殊技术”，法学家的唯一任务就在于研究、分析和解释法律规范。（7）新自然法学派，主张回复自然法学对法的观念，并以此为目标。

【资料检索】

法国法学家H. 布津尔认为，马克思主义以前的法学均可以统称为唯灵论法学，这些观点虽然五花八门，但最终都建立在同一主导思想基础上，即法律是神对人的一种启示（是理性还是超自然的，这并不重要），这种启示向人指示应遵循的道路和应采取的行为。①

人类又过了一个新千年，资本主义社会进入了帝国主义阶段，各种社会矛盾加剧，旧的利益结构被打破，新的利益结构开始形成，有关劳资、福利、教育、经济等社会现象相继出现，法的社会化成为时代潮流，而要想解决新的社会问题就需要有新的法学理论的出现，正是以此为背景，强调研究法律的社会作用、法律的实效、法律规则生效的手段、法律与其他社会控制方式的联系的社会法学派应运问世。与此同时，以继承和发展黑格尔的法学理论为特征的新黑格尔主义法学派和以继承康德的法学理论为特征的新康德主义法学派开始在德、意等国传播。在新康德主义法学派和新黑格尔主义法学派中，一部分法学家为正在出现的法西斯主义起到了理论论证、辩护和参与的作用。“二战”前后，由于席卷资本主义世界的经济危机和全球战争把学者们的注意力转向经济、战争和其他社会问题上，同时由于战争期间各国政府加强了对言论自由和学术研究的控制或限制，使得西方法学与政治哲学一样进入休眠期。20世纪50年代中期，由于一系列重大的政治论争和学术研究的推动，西方法学开始振兴。经过10多年的发展，出现了西方法学史上前所未有的繁荣局面。自然法学派、社会法学派和分析法学派以新的政治和理论姿态出现。以行为主义心理学和行为主义政治学为理论

① ［法］亨利·莱维·布津尔著：《法律社会学》，上海人民出版社1987年版，第6页。

基础和原形的行为主义法学，作为存在主义哲学组成部分的存在主义法学，试图折中调和各派，实现法的概念、法的价值、法学方法三统一的综合法学派也纷纷登场；20 世纪 70 年代以后，主张运用经济学的理论和方法分析、评论法律制度和法律活动，朝着实现最大经济效益的目标改革法律制度的经济分析法学派，以批判西方法律制度和法律文化为宗旨的批判法学派，以人本主义为哲学基础、宣扬非意识形态化、宣布对马克思主义实行“扬弃”的“新马克思主义法学派”异军突起，他们分别从不同的角度解释和评价法律制度，为维护或改善资本主义法律制度服务。

【观点论争】

从古希腊到现在，西方法学走过了两千多年的历史进程，由最初的不承认法学的独立地位到构建法学的科学体系，由习惯法发展到对法律的注释，各种法学观点与流派都在西方法学史上占有一席之地，他们共同为丰富人类社会的法学思想、繁荣法学理论研究作出了卓绝的努力，结出了丰硕的成果。在这期间，法学思想的形成与发展都不是平行的、顺畅的，有波折，也有反复，更有交锋，而且这种状况还将会持续下去。

## 二、马克思主义法学思想源流

西方各个历史时期占主导地位的法学都是非马克思主义法学。通观法学历史，不论是属于神学的、哲学的或政治学的，还是从这些领域中分离出来成为一门独立学科的各派法学，尽管其中都或多或少地包括了对法律现象的某些方面、某些过程的真理性认识，特别是有关法律的技术问题、形式问题和法律的运作问题的认识，甚至达到了相当完善的制度，但是，由于受到剥削阶级私利、唯心主义世界观和形而上学方法论的多重局限，它们没能揭示出法的本质及其发展规律，因而从总体上来说是不科学的。直至 19 世纪 40 年代马克思主义法学的出现，法学领域才发生了根本性的变化，它以辩证唯物主义和历史唯物主义作为世界观和方法论，深刻分析了社会各个方面的现象，揭露了历史上各阶级的偏见，科学地阐述了法的内在联系规律与本质内涵，使法学成为一门真正的科学。但是，不可否认，马克思主义法学思想也不是某一天突然间从空中落到人间的，它也是在西方社会思想的整体发展进程中产生和发展起来的。因此，学习和领会马克思主义法学思想，不应该，也不可能把它同西方法学思想完全隔绝开来。

马克思主义法学在对以往的法学评析的基础上，继承了其中进步的思想和正确的认识成果，从而把法学推向崭新的发展阶段。

1. 马克思与恩格斯开创了法学的新纪元。马克思主义法学是由马克思、恩格斯创立的。这两位科学巨人合著的《德意志意识形态》是马克思主义法学诞生的标志。它所阐述的唯物史观和以唯物史观为基础的法律观，完成了马克思从大学起为寻求新的法学体系的哲学而孜孜探索的漫长路程，向世人宣告了以马克思的名字为标识的法学理论和方法论的形成。在这部奠基性的论著中，马克思和恩格斯揭示了法、法的关系根源于社会物质生活条件、根源于社会各种利益的冲突，法是随着经济条件的发展而发展的等客观规律，揭示了法与阶级、国家的联系，阐明了马克思主义法学的一系列基本原理。之后，马克思和恩格斯在《共产党宣言》、《论住宅问题》、《哥达纲领批判》、《家庭、私有制和国家的起源》、《路德维希·费尔巴哈和德国古典哲学的终结》、《英国工人阶级状况》、《法兰西内战》、《资本论》、《反杜林论》、《法学家的社会主义》等著作中，进一步丰富和发展了法学理论。马克思和恩格斯虽然不是职业的法学家，他们不曾写过纯粹的法学专著或法学教科书，但他们在上述著作中所阐述的法学原理却在法学领域引起了一场伟大的革命。由他们创立的法学理论在法学史上具有划时代的意义，对近现代以及今后世界法学发展的影响，特别是它对亿万劳动人民的启蒙和动员作用，是任何一派法学都无法与之比肩的。这些法学原理既划清了马克思主义法学与以往其他法学的原则性界限，也构成了新法学的基础，使法学从此在科学的基点上前行。

【资料检索】

马克思主义法学的基本观点主要包括：法是与私有制、阶级、国家同时产生的；法有着历史类型的划分；法是阶级力量对比关系的反映；法的本质属性是它的阶级性；法的表现形式是国家意志；法的内容取决于当时社会的物质生活条件，法又能反作用于经济基础；法与道德相互影响；人权、民主、自由和公平是法的价值体现；无产阶级争取平等的权利与平等的义务的理论；法的规范性理论；权利与义务辩证统一的理论；法与国家相互依存的理论；法律文化的世界性、民族性、继承性、互融性的理论；法定权利与习惯权利相互利用的理论；民主化法治的理论；法的制定、修改和废除的理论；法的内部要协调一致的理论等。

2. 列宁丰富了马克思主义法学。列宁作为当时共产国际的杰出代表，不仅继承和捍卫了马克思和恩格斯的法学理论，而且在创建和领导世界上第一个社会主义国家的过程中，创造性发展了马克思主义法学。他在《新工厂法》、《立宪民主党人的胜利和工人政党的任务》、《杜马的解散和无产阶级的任务》、《国家与革命》、《苏维埃政权的当前任务》、《论国家》、《关于用自由平等口号欺骗人民》、《关于司法人民委员会在新经济政策条件下的任务》、《论“双重”领导和法制》等著作中，深入分析了关于法的产生、本质、特征、作用、发展规律的基本观点，提出并解决了一些新的法学问题，特别是第一次具体提出了有关无产阶级专政时期社会主义法制的学说。例如，无产阶级政权必须依靠法律，善于运用法律；宪法的实质是阶级力量的对比关系，社会主义宪法的内容是确认和保护人民的权利；必须加强法律监督，维护宪法和法律的权威等。但是，由于他过早地去世，未能进一步阐述和发展社会主义法制理论。在马克思主义的指导下，一些苏联法学家从学科建设的角度探索对马克思主义法学理论体系的建构问题，对马克思主义法学的传播和发展作出了贡献。

### 三、中国法学思想源流

据古籍记载，夏、商、西周时代已有不少关于法律的论述，先是以神权法思想统治国家，在夏朝和商朝被灭亡后，就出现了以“以德配天”、“明德慎刑”的思想和宗法制度为核心的法律理念，它成为后来儒家“德主刑辅”的文化渊源，在其后的相当长时期内支配着封建法学和法律制度。不过，由于当时的立法尚未发展成为复杂的、广泛的整体，法学产生的客观条件不成熟；又由于人们认识社会现象的能力有很大的局限性，法学产生的主观条件也不充分，所以，还不可能出现真正的法学研究的格局、系统的法律知识体系和法学理论形态。

春秋战国的几百年是中国法学兴起和大发展的时期。当时各种学说、学派层出不穷，构成了百花竞放的繁荣景象。儒、墨、道、法四家都对法学的兴起和发展作出了贡献：儒家从“人性善”的哲学出发，强调圣人、贤人、圣君、贤相个人的统治力量，重视道德礼教的作用，主张礼主刑辅，综合为治，并对这些观点进行了哲学论证。墨家从天意乃法的根源的法律观出发，主张以天为法，循法而行。他们还提出“兼相爱、交相利”的社会信念，主张在经济上重视生产、节约、利民，在刑罚上“赏当贤、罚当暴，不杀无辜，不失有罪”。道家从“小国寡民”的理想出发，主张以“道法自然”与“无为而治”为政治指导，反对制定各种礼法制度并且加以公布，对百姓实行愚民政策，甚至断言“法令滋彰，盗贼多有”，与希腊圣哲柏拉图的政治法律的主张不谋而合。法家的代表人物大都是政治活动家，他们在政治活动中，总结了历史上的和现实的治国经验，把法治推崇为立国和治国之本，明确提出“援法而治”、“以法治国”等主张，并发动了一系列旨在实现法治的政治改革和变法。在主张和实行法治的过程中，法家的代表人物往往因为改革而得罪了既得利益集团，又因为既得利益集团的反对而对其加重了暴行，这就容易被历史“泼污”。上述四家各有不同主张，而且也分别在不同的历史时期、不同的诸侯国中间发挥过巨大的影响，百花齐放、百家争鸣可谓这一时期最重要的特色。

从封建社会开始，秦朝中央集权的专制主义终止了战国时期“百花齐放、百家争鸣”的局面，“焚书坑儒”钳固了人们的思想。西汉的汉武帝采纳董仲舒的“罢黜百家，独尊儒术”的主张，儒学在所有思想领域占据了统治地位，也垄断了中国两千多年的法学领域。法学开始成为儒家伦理学的附庸。汉以后的儒家思想有所改变，形成了以儒学为主的儒法合流格局，在“德主刑辅”的原则下实行“礼法合一”。尽管儒家的具体内容不断有所更新，且有董仲舒、朱熹、王向明等人对儒学实行改造和深化，但“德主刑辅”这一中国封建社会正统的法律思想，并没有因此而有实质性改变。可以说，中国古代的法律文化是以儒家思想为核心的文化系统；汉代起出现了通常所说的“律学”，即根据儒学原则对以“律”为主的成文法进行讲习、注释的法学。他们不仅从文字上、逻辑上对律文进行阐释，也阐述某些法理，如关于礼与法的关系，释法与尊经的界限，条文与法意的联系，律例之间的关系，还有定罪与量刑，刑法的宽与严，肉刑的存与废，刑名的变迁以及诉讼和狱理等。西汉的于定国、杜延年，东汉的郭躬、陈宠等人世代传习法令，收徒教法，学生多至数百人。其间，经学大师马融、郑玄等都曾对适用问题有所说明。东晋以后，私人注释逐渐被官方注释所取代。公元652年的《唐律疏议》是官方注释的范本，它集中唐代以前的法律思想，主要引述儒家经义对律文进行疏解，宣扬君权至上、等级制度和宗法伦理，是中国乃至世界历史上最系统、保存最完整的注释法学著作，对中国后世以及亚洲一些国家的封建法律制度都有重大的影响。《唐律疏议》传世以后，宋、明、清各代都有类似的著述。这些著述内容含有丰富的法学思想，可以看作没有法学名称的法学著作。三国魏明帝时曾设律博士，专门传授律学，在一定范围内出现了法学昌明的景象。律博士官制一直延续到宋代。宋代王安石从“立法善于天下则天下治”的认识出发，锐意进行改革变法，曾设学校，立法明科，提倡律学，但遭到保守势力的反对，未能实行，从此律学不振，法学萧条。

【资料检索】

1. 中国拥有丰富的法律文化遗产。早在春秋战国时期，法学研究就很兴盛，并有专门的法学著作问世。其后，历代都有过丰富的法律思想。但是，直到20世纪初，法学始终被包围在封建主义的哲学、伦理学和政治学之中，独立的法理学更是无从谈起。从发展阶段来说，中华人民共和国成立之前，中国法学的历史大体上可以分为四个阶段，即夏、商、西周时期，春秋战国时期，秦至清代中期，清末至中华民国。

2. 封建社会里，律学是正统的法学，是法学的代表，但不是唯一的法学，除律学之外，还有各种风格不同的法学研究方法和价值取向不同的法律思想。特别是在明末以后，进步的法律思想和法学研究对律学产生了巨大的冲击。例如，黄宗羲在其《明夷待访录·原法》篇中尖锐地指出，专制王朝的法是帝王一家之法，非天下之法。法应是天下之公器，应该以天下之法取代一家之法。

3. 秦王朝以前，中国还不是一个统一的国家，有许多诸侯国并存。秦国最后一个王嬴政继位后，从公元前230年开始，先后灭掉了韩、赵、魏、楚、燕、齐6国，建立了中国历史上第一个封建帝国。嬴政即为秦始皇。他进行了一系列的改革，其中最重要的是加强了中央集权，用郡县制代替分封制。但郡县制遭到了很多人的反对。公元前213年，秦始皇在咸阳宫设盛大宴会，丞相李斯起身对秦始皇说：“有些读书人，总觉得现在的制度没有古代的制度好，到处造谣惑众，利用古书上的记载来攻击现行的国家制度，这种情况如果不禁止，对陛下的统治不利。”秦始皇采纳了这一建议，下了一道“焚书令”，规定除了秦国的历史书、博士官掌管的国家图书和医药、算卦、种书一类的书籍外，私人收藏的各种书籍，一律焚烧。此令下达后，各地焚烧了许多珍贵古书，也使得天下读书人对新政权更加仇视。公元前212年，秦始皇好长生仙药，方士卢生和侯生不愿为其所用，大骂秦始皇，并带着从秦始皇那里骗来的大量钱财逃跑了。秦始皇发现后要求严厉追查那些诽谤自己的读书人，便在咸阳城里抓了许多儒生。这些人经不住拷打，为了开脱，就互相告发。秦始皇在盛怒之下，亲自圈定活埋了460人。这就是中国历史上著名的“焚书坑儒”。

【观点论争】

中国古代律学是否就是今天的法学，学界对此颇有争议。但它作为一门独具特色的学问源远流长，且形成了自身的传统则是事实。律学因其研究对象是“律”而得名。诞生于秦朝的律学以经释律，使儒家经义与法律相融合，完成了中国古代法律的儒家化，形成了具有中国传统特色的伦理性法律，即所谓“德礼为政教之本，刑罚为政教之用，犹昏晓阳秋相须而成者也”。

到封建社会末期，特别是在1840年鸦片战争后，中国逐步沦为半封建半殖民地社会。由于帝国主义的入侵，当时的爱国人士都有变法图强的要求。当权的洋务派主张中学为体、西学为用，以此为指导思想进行改革。康有为、梁启超主张实行君主立宪制，并发动了戊戌变法运动。孙中山、章太炎等主张废除君主制，实行民主共和制。他们都曾对中西方两种法律思想进行过比较系统的研究，提出融中西政治法律经验为一体的改革方案。这些思想对中国人民产生了巨大的启蒙作用。与此同时，清政府迫于人民革命的压力，为了收回领事裁判权，也不得不研究外国的法律，修订本国的法律。为此，他们派出官员和学生出国考察和学习法律。这些人回国后纷纷介绍和论述西方的法律和法学，传播西方资产阶级的法律思想，开创了中国现代法学教育和法学研究。1901年京师大学堂设立法科，1906年成立法律学堂，从此法学在中国成为一门独立的学科，并一度获得较快的发展。法科师生在传播西方法学理论、宣传资产阶级民主和法制、批判封建法律制度等方面发挥了积极的作用。西方资产阶级法学的输入，冲破了原有的封建法学体系，促进了清末以至民国初期的法律改革和法律思想的变革。可以这样断言，自清末以来，中国的法律传统在制度层面上已经告别了悠久的中华法系传统，开始走上了西方法的轨道。

在国民党政权的统治时期，官方的法学承袭了部分中华传统的法律观点，又移植了西方资产阶级的法学。以孙中山先生为代表的近代中国思想家们一方面肯定了中华法律传统中的部分观点，如儒家思想中的合理内容，另一方面他们又认为要想解决中国的实际问题，就必须引进西方国家的先进思想和制度设计。而在将这两个方面结合起来的过程中，传统文化中的一些糟粕也被不恰当地保留了下来，如宗法制度、等级思想和强权政治等内容，始终贯穿于整个半封建半殖民地社会中，这样的社会现实不可能不影响到当时正在进行的法学研究。正如毛泽东在《湖南农民运动考察报告》一文中指出的，这四种权力——政权、族权、神权、夫权，代表了全部封建宗法的思想制度，是束缚中国人民特别是农民的四条极大的绳索。与此同时，进步的法学人士不顾反对势力的压制和禁止，高举科学、民主、人权和法治的旗帜，借助引进西方国家的法学论著的机会，揭露和批判封建的法律制度和法律思想，宣扬资产阶级的法学思想。但在总体上，这一时期因为频受战乱之困，加上国民党提出的在军政与训政时期实行的思想禁锢，使得当时的知识分子在法学研究时不无顾忌，也在一定程度上阻碍了中国法学向更高层次的发展。

【观点论争】

在中国古代，无疑蕴藏着丰富的法学思想，它们都是当时社会特定条件下的产物，因此也就不可避免地受到其所处社会环境和传统思想的束缚。譬如，儒家提出的“礼法论”、“宗法论”和“人治论”等，以“三纲五常”维护封建等级制度；法家虽然提倡“以法治国”，却对无限膨胀的君主专制权力没有提出“限权”的主张；墨家呼吁人们要“兼相爱、交相利”，充满了平民意识，却因为没有意识到统治者与被统治者之间是根本不可能出现“兼爱”现象，无法为历代统治者所援用而成为绝唱；道家的“无为而治”思想曾经在西汉初期占据国家的主导意识形态，尤其是它的“道法自然”的法律观，更是令人称道，但是，适用于“小国寡民”或“太平盛世”的法律观，却不一定适合于大国或乱世之中。尽管如此，从借鉴的角度来理解，我们认为，上述各家的法学或法律思想都还存在着值得推崇的地方：(1) 西周时期提出的“明德慎罚”思想；(2) 孟子的“民贵君轻”和“暴君放伐”的民本思想；(3) 先秦法家的“以法为本”和“缘法而治”的法制思想；(4) 儒家以“中庸”思想指导而产生的“天理、国法和人情”的“德治”思想等，都是古人流传下来的优秀文化经典，是我们需要不断总结和借鉴的思想宝库。

俄国十月革命的成功，向全世界传送着马克思主义。中国的陈独秀、李大钊、毛泽东等老一辈革命家是最早接受这一思想的杰出代表。毛泽东把马克思主义原理与中国革命的实践相结合，在批判剥削阶级法律制度、论证和建立新民主主义革命法制的过程中，创造性地提出了有关中国马克思主义法学的一些理论。不过由于当时党的中心任务是领导人民群众夺取政权而不是法制建设，所以，有关法制的思想往往包含在国家学说中，散见于《人民民主主义论》、《论政策》、《论联合政府》、《论人民民主专政》、《关于废除国民党的六法全书与确定解放区的司法原则的指示》、《关于废除伪法统》等论著和文献中。中华人民共和国成立后，在领导社会主义民主和法制建设的过程中，毛泽东等党和国家领导人发表了一系列重要讲话、指示、著作，丰富和发展了马克思主义法学。这些讲话和著述中提出的两类矛盾学说，对人民实行民主、对敌人实行专政的学说，民主和社会主义的立法原则，纲领性和灵活性相结合的立法思想，有法可依、有法必依的法制原则，以事实为根据、以法律为准绳的诉讼思想，都是对马克思主义法学的发展。但是，在1949~1978年间，法学研究先是受制于苏联的思想束缚，几乎没有属于自己的独有内容；后来又遭遇了“文革”十年浩劫，即便是立法与司法工作也无法正常开展起来，法学研究工作更是停滞不前。

【资料检索】

1. 十月革命一声炮响，给我们送来了马克思列宁主义。十月革命帮助了全世界也帮助了中国先进分子，用无产阶级的宇宙观作为观察国家命运的工具，重新考虑自己的问题。走俄国人的道路——这就是结论。①

2. 如毛泽东的《关于中华人民共和国宪法草案》、《在省市自治区党委书记会议上的讲话》、《关于正确处理人民内部矛盾的问题》，周恩来的《专政要继续，民主要扩大》，刘少奇的《中国共产党中央委员会向第八次全国代表大会的政治报告》，董必武的《关于党在政治法律方面的思想工作》、《进一步加强人民民主法制，保障社会主义建设事业》、《在军事检察院检察长、军事法院院长会议上的讲话》等。

3. 遗憾的是，50年代中期以后，由于种种原因，国家忽视了法制在社会经济生活、政治生活和文化生活中的作用，致使法制建设停顿，法学研究停滞不前，一度繁荣的法学花苑在阶级斗争的暴风骤雨中急剧衰败了下来。

【观点论争】

在上述论断中，有的为后来的马克思主义者所继承和发扬，但

---

① 《毛泽东选集》（第4卷），人民出版社1991年版，第1471页。

也有的已经没有多少人会去重视和研究。例如，法的历史类型划分是否可以代替其他法律的分类？在以往的理论研究工作中，有时候是因为我们把马克思、恩格斯的论述当作圣旨一般来学习，甚至达到了顶礼膜拜的地步。世界上本来就没有什么绝对的真理，更何况理论就是在不断争辩中得以发展和进步的。马克思主义的法学思想也同样需要随着时代的发展而发展、进步而进步。

在改革开放的过程中，邓小平历史性地总结了中国及其他社会主义国家在民主和法制建设方面的经验教训，创造性地提出中国特色社会主义民主与法制理论：一是从建设中国特色社会主义的战略高度来思考民主和法制问题，又从总结历史经验和教训、防止出现大的失误、特别是避免像“文化大革命”那样的悲剧重演的高度来论述。二是明确指出，民主的法制化是指民主要纳入法制的轨道，公民依法行使民主权利，国家机关要依法保障公民权利；法制的民主化意味着：法制的各个方面及其法律运行过程都要体现民主精神。三是在比较国内外的历史经验、分析人治危害性的基础上，着力彻底解决人治与法治问题，并明确提出依靠法制治理国家的方针。四是提出法制建设要紧紧围绕着经济建设的需要进行，为经济体制改革和经济建设创造良好的法治环境，也只能以是否有利于经济建设为根本标准来评价法制工作的利弊得失；深化经济体制改革和政治体制改革是实现法治的必由之路；坚持不懈地开展立法工作，继续完善社会主义法律体系。邓小平的民主法制思想是建设中国特色社会主义理论体系一个十分重要的部分，是我国新时期社会主义民主和法制建设的指导思想，是建构中国特色社会主义法学的直接思想理论基础。

【资料检索】

早在1980年12月，邓小平就强调党和政府要学会运用法律办事：这是现在和今后发展社会主义民主、健全社会主义法制的过程中要求我们必须尽快学会处理的新课题。其后，邓小平又经常告诫全党和全国人民：中国要发展起来，要实现四个现代化，没有良好的法制环境、严明的纪律和法律、稳定的政局，就什么事情也搞不成。为此，邓小平反复强调民主法制建设是我们党和国家坚定不移的基本方针，什么时候都不能动摇。这说明邓小平是把民主法制作为社会主义的本质内容，作为建设中国特色社会主义事业的组成部分，不仅是把民主法制作为现代化建设手段，而且把民主法制作为建设中国特色社会主义的目标和基本内容。他还反复强调：民主和法制，这两个方面都应该加强，过去我们都不足。要加强民主就要加强法制，没有广泛的民主是不行的，没有健全的法制也是不行的。政治体制改革包括民主和法制，我们的民主同法制是相关联的。邓小平在《中共中央关于社会主义精神文明指导方针的决议》中指出：不要社会主义民主的法制，绝不是社会主义法制；不要社会主义法制的民主，绝不是社会主义民主。从20世纪80年代初到1992年南方讲话，邓小平不下十余次强调社会的稳定和国家的长治久安要靠法治。1980年在《党和国家领导制度的改革》这篇著名讲话中，邓小平极其深刻地指出：制度好可以使坏人无法任意横行，制度不好可以使好人无法充分做好事，甚至会走向反面。即使像毛泽东同志这样伟大的人物，也受到一些不好的制度的严重影响，以至对党对国家对他个人都造成了很大的不幸，不是说个人没有责任，而是说领导制度，组织制度问题更带有根本性、全局性、稳定性和长期性。他还从历史经验和教训的概括上指出：斯大林严重破坏社会主义法制，毛泽东同志就说过，这样的事件在英、法、美这样的西方国家不可能发生。从1988年9月后的一年之内，他四次透彻地分析人治的危险性，强调指出：如果一个党、一个国家把希望寄托在一两个人的威望上，并不很健康。那样，只要这个人有变动，就会出现不稳定。邓小平所揭示的人治必然导致难以为继、人亡政息的规律，是极富启发性的。他还提出和论证了“不搞政治运动，要遵循法制原则”。无论是解决人民内部矛盾，还是解决敌我矛盾，都要遵循法制。“人民需要一个安定团结的政治局面，对大规模的运动厌烦了”，并强调搞四个现代化一定要有两手，只有一手是不行的。所谓两手，即一手抓建设，一手抓法制。他所讲的“建设”，不仅是指经济建设，而且包括政治建设和精神文明建设，是整个现代化建设。邓小平曾经针对“法律很不完备，很多法律还没有制定出来”的现状指出，由于没有法，“往往把领导人说的话当作‘法’，不赞成领导人说的话就叫作‘违法’，领导人的话变了，‘法’也就跟着变”。

在新时期，中央提出了一系列具有重要战略意义的法学思想：(1) 要发展社会主义民主，就必须加强社会主义法治；(2) 坚持党的领导、人民当家做主、依法治国的有机统一；(3) 坚持科学、民主、依法执政；(4) 扩大人民民主，保证人民行使主权；(5) 坚持以人为本，尊重和保障人权；(6) 坚持中国特色社会主义政治发展道路。这是马克思主义法学思想在中国化进程中的集中体现。

中国在结束了两千多年的封建主义法学和1911～1949年半封建半殖民主义法学之后，取而代之的是马克思主义法学。1949年后的几十年间，中国法学走上了一条既蜿蜒曲折又不断探索法律科学奥秘的道路。以毛泽东为代表的老一辈无产阶级革命家开创了中国马克思主义法学的新篇章，以邓小平为代表的改革开放思想，探索出一条中国特色的社会主义法学理论，在这之后，相信中国人民会在新的领导人的带领下，于社会变革中不断求索，借鉴西方法学思想和中国法律文化，取其精华，去其糟粕，走出一条既与世界大同接轨，又有自己特色的法学思想的新路。

## 第二节 法学理论体系

哲学观点认为，世界上所有的事物相互之间都存在着一定的联系，完全孤立的个体是不存在的，这就为建立科学体系提供了可行性基础。所谓“体系”，是指若干有关事物相互联系、相互制约而构成的一个整体或系统，而“科学体系”则是人们关于自然、社会和思维的知识系统，这个系统可分为自然科学系统与社会科学系统，法学与哲学、经济学、政治学、社会学、伦理学等又统一构成社会科学的子系统。

法学系统是法学研究的范围和分科，使法学的各个分支学科构成一个有机联系的整体，它是随着法学作为独立学科的时代的到来才得以形成的。自古以来，人类社会不乏丰富的法学思想和法学理论，但它们都被湮没在神学、哲学等学科体系之中，如柏拉图的《理想国》、亚里士多德的《政治学》、《伦理学》都曾涉及法学的一些重要命题，而且这些内容对后世有着深远的影响，只是法学的地位仍然无法摆脱从属性或依附性的尴尬。一般认为，法学的产生要具备两个条件：一是法律实践要达到一定的程度，二是要有一批专门从事法律研究的学者群，如古罗马帝国曾出现著名的五大法学家（分别是盖尤斯、保罗、乌尔比安、伯比尼安和莫德斯梯努斯）。当然，具备了这样两个条件，并不必然催生出法学体系，只有在法学成为独立学科之后，法学体系才有可能应运而生。

中国法学体系具有以下三个特征：（1）有机的系统性特征。任何一个学科体系都是由该学科的集合群构成的，它不是学科“量”的集合或堆积，而是由构成统一系统的各个子系统的相互联系、相互作用的结果。法学体系的系统性表明法学与其所属各分支学科之间客观上存在着有机的联系。一般观点认为，理论法学与应用法学是法学的分学科系统，作为子系统，它们既有法学这一总系统的共性特征，同时又有子系统各自特有的属性，即总系统为子系统提供必要的理论前提，而子系统又从各自的角度在不断丰富和发展着总系统的整体思想，如同太阳系与银河系一样，存在着系统内部的互动联系。我们强调法学体系的有机系统性，一方面是为了系统内部上下之间的协调一致，另一方面也是为了纯洁法学知识库，把那些与法学无关的内容剔除出去。（2）结构的层次性特征。从法学体系的内部构造可以看出，子系统还可以继续细分下去，如理论法学可以被分为法理学、法律学、法治学、法史学等，而法史学还可以分为法思想史、法制度史、法文化史等，法思想史又可以分为中国法律思想史、外国法律思想史，等等。又如应用法学可以被分为比较法学、国内法学、国际法学、外国法学等。这说明每一个分支系统只要能够满足研究的需要，都可能分枝散叶，从而形成庞大而又复杂的法学结构体系，而每一个层次的划分，表明了人们对法学问题的认识在不断地深入和提高。当然，层次的划分从来都不是越细越好。在划分层次的过程中，我们发现，体系内部的协调性显得尤为重要，处理不好就会影响法学功能的正常发挥。(3) 主体的选择性特征。从目的论出发，构建法学体系是为了适应一国法治发展的实际需要，是为了满足理论研究上的对应性认识的需求。仅此而言，法学体系是主体主观选择的结果，即当法治现状发生变化、理论研究向更高层次发展时，法学体系的架构也会发生相应的改变。但是，我们也要看到问题的另一面，即法学体系应该保持相对稳定性的重要意义。从法学研究、法学教育和人才培养方面，相对稳定的法学体系将为人们提供良好的交流平台或文化语境；另外，如果过分强调法学体系的适应性，不仅会降低法学研究的理论价值，甚至会削弱法学理论对法律实践的指导意义，使法学有可能沦落为法律实践的奴仆。我国法学在历史上曾有过这方面的教训。因此，为构建学科体系而确立一定的原则是完全必要的，诸如尊重客观规律，做到合理有序等，都可以成为确立法学体系的基本原则。

【资料检索】

1. 法学学科的划分一直是学界争论不断的问题，我们按照多数人的观点把划分情况介绍如下：(1) 根据法学研究范围的不同，可以把法学分为国内法学与外国法学。(2) 根据法学研究对象的不同，可以把法学分为宪法学、刑法学、民法学、行政法学、经济法学等。(3) 根据法学研究层面的不同，可以把法学分为理论法学与应用法学。(4) 根据法学研究方法的不同，可以把法学分为比较法学、分析法学、注释法学等。(5) 根据法学研究标准的不同，可以把法学分为本体法学和边缘法学。(6) 根据法律环节的不同，可以把法学分为立法法学、司法法学、执法法学、守法法学、监督法学等。

2. 法学体系的结构是指法学体系作为一个总体由各法学学科互相配合的内在组织状态。法学学科作为法学体系的基本单位，一方面要在法学体系的框架内研究法律现象，另一方面每一学科又都有自己独特的研究领域和研究方法。当然，研究者有时为了拓展自己的研究领域，需要对事物作跨学科的研究，从而形成边缘学科，类似法哲学、法社会学、法文化学等即属于这一情形。只要研究范围没有超出法学框架，不会对法学整体结构形成冲击，学界一般会将法学边缘学科纳入法学学科范畴，作为法学研究的有益延伸。

【观点论争】

1. 当然，法学学科的划分不是一次就能完成的，多层次划分是法学研究所必需的，许多争执的意见也是出现在二次分类上。例如，刑法学可以分为中国刑法学与外国刑法学两种，中国刑法学还可以被分为本体刑法学与边缘刑法学，这就与法学研究标准出现了交叉现象。外国刑法学也所以被分为外国刑事立法学、外国刑事司法学等。这又与法律环节的划分标准相交错。其实，在学科之间出现交叉重叠情形是一种正常现象。这是因为每一个研究者所掌握的事实和材料各不相同，观察和研究的角度不同，总结和概括问题的方法和途径不同，对法学学科的划分也就难免千差万别。只要所做的划分能够符合法律现象的客观规律，符合研究者认同的习惯，而又不违背法学的基本原理，还是易于被他人所接受。

2. 法学体系的结构还应包括知识结构这一块。知识结构一般包括感性知识与理性知识两种元素。从认识论的规律来看，人们对事物的认识总是从感性上升到理性，法学理论就是在总结法律实践的基础上形成的理性知识。所以，法学知识结构中当然应当包括感性知识与理性知识两块，它们共同构成法学这一“复合知识单元”。其实，在法学研究领域，经验知识与理论知识同等重要：没有法律实践为基础，理论法学就是空洞无物的；而缺乏理论总结和指导，法律实践就会像是一只无头的苍蝇，乱飞乱窜。对于初学法学知识的人来说，这两方面的知识结构都是应当具备的。

3. 一种流行的观点认为，我国法学体系的构建要以现有的法律体系为蓝本。理由是：因为我国法学的产生依赖于法律的产生，法学体系的建立要取决于法律体系的状况，法律体系的变化必然导致法学体系的改变。我们认为，法律体系是一国以宪法为基础的所有法律部门所构成的一个有机统一的整体，从法治目的出发，法律体系的构建是为了满足国家对制度建设的需要，是国家主权的一种体现，这在一定程度上势必要影响到法学体系的构建。但是，把法律体系说成是决定或制约法学体系的内容和范围的主要因素的观点则是片面的。首先，法学体系属于意识形态的一种形式，它的历史传承方式及制度传承方式与法律体系截然不同；其次，法学体系具有超越法律体系的内容和形式，只有这样的法学体系才能对法律体系进行有益的指导；最后，法学体系是建立在理论研究与学术交流的平台上，百家争鸣、各抒己见是它的常态。而法律体系是以严谨的制度建设为平台，保证社会秩序与安全才是它的价值所在。如果用法律体系来制约法学体系，低层次的危害是让法学研究停留在注释法学的阶段，高层次的危害则是要让法学研究变得一文不值。我们的观点是：法学要本着理论服务实践的原则去指导法律实践活动，因为任何一国的法学总是以研究本国或本区域的现行法为主要内容的，但不能把法律体系简单地等同于法学体系。我们要努力消除注释法学主义对中国法学的不良影响，让法学体系真正成为法律体系的引航灯。只有这样，法学研究才能不断获取鲜活的生命源泉，法学体系才能变得更有科学研究价值。

法学分科理论有两种角度：一是从法律部门来划分，虽兼顾到法律体系，却难以涵盖理论法学；二是从认识论的角度来划分，把法学分为理论法学与应用法学两大类别或两大层次，满足了学科划分的整体性要求，得到多数学者的认同。

## 一、理论法学

理论法学是指通过对法律现象作全局的观察和综合的分析，运用逻辑推导和抽象思维的方法而建立起来的关于法的一般原则和理论框架，属于法学分科理论的第一层次。理论法学具有以下三个方面的特征：（1）理论法学是在综合观察和分析法律现象的基础上建立起来的。对这种现象的研究，经验感知固然是观察的一种方法，但它难以摆脱片面或狭隘的困窘。因为法律现象不是孤立的，它是同一定经济基础之上的其他上层建筑如政治、经济、文化、道德、宗教等现象交织在一起的；法律现象的存在与演变既具有自己所固有的特殊规律性，也具有社会现象的一般规律性。因而，对法律现象的研究还必须结合其他社会现象来进行，才能全面把握理论法学的全貌。对法律现象的观察与分析只是理论法学的浅层性研究，但却是开启理论法学研究的第一道门，因为假如没有经历这一环节，后续的理论研究也就无法进行下去。（2）理论法学注重对法学理念的抽象思维。理论法学的研究范围主要包括：法的一般原理、法的价值理论、法学与其他学科的联系等，即所有法律现象的共性问题都是经由理论法学而上升为抽象的法学理念，并用以指导具体的部门法学。（3）理论法学是对法的一般规律的高度概括。法学是以研究法律现象为主要内容的，但理论法学对法律现象的研究更关注于它的一般规律性问题。对于具体的法律现象的研究通常是由部门法学来完成的。从这一意义上说，理论法学是建立在部门法学基础之上的法学学科。经过概括的法律现象，一般带有各具体法律现象的共同特征，形成了普遍适用的规律性现象和一般的理念，并可以此作为指导各具体法学学科的基本理论。

【资料检索】

从理论法学对法律现象及其规律的研究层面来看，它主要研究各种法律现象的基本的、普遍的概念、范畴、原理和规律。它研究的范围主要有：（1）法的一般原理。其中包括法的概念、法的起源和消亡、法的本质、法的职能和功能、法的价值、法律关系、法律意识等。（2）法的价值理论。包括法的价值的概念、属性、价值冲突和价值准则。（3）法的运行原理。包括法的实效、法的实现、立法、司法、守法、法律监督等的原理、原则等。（4）法治国家理论。包括法治与人治、法制的关系，法治国家的概念与特征，法治国家的进程等。

理论法学在法学体系中居于最高理论层次，它是以法律现象的共同问题和一般规律为研究对象的学科，而科学研究的发展通常会有两种趋势：一方面是专门化的趋势，即学科越分越细，出现了对某一系统的不同因素从多方面、多角度运用多种方法进行研究的分支学科；另一方面是整体化趋势，出现了从整体上对各分支学科进行高度的综合，使各分支学科在紧密联系之中形成众多共同性理论。法学也是如此。因此，在法学的发展中，一方面出现了日益增多的分支新学科从更微观的角度研究法律现象的趋势；另一方面出现了理论法学站在更高、更广的角度研究法律现象的趋势。这两种趋势不是彼此分离的，而是相互呼应、相互促进的。但是，理论法学并非绝对独立的学科，它的发展也依赖其他法学学科的发展。理论法学要紧密联系法律现象，就必须经常从其他法学学科中获取“营养”，如应用法学往往具有较大的实际应用性质，它常常是把自己已确定的理论和方法，为理论法学的改革和进步提供丰富的材料。理论法学与应用法学、比较法学、边缘法学的关系是“一般”和“特殊”的关系；理论法学与法律史学的关系是“论”与“史”的关系。理论法学应该从应用法学、法律史学、比较法学、边缘法学中，概括出一般原理，然后又推动整个法学研究的进一步深入。

【资料检索】

理论法学在整个法学体系中占有重要的地位。它是全部法律科学的基础，它为其他法学学科提供必要的原理、原则和基本范畴。因此，理论法学所阐述的基本原理，对其他法学学科具有指导意义，是学习和研究其他法学学科的基础。任何科学如果对其基础理论的研究有所忽视，势必影响整个科学的发展。法学也不例外。无数事实证明：在法学研究中能够作出卓越贡献的，往往是不仅对具体的法学门类有深入研究，而且也对法学理论有较深造诣的法学家。

## 二、应用法学

应用法学是法学体系中具有较强针对性和实用价值的法学分支学科的总称，它以局部的、具体的法律现象作为研究对象，与法的实践有直接的关系，所处理的是直接的经验材料，具有自身特殊的基础理论、概念范畴和内在联系。应用法学是一国法学体系的主体部分。一方面，它的发展水平的高低直接关系到整个法学体系的健全和完善的程度。所以它是一国法学体系建设的核心学科之一。另一方面，它对法律实践指导最直接，最能体现法学的宗旨。因为法学在阐明法的本质、规律性和提出众多法学原理的基础上，总是致力于研究提高法律调整效果的途径，提出科学的预测，多方面地服务于法律实践。无论在法律制定和完善方面，还是在对现行法律作出解释、改进法的实施、合理利用法律技术方面，法学都应该为现实的法律实践服务。所以应用法学显得尤其重要。

在整个法学体系中，应用法学所占比重最大，是法科学生学习的重点，它主要包括三大块：（1）现实法学主要研究有关各种现行法的具体现象，这又分为国内法学和国际法学两种。在国内法学方面，主要包括宪法学、民法学、各类诉讼法学、经济法学、资源及环境保护法学等。在国际法学方面，主要包括国际公法学、国际私法学、国际经济法学、国际刑法学等，理论界对国际私法的地位有过争论，更多的意见是倾向于把它归于国内法学范畴。国际经济法学又包括国际金融法学、国际投资法学、国际海事法学、国际税法学、国际贸易法学等。（2）历史法学又称为法律史学，其研究对象是中外历史上曾经存在过的法律现象，主要包括中国法制史和外国法制史。对于中外法律思想史，我们更倾向于把它们归之于理论法学范畴，因为法律思想本身属于理论研究的范畴，与制度现象的应用性有一定的距离。（3）边缘法学的研究对象是法学同其他学科的交叉部分的现象问题，如法医学、犯罪心理学、司法物理学、司法化学等。可以肯定的是，法哲学、法社会学、法经济学、法文化学等是从研究边缘现象发展起来的学科，具有边缘性质，但在研究领域更侧重于理论性，也有学者把它归之于理论法学。这也说明法学体系的分类有其相对的一面。

【观点论争】

理论法学和应用法学的区别，主要是研究的目的和研究的方法的不同。但是，不应该由此而导致法的理论和法的实践之间的决然割裂。一方面，通过理论法学的研究，可以不断深化法学理论的研究领域，拓展它的研究半径，并且为司法与执法实践提供高品质的理论指导；反之，应用法学可以在理论法学的基础上对具体的司法与执法实际问题进行纵深研究，把不断出现的实践问题和鲜活的案例素材输送给理论法学，以提升它的解决实际问题的能力。

必须看到，法学研究的范围极其广泛，内容极为丰富，而法学体系的划分也会随着社会生活的变化和理论研究的深入而发生改变。我们在学习过程中，应当把重点放在中国现行法的理论与实践方面，同时兼顾他国的或历史上的法学知识。

## 第三节 法学毗邻学科

每一门社会科学都有自己独特的研究领域，从而构筑不同于其他学科特定的知识体系。即便如此，知识的相通性经常会打破各学科之间的樊篱，促使各学科之间需要加强联系和交流。事实上，在学科与学科之间，“鸡犬之声相闻，民至老死，不相往来”的现象是不可能长期存在的。学科间的彼此联系不仅有利于学术交流，而且也有助于我们对某一学科的深入学习。对相邻学科的了解，甚至是必要的知识储备。譬如，要想学好法学，对哲学、经济学、政治学、社会学、伦理学等学科的知识都要有所涉猎。只有这样，我们的学习才能在不断拓宽知识面的基础上进行，才能达到深入学习的目的。

### 一、法学与哲学

哲学是关于自然界、社会和思维最一般问题和规律的科学，它在社会科学领域占据着非常重要的地位。恩格斯曾经说过，哲学是时代精神的精华，一个民族如果缺少理论思维，既不可能站在时代的前列，也不可能跃居文明的顶峰。法学与哲学的联系相当密切。(1) 在社会科学的发展史上，法学曾经只是哲学的一个分支。古代的许多哲学家与思想家力图把哲学作为囊括所有学科知识的、高度抽象的科学，所以才有哲学是“科学的科学”的说法，而法学成为哲学体系中的一个组成部分也就不足为奇了。直到现在，凡是学法科的人，哲学都是他的必修课之一，由此可知哲学对法学的影响有多么深刻。(2) 法学与哲学的研究对象存在着特性与共性的重叠与交叉现象。哲学上关于自然界、社会和思维问题的研究，是站在一般事物的层面上的，是对自然界和人类社会的思维的高度抽象和概括，由此形成的知识共性对法学构成强有力的渗透。法学研究的法律现象也是社会现象的一部分，法律演变的规律也是社会发展规律的一部分，法学的研究内容不过是从特定的角度在丰富着哲学的知识。以法哲学为例，直到今天，还有人为其归属哲学或法学在打着文字官司。（3）法学理念全部来自哲学层面的反思，从古至今，莫不如此。例如，实证主义哲学产生了法学中的分析实证主义流派，哲学存在主义思潮使 20 世纪的法学出现相应的存在主义思潮，等等。马克思主义哲学在社会主义中国占据着主导地位，辩证唯物主义与历史唯物主义是指导法学思想和理论的重要基石，中国的法学研究必须遵循着这样的路线走下去。随着“实践是检验真理的唯一标准”的大讨论，解放了人们的思想，中国法学在实事求是的哲学思想的指引下得到了空前的发展。所以，哲学给予法学最大的启示在于它的抽象思维和方法论的价值。

【资料检索】

法学与哲学的联姻，或者说在哲学对法学的直接指导和影响下，产生了“法哲学”这样的一门学科。“就近代的情况而言，西方的法哲学来源于德国古典哲学。该学派的先驱者和奠基人 G. V. 莱布尼茨在《法学研究和讲授的新方法》（1667）一书中，最先使用‘法哲学’一词。但法哲学当作一个理论体系，开端于把法看成先验道德法则的‘绝对命令’的康德。继而，J. G. 费希特倡导的纯粹理性形式的法和权利学说，使法哲学又前进一步。最后，C. V. F. 黑格尔的《法哲学原理》（1821），完成法哲学体系。这本著作是西方法哲学的最高成就，迄今为止尚找不到第二本法哲学的书有它那样巨大的影响。”① 基于特殊的历史背景，我国目前习惯上是将《法理学》与《法哲学》并列使用。

【观点论争】

吕世伦教授认为，许多复杂的法理问题，若深入探究下去往往

① 吕世伦：《法哲学体系论纲》，载《中外法学》1992 年第 4 期。

就是哲学问题。当然，法学与哲学毕竟是社会科学中的两个门类，我们既不能用哲学来代替法学，亦不能用法学来代替哲学。只有客观摆正二者的位置，我们才能从各自的研究领域里获取必要的营养。

## 二、法学与经济学

经济学是研究各种经济关系、经济组织、经济活动和经济发展等经济现象的科学。社会物质资料的生产是经过四个环节完成的，即生产、交换、分配和消费，这其中的连锁关系即构成一定的经济关系，它是众多社会关系中最基本的也是最为重要的关系，而其他一切关系都是由经济关系的性质所决定的。这是因为，在各种经济现象之间存在着内在的、普遍的、必然的联系，这种联系就是经济规律。法学与经济学的关系具体表现在以下几个方面：（1）经济学所研究的经济现象同法律现象之间存在着一定的交叉关系，它们密不可分。譬如，经济组织及其活动，都同样需要法律的调整而稳定经济秩序。可以说，在现代社会，不被法律调整的经济组织及其活动几乎是不存在的。需要指出的是，法对经济现象的调控，并不说明法对经济的决定性作用，恰恰相反，法是由当时社会的经济条件所决定的。从这一角度出发，经济学对法学的指导意义也就不言自明。（2）我国现在正处于健全和发展社会主义市场经济时期，价值规律是市场经济的基本规律，是一只“看不见的手”（这是亚当·斯密在《国富论》中提出的理论），它体现着市场机制在配置和调控资源方面的作用，而尊重价值规律是对市场经济的基本要求。那么，市场经济是否应该任由价值规律来决定一切？资本主义市场经济的发展历史告诉我们，这只“看不见的手”固然具有推动整个市场朝着自由经济方向发展的巨大动力，但同时它的摧毁力量也是巨大的，由于市场固有的自发性、盲目性及其导致的人的极端的自私性，适当的国家干预是必不可少的，于是“凯恩斯主义”适时出笼。在国家通过法来影响市场经济时，法学中的一些内容也就不可避免地要被经济学所关注，在两个学科之间也就自然地出现了交叉内容，从而形成交叉学科。（3）作为交叉学科，从经济学的角度来理解法学，它对于开拓法学的研究领域、决定法学的研究方向和借鉴经济学的一些理念等方面，都将有所助益；从法学的本位角度出发，它对经济学的启示是：法学不仅要对经济行为的调控进行研究，而且对经济规律也存在着互动影响。中国市场经济的基本框架已经确立，这就需要逐步建立起与之相适应的法律体系，诸如民商法、经济法、行政法、社会法以及经济刑法等都与经济现象有着直接的联系，只有加强这一方面的法学研究，为市场经济的立法与执法提供科学的理论条件，才能保证市场经济朝着社会主义的法治经济的健康、有序和协调的方向发展。

【观点论争】

在计划经济条件下，学界以往总是将法学与经济学的关系做简单的处理，重视的是它们之间的在意识形态方面的内容，却没有去注意挖掘隐藏其中的社会性价值。只有等到要建立市场经济以后，才知道法学对市场经济、经济学的重要意义。其实，从经济学与法学的内在联系角度看，不论是计划经济还是市场经济，经济学给予法学的意义都远不止局限于此。之所以造成如此隔绝状态，更多的原因恐怕是要从我们的思想深处去寻找，其中就包括着我们对法治的态度在内。当然，上述关于法学与经济学的关系论述，更多的其实是围绕着法与经济的关系来展开的。目的只有一个，就是想让更多的人认识到研究法学与经济学之间的关系内容是多么重要。

### 三、法学与政治学

政治学是以政治现象及其发展规律为研究对象的社会科学。孙中山先生从社会学的角度提出，所谓政治是指管理众人之事。列宁也说过，政治就是参与国家事务，给国家定方向，确定国家的活动方式、任务和内容。政治的本质是阶级统治，核心是国家政权，而它的灵魂则是阶级或社会集团的利益。法学与政治学的关系主要表现在以下几个方面：（1）法学与政治学的联姻始于古希腊。亚里士多德撰写的《政治学》一书被公认为是这一领域的开山之作。此作不仅探讨了奴隶制国家的管理现象及其规律问题，而且对法律问题也作了深入分析，亚氏本身就曾研究过150多个希腊国家的政制与法律，他坚持“法治是最好的政治”的主张，源于“法是没有感情和智慧”的理念，他提出的“为政最重要的一个规律是：一切政体都应订立法制并安排它的经济体系，使执政和属官不能假借公职，营求私利”的思想，[①] 成为融合政治与法律的一条根本途径。（2）政治学主要是以研究政治关系、国家制度、政党组织、政治行为等为对象的科学。在法治社会里，其所有的研究对象同法律都有着密切的联系。以政治关系为例，公民与政府之间在选举或行政管理过程中发生的关系即属于政治实体在政治生活中结成的相互关系，这些关系分别要由选举法、行政法等来规范和调整；又如国家制度，法律往大的方面说，就是国家制度的一部分，而且是主要的国家制度。宪法即为一国的根本制度，类似国家的政体制与结构制等本身都是宪法的核心内容。无怪乎苏联会将法学基础理论说成是国家与法理论。这说明法学与政治学在研究内容方面存在着太多的交叉和重叠现象。在美国，宪法学和行政法学就属政治学学科。（3）以政治学的眼光看待法律现象，使法学获得了鲜明的政治本色，对法的本质认识将更加深入；而以法学的眼光看待政治现象，使政治学有机会淡化“阶级斗争”的色彩，转而向法治社会迈进。这就是政治学给予法学最大的启示。我们需要克服把法律当作政治的玩偶，甚至把政治学凌驾于法学之上。在社会主义法治理念中提到的“党的领导”，就说明了法治建设需要强有力的政治保证；而从管理国家的大局出发，法不应当成为政治的工具。当依法

① ［古希腊］亚里士多德著：《政治学》，商务印书馆1983年版，第269页。

治国成为基本国策时，就说明了法对政治的作用同样也是巨大的。政治学研究的主要对象是国家权力，它更多的是从政治管理的角度提出的。诸如什么样的政权组织形式最有利于什么样的阶级来掌握国家政权，什么样的国家结构最有利于什么样的阶级来行使国家政权，等等；而法学也研究权力问题，但是法学会将政治权力作为可资倚赖的对象和需要受到限制的内容来研究，二者的角度有所不同。只是在共同的意识形态和社会条件下，这两门学科的理论基础不会有太大的差异。

【观点论争】

当前，我国政治体制改革正在向着纵深的方向发展，缺少制约机制的权力已经成为滋生政治腐败的主要原因。权力寻租、权钱交易等现象破坏了市场经济体制下的公平竞争，高度集权的行政体制和公务员的官僚主义作风损害了政府形象，也降低了政府的权威，所有这些都是政治学和法学所共同面临的现实课题。在法治社会里，防治政府腐败的主要渠道就是依法治权和依法监督，对政府权力的行使进行有效控制和监督，用法律的手段保证政治的稳定和效率。对于政治与法律的未来而言，政治时代正在将人类推入无政治境界，政治时代的繁荣将创造出形成无政治时代的条件。而在此之前，法学与政治学还有许多的事要做，许多的路要走。

### 四、法学与社会学

社会学是人们使用现代思维方式与技术手段研究社会关系的一门科学，它力求对人类自身社会生活中各种相互关系的发生、运行及其客观机制进行精确的分析与预测。这一概念与孔德当初在《实证哲学教程》中提出的社会学的命题相去甚远。他认为，社会学是关于社会现象根本原则的实证研究，是对整个社会科学进行研究，其中包括经济学、政治学、法学等，后来这些学科已从中分离出去，社会学也就成了如上所述的狭义概念。法学与社会学的关系主要表现为：（1）把法学说成是社会学的一个分学科，是对社会学的一种误读。法国的奥古斯特·孔德（1798～1857）在创立"社会物理学"（后改为社会学）时，是想建立一门以实证方法来研究社会现象的基本规律的独立学科。在他眼里，法不过是社会制度的一部分，但他从来没有想过要把法学变成社会学的一个学科。英国的赦伯特·斯宾塞（1820～1903）在社会学方面的贡献更是超越了前辈，而他也只是从社会有机体论与社会进化论的角度对社会制度进行研究。这说明把法学归于社会学的说法是不能成立的。（2）法学与社会学在研究对象上出现交叉现象。"从某种意义上说，法学和社会学作为知识学科和专业性活动形式在研究范围上有其相似之处，而在目的、方法上却截然相反。法律作为一门学科，用各种规则来详尽阐明政府统治的实用权术，它的内容是命令性和技巧性的；社会学则对社会现象进行科学的研究，它主要是解释加描述。法学家本质上是社会关系调节器的代理人，而社会学家相对来说却是一个比较自由的旁观者"。[①] 社会学是现代思维方式与技术手段对整个社会现象进行研究，这其中也包括法律现象在内。所不同的是，社会学对法的认识主要是以社会系统的眼光来观察和分析。而同样的课题到了法学领域就会变成：法的生成要受到国家意志力、社会物质生活条件及其他因素的影响，不能随心所欲，但又有一定的能动性作用。因此，法学与社会学在内容上的这种交叉关系，并不会影响它们在各自研究领域方面的发展。（3）社会学研究对法学的贡献主要集中在社会关系与社会控制两大方面。社会学关于社会关系的研究主要是从个体与个体、个体与群体之间的互动关系来展开的，是一般性质的社会关系；而法学研究的社会关系则是专指法律调整的那一部分社会关系，是特殊的社会关系，以此而言，二者不过是一般与特殊的关系。从社会控制的角度出发，社会

① ［英］罗杰·科特威尔著：《法律社会学导论》，华夏出版社 1989 年版，第5页。

学研究的是以系统控制论为基础的社会调控体系，在这一方面，法学的研究则主要是从制度学的角度来展开的，二者之间也存在着一定的交叉关系。法学与社会学的最佳结合就是法社会学的产生。作为一门边缘学科，法社会学坚持着自己独特的研究视角，即以社会学的观点观察和分析法的各种社会现象及其发展规律，使人们有机会看到既有别于法学与社会学，但又与之相互联系的全新的知识体系，研究的广度和深度也因此得到全面的改观。

【资料检索】

1. 关于社会主义立法过程要受到社会因素的影响，主要是指：(1) 社会利益矛盾或冲突的状态；(2) 政党组织对立法工作关切和尊重的程度；(3) 社会成员所拥有的民主意识与民主权利的实际情况。

2. 美国的 E. A. 罗斯把法律也看作社会控制的一种手段，他坚持说："法律的社会职能不在于使犯罪痛苦而在于阻止作恶……如果许多人中有一个恶棍无所顾忌地侵害别人，那么社会控制的更高方式就将遭到破坏……因此，在某个特定的时期，无论法律是怎样一个微不足道的压制老百姓的角色，它仍然是社会秩序大厦的基石"。①

## 五、法学与伦理学

伦理学是指通过对道德现象的全面研究，发现道德关系中的种种矛盾，从而揭示出道德的本质、作用和发展的规律性的科学。道德具有向社会生活各个不同领域渗透的本领，这使得道德关系的触角很容易就伸到了法学领域中来，所以才会出现"法与道德的关系可以说是法学的永恒主题"一说。法学与伦理学的关系十分密

① ［美］E. A. 罗斯著：《社会控制》，华夏出版社 1989 年版，第 95 页。

切，具体表现为：(1) 法与道德同属于上层建筑的意识形态领域，它们都是由特定的社会物质生活条件所决定的，这在很大程度上决定了它们具有相同的基本原则和服务方向。在法的精神领域贯穿着道德的思想，而道德规范又借助法的力量达成调整道德关系的目的。譬如，“路不拾遗”在今天看来不过是一种道德行为，而在当年却是依靠法的暴行才得以养成的，真可谓“仁义礼乐者，皆出于法”也。作为社会控制的有效方法，法与道德相伴相随几千年，始终不离不弃，引得无数中外法学家、伦理学家围绕着它们的关系不断提出并阐释着新的命题。(2) 伦理学关于道德范畴的研究并不都是抽象的，道德思想与行为的善恶观往往会在社会生活中现实性地展现出来，这与法学独有的实践性不谋而合。于是，二者难免会出现纷争，诸如法与理、法与情之争就经常发生。中国于 20 世纪 90 年代中后期提出建设社会主义法治国家的宏伟目标，之后不久又深感在社会主义市场经济条件下如果只提“法治”而不讲“德治”，则未免有失偏颇，于是“法治”与“德法”又成了管理国家的两套马车，只是孰轻孰重，谁主谁辅却没有个定论。我们认为，中国是个人口大国，各地的社会发展情况极不平衡，这些在很大程度上加剧了社会管理的难度。因此，加强制度建设，靠法治才是治国的首选。但是，我们不能把社会主义道德建设丢掉，要知道守法与执法的基础都是源于道德的本性。而且，“德治”还是构建和谐社会的重要途径。所以，不论是法学还是伦理学，都要重视对法治与德治的研究。(3) 伦理学关于道德关系的研究，为深入学习法律关系打下基础。一般来说，道德规范所调整的社会关系比起法律更加广泛，有些道德规范调整的社会关系，法律规范就不一定调整。反之，法律规范调整的社会关系，必是道德规范亦可调整的。如男女之间的恋爱关系，只属道德层面调整，不会上升到法律的高度；而婚姻关系则属于法律层面调整，但它与道德规范密切相关。同样地，法学关于权利与义务关系的研究，亦为深入了解道德义务提供了参照物，并由此揭示出它们相同的价值理念。

【观点论争】

1. “欠债还钱”是中国历经千年传承下来的古训，而在现代，过了诉讼时效的债权就可能不被法律所支持；又如，重婚构成犯罪这是刑法规定的，如果配偶一方是在受虐之下离家出走又与他人结婚的，可能不会按犯罪处治，即“法不循情而情可原”。所有这些都体现了道德与法的价值的多元性特征，因为它们之间无法做到一一对应，冲突也就在所难免了。

2. 法的公正性理念是从无数的权利与义务的平等关系中抽象出来的，而道德是只讲义务不讲权利的，它体现的是人性中善的理念，虽然法与道德的侧重点不尽相同，但它们在更高的层面上却取得了一致性。因为追求公正也是一种善的理念，履行道义虽然不以权利为依托，但它却使人们在行善之后获得极大的心理满足，这就是最大的回报。

3. 伦理学给予法学的启示在于：(1) 法不是万能的；(2) 法不要轻易踏入私权的领地；(3) 法学研究的每一个范畴都能看到伦理道德的影子。关于法律与道德的话题无穷无尽，它们之间的相互渗透，为提升法律伦理主义与法律人文精神创造了有利的条件。我们希望道德的感性与法的理性能在互动中融为一体，成为一股不断涌动的时代潮流，共同把法学与伦理学的研究推向新的高度。

【思考题】

1. 读西方法学的历史，就如同站在巨人的肩膀上与历史对话。我们会从中学到些什么？是古希腊人的法哲学思想，还是古罗马人对法律事务孜孜追求的精神？

2. 你认为在中国古代法学思想中有哪些内容时至今日仍然散发着迷人的光彩？伦理化的法律与纯粹的法律技术相比，哪一种更能够符合现代人的要求？

3. “尽管法学传统可以上溯至商周之际和春秋战国时代，但漫长的封建社会一直以来就没有发展起学术意味的法学思想。西方法学思想于近代开始陆续输入，使民国时期留下了较为丰富的法学遗产。然而，新中国成立之初，由于治国方略上对政策的重视和对法律的忽视，导致了法学思想的一度衰微。”① 你对此做何评价？兼评你对法学的现代化的看法。

4. 把法学分为应用法学与理论法学两类进行研究，是学者基于实用主义的想法，还是这样做的确有他的道理？你认为应用法学要比理论法学更有价值吗？

5. 当法学从哲学的大家庭中“离家出走”之后，它真的就可以从此摆脱哲学的影响？在哲学的世界里，是否真的存在着法学的基因？

6. “法官不能够直接去创造社会的经济效益，但是经济秩序的维护却离不开法官的参与”。对这句话，请你从法学的角度展开分析。

7. “政治与法”曾经是中国土地上最为铁杆的关系：政治学没有不研究法律本质的，法学也没有不讲到政治现象的。你对这种学术现象是怎么理解的？

8. 法对社会的贡献是实现社会控制的目的。但是，法学对社会学或社会学对法学的贡献又是什么？又该是什么？

9. 至今伦理法的思想在我国台湾地区、新加坡、韩国等地仍具有相当的影响力。你认为中国人的今天是否还需要这样的伦理法？法律伦理学能否给出一个明确的答案？

---

① 李道军著：《法学导论》，山东大学出版社 2004 年版，第 18 页。

# 第三章　法学申论

【内容摘要】在构建整个法学体系的过程中，法总是以零星的、片段的、偶然的面目展示于人。但这些都是法的外部特征，法学的任务就是要去总结在法律实践中呈现出来的带有规律性特征的现象。生活中，法的现象总是较为容易被人们所了解和熟悉，这也符合人类认识外部世界的观点；而当这些现象呈现出一定的规律性特征并有迹可循时，人们就可以从中发现法的本质问题，这也说明了法的本质问题不是先验的结果。法的现象可以从三个方面展开分析：从历史的纵向看，法呈现的是一种时间流程，其中有各个时期的立法制度或者具体措施，也有的是对经验和教训的梳理。我们可以从现有的考古成果以及现存的社会样本进行追寻。从社会的横向看，法更多的是以思想、理论或制度的形态与其他社会现象进行不断的交互作用。这样一来，我们就有机会从它与其他社会现象之间的互动关系的角度进行分析；从法的本体角度看，法本身就是一个动态结构，在立法、司法、执法和守法等方面，其实都存在着价值与功能的互动关系。我们可以通过分解它们的这一关系，从而了解到法的内在价值。相信通过如此全方位的“围题”与“解题”，法的本质问题终将逐一显露出来。

## 第一节　法的历史现象

人类的历史几乎与法是相伴随的。从蒙昧社会、野蛮社会再到文明社会的发展，都能够清晰地看到法的影子。所不同的是，由于人们是从各自的角度出发来认识法，得出的结论也就大相径庭。在中国，最典型的两种观点分别是：一是从阶级斗争的角度出发，把法说成是阶级、国家矛盾的产物。这曾经是占据统治地位的主流观点。在这样的观点指导下，通常是将法按照历史类型进行划分，有奴隶制法、封建制法、资本主义法和社会主义法等。二是从本源意义上来理解法，把法看作人类用以管理社会秩序的一种范式，不作阶级划分。在这样的观点指导下进行“断代法”的研究，可能会出现多种标准。其中把法看作人类文明进化的产物的观点，则会选择按照恩格斯提出的蒙昧社会的法、野蛮社会的法与文明社会的法作为划分标准。我们认为，这两种观点并未相互冲突，不过是“横看成岭侧成峰”而已。

【观点论争】

根据社会财产所有制的归属进行历史断代，进而提出历史类型的划分标准，曾经是苏联与中国法学界所公认的权威依据。但是，这样的划分存在着以下种种困惑：第一，如果把法局限于国家的范畴，则如何正确看待原始社会存在着法的事实。第二，如果承认法不是在瞬间出现的，那又该如何去理解“渐变”的过程。第三，如果只承认国家法的存在而否定社会法的意义，市民社会还有存在的必要吗？第四，如果把法局限于阶级的范畴，那么在未来的共产主义社会里，难道可以不用法了吗？或者只是称谓上的改变而已？第五，法的继承性是客观存在着的。如果否认了法从内容到形式的延续性，难道国家法可以是在“虚无”中产生的吗？依照这样的逻辑进行推理，还可以提出许多难以解答的问题。实际上，如何对法进行分类或断代并不重要，重要的在于我们如何看待历史事实、如何看待法在人们心目中的地位。

## 一、远古社会法

法国古生物学家德日进说过，过去已经向我显示如何建设未来。而这是因为历史通常被看作一张无接缝的网。我们没有权利、更不能允许去肆意地割断历史。同理，法的历史现象不能只是从国家部分讲起，因为在国家出现以前的原始社会里，人类社会事实上就已经存在着各种各样的法的现象，譬如习惯、习俗、教义、禁忌等，我们姑且把这一部分的法的形式称之为远古法。

任何形态的社会都需要通过一定的组织和规范来调整和控制人们的行为和社会关系。原始社会的组织是以血缘为基础的氏族，原始规范主要是氏族习惯。原始社会的社会组织和社会规范是同原始社会的生产力低下的状况相适应的。因为当时的生产方式决定了他们还不可能从氏族成员中分化出专门从事管理的人员及其机构。社会没有剩余产品，也就没有了关于剩余产品的交换，因而也没有利益差别。社会规范不可能反映什么权利和义务。与生产力相适应的，人们的智力发展水平还达不到能自觉地制定某种行为规范用以调整相互间关系的程度。

人类最初的法（指社会法部分）就脱胎于原始氏族规范，因而法与原始规范有着源流的联系，或者说原始习惯就是原始社会的法。这种法又成为后来制定法的最初胚胎。如果从社会学的角度来看待法律，我们会发现，其实由立法者制定的法律只是占了整个法律体系的一部分而不是全部。为此，英国的冯·哈耶克在他的《法律、立法与自由》一书中，曾经进行了专门的论述。他还告诫说，不要使用教条主义的观点去认识法的定义。当然，法的演变主要取决于生产力发展的水平，是生产力的发展才促使氏族组织演变为国家，氏族规范演变为国家法。氏族规范和国家法之间在实施保证、规范内容、调整范围等方面存在许多区别，比如原始规范的实施主要依靠人们内心信念、习惯、氏族首领的威信，而国家法主要依靠国家强制力来实施；原始规范中没有权利和义务之分，而国家法却有了权利和义务的区分；原始规范以血缘关系为基础而建立社会秩序，其调整范围也以血缘关系为界，而国家法是以国家主权为基础来建立社会秩序，因而其调整范围是以国家主权所及的地域为界限。

不同地区、不同民族、不同种族和不同国家的法的产生过程虽然有自己的特点，但又具有一些共同的规律：（1）国家法跟随生产力发展进程渐变的规律。国家法的起源不是突变式的，它经历了从量变到质变的过程。从氏族规范到法律之所以要经历如此漫长的演变过程，是由生产力发展的艰巨性决定的。生产工具的改进提高了劳动生产率，并使产品有了剩余，为产品交换和剥削他人劳动提供了可能；社会分工的发展使经常性的交换成为可能和必要，也促使私有制出现了——使用奴隶进行生产成为增加私有财产的重要手段；社会分工还促使婚姻形态发生变化，出现了以父权为基础的个体家庭，并促成了氏族结构的解体，为国家的出现提供了条件。与此相适应的，氏族规范已不能适应变化了的社会关系和社会活动，一种新型的社会规范——国家法历史性地出现在了人类社会的舞台上。（2）国家法与国家同步产生的规律。法与国家就像一对孪生子，它们基于同一原因、同一条件、同一发展趋势而产生。随着社会结构的变化，氏族首领逐渐脱离生产，并利用自己手中的职权，把氏族管理机关由公众选举产生变为世袭的维护奴隶主阶级利益的特殊机关。阶级矛盾的不可调和与对抗，促使氏族管理机关中产生诸如军队、法庭、监狱、警察等暴力机构，社会公共权力的管辖范围逐渐由家族血缘关系变为了地缘政治关系。同时，统治者在氏族规范的基础上渗入了阶级性的内容，开始按照财产的多少来确认不同等级的人享有不同的权利。当氏族规范完全不能适应情势时，就制定了一些新的习惯法，这些新的习惯法再不是以氏族组织的名义，而是以国家的面目出现。（3）国家法与宗教、道德从融合到分化的规律。原始社会的氏族规范的一大特点是它与宗教、道德、习俗、禁忌等社会规范混沌一体，呈胶着状态，人们无法区分哪些是氏族规范、哪些是宗教、哪些是道德，事实上，氏族规范就是道德规范、宗教规范等社会规范的结合体。最初的不成熟意义上的习惯法，也是同宗教、道德融为一体的。但是，氏族规范同法律之间毕竟有着功能、性质、结构、调整方式等方面的区别，原有的规范已经不能适应社会现实的需要。所以，法在某种意义上可以说是在与道德、宗教相分化之后的原始规范。这种分化的标志是法被自觉制定并对社会关系自觉调整的。法的这种自觉调整不同于氏族规范（宗教、道德）的自发调整，它包含了太多的立法者的主观意志。

从以上的分析中，我们可以很清晰地看到，远古法具有这样一些特点：（1）远古法是经由原始社会的初民在长期的社会生产和社会生活中自发形成的，是人们为了保证群居生活的秩序而建立起来的法形式；（2）远古法是以口口相传的方式得以延续下来，并且有一部分内容被后来的国家法所承袭；（3）远古法主要是依靠初民的自觉遵守与族长的权威来维系，其中的血亲与宗亲关系是远古法的主要调整对象；（4）远古法在内容上没有出现类似后来国家法那样的权利与义务的概念，这或许与早期的公平思想是分不开的；（5）远古法在执行环节没有出现类似国家法那样的独立机构与人员，公判大会与集体执行是其中最为常见的形式，罗马古谚："不说实话者用石头砸。"谁来砸？当然是全体社会成员。

【资料检索】

中国境内的独龙族人口数据1990年全国普查只有5816人，主要聚居在云南省怒江州贡山县独龙河两岸，至今信仰万物有灵，崇拜自然，相信人死后会有鬼魂存在。1949年前，其耕地分为火山地、手挖地、水冬瓜树地和园地，基本上沿袭了刀耕火种时代的习惯；狩猎、捕鱼的收获要平分给各户，否则会被认为是可耻的；实行外族通婚，一夫一妻制为基本状态，但也有类似"妻姐妹婚"（某男娶某家长女为妻，可以先后或同时娶妻妹为妻，除非他表示不娶，否则别人不得娶其妻妹）和"转房制"（寡妇有嫁给亡夫之兄弟为妻，而亡夫之兄弟亦有娶她为妻的义务）的习俗；对偷盗，由族长调解，如调解失败，可进行"神判"。对斗殴，实行赔偿实物作为惩罚。对男女奸情，只处罚男方，赔"洗脸钱"；在禁忌方面，妇有孕则不得触碰男子之弩弓、刀剑等物，产妇分娩要到附近的山洞去，产后100天不得夫妻同房，等等。所有这些习俗都说明，少数民族原始习惯法都承袭于原始习惯，是全族成员在长期的生产、生活和社会交往中共同确认和信守的行为规范，其目的主要是维护全族利益，带有浓厚的自治色彩；而且，它还以大量的事实说明了在原始社会就已经存在着法律。① 所不同的是，原始社会的法更多的是以社会法的形式出现，而在国家形态出现以后，法的性质就不可避免地带上了国家色彩，我们以后所说的法律通常指的就是国家法形式。

【观点论争】

1. 法律产生的标志是：(1) 权利与义务的分离。原始社会是以血亲关系为基础来完成宗法体制，其中不存在权利与义务的分别，在他们的头脑中也没有树立起这样的观念，完全是模糊一团；而权利与义务的分离却是构成法律关系的前提条件，是确立人们社会地位、行为规则的基本要素。(2) 借助第三方的力量有步骤地居间调停。原始社会是以私力救济的方式来解决氏族内部以及与外族之间的纠纷，决斗或战争成为当时的主要选项。因此，在处理纠纷时，在其内部尚有族长一类的权威作用，而在对外关系上，却没有更高一级的权威机构负责处置纠纷。法律产生的标志之一就是权威机构有步骤地解决矛盾，使得双方对处理结果都能够信服。(3) 处置程序的提出与固定化。原始社会在处置纠纷时也存在着简单的程序——公议、决断与执行，因为没有私欲，所以也就无所谓正当与否；在人们内心深处出现了私欲之后，简单的程序已经不能满足大家对公平的期待，又加上在处理纠纷时没有做任何的职能

---

① 王学辉著：《从禁忌习惯到法起源运动》，法律出版社1998年版，第92~100页。

分工，因为欠缺程序上的正当性特征而有可能失去其权威性。诉讼与裁判程序的出现也就成为了法律产生的标志之一。当上述三个标志完全具备时，法律产生的过程就基本完成了。

2. 各民族关于法的起源的说法是各不相同的。有的认为“法起于兵”，所谓“大刑用甲兵，其次用斧钺，中刑用刀锯，其次用钻凿，薄刑用鞭朴。”指最重的刑罚是实行军事讨伐，兴师问罪。还有的认为，“法源自礼”，礼原来是祭祀的器具，后来公祭的酒也叫礼，再后来指一切祭祀活动。在“周公制礼”之后，礼就成为了最大的法。又有的认为“法衍于教”，宗教戒律是最早的行为准则，而在早期的原始社会是无一民族不信教。直到今天，还有的民族既全民信教，又把宗教作为行为规范。最后有的认为，“法兴于讼”，因为有人争斗，就要有解决争斗的办法。原始社会的习惯中就有许多内容是用来解决纠纷的。

3. 人不能无群，有群斯有争，有争斯有讼，争讼不已，人民将失其治安。①

## 二、古代国家法

英国学者梅英所称之古代法是把原始规范包含在内，与我们这里所称的古代国家法是有分别的。因为按照马克思主义的法学观点，古代国家法是指奴隶制与封建制国家的法律，它们是在私有制、阶级、国家出现以后才产生的，带有明显的国家性质。

【资料检索】

英国学者梅英在《古代法》一书中这样说过：如果我们能通过任何方法，断定法律概念的早期形式，这将对我们有无限的价值，这些基本观念对于法学家，真像原始地壳对于地质学家一样的

① 沈家本著：《历代刑法考》，第2235页。

可贵。在这些观念中，可能含有法律在后来表现其自己的一切形式。

远在公元前40世纪末到公元前20世纪就出现了一些奴隶制国家，如埃及、巴比伦、印度、中国、亚述、波斯、赫梯等。这些奴隶制国家都存在过自己的法。古埃及的法老（君主）的命令就是法的主要渊源。古巴比伦法的代表是公元前18世纪的《汉穆拉比法典》，它是世界上迄今为止基本上完整保留下来的最早的成文法典。古印度法来源于婆罗门教法，最早以《吠陀》为经典。公元前2世纪至公元2世纪之间完成的《摩奴法典》是古印度法中最具代表性的。中国古代奴隶制法大约出现在公元前21世纪至公元前11世纪的夏商王朝。西周穆王令吕侯制定“吕刑”，逐渐形成比较系统的中国奴隶制法统。西方奴隶制法的出现要比东方晚很多世纪，其主要代表是古希腊法和古罗马法。古希腊法是公元前7世纪至公元前6世纪开始出现的古希腊各城邦国家的奴隶制法的总称，其中具有代表性的是实行民主政体的雅典和实行贵族政体的斯巴达两个城邦。雅典法是通过民众大会颁布和废除的，主要形式是成文法。斯巴达城邦的法是以习惯法为主，成文法极少。古罗马法是指罗马奴隶制国家开始形成直至公元6世纪查士丁尼立法这1000余年历史间的罗马奴隶制的法。公元前449年的《十二铜表法》是古罗马以原始习惯法为基础制定的第一部成文法。[①] 公元6世纪东罗马皇帝查士丁尼时期进行了大规模的立法活动，出现了《国法大全》，即《查士丁尼民法大全》，这是反映简单商品经济关系的、对后世产生巨大影响的一部完备的奴隶制法文献。

【资料检索】

1.《汉穆拉比法典》是公元前18世纪古巴比伦国家制定的楔

---

① 据徐国栋教授考证，此处所说《十二铜表法》并非刻于铜柱之上，严格意义上应称之为《十二表法》。

形文字的法律，法典正文共有 282 条，由序言、正文和结语三个部分组成。其基本内容包括：社会结构与等级、财产权制度、婚姻家庭和继承、债权制度、刑法与刑诉法等。它的特点是：严格维护君主专制、强调国家主义、大量保留原始习惯法、采取诸法合体等。从这样一部世俗法中，能够让后人感受到3000 年前东方两河流域苏美尔人的智慧。

2.《摩奴法典》（又译《摩奴法论》）是印度古老的综合性文献汇编，包括宗教、哲学、伦理、政治、经济、军事、外交和法律等内容，其中法律占比为 1/4。《摩奴法典》相传是由梵天之子摩奴所制，形成时间约在公元前 2 世纪至公元 2 世纪之间。《摩奴法典》共有 12 章，2684 条。前半部分以婆罗门为主要对象论述印度教徒一生 4 个阶段（梵行期、家居期、林栖期和遁世期）的行为规范；它的后半部分着重论述国王的行为规范。《摩奴法典》自产生以后，即成为印度法的重要渊源，虽然后来曾经遭受到伊斯兰法和英国普通法的挑战，但是在印度教徒中，其私法内容仍然被广泛使用；它在东南亚地区各国的影响也不可小觑，并且成为了以《摩奴法典》为基础的印度法系。

3. 罗马法有广义与狭义两种解释，广义指罗马城邦从公元前 6 世纪末共和制开始，至 1453 年东罗马灭亡为止所颁布的全部法律，狭义指《查士丁尼民法大全》。罗马法直接的思想渊源为斯多葛学派的自然法理念，如平等、民主、自然正义等，它的法律渊源则是公元前 449 年颁布的《十二铜表法》。在罗马法形成和发展时期，市民法给法学家的解释和适用活动带来了生机，裁判官及有权者的“告示”是罗马法制得以建立的重要因素，因为没有他们的“创造”，万民法及罗马私法将难以完善，而大规模的法典编纂，也使得罗马法成为高度发达的古代法制典范，成为了全人类当之无愧的法律瑰宝。

封建制法是继奴隶制法之后的另一种剥削者类型的法。世界上绝大多数国家都经历过封建制社会，中国是进入封建社会最早的国家之一，封建制法延续了二千余年。战国初期，魏相李悝的《法经》是中国历史上第一部较系统的封建制法典。秦汉以后的历代都有统一系统的法典，其中唐律以其体系严谨、内容详备、风格成熟的特点成为中国封建制法的典范，不仅影响唐代以后的各个王朝，成为后世中国法的蓝本，而且为当时邻近中国边界的朝鲜、日本、越南等国所效仿，形成了独具东亚特色的中华法系。与中国法为代表的东方法相对应，西方法也有着自己的发展历史。封建社会的欧洲多种法律并存，如地方习惯法、罗马法、教会法、城市的商法以及国王的敕令等。它们呈互相交错、互相渗透、互相矛盾和互相排斥的复杂关系。在不同时期不同国家，各种法的地位也有所不同，但一般都经历了由分散的地方习惯法向全国统一的成文法的发展过程。如法国在几百年的时间内没有统一的法，到中世纪中期，才编纂成了《诺曼底大习惯法》、《博韦习惯法集》等成文法。大约在公元12世纪开始，罗马法在欧洲大陆复兴，由于王权的加强，加上教会法地位的提高和商法的兴起，国王敕令、罗马法和成文法的地位得到提高，为以后大陆法系的形成奠定了基础。11世纪，英国自遭受诺曼底人入侵后，走上了与欧洲大陆法不同的发展道路。英国国王通过王室法官的巡回审判，有选择地适用地方习惯法，形成了普遍适用于英格兰全境的判例法，故称“普通法”，在16世纪时创立了作为普通法之补充的“衡平法”，两者构成了英国法的主要部分，为英国法系的发展打下了基础。阿拉伯地区的封建制国家实行“政教合一”政治，伊斯兰教义（主要包括《古兰经》、《圣训》）等同于国家法，被称为“伊斯兰法”，形成具有宗教特色的阿拉伯法系。

【资料检索】

1. 李悝（约公元前455～前395年），《法经》作者，战国时期的魏国人，曾经官拜魏文侯师，主持变法。《法经》共有6篇：盗法、贼罚、囚法、捕法、杂法、具法。因为他认为，“王者之政，莫急于盗贼”，因此将此二篇置于篇首。《法经》从其内容看，是一部以刑法为主、兼具诸法的法典。在历史上，商鞅携《法经》到秦国助秦孝公变法，改法为律；秦统一中国后，成为全国性法典，并且被西汉初期的萧何所沿用，新增三章“兴律、厩律和户律”，制成《九章律》。其后，历朝历代相继沿用《九章律》，直至清朝。期间，多有修改、补充，但是，其原创的知识产权应当归于李悝之《法经》，当属无疑。

2. 教会法泛指罗马天主教、东正教以及基督教的其他一些教派的各种法规，又称寺院法、宗规法，在法学著作中则通常专指中世纪罗马天主教的法律。在西欧中世纪，天主教会是封建制度的社会支柱和国际中心，在经济上、政治上和思想上形成巨大的统治力量。教会与世俗政权之间经常发生权力之争，但又互相配合，以维护封建统治。正是在这一形势下，以基督教神学为思想基础，吸收了若干罗马法原则而形成了教会法，它既适用于教会事务，也适用于许多世俗事务，是西欧中世纪的一种重要法律。

比较奴隶制法与封建制法之间的异同点，不难发现，奴隶制法根源于奴隶社会的经济基础，体现的是奴隶主阶级的意志，严格维护奴隶制经济基础，特别是严格维护奴隶主阶级对生产资料和对奴隶的所有制，确认奴隶主阶级在政治和思想方面的统治；而封建制是封建地主阶级意志的体现，它确认和维护封建地主阶级在政治、经济和思想上统治地位，二者在特征上具有某些共性，如果仔细区分也还是有一些不同，这一点从它们之间的历史更替中也可以得到反映：（1）从极端的野蛮性到残酷刑罚的系统化。奴隶制法的野蛮性表现在对人类尊严的极端蔑视上，甚至于奴隶根本不被当作人来看待，运用极端残酷的刑罚摧残人的身体。封建制法虽然革除了奴隶制时代的一些肉刑，但仍然极为残酷，表现为罪名与刑种繁多，施刑泛滥、残酷。这种残酷的刑罚通过系统的法律加以确认，使之更为合法化、权威化。（2）从公开的特权性到特权关系的制度化。奴隶制法除了将奴隶视为财产之外，公开规定不同等级的人有不同的法律地位，从权利义务分配到违法犯罪的惩罚，都按社会等级的不同存在明显差异。封建制法以法律的权威形式赋予不同等级的人以不同的地位，从而为上层等级带来各级特权。这种制度化了的特权关系在中国法中，表现为特权世袭的“恩荫制”，司法区别对待八种人的“八议”制度，等等。在西欧法律里，人被分为三等，即贵族、僧侣和第三等级，他们不但权利义务不平等，而且在司法上的标准也不同，实行同罪不同罚。（3）从原始的残余性到法律的神秘化。奴隶社会从原始社会脱胎而来，原始氏族习惯的某种痕迹不可能立即消失。如土地制度的国有或公有，法律形式的不成文性，刑罚的同态复仇和血亲复仇等。在东西方封建制法里，法的程序十分受重视，因为程序有助于建立法的权威，但这是一种专制、神秘的淫威。从立法到司法，程序是不公开的，而且还有意识地把法律和愚昧的宗教迷信相结合，来欺骗平民百姓，尤其在欧洲封建制法上更为突出，如中世纪西欧通过宗教裁判所进行的神判活动。

【资料检索】

“八议制”源于《周礼》之“八辟制”，曹魏《新律》将其入典，主要是贯彻儒家“刑不上大夫”的主张，内容主要是指对“亲、故、贤、能、功、贵、勤、宾”八种人，其犯死罪时可予特殊对待。

### 三、近代资本主义法

近代法是在社会经济条件发生根本转变的过程中产生的，即在封建社会的中后期，萌生出带有资本主义性质的商品经济，它最初是在封建社会内部自发地产生并逐渐成长的。到了17～18世纪，资本主义的生产关系逐步替代封建经济关系，成为具有普遍性并占重要地位的经济关系，新兴的资产阶级在经济和政治上也日益强大，他们为了争取更大的经济活动空间，就需要在政治舞台上有更多的话语权，于是在一批资产阶级思想精英的鼓动下，提出了“人权”、“平等”、“自由”、“民主”等口号，社会利益的冲突最终导致资产阶级的革命，而在取得革命成功之后，建立了资产阶级国家政权并制定了相应的法。当然，在这一过程中，不同的国家的法的产生和发展也不尽相同。

【资料检索】

1. 在国家产生之前，市民社会就已经存在；而在国家产生之后，市民社会的原有职能有很大一部分就让位于国家，市民社会的“法”就变成了国家的法。但是，市民社会并不因为国家的出现或不断更迭而彻底地退出历史舞台。在国家与法之间的关系中，我们依稀还会看见市民社会的“法”在或多或少地发挥其特有的影响和作用。今天我们所说的市民社会，其实主要是指资本主义的经济关系或其社会类型，它是从中世纪的贸易城市兴起的，其典型形态是19世纪欧美发达国家为代表的自由资本主义制度。市民社会的主要特征是：(1) 在经济上，奉行“私有财产神圣不可侵犯”的原则，把静态的财产自由权（有时也叫个人财产所有权）和动态的相互竞争中的财产权即契约自由权，当作不容动摇的两根支柱；(2) 在政治上，把通过资产阶级的两党制或多党制和普选产生的资产阶级代议制国家，说成是人们相互签订国家契约的过程和结果，是“民意”的体现；(3) 在思想上，奉行言论、出版、集会、结社信仰的自由。概言之，所谓市民社会就是资产阶级的“社会契约”，就是“所有权、自由和平等的三位一体”。①

2. 近代资本主义法的特色集中体现在：(1) 财产权利充分保护；(2) 契约形式彰显正义；(3) 平等成为法律原则；(4) 民主政治主导宪法；(5) 惩罚方式愈加人道；(6) 两大法系互动共进。

① 《马克思恩格斯全集》(第46卷)，第477页。

【观点论争】

作为近代的法，资本主义法有着与古代法所不同的性质和内容。资产阶级既是社会资源的事实占有者，又是最早提出反封建口号的领导者；它既是生产关系中的剥削者，又代表着当时最先进的生产力。因此，如果把资本主义法简单地归结为剥削阶级类型的法，与古代法中的奴隶制法、封建制法相提并论，明显不符合历史更替的规律和法律的本质内容。资本主义社会发展到今天，如果我们仍然看不到中产阶级已经成为最发达资本主义国家的中坚力量，无视民主政治对资本主义国家经济制度的深刻影响，却仍然停留在30 年前的政治意识形态的认识，而且照搬当时固有的理论和概念，则肯定不能说是在与时俱进。

资本主义法经历了两个发展阶段，即自由资本主义阶段和垄断资本主义阶段。在第一阶段，法与国家权力一样为确保资本主义市场经济的自由发展，采取“自由放任主义”政策，尽可能地减少对经济生活的干预。因此，这个阶段的法，规定平等自由竞争、财产所有权神圣不可侵犯、合同自由不受限制、过错责任原则等。在垄断资本主义时期，由于垄断带来一系列现代社会问题，法也同国家政策一样相应采取积极干预的态度，加强法对经济领域的干预作用，表现为法的本位从自由权本位转向生存权本位，如对竞争的限制（以反垄断法为核心的现代经济法的出现）、自由权本位受到生存权本位所有权的限制、合同自由的限制，等等。这也就是法的“社会化”，法担当了“社会福利”的职能，具体表现为：对垄断利益进行限制的同时，以法的手段调节各经济部门之间、社会集团之间的矛盾和利益，加强对自然资源和环境的保护，规定各种社会福利、服务事业和教育文化事业的保障，等等。

时至今日，资本主义法凭借着其强大的经济与政治优势，在全世界范围内极力推行着它们的价值观。不可否认，资本主义国家形态是在同反对封建主义的基础上建立起来的，由它提出的法律至上、人权思想、契约精神、分权制衡的权力架构与公平理念等，无不具有人类社会的进步意义；由于实行了凯恩斯的国家适度干预政策，又一次次化解了资本主义的经济危机；分权制衡的政权架构与政党轮流执政的民主制度，确保了资本主义国家政治秩序的稳定性；“福利国家”的推行，也使得其国内的阶级矛盾在一定范围内得以缓解。社会主义国家要想发展自己，就必须学会在资本主义国家环视的背景下求得生存的道理，就不得不正视其国家与法存在的合理性，并且在各个领域与之取得多种方式的妥协。但是，我们还必须明白另外一个道理，即资本主义社会虽然也存在多种经济成分，但占统治地位的是以资本家占有生产资料并剥削雇佣劳动为基础的私有制经济。所以，资本主义法总体上是代表资产阶级意志和利益的，其所谓的“公意性”、“社会化”都是形式和技巧而已。资本主义法毕竟是属于私有制范畴的国家法，它的宪政思想与制度即便再先进，社会制度设计得再完美，也无法改变其生产关系私有化性质这样的一个事实，这一点说明了它与建立在生产关系公有化基础上的社会主义国家法仍然无法相提并论。

【资料检索】

1. 带有资本主义因素的法的出现有三种情况，即三种例证：一是商法的兴起。地中海、北海、波罗的海等沿海城市以当地的商业习惯与罗马法的有关规定为基础，逐渐产生了一些海商法。如公元10世纪的《阿马尔菲法》、公元12世纪的《奥莱龙法》等。二是罗马法的复兴。罗马法在中世纪初期曾趋于衰落，由于当时资本主义经济的出现和成长需要一种能促进资本主义经济成长的法律，罗马法以其特有的统一性、对商品经济的适应性及其较高的法文化水平，重新取得了在欧洲大陆的威信。美国法学家伯尔曼也认为，资本主义法的产生还可以从古希腊、古罗马及以色列那里找到答案。这可以看作其学术研究的一种例证。三是资本原始积累的法的出现。资本原始积累是资本主义生产方式确立前通过暴力手段使小生产者同生产资料分离并积累货币的过程。在这个过程中所出现的法律带有资本主义法的性质，它为保证对殖民地、奴隶、土地的掠夺起到了重要作用。

2. 妥协是生存的一种本能。英国法的产生同英国革命的特点相联系，具有与封建制法相妥协的特征，因而英国建立政权后仍然承认封建制法的效力，大量保留了封建制法，只是赋予它以新的阶级内容并不断加以改造和补充，最后导致英美法系的产生；承认历史在现实中的存在价值也是一种妥协。美国就是在摆脱英国殖民统治的基础上建立起资产阶级政权的，它仍以英国法为传统根基来发展本国法律。因此，包括美国法以及原英属殖民地的法律统称为英美法系（由于英国法是以普通法为代表的，故又称普通法法系）；革命与继承也可以成就新的法律体系。法国资产阶级革命的彻底性决定了法国不承认旧法的效力，它在继承罗马法的基础上重新制定了法律；背负着沉重的传统文化而向他国学习，同样是一种社会变革。德国法和日本法都是通过封建君主“自上而下”的改革，而后，使封建经济逐渐向资本主义经济过渡，并在过渡中产生了带有浓厚封建因素的资本主义法。而以罗马法为传统根基并在欧洲大陆发展起来的各种法律被称为大陆法系。鉴于它的法源、特征和发展，法学上又称之为罗马法系、法典法系、民法法系和罗马—德意志法系。

3. 中国共产党“一大”时，总书记陈独秀并不赞同共产国际代表马林提出的与国民党合作的主张，不少党的组织和党员也不赞同，有的甚至说，如果与国民党合作，他们将退党，坚持“我们始终站在完全独立的立场上，只维护无产阶级的利益，不同其他党派建立任何关系”。而那时的孙中山也并不理解什么是共产主义。到了“二大”时，国际形势发生变化，帝国主义意欲瓜分中国利益，反帝与反督军成为了中国革命的头等大事。为此，中国共产党决定起草《中国共产党第二次全国代表大会宣言》，并且在宣言中提出，当前还不能进行打倒资产阶级的社会主义革命，而只能是联合资产阶级进行打倒帝国主义和封建军阀的民族民主革命，是为将来进行社会主义革命准备条件。从“一大”到“二大”的改变，说明了中国共产党人的思想在成熟，也说明了阶级妥协有时是必要的。

## 四、现代社会主义法

巴黎公社给社会主义带来了一线曙光，而俄国1917年的革命则第一次真正建立起社会主义类型的公有制国家。社会主义制度使人类在世界历史上自觉掌握了自身生存的社会条件，从而消灭了人的社会联系的狭隘性和片面性。社会主义法作为这种新型制度的一个有机组成部分，它是人类历史上出现的崭新类型。正如其他类型法的产生通常是以一个新兴阶级取得政权为前提一样，社会主义法的产生是以无产阶级取得政权为前提的。但与以往私有制法律更替的继承方式不同的是，社会主义法是在彻底否定旧法体制效力的基础上创制产生的。这是因为社会主义是以消灭剥削为前提的、以社会主义公有制经济为基础的。当然社会主义法的创制过程中也存在着对旧法如何继承的问题，但这种继承与私有制法之间的继承是不同的。特别是关于社会主义根本的经济制度、政治制度和意识形态方面，社会主义法完全规定并实行自己的制度，绝不照搬照抄私有制法中的那一套。

【资料检索】

苏联是人类历史上第一个具有社会主义性质的国家。1917年11月17日，以列宁为代表的布尔什维克党领导了彼得格勒武装起义，推翻了沙皇政府，建立了苏维埃政权。随后在全俄苏维埃代表大会上通过了一系列法律、法令:《告工人、士兵和农民书》、《和平法令》、《土地法令》和《工农红军法令》，1917年发布了《俄国各民族权利宣言》，1918年1月通过《被剥削劳动人民权利宣言》，同年，通过《苏俄宪法》，并且将《被剥削劳动人民权利宣言》作为《苏俄宪法》序言部分的内容；之后的几十年间，苏俄建立起完整的社会主义法令体系。20世纪80年代末，苏联共产党内部腐败现象严重，国内出现严重的政治与经济危机，民族分裂现象加重，前苏共总书记戈尔巴乔夫的改革成为了苏联解体的导火索。1991年年底，有11个加盟共和国宣布退出苏联，并且确认独联体不再是国家形式。苏俄改国名为俄罗斯。随后，东欧各社会主义国家纷纷易帜。为此，前英国女首相撒切尔夫人曾经致电当时的美国、法国与德国等国首脑，庆贺资本主义的胜利。

【观点论争】

同历史上所有的国家法律相比，只有社会主义国家的法律是建立在经济公有制基础上，其他国家的法律都是建立在经济私有制的基础上。根据马克思主义理论，经济基础决定上层建筑，法律属于上层建筑的一部分，这就决定了社会主义国家的法律必须与以往所有的剥削阶级类型的法律进行彻底的决裂。因此，在实践方面，所有的社会主义国家都遵循着这样的理论来建立属于自己的法律体系；但是，随之而来的问题也出现了：（1）法律作为一种历史现象，对其历史延续性该如何认识？各个历史类型的法律之间是否存在着一定的延续特征？如果不承认这样的延续性，我们怎么可能在完全空白的基础上建立起以后的法律制度？（2）法律作为一种文化现象，其相互之间有无进一步交流的可能性？事实上，每一个时期、每一个类型的法律，它们都是人类文化创作的产物，相互之间既有继承，也有移植，这都是正常的文化现象。这也说明了各个不同的法律之间客观上存在着一个交流的平台。（3）各国在社会多个领域的交往是必不可少的，经济利益必然会反映在政治、军事、文化、外交、体育等各方面，如果是由于社会主义法律与资本主义法律之间存在着绝对割裂的局面，那么又该如何进行多领域的交流与广泛的合作？当然，社会主义与资本主义之间客观上存在着社会制度、意识形态的矛盾与斗争，这是不可回避的问题；但是，当我们无法对上述这些问题作出正确回答时，我们是不是应该不忙着去隔断社会主义法律与资本主义法律之间的那种“剪不断、理还乱”的联系，以便给理论研究留下更多的空间？

中国社会主义国家法的出现，是以革命根据地时期的法作为参考的——从第一次国内革命战争开始到解放战争时期，中国共产党领导下的革命政权就已经创制了属于自己的法，如土地法、政府组织法、选举法、婚姻法和具有革命政权性质的宪法大纲。20世纪50年代，中央人民政府即宣布要在摧毁国民党旧法统的基础上创立社会主义性质的法。在经历了由新民主主义向社会主义的过渡时期，即国民经济恢复（1949～1952）和社会主义改造（1953～1956）两个阶段。在第一阶段中，中央人民政府运用法律手段建立和组织人民民主专政的国家机构，镇压反革命，运用法律手段保证对官僚资本的没收，进行土地制度改革，统一财政经济工作，恢复和发展国民经济，开展“三反”、“五反”运动等，取得了法制建设的初步成果。在社会主义改造时期，国家完成了对资本主义工商业的改造以及对农业、工业个体所有制的改造，并开展了社会主义建设，实行了普选的人民代表大会制度。这一时期的法已经具有了社会主义的某些属性，但还不是完全意义上的社会主义性质的法。因为此时的法还是过渡性的，它是以过渡时期多种经济成分并存的经济结构为前提的。特别要提到的是，在这个阶段产生了中国第一部社会主义宪法，即1954年宪法。它标志着中国社会主义性质的法的产生，也预示着中国社会主义法制建设的全面开始。从1956年以后，中国社会主义建设经历了艰难而曲折的道路，法制建设没有得到充分重视，主要原因有：在历史方面，如封建传统观念和势力、仇视旧法制引起轻视新法制的副作用、战争年代依政策办事的习惯等；在现实方面，如经济文化条件的限制、大规模的群众运动、政治体制中的权力被过分集中、主要领导人政治决策方面的失误，等等。中国法制建设的全面展开是在1978年的十一届三中全会之后，此后30多年的法治建设成就则是举世瞩目的。

【资料检索】

新中国成立前夕，中共中央发布了《关于废除国民党的六法全书与确定解放区的司法原则的指示》，此后在1949年9月的《中国人民政治协商会议共同纲领》中明确规定，“废除国民党反对政府一切压迫人民的法律、法令和司法制度，制定保护人民的法律、法令，建立人民司法制度。”这为新中国摧毁旧法制、建立新法制提供了基本的法律依据，并为社会主义法制建设开辟了道路。

从上述关于法的历史现象分析，我们发现：（1）法从一开始就是作为人类社会群居生活的一个不可或缺的内容。以往的马克思等经典作家关于“法是阶级矛盾不可调和的产物”的论断，只能适用于尖锐的阶级斗争的社会形态之中。（2）法随着人类社会文明程度的不断提高，其不论是从形式到内容都会发生新的变化，这种改变的方向就是越来越符合人性的需要，越来越能够满足社会的整体价值需求。（3）法会随着社会进步而发生变化，但是，这样的变化并不是在“齐头并进”，每个国家、民族和种族的发展都不平衡，这就意味着，我们必须要承认这样一个事实：多元法律、互相尊重、和谐共处。（4）法作为一种历史文化现象，后世的人们可以向前人学习他们的精华，此谓之法的继承；也可以向同时代的其他国家、民族和种族借鉴他们的先进做法，此谓之法的移植。

【资料检索】

1. 法的继承是指不同历史类型的法之间的延续、相继、继受，一般表现为旧法（原有法）对新法（现行法）的影响和新法对旧法的承接和继受。但是，这种继承不是全盘接受，而是表现为一种取舍的态度。法律继承之所以成为可能，是因为：（1）社会生活条件的历史延续性决定了法律继承性；（2）法律的相对独立性决定了法律发展过程的延续性和继承性；（3）法作为人类文明成果的共同性决定了法律继承的必要性；（4）法律发展的历史事实验证了法律继承性。

2. 法的移植是表示现成的可用来表征国家间相互引进和吸收法律这种实践的术语。法律移植的必然性和必要性在于：（1）社会发展和法律发展的不平衡性决定了法律移植的必然性；（2）市场经济的客观规律和根本特征决定了法律移植的必要性；（3）法律移植是对外开放的应有内容；（4）法律移植是法治现代化的必然需要。

## 第二节 法的社会现象

法源于社会又服务于社会，这就需要与社会的各个范畴发生关系，于是法就自然地拥有了一定的社会属性，也因此决定了它不可能成为行空之天马、孤家之寡人。问题在于，法是以何名目与各个社会范畴发生关系的，它们之间的互动性又给各自带来了什么样的变化，这样互动的结果是否带有一定的规律性等，所有这些问题都需要法学研究者给出一定的答案。

### 一、法与经济

马克思主义认为，在人类社会的发展过程中，有一条贯穿始终的社会基本规律，那就是上层建筑与经济基础之间存在着的矛盾运动，而且，在这样的矛盾运动中，经济基础总是决定着上层建筑，而上层建筑又对经济基础起着反作用。所以，法作为上层建筑的一个部分，它当然要受到经济基础的制约，为经济基础服务。“法根源于一定的经济基础”的命题，是马克思与恩格斯对法学的最大贡献之一。他们在《德意志意识形态》一书中第一次揭示了法对经济的依赖关系，并且在之后的《共产党宣言》等著作中，对这一问题又多次进行了阐述。人类社会的发展经验也在告诉我们，是社会生产力在不断地推动着社会生产关系的发展进程，它总是要求生产关系要适时调整结构来迎合自己的需要，而生产关系又是构筑经济基础的重要内容，这样，生产力就可以通过生产关系从而彻底地影响着上层建筑。

【资料检索】

1. 社会的物质生产力发展到一定阶段，便同它们一直在其中活动的现存生产关系（这只是生产关系的法律用语）发生矛盾。于是这些关系便由生产力的发展形式变成生产力的桎梏。那时社会革命的时代到来了。随着经济基础的变更，全部庞大的上层建筑或慢或快地发生变革。[①]

2. 法的关系正像国家的形式一样，既不能从它们本身来理解，也不能从所谓人类精神的一般发展来理解，相反，它们根源于物质的生活关系。[②]

一如上述，法与经济之间在客观上存在着一定的辩证关系。因此，在处理二者之间的关系时，就需要注意以下几个问题：(1) 经济对法的决定性影响，说明了法一般不具有超越当时社会经济条件的制约的可能性。譬如，在奴隶制国家就不可能出现资本主义性质的法；同样地，在社会主义国家里，就不允许存在着封建主义性质的法，这些都是常识。因为奴隶制国家的法只能客观地记载着奴隶制的生产关系，如同社会主义法也只能记载着社会主义生产关系一样。但是，我们不要忘记，所有的生产关系又都是由当时社会的生产力所决定的。因为有什么样的生产力就会有什么样的生产关系，就会有什么样性质的法，可见生产力才是最终起决定性作用的因素。这就不难理解，为什么在社会主义中国会允许存在着资本主义的法（因为我们的生产力还有限，经济实力还不够强大，如中国的香港与澳门问题），如同为什么在资本主义国家里会允许

① 《马克思恩格斯选集》（第2卷），人民出版社1995年版，第32～33页。

② 《马克思恩格斯选集》（第2卷），人民出版社1995年版，第32页。

保留一部分封建君主制度一样（即便只是形式的，如英国与日本）。其实，将来解决中国台湾问题，也还是要从解决社会生产力问题入手——如果有一天，中国大陆的综合实力强大到足以与任何国家相抗衡的时候，台湾的回归也就水到渠成——当我们把这些问题联系起来理解时，再来重温邓小平所说的“发展才是硬道理”，才会真正理解这其中的深意。（2）法对经济的反作用，说明了经济社会不能脱离法的积极的、能动的影响。譬如，社会资源归谁所有的问题，如何分配社会财富的问题，用什么样的方法来保障社会的经济秩序，包括如何排除在经济改革中遇到的种种障碍等，所有这些都离不开法的价值功能的发挥。中国的今天只有不断地解放和发展生产力，消除两极分化，才能最终达到共同富裕的目的。为此，法要通过调整社会主义生产关系，来持续促进生产力水平的不断提高：第一，促进人的发展；第二，促进科技进步；第三，促进科学管理。只有这样，才能为解放和发展生产力创造条件。（3）如何理解市场经济实质上是法治经济？众所周知，市场经济是以市场对资源配置起基础作用的经济体制，是商品经济的高级形式。由于市场经济本身的特点，决定了它与法的不解之缘：第一，在历史上，正是因为商品交换才促成了法的产生，譬如罗马法的产生历史就是一个明证；第二，市场经济是以自由竞争与平等竞争著称，它既有利于资本与劳动力的结合，从而实现资源配置的最大化；也有利于实现人在经济活动中的平等性，这是因为“商品是天生的平等派”，① 而平等思想则是现代法治赖以建立的基石之一。第三，由于市场经济还从娘胎里就带着自发性、滞后性和盲目性，容易导致无序竞争，如果不加约束，将最终摧毁经济社会的一切秩序。因此，从市场经济的内在要求看，它也必须尽全力来培育法治的社会基础。

---

① 《马克思恩格斯全集》（第19卷），人民出版社1963年版，第423页。

中国的改革开放已经走过30多个春秋，国家的经济总量跃居世界第二，创造了“中国经济奇迹”。但是，政治体制改革没有相应跟上，深层次的经济体制改革还将面临着巨大的挑战。当前，全球经济复苏步伐放缓，中国出口经济速度进入下降通道，支柱经济需要一定时间的调整，人口结构、劳动力供求等经济基本面发生变化，经济下行压力增大。这些变化都在不断地提醒我们，要想打破僵局，就必须从体制与机制方面入手，通过深层次的政治与经济体制的改革，在有效防控经济风险的同时，加快形成新的经济增长动力和新的竞争优势。如何才能完成上述任务？这就需要加强法对市场经济改革的宏观与微观调控，用法律手段来引导政治与经济体制的改革方向，确保整个社会有序地、可持续地发展。

【资料检索】

1. 法对市场经济的宏观调控，主要体现在这样三个方面：(1) 限制垄断，反对不正当竞争；(2) 防止对资源环境的破坏，克服市场行为的外部缺陷；(3) 克服市场经济不能提供公共产品的缺陷，满足公共利益的需要。

2. 法对市场经济的微观调控，主要体现在这样四个方面：(1) 设定市场经济主体资格；(2) 制定市场规则，实施市场监管；(3) 惩处不法行为，恢复市场秩序；(4) 设立破产法，建立市场退出机制。

【观点论争】

在国家的经济总量达到了世界第二位、国民人均GDP却排在世界的第一百多位时，“国已富、民脱贫”成为了摆在世人面前的客观事实。因此，深化改革与关注民生就被“历史地”提了出来。现在，我们很高兴地看到，在2011年年末，中央经济工作会议提出：“牢牢把握保障和改善民生这一根本目的，加大财政投入力度，切实办好涉及民生的大事要事，注重提高发展的包容性。”据此，国务院多个部委于2012年年初对民生问题提出了许多新举措。如民政部提出，将着力构建以居家为基础、社区为依托、机构为支撑的社会养老服务体系；发改委提出，将继续把稳定物价总水平作为宏观调控的重要任务，进一步完善价格调控政策；住建部提出，将继续推进保障性安居工程建设，继续坚持房地产调控不动摇，促进房价合理回归；国土资源部提出，要在2012年基本完成覆盖农村集体各类土地的所有权确权登记颁证，加快推进包括农村宅基地在内的农村集体建设用地使用权确权登记颁证，切实维护农民土地合法权益，注重发挥农民在征地中的主体作用；卫生部提出，在2015年前，在公立医院全面落实取消以药补医的相关政策，有重点地选择几个领域和关键环节继续进行医改工作；能源部提出，在"十二五"期间，要解决500万无电人口的用电问题；环保部提出，将在重点区域率先实施环境空气质量新标准，争取早日和国际接轨，使监测结果与人民群众的感受相一致，等等。相信在中央和国务院的正确领导下，所有这些举措都能够得到一一落实，让人民真正享受到改革开放所带来的实惠，为构建和谐社会、提升人民生活水准、稳定社会环境等多做贡献。

## 二、法与政治

政治是指在阶级社会中各社会利益集团为实现其本身利益，而谋求、行使政治权力，控制和调整社会的实践活动。它主要是指：（1）政治与生产方式、阶级利益是密切联系的。物质生产活动决定政治，政治反映的主要对象是社会经济关系，即主要是把社会经济活动中处于不同经济地位的阶级、集团、派别及人的利益集中起来，上升为政治关系。政治是属于上层建筑的现象，是由经济基础决定的，它是经济要求最直接、最深刻的体现。政治的实质是阶级关系，它是阶级的目前利益与长远利益、个别成员利益与整体利益相结合的体现。（2）政治的核心是国家政权问题。政治是如何组织、运用和协调权力的活动，但运用和控制权力的机器是国家政权。夺取与巩固国家政权是政治的中心内容。统治阶级与被统治阶级之间的斗争，一般都是围绕维护既得的国家政权或夺取国家政权而进行的。在政治中最主要的是政治权力，而政治权力是需要依靠军队、警察、法庭、监狱和其他强迫人们服从的国家机器来影响人们行为的一种力量。要想实现政治目的，就必须要正确运用政治权力。(3) 政治包含了丰富的内容，它主要是阶级斗争，但不仅是阶级斗争。许多政治现象，诸如对国家和社会进行管理，建立良好的社会秩序，对权力和利益进行分配，协调中央与地方之间、各部门之间、各地区之间、各民族之间的关系，制定和实施政策等，都是政治的内容，不能对政治只作简单的机械的理解，更不可把它直接等同于狭隘的阶级斗争。(4) 政治在不同时期有着不同的中心任务。中国当前最大的政治任务是以经济建设为中心，坚持四项基本原则、坚持改革开放，因为当前的社会矛盾不再是阶级斗争，而是人们日益增长的物质文化需要同落后生产力之间的冲突。为此就必须要从有利于发展社会生产力，有利于增强综合国力，有利于提高人民的生活水平这“三个有利于”出发来重新考虑问题，只要是符合这“三个有利于”的就是最大的政治需要。

法与政治都是一定经济基础上的上层建筑现象，由经济基础决定，并反作用和服务于经济基础。法与政治都是与一定的阶级现象相联系的，都是阶级利益的体现。法与统治阶级的政治是一致的，它们有着共同的经济基础与指导思想，都是统治阶级意志和利益的体现，有共同的历史使命。法与被统治阶级的政治是对立的，被统治阶级的政治要求废除现行法，而力求用反映他们意志的法来取代它。法与政治的区别主要表现在：(1) 它们从不同的角度和内容上反映经济关系。政治通过把处于不同经济地位的人们之间的利益冲突集中起来，通过不同的人、派别、集团、阶级的活动，从经济关系的个别矛盾中抽象出一般矛盾，使之上升为政治关系；而法则以规范形式反映社会经济的规则性和秩序性。法的规范有自己的逻辑结构，它以有效的规范性对政治生活发生作用，政治规律的客观性与法的规则的主观性要求是一致的。（2）法的形式和政治形式是不相同的。政治体现了社会生活的组织性，政治形式有国家、政党、政治组织等；法体现了社会生活的规则性，法的形式有宪法、法律、行政法规、地方性法规、国际条约等。法具体地规范了人们的行为，可以这样行为，允许这样行为，必须这样行为，禁止这样行为等。（3）法和政治的控制和调整功能是不相同的。政治是通过政治行为和政治过程来实现的；法是通过赋予法律关系主体以一定的权利并使其承担相应的法律义务来调整社会关系的。

在当今社会里，法与政治的关系就集中体现在如何通过良法来实现国家与社会的政治文明问题。所谓“政治文明”是指人类政治生活的一种形态，它表明人类对政治意识、制度和行为的不断认识和提高，其中，政治意识文明是政治行为文明和制度文明的精神引导，政治行为文明则是政治意识文明和制度文明的具体体现，而政治制度文明既承载着政治意识文明，同时又以其规范化、强制性等为政治行为文明设定边界。党的十六大报告中提出要“发展社会主义民主政治，建设社会主义政治文明”的新要求。那么，如何在依法治国的大背景下来实现这一要求呢？我们认为要从以下几个方面的基础工作着手：（1）改革和完善党的领导方式和执政方式；（2）全面落实依法治国基本方略，加快建设社会主义法治国家；（3）加强公民意识教育，培养公民的民主法治观念，建设社会主义政治文化。

【资料检索】

文明是相对于愚昧、野蛮而言的一种进步的形态。中国早就有“见龙在田，天下文明”（《易经·乾卦》）和“文明以止，人文也”（《易经·贲卦》）的说法，前者意指自然界的进化现象，后者意指文治或教化行为；西方于公元前4世纪在《伯罗奔尼撒战争史》（修昔底德著）中使用过文明一词，1651年《利维坦》（托马斯·霍布斯著）一书中提出“文明社会”的概念，恩格斯也认为，

“文明是实践的事情，是社会的素质。”① 在政治思想史上，1844年，马克思首次提出了政治文明的概念：“执行权力。集中制和等级制。集权制和政治文明。联邦制和工业化主义。国家管理和公共管理。”②

【观点论争】

社会主义政治文明建设是一个内容广泛的系统工程，涉及政治文化、政治制度、政治行为、政治主体等诸多方面，其核心在于制度建设。要有效推进社会主义政治文明建设，必须随着经济社会发展，不断深化政治体制改革。

### 三、法与国家

在中国的古籍中，把诸侯统治的疆域称为国，大夫统治的疆域称家，后通称为国家。马克思主义经典作家认为：（1）国家是和阶级紧密联系在一起的，它是阶级矛盾不可调和的产物和表现，是阶级统治的工具。国家的历史使命是为统治阶级服务，是统治阶级进行统治的工具，因而国家始终是与阶级联系在一起的。（2）国家是一种复杂的、由许多职能部门组成的有机联系的整体，是一部庞大的、组织严密的机器。它包括政府、军队、警察、法庭、监狱等组成部分。正是凭借这部国家机器，国家才能执行起阶级压迫、公共管理和其他职能。（3）国家与其他社会组织相比较，具有以下特征：其一，国家是一种特殊的社会权力，这种权力具有特殊的强制性、主权性和普遍的约束力。国家主权是一种至高无上的权力，在不可侵犯他国正当权利和不违反国际法的情况下，统治阶级

---

① 《马克思恩格斯选集》（第1卷），人民出版社1995年版，第27页。

② 《马克思恩格斯全集》（第42卷），人民出版社1979年版，第238页。

可以独立自主地处理对内、对外事务。其二，国家是一个政治实体，它是由国家官吏组成的，由官吏去行使国家的对内对外职能，去运用和行使国家权力。其三，国家是上层建筑的重要组成部分，归根结底是由社会物质生活条件决定的。主权者如果失去了对生产资料的占有和产品的分配权，那么它就将一无所有。

【资料检索】

在资产阶级国家学说中有“三要素说”的理论，认为国家是人口、领土、主权三者的总和。有的学者把国家说成是人的联合，是执行公务的团体，有的认为国家是“绝对精神”或“民族精神”的体现。上述观点只是指出了国家的某些现象，并没有阐明国家的本质。只有在马克思主义诞生以后，才对国家的本质问题作出了科学的说明。恩格斯指出：“国家无非是一个阶级镇压另一个阶级的机器。”列宁指出，“国家是一个阶级压迫另一个阶级的机器”。毛泽东同志指出：“军队、警察、法庭等项国家机器，是阶级压迫阶级的工具。”

法与国家之所以存在着相互依存、配合、制约的关系，这是因为，在阶级社会中，国家已经代替了公民社会而占据了主导地位的缘故。于是乎就变成了：法依赖于国家，从属于国家；国家离不开法，没有法也就没有国家。它们之间的这种关系在将来的很长一段时间里还会继续存在下去。当前中国面临着一个非常棘手的问题，虽然已经成功地运用“一国两制”的原则妥善地处理了港澳的回归问题，但是，台湾如何回归仍然是摆在两岸人民之间的重大课题，这其中就涉及如何理解“国”的含义。从长远看，通过“法”来解决“国”的问题，可能会成为一个最佳选项。

法与国家的关系问题也包含了民族与种族的关系问题在内。

马克思主义历来认为，民族、种族不分大小，都是人类物质财富和精神财富的创造者。中国属于亚裔人种，种族差异不大，种族冲突也就无从说起；而从法的角度研究民族问题，却是刻不容缓的：(1) 要解决各民族之间在一国之内的地位问题，即每一个民族所享有的权利与义务。在中国共有56个民族，其中汉族占多数人口，这就很容易形成大民族主义倾向。为此，宪法确立了单一制结构范围内的“民族团结”与“民族平等”原则，最大限度地避免出现民族歧视现象的发生。(2) 要解决国家政权与民族自治权之间的关系问题。不同的国家结构会出现不同等级的自治权，一般来说，实行联邦制结构的国家，其民族自治权要大于单一制结构的国家。为此，中国当前实行的是民族区域自治制度，它符合国情，是解决民族问题的有效方法。(3) 在社会主义大家庭里，各民族之间还存在着友好互助的问题。在以往，我们是通过采取政治制度的方式，有计划地扶持和帮助少数民族发展经济，这其中则难免出现硬性摊牌之嫌；而在往后，应当是以立法形式来解决这一问题，从而更好地融洽各民族之间的感情。

讨论法与国家的关系问题，不能停留在教条的层面，重要的是要解决如何通过法来约束国家行为的问题。纯粹法学派论者凯尔森认为，要把国家作为进行法律秩序的人格化处理，即赋予国家作为法律权利义务的主体资格，以此来规范国家行为，因为国家并不当然地具有超人格的权威。我们认为，无论凯尔森的推论是否能够成立，但是他的结论无疑是能够帮助我们对国家的法律本质问题进行深入思考的理论引导。

【资料检索】

社会主义国家应当是法治国家，这是因为：(1) 社会主义民主制度需要以法治国家的形式来实现，民主是法治之里，法治是民主之表。(2) 社会主义市场经济，其内活力是激发市场主体最大限度地对经济后果的追求，以法律的标准判断市场经济，它可谓权利经济。而任何权利的最可靠最实际的保护都是法治国状态下的保护。(3) 我国社会主义建设的目标是使国家走向富强、民主、文明，文明的最主要标志是国家的法治化。(4) 不论是在国内还是在国际上，法治都是确保国家获得长治久安的主要和重要力量。

【观点论争】

国家不是一部战车，可以横扫一切，它必须受到规范的约束。国家的前身是原始社会的氏族或部落组织，当时的人们依托这些组织来对抗外族的欺辱，对内则成为约束共同生活的一种信仰、一种实体；在这些组织“化身为”国家以后，原有的组织性质虽然已经发生了巨大的变化，但有的属性还是被保留了下来。就这样，在阶级和私有制出现以后，国家则代替了市民社会组织而成为了最重要的法律实体。在公法的对外方面，国家与国家之间需要建立一定的法律秩序，以约束相互之间的越轨行为，从而形成国际公法秩序；在公法的对内方面，不论人们是否愿意承认，国家作为一种政治信仰和政治实体，它都会对其臣民的行为进行约束，于是形成了行政法与刑法秩序。而在人类社会进入宪政时代以后，人们对国家的强权特征开始进行反思，并且提出了“宪制公权”的要求，即形成了宪法秩序；在私法的对外方面，国家与国家之间存在着贸易往来，这就需要建立平等、互信的国际私法秩序；而在对内方面，国家可以作为一种经济或民事实体，同其他经济或民事实体进行平等的经济的或民事的往来，此时的国家已然没有了所谓“国家权威”的概念，这就形成了经济法或民事法秩序。总之，不论国家以何种名目出现，它都必须受到法的约束，这是宪政时代对国家的应有之义。

## 四、法与文化

文化在中文中的原意是“人文化成”，它来自《易传》“关乎人文，以化成天下”一语，其目的是要鼓励人们发挥人文素质，提升道德精神，发扬艺术创造，进而以这些人文的成就来教导民众，转化世俗，使之成为文明而尊重人性的社会。从文化人类学的角度看，文化是社会成员通过学习，从社会上获得的传统和生活方式，包括已经成为模式的、可以不断重复的思想方法、情感和动作。因此可以说，文化既是人类在长期的历史实践过程中所创造的精神财富的总和，又是社会意识形态以及与之相适应的制度和组织机构的总称。法本身也是文化的一个部分内容，是一个社会或一个国家关于人们行为模式或行为规范的主流的思想观念及体现这些思想观念的规则以及为实施这些规则和制度所必须的机构和设施，其中主流的思想观念是根本性的、决定性的方面。法律文化与文化是个别与一般、部分与整体、子系统与母系统的关系。因此它必然具有文化现象共有的一般性质、特征和功能，而且与其他文化子系统，如宗教文化、道德文化、政治文化等相互作用、互为补充。

【资料检索】

法律文化是人类文化系统中独特的不可缺少的一个组成部分，是社会精神文明的重要构成；而法律文化则是人类在漫长的文明进步过程中从事法律实践活动所创造的智慧结晶和精神财富，是社会法律现象存在与发展的文化基础；法律文化是由社会的物质生活条件所决定的法律上层建筑的总称，即法律文化是法律意识形态以及与法律意识形态相适应的法律规范、法律制度及法律组织机构和法律设施等的总和。

法律文化与法律传统是既有区别又有联系的概念。所谓传统，是指由历史延传下来、具有一定特色的社会态度、信仰、习俗、制度等。传统是历史上形成但又不只是过去的东西，它还能对现在和未来产生定向性和规定性的影响。文化是历史的积累和选择，是代代相承而形成的传统，传统是凝聚的文化，但文化和传统并不是等值的概念。首先，传统偏重于文化中的心理状态，即那些定势化、潜意识或无意识的因素；文化的内涵要比传统更丰富，除了心理状态和行为模式的因素外，还包括认识和价值等更重要的因素。其次，文化比较具体，某种学说、制度或某种符号系统，都可说是文化；传统则比较抽象，它是文化系统中具有深远历史影响的精神因素。文化与传统的区别与联系同样适用于法律文化与法律传统。法律传统主要是指一个国家或民族在长期法律实践中形成和积累起来、并代代传承下来的法律思想观念，它往往会对一国现实的法律文化产生重大影响，甚至成为现实法律文化的内容之一。

法律文化作为人类文化的重要组成部分，总是由当时社会的物质生活条件决定的。法律文化包括法律心理和法律思想等内容，它集中地体现了法律上层建筑的一些基本特征：（1）物质依附性。（2）普遍适用性。（3）社会实用性。（4）历史延续性。（5）民族性。（6）交流互融性。

【资料检索】

1. 在中世纪欧洲，基督教教会与世俗政权相互结合起来共同进行统治，而且教会势力大于世俗政权。教会以基督教神学为思想基础，创立了系统的教会法，既适用于教徒也适用于平民。中世纪后期，罗马教会又利用宗教裁判所残酷镇压所谓的“异端”。印度婆罗门教的《摩奴法典》，伊斯兰教的《古兰经》，都曾成为它们的基本法律渊源。相反，在中国则是政教分离，世俗政权始终占据着统治地位，法律为世俗政权的“礼治”服务的性质较为明显。所有这一切都在这些民族的法律文化上留下了深刻的印迹。

2. 任何民族都不可能割断自己的历史而凭空创造自己的文化，也不能抛弃前辈累积下来的文化成果而全盘接受外族文化。每一个民族总是在有选择地继承旧的法律文化的基础上形成新的法律文化，通过一代又一代人的不断积累、提炼，法律文化的民族性特征才逐渐地形成。一般来说，法律文化的民族性同该民族的历史发展道路是密切相关的。

文化是人类交往的成果，它又使人类的交往成为可能。法律文化同其他文化一样，本身就是人类所创造的一种共同的精神财富。文化虽具有民族性，但文化又具有交流、传播、互融等的天然特征，这就决定了民族文化必然会冲破各民族的界限到更广阔的世界中去竞争和交流，各民族就是在广泛的文化交流中通过各种文化的冲突、竞争和筛选，寻找适合于本民族发展的文化形态。只有以开放的姿态，扩大文化交流，才能取人之长，补己之短。交流历来是双向的，人类文化正是在互相吸收、互相包容、互相渗透中，吸取精华，剔除糟粕，不断得到繁荣与发展。法律文化作为文化的子系统也是如此。一个民族在自身现代化的过程中，既应保持法律文化的历史延续性、民族性，也应对外开放，加强法律文化的交流，吸收世界上法律文化的优秀成果，为我所用，以保证现代化的顺利发展。

【资料检索】

1. 法律意识是法律文化的一部分，而且是核心的那部分。法律意识是人们关于法律的思想、观念、知识、心理的总称，包括对法律本质、作用的看法，对现行法律的要求、态度和评价、解释，对人们行为的法律评价，法治观念等，而所有这一切又都处在法律文化的氛围之中，离开法律文化，法律意识就会变得莫名其妙，不知所云。所以，从这个意义上讲，法律文化与法律意识是一种包容关系。同时，法律意识又能够不断地丰富和充实法律文化。

2. 法律心理是人们在日常生活中形成的关于法律的零星的感觉、情绪和习性等。它来源于人们的日常生活，是自发产生的，对法律的认识和评价是表面的、直观的，缺乏理论概括的高度。

3. 法律思想是对法律思想观点的理论概括，是思想化、理论化、系统化的法律意识，是法律意识的高级形态。它的最显著的特征是整体性。任何一个社会的法律思想体系都不是人们自发形成的，在它的形成过程中，法学家、法律思想家、法律工作者起着重要的作用。他们不仅是法律思想体系的创造者，而且也是法律思想体系的主要传播者。法律思想体系一般是以法学理论、法律学说的形式表现出来。

法不仅是历史的产物，同时也是社会的产物。作为一种社会规范，它不可避免地要和其他社会现象发生关系，并且在互动过程中形成了一定的规律性特征：（1）人类社会需要法，不论是在经济领域，政治领域，或是文化领域等，都离不开法的功能性作用；而且，这样的法必须是能够适应当时社会的物质生活条件的需要，是良法。（2）法要遵从人类社会的发展规律，并且要同其他社会范畴一起才能对外发生作用。不可能想象，在没有外部力量的支持下，法自己就可以孤军作战，即使是可能的，那么孤立的法又有什么社会意义。（3）法对社会的影响不完全都是被动的，它会通过改变生产关系的结构来影响生产力的发展进程，它还会通过影响政权来主导政治局势与政治行为的方向，它甚至会把自己整个融入社会的文化体系中。在法学理论的引领下，随着人们对法的认识的不断深入，法的这种社会职能将会得到更大的发挥空间。

## 第三节　法的本体现象

如上所述，纵向研究法的历史性、横向剖析法的社会性，充其量也就看到了法的“成长史”及其“睦邻观”，却依然没有看到法的“庐山真面目”。法的本体论是法展示其内在本质的一个平台或载体，我们也因为能够借助这样的平台或载体，使得自己对法的认识有机会更加深入一层。

### 一、法的价值

“价值”一词的出现大体有三种类型：第一种是政治经济学意义上的价值，特指劳动产品和商品的内在社会的本质特征；第二种是日常生活和一些社会科学中所说的价值，特指事物的“有用”或“功利效用”；第三种是在哲学意义上所理解的“价值一般”，即考察各种社会现象如功利、道德、审美上所有具体价值的共同性质，是客体对主体的意义。总结上述三种使用情况，可以得出这样一个结论，所谓“价值”有两层含义：一层是表示事物的存在对人的作用或意义，另一层是表示人对事物有用的评价。

从社会学的角度来考察法，不难发现，其本身就是一个价值系统，它与自然环境、人类社会构成了相互作用、相互影响的关系。因此，对法的价值的正确理解是建立在一般价值的科学观念的基础之上。根据这样的理念和认识，我们认为，所谓“法的价值”是指在作为客体的法与作为主体的人之间的关系中，法对一定主体需要的满足状况以及由此所产生主体对法的评价，归根结底，它反映的是人与法之间的主体与客体的关系，可见法的价值不同于一般物质价值和精神价值。人是法的主体，因为法是由人制定出来的；另外，法作为人的客体，它不是被动存在的，因为人在制定出法律之后，又要成为法的遵守者，否则会成为被法制裁的对象。人与法的这种价值关系在不断地吸引着历史上无数思想家和法学家的思索。但在新中国，这一问题有很长一段时间都没有人去关心，直到20世纪80年代后期，才开始有人将这一问题作为考察的专项内容。“在法律史的各个经典时期，无论在古代和近代世界里，对价值准则的论证、批判或合乎逻辑的适用，都曾是法学家们的主要活动”。[①] 应当看到，开展法的价值的研究，对于提升法学的理性层次，重视人在法学中的主体性地位，丰富法学研究方法等都具有重要意义。

法的价值具备以下三个特征：（1）法的价值是以人为主体的价值关系，具有阶级性和社会性。这是由人的双重性所决定的，每个人既是社会成员，又是某一阶级的一分子。这就直接影响到他对法律价值观的看法。（2）法的价值是主观性与客观性的统一。因为法律主体的需要在发生变化，法的价值也会随之发生改变。当然，法律主体的这种改变必须是由当时社会的物质生活条件所决定的。（3）法的价值是统一性与多样性的结合。法律主体对制度安

① 刘作翔著：《法律文化论》，陕西人民出版社1992年版，第36页。

排可能会出现各种需求，即使是在同一个时代或同一个社会，这样的需求也会出现不同的要求，这就使得法的价值将呈现出复杂多样的形态。但是，共同的意志、共同的利益，会在一定程度上迫使人们服从统一的价值安排。因循着法的价值的上述特征，在确认社会主义法的价值观方面，我们就需要注意对共同利益与个人权利之间的关系问题、各种价值内容之间的关系问题进行协调，以确保法律制度有一个科学、合理的安排。

【资料检索】

法律价值是法律存在的伦理正当性依据，它构成一个社会的法律主体尤其是法律职业人的精神存在的核心成分，直接决定着社会的法律主体尤其是法律职业人的法律思维方式与法律实践。因此，法律价值不仅在法理学的基本范畴和法学理论体系建构中具有重要地位，而且在培养法律学生正确的价值观方面也有重要意义。

法的价值本身是一个体系或系统，它是由多种价值以多种结构方式整合形成的统一整体。一般认为，法的价值包括秩序、公平、自由、安全和人的全面发展等内容。当然，并不是所有的法的价值内容都处于同一个层次上，这就促使我们要从不同的角度、根据不同的标准对法的价值进行考察和分析。

第一，从社会主体——人的角度进行考察，可以把法的价值分为群体价值和个体价值。所谓“群体价值”是指法对某一社会群体具有或表现出有益的效果，如民族价值、国家价值、阶级或阶层价值、社团价值等。所谓“个体价值”是相对于群体价值而言的，表现的是社会个别成员的需要，如个人自由、平等、权利、人格尊严、个人财产的保护以及个人发展条件获得法律的保护等。如果群体价值与个体价值之间没有发生任何的交叉关系，即它们都只在各自的范围内互相影响，那么这一考察的角度就不会有实际意义。问题在于，现实生活中，这样的交叉关系不但是可能的，而且在客观上也是存在的。譬如，法在维护国家利益方面而作出“戒严”命令，它就可能和公民个人的自由价值发生冲突。而正是通过解决这样的冲突，方才体现出法在协调群体价值与个体价值之间的意义。当然，这里强调群体与个体之间的价值关系，并不轻视它们各自所在体系内部的价值冲突。又如，民族价值与国家价值之间有时也会发生冲突关系，公民个人的自由价值与秩序价值之间也同样会发生冲突，法正是通过处理类似的问题而体现出其价值所在。

第二，从法的价值关系中的价值的客体承担者来看，法可分为规范性价值和社会性价值。前者是指法在形式上所具有的优良品质，即通过法的规范功能来促使行为主体达到目标要求。后者是指法通过社会功能以实现行为主体的社会需要，它一般同法的制定与实施的终极目的有关。而从个体角度来看，人类行为受个人大脑控制，这就是为什么每个人的行为具有“个别特征”的原因；同时，在长期的社会生活中，人们通常会遵从“利益趋同化”规则的指令，使得个人行为变成了社会化行为，法的价值就在于利用“利益趋同化”规则来约束人的行为，以体现其规范性价值；除此之外，在法的手里还掌握着大量的社会资源，它们都可以为实现法的价值提供帮助。譬如，在市场经济条件下，政府要想对市场有所影响，就不能像过去那样对市场发布直接的行政命令，而是通过诸如税收政策、财政政策等来对市场进行干预，从而影响市场走向。类似政府与市场的关系问题，就可以成为实现法的社会性价值的资源。

第三，从法的价值之间的关系来看，可以分为法的工具价值和目的价值。工具价值表现为法在处理社会关系方面所具有的评价、调节和控制功能，而目的价值则是体现人类通过法想要达到的理想目标。在中国古代社会，无论是儒家还是法家，当时的统治者看重的都只是法的评价、调节和控制功能，对法的价值的认识基本上只停留在工具价值的层面，法理所当然地成为当权者手中的“玩偶”——可加以利用时，它是宝；觉得它已经变得碍手碍脚时，则弃之不用——这一思想直到今天仍然被一些人所认可。与此不同的是，古希腊人会把法看作正义的化身，是一种崇高的信仰。相比之下，中国人对法则难以达成信仰层面，法的目的价值基本上被“人为”地抛弃了。

对法的价值还可以从其他方面进行分类，如从法的不同类别出发，可将其分为国际法价值、国内法价值和其他法价值等，在此不予赘述。法的价值问题可谓是整个法哲学的核心内容，只是不同的人会从不同的角度来分别解释它的内容。

1. 公平。公平之意含有平等与正义。平等意指社会成员能够获得同等的待遇。它有形式平等与实质平等两种：前者是不考虑任何条件或因素，一律划一，无差别对待，后者则要考虑各种情形或条件，按一定标准给予形式上不一样的待遇，在差别化待遇中实现平等。在法理上，现代人认为，人格与主体资格上的普遍平等具有绝对的价值，而在承认事实上的差别化方面则要考虑区别对待，这是合理的。公平的另一层含义是正义，它是源于对平等的理性升华的结果。作为法最核心的价值，正义被赋予了社会的普遍意义——确认社会基本结构的运作体制的崇高标准。它可以被划分为形式正义与实质正义、实体正义与程序正义、抽象正义与具体正义等。在不成文法的具体运作中，其中的实体正义与程序正义尤其被广泛引用。因为在英美法系的国家里，程序正义会在很大程度上弥补实体正义的不足，其所拥有的救济性功能能够更好地接近正义本身。但是，无论是哪一种正义，它们共同具有以下三个方面的双重性：普遍性与特殊性、时代性与超时代性、客观性与主观性。正是因为正义具有这些属性，使得世界各国都把正义作为评价法之优劣的标准、推动法之进步的原因和处理疑难案件的不二法则。

把平等与正义合二为一于公平价值，是因为正义从来是以平等作为基础的——因为有了平等，正义才有了属于自己的内容；因为有了正义，才会极大地提升平等的原始内涵，使之进入理性的范畴。

【资料检索】

据2010年第六次全国人口普查主要数据公报，中国城镇人口比重为49.68%。如果从1998年算起，在这12年间，城镇人口实际增加了2.5亿人。全国城镇职工为3.35亿人，其中农民工为1.55亿人，占比为46%。他们为中国的现代化建设作出了巨大的贡献，却遭遇到“同工不同酬、同城不同权”的待遇。在工厂、单位，他们是另类职工；在城市，他们是贫困的边缘群体。这是目前劳资纠纷、群体事件、社会治安、刑事犯罪多发的最主要的根源。①

【观点论争】

当公务员成为人人羡慕的职业时，在准入机制的设定方面就需要引入平等竞争的原则，杜绝一切“权钱交易”和“走后门”现象的发生，这是法律确保“机会均等”原则的实现。但是，回过头来我们是否应该反思，在表面机制为“平等”的现象背后，又引申出了和家庭背景、受教育程度等有关的公平问题。如果一个家庭经济状况差、受教育程度低，对这样的群体而言，再平等的公务员的准入机制又有何意义？所以，对法律而言，它不仅要贯彻平等原则，还应当致力于消除社会上的种种不平等现象，以尽可能实现社会公平的目的。

2. 自由。自由是指从受到束缚的状态之中摆脱出来，或不受约束的状态。在法的范畴内，自由意味着行为主体可以根据自我意志进行选择（自由），但同时也意味着他的选择必须是符合法定秩序的要求（不自由）。作为动物性的人，都有摆脱束缚、追求自由的本性；但同时，人又有需要过群居生活的本性，无限的自由就会

① 摘自《半月谈》2012年第1期。

破坏到“众人”的自由。因此，在法的层面上说，自由都只是相对的，它应当是有序的自由。在法哲学范畴，自由被分为“消极自由”与“积极自由”两种：前者是针对保障体系而言的，即要排除公权力对私权利自由行使的过度干预；后者是指法以明示的方式确认法定主体所享有的权利。从国家应当提供的保障机制的角度看，法对各种权限的划分、限定与救济，就是在保障自由本身。如对公权力的限制，排除了对私权利的妨碍；在权利受到侵害时，设定救济的手段和程序，以便恢复权利；对一些自由的放弃，法也可加以必要的干预，如“安乐死”、“卖身为奴”等。

在自由实现过程中，它除了会受到法的限定外，还会受到社会的现实条件的限制。《社会契约论》作者卢梭曾经说过：“人人生而自由；但却无往不在枷锁之中。”这就需要法来排除各种可能影响自由的取得、自由的范围、自由的救济等因素，使得自由能够最大限度地满足人类的愿望。

【资料检索】

在一切能够接受法律支配的人类状态中，哪里没有法律，哪里就没有自由。这是因为自由意味着不受他人的束缚和强暴，而哪里没有法律，哪里就不能有这种自由。但是自由，正如人们告诉我们的，并非人人爱怎样就可怎样的那种自由（当其他任何人的一时高兴可以支配一个人的时候，谁能自由呢?），而是在他所受约束的法律许可范围内，随其所欲地处置和安排他的人身、行动、财富和他的全部财产的那种自由，在这个范围内他不受另一个人的任意意志的支配，而是可以自由地遵循他自己的意志。①

【观点论争】

一种自由本身又会受到另一种自由的限制，这体现了自由的相

---

①［英］洛克著：《政府论》（下篇），商务印书馆1996年版，第36页。

对性。但是，保障自由是社会通过法律途径来实现的，因此，法只能因循自由的这一特性来进行制度设置，却不能以此为借口而限制自由或扩大责任范围。譬如，农民工进城后遭遇到子女就学难问题：一方面，城市建设需要大量的劳动力，农民工就成为这一方面的主力军；而另一方面，城市的教育资源又是有限的，因为它是根据城市的发展规划进行相应配套的，如果要满足农民工子女的求学需求，势必造成资源争夺的局面。从教育法讲，农民工必须保证其子女享有受教育的权利；而从国情出发，城市在扩张中也不可能一下子全部解决这一资源困境，从而在客观上限制了农民工子女受教育的自由。可见，以教育法来问责农民工是不合理的，更不能以城市教育资源紧张为借口排除农民工子女受教育的自由。如何在法律的框架里合理解决这一矛盾问题，这对城市管理者的智慧提出了挑战。

3. 秩序。秩序是指在一定的时空范围内事物之间或事物内部系统中各要素之间所处的相对稳定的结构状态。有序性是自然界与人类社会的基本状态，而无序性本身则是构成不断地进行“破”与“立”的一种力量。从人类的主观愿望出发，无论是生产还是生活，我们都希望有一个相对稳定的环境，在这一方面，法恰恰能够提供这样的帮助作用。如在制度设计方面，可以将有序的想法设定为法的目标，然后通过权利与义务来引导人们的行为朝着这样的目标前行，对于游离或超越既定目标的行为以“问责”的方式进行约束，以便形成人们愿望中的有序状态。在对行为进行设定（制度规范）和实际约束（法律事实）之间所产生的普遍性状态，说到底，实际上也还是人们的主观愿望在起作用——问题之一：如果法定秩序中的规范（应然性）不能作用于人的行为（现实性），法就是无价值的，因为它不能产生秩序，也就无法实现人们对它的期望；问题之二：如果在设计法的具体制度方面不够科学、合理，即在秩序结构中存在着一些瑕疵，其所产生的实际效果就无法做到尽如人意；问题之三：如果所设定的秩序是为了满足单一权力

（或权利）的需要，而忽略了另一方面的同样需求，所谓的有序性就有可能陷入专制秩序，而非现代的法治秩序。

由上述三个问题不难看出，问题一是属于法哲学的范畴，问题二是属于立法技术范畴，只有问题三才是法价值论中需要直接面对的：单一的价值观（如专制秩序）有可能产生无序的结果（如通过革命推翻专制秩序）。说明了在法的价值体系中还需要引进其他价值内容。

【资料检索】

1．中国春秋时期，齐国首相管仲就提出过“定分”才能“止争”的主张①；荀子提出“人生不能无群，群而无分则争”。② 这里的“分”就是等级名分，即包括君臣父子的地位之分、士农工商的职业之分、贫富轻重的财富之分，因为有分则有序、有分则无争。

2．无论是中国传统社会或是当代法治社会，其实都需要以稳定的社会秩序为发展条件。所不同的是，前者的法律秩序是建立在自然经济的基础上，它特别强调要以人伦道德作为建构社会关系的基础，因为这种关系与人们的日常生活密切相关，很容易被人们理解和接受，从而使传统社会的行为规则很顺利地内化为一般社会成员的主观信念，有利于社会形成一种积极的控制机制；而后者的法律秩序则是建立在市场经济的基础上，市场经济讲求的是利润的最大化，因此发展经济就成为其核心观念，这就决定了它需要在“发展的”动态中才能求得稳定，也就决定了它要在法治的状态下完成对秩序的构建。对比二者，不难发现，传统的秩序基础与需求和现代的秩序基础与需求都是不一样的。而作为一个由传统自然经济国家向现代市场经济的法治国家的转型期的中国，在建构它的法

① 《管子·七臣七主》。
② 《荀子·王制》。

律秩序时，不可能完全抛弃传统人伦关系而全面进入法治关系。这也就决定了中国的法律秩序的形成必须是“中国特色”的。

【观点论争】

秩序价值的产生是因为规则对行为作用的结果。在这里需要讨论一个问题，即当规则的一般性特征与个别行为的正义性发生冲突的时候，应当如何予以解决？不同的法学家可能会有不同的想法。有人会觉得，保持法的一般属性就是在保证法的稳定性与严肃性，否则法就很容易被各个击破；但是也有人会认为，法不可能一成不变，所谓的稳定性与严肃性都只是相对而言的。亚里士多德曾经为此想过这样一种解决办法：当法律确定了一项一般性规则而此后发生了该规则的一个例外情形时，那么立法者的声明因具有绝对的性质而有其不完善和错误的一面，所以执行法律的人士就应当首先确定如果立法者本人处于现在这种情形中会作出什么决定、如果立法者知道这一情形的问题所在又会颁布什么法律，然后再据此对原有法规的不完善性加以修正。①

4. 人权。人权是指人之所以为人所享有或应当享有的特有权利。它是在尊重人格平等的基础上发展起来的一个主观概念。对其他权利而言，人权具有普遍性、本源性和综合性的特征。因为在人权观念的产生初期，人们对这样的概念还处于朦胧状态，所以习惯上就把它说成是“天赋的”产物，其实它是随着人类思想的自我解放而逐步形成的一个概念。作为法的价值之一，人权意味着法对社会成员的主体价值的肯定、意味着法的宗旨是为人服务的、意味着它可以成为检验法之优劣的标准、意味着它可以成为引领法的发展方向的内在动因。在分类方面，按照联合国人权公约的标准，人

① ［美］博登海默著，邓正来译：《法理学——法律哲学与法律方法》，中国政法大学出版社 1999 年版，第 321 ~ 322 页。

权可以被分为“公民和政治权利”与“经济、社会和文化权利”这样两个部分。当然，不论是何种类型的人权，从法的价值角度出发来理解的话，当人权被写入宪法以后，保障人权就应当是国家及整个社会义不容辞的责任。

必须承认的是，由于世界各国的经济、政治、文化等领域的发展水平不相一致，也在很大程度上制约着每个国家、民族的人权发展的进程。但是，不断扩大和保障人权都应当成为人类社会的发展方向。

【资料检索】

中国于2004年将“国家尊重和保障人权”写入宪法，这表明政府在对待人权的问题上有了更高的认识，也采取了更为积极的态度。而在不同时期，关于人权的内容也不尽相同：“第一代人权”主要是公民和政治权利，如生命权、不受任意逮捕的权利、获得公正审判的权利、无罪推定、选举权与被选举权、表达自由、宗教信仰自由等；“第二代人权”主要是经济、社会和文化权利，如工作权、获得公平报酬、社会保障、适足生活水准的权利、参加文化活动的权利等；“第三代人权”主要是发展权和环境权等。

【观点论争】

长期以来，中国在人口计划生育工作方面一直备受争议，以美国为首的西方国家常常把这一问题作为中国的“人权病症”进行指责。从作为“普遍的人”的角度出发，任何人的生育权是不应该“被计划”的；但是，中国的实际情况是，如果再不有效地控制人口增长，则不仅会成为“中国问题”，它甚至会成为“世界性问题”。所以，计划生育势在必行；同时也应该看到，在中国实行计划生育的工作难度相当大，其中既有传统观念上的影响，也有经济发展不平衡的因素在起作用，使得这项工作的难度与强度都增大了许多，也因此在实践中出现了一些粗暴行为和暴力抗法事件，导致群众议论纷纷，怨言频频。平心而论，从整个社会发展的角度看，“计生工作”的大方向是完全正确的，虽然有违人性，也会给将来的社会发展带来一定的负面影响，却是不得已而为之；而我们在工作中存在的问题既是事实，也是需要在法律的框架下加以克服与改正的。

法的价值意义在于：第一是法的制定的必需，它关系到法的价值的定位问题，即法追求的目的是什么，法与法之间的关系及法自我否定的价值问题；第二是法的实施的需求，即对法的执行和法的遵守起到思想保障作用；第三是防止法的失效的屏障，法一旦失去效力，其价值就将无从实现；第四是评价法之善恶的准则，促进良法、矫正恶法；第五是法的演进的动因，法的良性发展离不开法的价值的正确定位。

【资料检索】

解决法律价值冲突的基本原则应当是：（1）遵从基本价值。法的基本价值是其他价值所必须坚持的，也是其他价值的评价准则。(2) 坚持法定价值。这是法治原则的基本要求。(3) 考虑适当成本。价值与效率都需要进行成本核算。（4）追求最佳效益。选择利益的最大化指的是整体利益的价值。（5）实现补偿有余。即争取得大于失、效益大于成本、收益大于代价。这些原则是在借鉴传统的价值冲突原则和现代经济学帕累托原理、经济分析法学库斯定律的基础上，根据法的价值冲突的实际提出的。

【观点论争】

1. 关于中国法的价值观走向问题，有以下两个趋向：一是法的价值观多元并存。因为法的价值观：（1）会因主体的不同需要而产生多元性价值；（2）会因主体的不同认识而产生多种价值需求；(3) 会因价值本身的多元而多元存在；（4）会因价值目标的差异而多元存在。二是以社会主义市场经济的法的价值为导向。这是因为，我国社会主义市场经济已经基本确立，法的制定和实施必须在这一大的框架下进行；同时，法的价值经过法的实施将更加深入人心。

2. 由于法律价值本身就是一个多元化的庞大体系，而每一个或每一对价值内容又有着不同的目标要求，这就难免会出现价值冲突现象，如秩序与自由的冲突，公平与效率的冲突，法治与德治的冲突等，这些冲突都是客观存在的，它反映的是社会主体对法律的不同认识和主观要求，归根结底是各种利益的博弈。例如，中国的户政管理制度曾经起到过巨大的作用。但它又在很大程度上妨碍着人们实现自由迁徙的愿望。价值冲突在所难免，问题在于我们是如何看待和处理它们相互之间的矛盾。在传统上，中外历代法学家曾提出了关于法的价值冲突的许许多多解决原则，其中最为著名的是利害原则，即“两利相权取其大，两害相权取其轻”，或苦乐原则，即避苦求乐的功利主义，或建立法律价值登记体系以及法律价值中心主义，等等。

## 二、法的功能

自人类组织社会以来，法作为其赖以依靠的制度规范与文化符号之一，从来就发挥着极其重要的角色作用，这其中一方面是因为法本身具备了满足人们对规范行为的功能性要求的条件，即通过制度影响或作用于人的行为，直至间接地影响到人的思想和思维方式；另一方面是因为法在长期的发展过程中被赋予了太多的文化符号，承载着各种的思想和愿望，它也因此与法的价值内容紧密地联系在一起，共同作用于外部社会。

【观点论争】

实现法的功能的途径主要是通过对人的行为施加一定的影响而发挥其功效的，这就决定了法的直接功能只能是外化的行为，这也是它与道德规范、宗教规范的最大区别。但是，我们不能就此断言，说法的功能仅限于外化的行为。譬如，当违法行为被宣告、被制裁时，不但在行为人的心中会有影响，甚至在其他社会成员的心中也会有不同的反响。2011年，温州本色集团因非法集资，其董事长吴英被起诉、判刑，记者在采访时了解到吴英本人就对检察院起诉她的罪行并不认同，许多专家学者也纷纷提出异议，社会反响巨大。当被告人吴英不愿意认同判决书时，对她而言是不会出现所谓的“悔罪”影响的，她会认为法律“不公”；当专家学者从社会更深层次对此案进行分析时，他们对“非法集资”与“金融垄断”会形成专业性看法；当最高法院对此案表示谨慎处理时，意味着他们也对社会反响不无关注。所有这些“认识”、“看法”、“表示”，无疑都在证明，虽然法无法像道德那样直接作用于人的内心世界，法却可以通过其对人们外化行为的评判或处置来引发社会上各种心理的发酵作用。

从法的功能的内在表象来看，它主要有这么几个方面：（1）评判功能。作为社会规范的法，它的出现首先就是要给人们的行为树立一个标准：哪些可以做、哪些不可以做、哪些应当做等行为模式，通过对照这些行为模式，人们就可以很清楚地看到法对行为的评价功能以及在它背后的价值取向。（2）引导功能。法为行为“立标”的结果，就是要明确地告知人们“立法的目的和指向”，从而引导人们朝着其所示意的方向、路径行走，最终形成行为的有序性，法的“秩序”价值也就这样得以实现。（3）强制功能。法在不同的历史时期会采取不同的强制方法：原始习惯的强制性可能是通过宗族内部的舆论作用和具体制裁措施来实现，也可能是通过对外族的“复仇”、“战争”来展示；法律的强制性则主要是借助国家机器的各种力量来强迫人们接受。当然，如果抛开法的处置结果给人带来的心理压力这一因素的话，法的这一功能性并非其“固有的”或“与生俱来”的。（4）预测功能。当法的内容以各种形式被展示出来时，人们会通过对其中的利益之得失、利害之关系进行评判，并且预知自己的行为可能发生的结果。由此可知，预测功能也并非法所固有的，而是在人们的主观认识和主动选择下所产生的“副产品”。这里需要注意的是，法本身并不直接产生“预知未来”的功能，立法者也不可能预知其将法投放于社会后的结果，法只是以提供信息的方式和坚定不移的执行力，为人们在作出行为选择时进行预判而提供的某种参照，所谓的预测只是人们对“过往经验”的一种认识。譬如，在法作出“偷税会被判刑”的陈述中，人们通常会把它当作一种个人意识以及由此而选择的行为取向，但它却不能直接演化成个人去或者不去偷税的行为动机。

从法的功能的外在表象看，法与许多社会现象都构成互动关系，人们通常会把这样的关系按照职能性质的差异加以区分：(1) 政治功能。如法确认某一政权的“合法性”，人们因为相信法的权威进而接受了该政权存在的合理性；反之，政治也会提供各种力量和方法帮助法去实现它的功能，上述的国家强制力就是这样的一个功能性要素。(2) 经济功能。如在一个推行市场经济的国家里，政权需要借助法的手段（通常是税法或财政法等）去影响某些经济行为；因为直接出面的不是政权而是法，于是人们会错误地判断说是法的经济功能在发挥影响力，却忽略了在法背后的那一只“有形的手”。(3) 文化功能。一般来说，文化功能是在说明法律文化与外部的联系和作用，以进一步认识和发挥法律文化系统作用于法律生活和社会实践的能力。它通常是由以下几项子功能组合而成：表现功能、沟通功能、选择功能、指令功能和整合功能。以此类推，法的外在功能还能够列出许多，如军事功能、体育功能、卫生功能等，不胜枚举，这其实是在说法在作用于外部世界时所具备的种种职能。

如果我们是从法治的动态角度对法的功能进行分析，还可以把它分为立法功能、司法功能和执法功能等，并且在这些功能的背后，还可以指出它们都具备了上述所有的内在表象中的内容。

法的本体现象是构建法学理论与法学体系的支柱性内容。法的价值表明的是它作为理性的表征，是它在记载着人类社会对法的文明态度和不断前行的脚步；而法的功能所展示的是它内储的能量，一方面它可以在和其他社会现象进行互动时发挥出来，另一方面它又能够激发出其自身的能量去实现法的目标价值。正是通过法的价值与功能之间的这一互动关系，才使得上述关于法的历史规律与社会规律有了属于自己的根据。因为从某种意义上讲，如果抽掉了法的价值与功能之间的规律性联系，法也就失去了其存在的正当性理由，而法的历史规律与社会规律也将不复存在。

【资料检索】

正当性是指人的行为方式、人的利益、愿望等符合社会生活中现行规范和政策的要求，或者符合社会发展的客观需要和人民的利益。作为法的正当性，它的存在应当符合人类社会发展的客观规律以及人们对它道德化的内在要求，集中表现在法对权利、义务和权力的态度和具体措施上。

以法学的观点研究法的历史现象、社会现象和本体现象，无非是我们想从多个角度来观察它在不同形态下的变化及其规律性的、最真实的表现，以免对它产生片面的印象。当我们看到法在不同历史阶段会呈现出不同的“质态”时——原始社会中初始的公有制性质、阶级对立社会中的私有制性质与社会主义社会的公有制性质——说明了法是人类社会中一种“可控”的规范形式；当我们看到法在与其他社会范畴进行交互作用时，会呈现出一种“受制”与“反制”的形态，说明了法具有一定的独立性；当我们赋予法以各种价值元素、并且期待着这些价值能够作出其各自应有的功能性反应时，说明了法能够带给人类福祉以可靠的安全性。通过分析上述三种法的现象，其结论已经呼之欲出：（1）法作为历史的产物，它不可能超越所有人类社会而成为空洞的概念，也不可能成为人们手中随意摆弄的工具；（2）法作为社会的产物，它属于上层建筑的一部分，自然会受制于包括经济基础在内的各种社会范畴的影响，有的甚至是决定性的影响；（3）法作为规范的产物，它具有独立的、价值存在的意义。法之所以能够始终伴随着人类社会走过上万年的历史，已足以说明，法既是人类社会理性与智慧的结晶，更是我们须臾不可分离的伙伴与助手。

【资料检索】

1. 由马克思和恩格斯创立的历史唯物主义法律观，是一个开放的、不断前进的科学体系。它所包含的那些法发展规律性的基本原理是稳定的，但也需要通过总结新的实践经验而更加充实和完善。恩格斯晚年系统提出和阐发的法的相对独立性学说，便是一个辉煌的范例。可以说，它是马克思主义关于法相对独立性学说的一个完整体系。①

2. 在1962年7~8月间召开的北戴河中央工作会议和9月的中共八届十中全会，毛泽东重提阶级斗争问题，强调在社会主义条件下"阶级斗争要年年讲、月月讲"。此后，如何开展在政治领域、思想文化领域的阶级斗争和反修防修，便成了党在这一时期执政的主题之一。中苏论战、城乡社会主义教育运动、在思想文化领域中开展的过火批判，都是在"以阶级斗争为纲"这一思想指导下发生的重要事件，并最终导致了历时10年的"文化大革命"。

【思考题】

1. 资本主义法与奴隶制法、封建制法之间有无本质的区别？如果我们把它们笼统地归为"国家私有制法"的范畴，是否会抹杀了资产阶级思想家们对法学研究与法律活动所作的历史贡献？

2. 社会主义法是否一定要建立在全新的、与资本主义的法统

① 吕世伦、文正邦主编：《法哲学论》，中国人民大学出版社1999年版，第116页。

绝对割裂的基础上？

3. 在当今社会，政党主管政治是一种普遍现象。那么，政党政治与民主政治之间的共存是相互适应的还是互有矛盾的？有什么办法可以约束政党的政治行为？

4. 在原始社会里，习惯就是法；在将来没有了国家之后，作为行为规范的法也依然存在。这些事实是否都在证明着：法是可以离开国家而独立存在的？

5. “尽可能地取消政策的使用效力或者限制政策使用的范围”，就一定代表着法治的进步？

6. “法不容情”说明法律比道德更有强制性效力和更大的权威。然而从社会的效果看，事实果真如此？法律的作用在于表面上，而道德的作用却在于潜移默化。人民警察在执法时如何摆正二者的位置？

7. 几千年以来，法的本质与现象问题始终缠绕在法学家的大脑里，挥之不去。你认为这个问题真的就那么重要吗？过分强调法的阶级本质属性，会带来什么样的影响？

8. 所有的法律问题都可以归结为“价值”与“事实”两个元素。在众多法律价值产生矛盾时，采取什么样的观点才能够符合社会主义法的基本要求？

9. 如何理解马克思提出的“法典就是人民自由的圣经”这句话的深刻含义？

10. 如何理解“法是增进自由的力量，又是限制自由的工具”这句话的深刻含义？

# 第四章　法律导论

【内容摘要】从法的历史现象到法的社会现象、再到法的本体现象，以及与这些现象相关的法的本质，这一路走来，其实都是在为揭示“什么是法律”做着铺垫。奥斯丁以强权思想来理解“命令中的法律”，哈特从“事实”与“规范”的关系中寻找着法律的答案。解读法律，其实不仅仅是在给法律下一个简单的定义，更重要的是在验证着：你是用什么样的立场、观点和方法来求证你心目中的法观念。

## 第一节　法律定义

### 一、法律词源

中国文字多以象形文字为主，并在此基础上或假借、或取意、或取音以组成新的文字。汉字“法”的古体为“灋”。据汉代许慎《说文解字》解：“灋，刑也。平之如水，故从水；廌所以触不直者去之，从去。”《异物志》说：“东北荒中，有兽名獬，一角，性忠，见人斗，则触不直者。”王充在《论衡》中写有“廌定知有罪，有罪则触，无罪则不触也”之语。这是古代的一种“神兽裁判”思想，这种思想甚至影响到后代法官的服饰。程树德《说文稽古篇》说：“前清凡执法者，犹用解君为补服。”可见，从词源看，汉字“法”确有“平”、“正”、“直”和“公正裁判”的含义。与“法”字有密切联系的另一个字是“律”。据《说文解字》

的解释，“律，均布也”。段玉裁注：“律者，所以范天下之不一而归于一，故曰均布也。”说明“律”有规范人们行为的作用，是普遍的人人必须遵守的规范。早在秦汉时，“法”与“律”二字已同义。又据《唐律疏议·名例》称：“法亦律也，故谓之为律。”在我国历史上，“法”、“律”二字虽可解为同义，但也有所区别。一般地说，“法”的范围较大，往往指整个制度（如“变法”一语中所讲的法）；“律”则多指具体准则，尤指刑律。在现代汉语中，“法律”一词有广义和狭义两种用法。广义的“法律”指法律整体，例如就我国现在的法律而论，它包括作为根本法的宪法、全国人大及其常委会制定的法律、国务院制定的行政法规、某些地方国家机关制定的地方性法规等。在人们的日常生活中使用“法律”一词多是从广义上来说的，如“执法必严”、“违法必究”、“人人要守法”、“法律面前一律平等”其中涉及的“法”和“法律”都是从广义上来说的。狭义的“法律”仅指广义法律中的一种，即仅指全国人大和全国人大常委会所制定的法律。为了避免将上述两种意义混淆，我国一些法学辞书、著述或译作，把广义的“法律”称为法，而将狭义的“法律”仍称为法律。但在很多场合，“法律”一词仍然是一个统称。

西方关于法的词义，多数都带有正义和权利的意思。英语 law 不含权利、公平、正义之义，而只有“规则”（rule）之义；只有 jus 所包含的公平、正义、权利等含义对英语词义不无影响。在现代法学中，对法这个词可以在动态和静态两种意义上理解。静态的法通常指法律规则、制度，它是静止不动的。动态的法则泛指立法、司法、执法、守法、法律监督等活动或过程。因此有人将静态的法称为“纸面意义上的法”，动态的法称为“现实生活中的法”。

【观点论争】

在法学研究理论方面，关于法与法律的字词含义与习惯用语是有一定分别的：法的含义要比法律更为广阔。在历史上，有的学者是从自然法则的角度在使用法，使其与自然规律或规则有了某种联系。如古典自然法学派研究者的口中所称之法、中国传统道家口中的“道”等，都与此有关；又有学者是从社会规范的一般意义在使用法，他们把法与道德、宗教、习惯、习俗、禁忌、政策等相提并论，法成为贯穿全人类社会生活的一种规则；还有学者是从阶级对立的社会状态下来使用法，认为法是阶级社会所独有的产物，是在社会产生私有制、出现阶级和国家之后，是统治阶级控制被统治阶级的专政工具，用阶级属性概括为法的本质。社会主义阵营的国家基本上是以这样的观点来认识法与法律的，突出强调“阶级斗争”、“统治意志”与“国家强制力”等因素。在这样的意识形态指导下，从根本上否定了无阶级的原始社会或共产主义社会存在着法的可能性，也否定了“法律至上”的观点，使得法治总是徘徊在“法制”与“人治”之间。如果从包容或多元的观点来看待法与法律之间的界限区别，我们不妨可以做这样的假设：法指上述各种关于广义上所使用的法，包括自然的法、社会的法与国家的法等含义，而法律仅指国家的法，是在狭义使用着法的含义。

## 二、法律特征

自古以来，东西方国家对法的定义就有着不同的认识，有的是从形式上去挖掘法的外部特征，强调的是法的规范性内容；有的是从实质上来看待法的内部特征，把注意的焦点放在了法的社会职能上。我们认为，只有这两个方面的结合才能够揭开法律的全貌。

### （一）法律是一种社会规则

在中国春秋战国时期，管仲说过：法律政令者，吏民规矩绳墨也。时隔2000多年后的沈家本也说：法者，天下之程式，万事之仪表。[①] 意大利神学家托马斯·阿奎那也把它看作一种尺度和准

① 沈家本著：《历代刑法考》，第2243页。

则。从法律渊源看，在习惯转变为法律之前，它就已经具备了规矩——绳墨的意义。以上所述主要是从法律的本体意义上来认识的。

【资料检索】

1. 规律是指事物本身所固有的、深藏于现象背后并决定或支配现象的方面，是千变万化的现象世界的相对静止的内容。规律是反复起作用的，只要具备必要的条件，合乎规律的现象就必然重复出现。世界上的事物、现象千差万别，它们都有各自的互不相同的规律，但就其根本内容来说可分为自然规律、社会规律和思维规律：自然规律是在自然界各种不自觉的、盲目的动力相互作用中表现出来的；社会规律则必须通过人们的自觉活动表现出来；思维规律是人的主观的思维形式对物质世界的客观规律的反映。规律是客观的，既不能创造，也不能消灭；不管人们承认不承认，规律总是以其铁一般的必然性起着作用。马克思主义创立了唯物史观，并发现了人类社会发展的一般规律，才使人们第一次真正认识到，人类社会和自然界一样，也是按照自己固有的客观规律运动和发展的。人在客观规律面前并不是完全消极被动的，人们在实践中，通过大量的外部现象，可以认识或发现客观规律，并用这种认识指导实践，即应用客观规律来改造自然与社会。

2. 法律与规律的区别在于：法律属于“应然”范畴，规律属于“实然”范畴；法律是关于权利义务的规定，规律是关于客观事实的描述。

什么是法律？不同的人会从不同的角度进行论证：

1. 命令说。英国霍布斯认为，法律就是命令。分析法学派的边沁和奥斯丁也持有大致相同的看法。我们认为，从“法由君生”的立场出发，把法律视为命令的观点的确并不为过。因为在历史上，法律历来是自上而下的，“上”出令，“下”守之、行之，自古如此。中国春秋时期，郑国人邓析因为私刻竹刑，违反了“法由君生”的周礼思想，而被处死。但是到了今天，我们已经无法再去遵从这样陈旧的“历史观”。作为国家根本法的宪法，尚且被看作“协约法”，是国家与公民之间的一种契约，更何况是其他的法律。命令一说明显违反了宪政思想，应予以取缔；当然，在法律生效以后，对于所有的适法者而言，法律的确具有命令的意蕴，所谓“军令如山倒”是也。

2．判决说。在盛行判例法的英美法系国家中，此说较为突出，因为大家的眼里根本看不到成文法的样子，有的只是法官的判决，而这些判决不仅是可以被执行的，它甚至可以成为以后的办案依据。美国法学家格雷说：法只是指法院在其判决中所规定的东西，法规、判例、专家意见、习惯和道德只是法的渊源。当法院作出判决时，真正的法才被创造出来。[①] 这种观点如果放在大陆法系，则会被视为“离经叛道”，因为“法官不得造法”是一项基本准则。更何况判决与规则的最大区别在于：判决只能适用于个案，它对于其他案件不具有适用性；而规则则可以适用于与其内容相关的所有案件，而且它可以不断地、连续地被适用，以致达到普适意义。

3．行为说。此说为少数观点，美国行为主义论者布莱克认为：法存在于可以观察到的行为之中，而非存在于规则中。[②] 必须承认，人在长期的社会化过程中，其行为多少会带有某些社会规范的“因子”，人们从中可以观察到规则的某些痕迹；从实证分析的角度出发，通过对人们行为的考察，可以发现规则的历史演变或者它们的规律性联系，这是值得肯定的；但是，我们不能因此倒果为因地说：法律就是行为。行为主义论者的错误在于颠倒了“规范”与“事实”的关系，我们不能因为要强调法律的适用性而把实然

① 张文显著：《法哲学范畴研究》，中国政法大学出版社 2001 年版，第 26～27 页。

② 张文显著：《法哲学范畴研究》，中国政法大学出版社 2001 年版，第 27 页。

的“事实”说成是应然的“规范”本身。

所以从本体上说，法律是人们应当遵循的一种规则。在人类社会的生产和生活中，存在着用以规范人们行为的各种各样的规则，如社会规则、技术规则、语言规则、运动规则等，那么，我们为什么又说法律是一种社会规则？这是因为，如果是作为一个个体的人，如果这一个体不与他人发生某种社会关系，如果个体与他人虽然发生了一定关系，但是这种关系在最终并不会产生任何社会性的、现实性的后果，那么这一个体就无所谓要去遵守什么规则了；或者反过来说，规则在通常情况下是为一群人或全体社会成员设置的，它绝少是为某一人而设定（当然在极个别的情况也会有例外，譬如为英国女王的纳税问题而制定的规则），其实在规则的普适性中就已经部分地说明了规则的社会意义。

法律作为一种社会规则，它具有规范性和一般性的属性。法律的一般性，又称法律的概括性与普遍性，它至少包括如下几种意义：（1）法律是一种抽象的、概括的规定，它的使用对象是一般的人或事，而不是特定的人或事；（2）在法律的生效期间内，可以反复适用，而不是仅适用一次；（3）它意味着“同样的案件同样对待”，也就是我们通常所说的“法律面前人人平等”原则。

【资料检索】

1. 法律的一般性特征在于：（1）法律是针对某一类事实作出的规定，不是对具体的事实下决定，这与裁判是不同的；（2）法律不是针对具体的人来下决定的，而是对于将来所有的人所立的规则，这与文件有所不同。

2. 宗教是人类社会发展到一定历史阶段出现的一种文化现象，属于社会意识形态。主要特点为，相信现实世界之外存在着超自然的神秘力量或实体，该神秘统摄万物而拥有绝对权威、主宰自然进化、决定人世命运，从而使人对该神秘产生敬畏及崇拜，并从而引申出信仰认知及仪式活动。在人类早期一些社会中，宗教承担了对世界的解释、司法审判、道德培养和心理安慰等功能。现代社会中，科学和司法已经从有些宗教分离出来，但是道德培养和心理安慰的功能还继续存在。宗教所构成的信仰体系和社会群组是人类思想文化和社会形态的一个重要组成部分。在《宗教百科全书》中，其定义是，每个已知的文化中都包含了或多或少的宗教信仰，它们或明了或令人疑惑的试图完美解释这个世界。当某些行为典范在特定的一个文化中得到确立时，它就将在这个文化中打下深深的历史烙印。即便宗教在形式、完整度、可信度等都因不同文化而不同，但人在社会中还是不可避免要受到宗教影响。宗教教规也是一种规则，如《摩西十诫》等，它的适用对象主要是在教众内部，而且是以自愿信仰的方式提出的。所以，在宗教社会里，教规就是教徒的“法律”，而它对其他人等则没有规范的意义。

3．“因为不屈服于奴役，所以他们选择了流浪”，摩西带领他的族人在西奈山下祈祷，请求耶和华为他的族人指一条道路。一只看不见的手——上帝之手在西奈山的峭壁上刻出十条戒律。《摩西十诫》被称为人类历史上第二部成文法律，体现了平等的“人神契约”精神：谁要毁约，谁就会受到上帝的惩罚。同时，人民也有“神不佑我，我即弃之”的权利。其具体内容：（1）除了耶和华之外不可有别的神；（2）不许雕制和崇拜任何偶像；（3）不许妄称耶和华的尊名；（4）当守安息日为圣日；（5）当孝敬父母；（6）不可杀人；（7）不可奸淫；（8）不可偷盗；（9）不可伪证陷害良民；（10）不可贪婪他人的一切。

（二）法律是调节社会行为的规则

作为规则的法律，它的调整对象是什么？在表面上，法律调整的是人，是作为社会意义上的人。在长期的历史条件下，人在社会上的存在价值是由其身份所决定的：不同身份的人是由不同的法律来调整的——身份决定着其社会地位的高低、权利的大小、言行的边界范围等，中国古代所谓的“礼不下庶民，刑不上大夫”，讲的就是这样的社会身份与当时社会规则的联系——在法律的视野里，人的名分要比其他因素更为重要，它通常成为规则首先调整的对象。随着社会的进步，平等的法律价值观被越来越多的人所接受，等级制度成为历史，人的身份已经不那么重要了。从这一时刻开始，法律的调整对象也因此发生了翻天覆地的变化。马克思曾经有过一个著名的论断：对于法律来说，除了我的行为以外，我是根本不存在的，我根本不是法律的对象。我的行为就是我同法律打交道的唯一领域，因为行为就是我为之要求生存权利，要求现实权利的唯一东西，而且因此我才受到现行法的支配。[①] 还有一种说法，法律是社会关系的调整器，这说明法律的调整对象应当是社会关系。在法哲学的层面，这样的说法并无不妥。问题在于我们要搞清楚的是，法律是通过什么来调整社会关系的？前述的法律其最终也是在调整社会关系，不过它是通过人的身份来调整的，调整社会关系则是它的终极目标；当历史抹去了作为连接法律与社会关系之间的身份因素以后，人的行为就代替了人的身份而成为新的连接点。法律正是通过调整人的行为——为人们的行为提供一个模式、标准和方向，从而为人们的行为划定可以自由行动的边界，规定哪些行为可为、哪些行为禁为、哪些行为应为，并且分别设置了相应不同的后果——通过对这些行为的规定来确认、规定、保障、引导、促进、制约人的行为，达到既规范人的行为，又协调人的社会关系的目的。正如民法专家江平教授所言：行为是主体和权利之间的桥梁、媒介。[②]

人的行为千姿百态、五花八门，哪些行为才是法律调整的对象？从法哲学上讲，能够进入法律视野的必须是属于主观性与客观性相统一的行为，即该行为是受行为人内在思想的支配、而在外部特征方面又能够表现出来的活动。为何要做这样的限定？首先，如

---

① 《马克思恩格斯全集》（第1卷），人民出版社1956年版，第16～17页。

② 《北京日报》1986年6月20日。

果不是由人实施的行为，譬如自然运动、动物或植物的活动等，与人没有关联，法律就无法进行约束，或者即使进行了约束，也不会产生具有法律意义的后果。当然，如果在上述活动中存在着人的参与行为则要另当别论。其次，人的行为必须是和社会有着某种关联性。一个独立的个人行为、一个不与他人发生任何关系的行为、一个无法引起社会关联作用的行为，法律对这样的行为进行调整又有何意义？因为这样的行为是不可能在主体与权利之间起到桥梁或媒介作用的。譬如，一个人可以选择结婚或不结婚：选择结婚的话，他（或她）就会与他人发生受法律调整的婚姻关系，其结婚行为就具有法律意义；而如果他（或她）选择不结婚（不作为也是一种行为），其就不与外界社会产生与婚姻有关的法律关系，婚姻法就不能强行调整其不婚行为。最后，人的行为必须是受到其个人的主观意志支配的。人的意志对其行为具有“选择”作用，这种选择必须是处于自由的状态——只有意志自由才有行为选择的自由——在今天的法治社会里，如果人是在属于无意志自由的状态下所作的选择，它可能会是某种事件，也可能会引发法律关系的某些变化，却因为缺乏法定的“主观要件”，通常会被法律排除在外。譬如，刑法上的意外事件，或民事责任上的无过错行为等，即属于这种情形。法律之所以如此看重行为人的意志因素，是因为“意志是主体的能动精神，在行为过错中它的作用表现为选择、确定行为的目标与方向，支配自己按照既定的方向活动的自觉性和能动性，它对主体的活动具有导向机能和调控作用。”①

当进入法律调整范畴以后，即使是普通行为也会被视作法律行为。对法律行为进行分类可以有多个角度，如按主体或角色而划分为个体与群体行为，或职权与非职权行为，如按行为性质可划分为抽象与具体行为，如按行为的自为性可划分为自为与代理行为，等

① 张文显著：《法哲学范畴研究》，中国政法大学出版社 2001 年版，第 72 页。

等。在这里，重点介绍以下三个行为分类：（1）单方与双方法律行为。前者指依一方当事人的意思表示或由一方当事人主动作为而成立的法律行为，如赠与、立遗嘱、放弃继承权、行政命令等；后者是指双方当事人的意思表示一致而成立的法律行为，如订立合同、结婚、协议离婚等。（2）要式与非要式法律行为。前者是指以具备一定形式或历经一定程序才能生效的行为，如房屋买卖以产权过户登记为准、要有2个见证人在场才能形成以录音形式的遗嘱等；后者是指无须具备特定形式或历经特定程序即可生效的行为，如日常生活中的简单交易行为等。（3）主行为与从行为。前者是指无须其他法律行为的存在而独立发生法律效果的行为，后者是指需以其他法律行为的存在为前提而具有法律意义的行为，如在借贷关系中，设定借贷行为即为主行为，因借贷而设定的抵押、质押、担保等行为即为从行为。

既然被纳入法律范畴，也就难免会受到法律的评价。最简单的评价就是对合法行为与非法行为的划分。但是，考虑到法律行为是一种对象性的实践活动，对行为合法与否的评判就远非一般人想象的那么简单。譬如，普通公民的自杀行为因为不属于法律调整对象，法律也就无法对此进行评价；但是，如果是帮助他人自杀，在中国即属于非法行为，甚至可能构成杀人罪；而在有的国家里，“安乐死”会被认为是合法的。为什么同一个行为会在不同国家产生截然不同的评价？原来在所谓的简单判断合法与否的背后，蕴藏着立法者对行为后面的政治、经济、文化、道德和其他社会标准的深刻的综合的考量。

【资料检索】

1. 道之以政，齐之以刑，民免而无耻；道之以德，齐之以礼，有耻且格。[①]

---

① 《论语·为政》。

2. 道德是人们关于善与恶、正义与非正义、光荣与耻辱、公正与偏私等观念、原则和规范的总和。可见道德同法律一样也是一种规范，也在调整着人们的行为。但是，道德与法律又是不同的：从调整对象看，道德除了要调整人们的行为以外，还要调整人们的内心世界，而且它主要是通过调整人的信念和思想动机来影响其外部行为的，其方式是由内而外（这一点与宗教十分相像）；而法律只能调整人的行为，它不能直接调整人的思想。在现代社会，“腹诽罪”是绝对不允许存在的。但是，法律可以通过调整行为来影响人们的内心世界，其方式表现为由外而内。所以，在对待行为动机方面，在道德看来它具有决定性的意义，因为他人可以从中看出其行为之善恶是非、正义与否、光荣与否、公正与否等；而在法律看来则只能是次要的判定因素，根本不能作为判案的依据。

（三）法律是通过调节权义来调控社会关系的行为规则

法律对行为的评价与控制是通过规范一定的社会关系来实现的。作为一种特殊的社会规范，法律是以规定人们权利、权力和义务为社会关系的主要内容。它以权利、权力和义务为机制，通过权利、权力和义务的配置和运作，从而影响人们的行为动机，指导人们的行为，最终实现对社会关系的调整。

【资料检索】

在以习惯为调整机制的氏族内部，“还没有权利和义务的分别；参与公共事务，实行血族复仇或为此接受赎罪，究竟是权利还是义务这种问题，对印第安人来说是不存在的；在印第安人看来，这种问题正如吃饭、睡觉、打猎究竟是权利还是义务的问题一样荒谬”。①

权利、权力和义务等都是法学上极为重要的概念。权利和义务

① 《马克思恩格斯选集》（第4卷），人民出版社1995年版，第158页。

及其关系，是人的社会关系的内容和界限。法律调控人们的社会关系，就是通过人们在一定关系中的权利和义务的配置而实现的。没有合理的权利和义务的配置，没有正当的权利和义务的运作机制，社会存在就成为问题，人们就不可能真正获得和平、和谐、安宁和幸福。

法律上的权利和义务是相对应的范畴。一般说来，凡是法律规定人们可以如此行为的，就是授予人们进行某种行为的权利；凡是法律规定人们应该做的或禁止做的行为，就是人们应该承担的法律上的义务。在社会生活中，一般说来，法律上的权利和义务是对等关系，有什么样的权利就有什么样的义务；有什么样的义务就有什么样的权利。就法律而言，世上本没有无义务的权利，也没有无权利的义务。

法律上的权利和义务与其他社会规范的权利和义务有重大区别：（1）法律上的权利和义务是法定的权利和义务，它通过法律方式确定、保障、维护和实现。其他社会规范意义上的权利和义务则不具有法律上的意义，无法得到法律的保障与维护。（2）法律上的权利和义务具有国家性、意志性和强制性，可以凭借国家的强制力保障实施，当合法权利受到侵犯，或者法定义务没有得到履行时，可以依照法定程序，由相关机关采取必要强制措施，强制执行和实现。而其他社会规范上的权利和义务则不具有国家意志性，一般也不采取强制性措施，而是依靠其他方式来实现。（3）法律上的权利和义务往往是相对应的．而且对全体社会成员在形式上往往是平等的。（4）法律上的权利和义务具有确定性、规范性、明确性、可预测性的特点。其他社会规范不一定具有这样明确的性质。

【资料检索】

道德的调整内容与法律是不同的：它要求个人对他人、对社会应当履行其应尽的基本义务，当个人履行了这一义务后，他是不能以此为理由来要求实现对价的，即履行道德义务不是以获得道德权利为前提条件的。做善事的人，他的回报就是可以得到他人与社会的“赞誉”，以及自己良心上的“好受”这样的心理体验；而对宗教而言，它与道德一样是没有实际对价的，有的只是“未来”的回报——或者上天堂，或者下地狱——因为任何人都不能同上帝讲条件；法律的权利义务关系则是以一种平等的、对应的形式出现的：既没有无权利的义务，也没有无义务的权利。

（四）法律是由主权者以国家的名义制定或认可的行为规则

法律在原始社会是以习惯法的形式表现出来的。在众多的原始人看来，此时的法律在很大的成分上是披着“神意”的外衣，而实际上却是人们在长期的群居生活中不断取得经验的结果，是一种智慧的体现。难怪西圣亚里士多德会这样说：法律恰恰正是免受一切情欲影响的神祇和理智的体现。① 于智慧而言，在习惯法中所反映出来的公意思想是显而易见的。在当时的条件下，人们服从习惯法是天经地义的，其中并不存在谁控制谁、谁压迫谁的问题。因此，在原始社会，习惯法可以被看作一种“公意的宣告”。

但是，当公民社会被国家所取代了以后，当习惯法变成了法律以后，即使当时法律的主要内容还是在很大程度上沿袭了原始社会的习惯法，而它的性质已经发生了重大的改变——国家主权者的阶级意志代替了社会公意，而且是以国家的名义发布出来的——尤其是在阶级矛盾、民族矛盾、种族矛盾极端尖锐的社会里，根本就无公意可言，一切共同的规章都是以国家为中介的——法律当然不能例外。于是，法律就成了由国家制定、认可和解释的社会规范，它也因而具有了国家性、阶级意志性的特点。这是法区别于其他社会规范的重要特征。

制定、认可是法律创制的两种主要方式。所谓“法律制定”，

① ［古希腊］亚里士多德著：《政治学》，商务印书馆1965年版，第169页。

是指拥有立法权的国家机关根据法定权限，依照法定程序制定法的活动和结果。法律创制的结果是规范性法律文件。在一个制定法国家中，法律的创制主要是通过立法实现的；法律的表现形态是制定法，是法典。所谓“法律认可”，是指拥有立法权的国家机关或拥有司法权的国家机关，承认和赋予社会上已有的某种风俗、习惯、判例、法理、政策等以法律效力，借以弥补法律规范的漏洞、空白，弥补、克服法律的局限性，使法律适应不断变化中的社会现实。由国家认可而形成的法律，为不成文法，其中最为主要的是习惯法。社会在演变过程中所形成的这些法律虽然是在国家出现以前就已经存在，而且可能要比国家制定的法的生存的时间会更长一些，但是在国家出现以后，这些法律就不可避免地被戴上了“国家”的帽子，于是也就有了国家的特征。法律由国家制定、认可和解释这一基本特征，说明法律具有权威性、普遍性和统一性；也正是法律的国家性、阶级意志性直接保证了法律的效力。这也说明了另外一个问题，即法律对全体社会成员、全体公民具有普遍约束力——特定的地域范围内，任何一个公民，甚至外国人、无国籍人士都受该国法律的约束，都应受该国法律的调整。

以上论述，是因为我们把法律设置在“阶级矛盾、民族矛盾、种族矛盾极端尖锐的社会”这样的一种状态。在这样的状态下，马克思主义法学关于法与国家的学说无疑是正确的。但是，这种状态并不是人类社会发展的全态：如果把它同原始社会相比，其时间长度不过是几十分之一；如果同阶级差别消失后的社会的时间长度相比，那更是白驹过隙。以人类社会必须要过群居生活、群居生活必须要有法律的角度来分析，其结论已经得出：“在民族矛盾、种族矛盾极端尖锐的社会”里，法律是由主权者以国家的名义制定或认可的行为规则；而在其他的社会类型中，虽然越轨行为与利益冲突的现象仍在所难免地要发生，法律依然要作为缓和社会矛盾的一种力量，却因为没有了尖锐的阶级冲突、民族冲突、种族冲突等，法律也因此失去了“国家的名义”，而恢复其作为一种“公意的宣告”，也就更能够得到社会成员的普遍尊重和遵守。

【资料检索】

道德的由来与法律不同，它是人们在长期的社会生活中逐渐积累下来的；当然，道德与法律之间也不是绝对隔绝的，有些道德规范会因为受到了立法者的“青睐”而变成法律内容，也有的法律规范因为情势的改变而被立法者请下了法律的“圣坛”；宗教教义、教规的由来当然不可能是由上天直接“下谕”的，它通常是由某一信徒以上天旨意的名义来代言的，信徒们信其所言，即奉为圣谕。

（五）法律是由主权者动用国家强力系统来保证实施的行为规则

法律是如何得到贯彻执行的？原始社会的习惯法在其内部的执行过程中，虽然会得到多数人的承认和遵守，但是也难免会有例外情形的出现，谁都清楚越轨行为对规则的破坏是巨大的，因为它会产生射性作用，直至该规则无人遵守。因此，任何一种社会规范的实施都有一定的强制性，只是其强制的性质、范围、程度和方式不同而已。仅就现有的考据表明，习惯法的强制性主要表现在对“神性”的崇拜、族长的权威、族内舆论的声讨、对等性的制裁等方面。与此不同的是，由主权者以国家的名义制定或认可的法律的遵守和执行，依靠的是国家的强力系统来作为后盾，使之成为一种最强有力的规范，这些专门的国家强力系统通常是指军队、警察、法庭、监狱等有组织的国家暴力机器。靠着这些强力系统，不管人们的主观愿望如何，人人必须遵守执行，否则将招致国家的干预并且受到相应的法律制裁，这是法律区别于其他社会规范的最明显的特征。

法律之所以需要由国家强制力来保障实施，是因为：（1）法律是掌握政权这一方阶级意志的体现，必然会遭到另一方敌对阶级或敌对势力的反抗和破坏，这就必须依靠军队、警察、法庭、监狱等一套暴力为后盾，以保障法的实施。（2）法律是统治阶级整体意志的体现，统治阶级中内部的少数人也可能违反法律，违反统治阶级的整体根本利益，如果采取绥靖政策仍然无法解决时，制裁也就在所难免，这同样需要以国家强制力作后盾来保障。（3）法律以规定权利和义务为基本内容。为了使人们的法定权利得到充分实现，免遭非法剥夺和侵犯，为了使人们的法定义务得到确实履行，也必须有国家强制力作保障。

应当看到，法律背后的强力系统是客观存在的，它不会因为有人对它视而不见而变成“隐形物”；但是，如果在法律的整个实施过程中，只看到强力系统的威力，却无视其他社会力量的作用，无视人性都有向善的一面，那么这样的法律不啻为赤裸裸的暴力。没有强力作后盾的法律无异于空气震动；而有了强力的法律也不要肆意横行。所以，理性的一面告诉我们，不要过分迷信强力的作用，更不要过分依赖强力的权威，以为社会成员之所以守法的原因都是惧怕它的威力的结果。

【资料检索】

道德规范之所以能够得到遵守，不完全是靠强力的作用，在现代社会里更不可能依靠国家的强力系统来推行，主要是依靠人们的内心信念和社会舆论的监督。当然，我们也不要轻看了这种约束力，在实际生活中，“良心发现”的威力也是有目共睹的；宗教教义、教规的推行比较接近于道德规范：在历史上，当宗教与世俗法律相互纠合时，越轨的信徒也可能会受到残酷的暴力摧残；在当代中国，法律已经明令禁止使用任何强制力来约束教众。

总之，在阶级矛盾与斗争的社会里，作为规范人们行为的法律，它是指由主权者以国家的名义制定或认可的、主要是用以规定人们权利、权力和义务的、并且是由国家强力系统来保证实施的行为规则。

【资料检索】

在现代社会里，法律作为调节人们行为规范的一种类型，它除了具有上述的五个方面的特征以外，还需要满足人们对它的主观性要求，如法的确定性与公开性，包括模式、内容、责任、效力等方面都要做到明确无误，并公之于众；又如法的可诉性（含救济性）与程序性，主要是为了保证社会成员在其权利受损时可通过法律获得必要的救济，以确保司法正义的实现；再如法的普适性与平等性，要求法治下的所有社会成员都能够遵守法律，平等地适用法律，受法律监督。

## 第二节　法律元素

法律是由若干部分构成的一个统一整体，而构成法律的整体的各个主要组成部分，则被称为法律元素。一般来说，法律是由法律概念、法律规则（规范）、法律原则三个元素构成。其中，法律规范是构成法律元素的主要部分。

### 一、法律概念

法律概念是构成法律的一个重要组成部分。翻开任何一部法典，都可以找到专属法律使用的概念。区分法律概念的种类，是正确理解和把握法律概念所不可缺少的环节。按不同的标准，可将这一概念分为多种类别。

从概念的渊源看，有专业概念和日常概念的区分：专业概念是在法律理念抽象和实际运作中逐渐产生的仅适用于说明、反映法的现象的专门概念。它们一般只有法律意义，与日常生活少有关系，其专业性和技术性较强。这些概念的含义较为精确、规范和统一。像法人、诉讼时效、留置权、诉讼参与人、犯罪中止这类概念，便属于专业概念。这类概念是专业人员应熟悉和把握的；而对普通人来说，要把握这类概念，需要从概念和法律实践的结合上来理解它们。日常概念则是将日常生活中的某些概念移用到法律领域以反映有关法的现象的概念。如宪法中出现的市场经济、政治文明、与时俱进等就是这样被引进的。

从法律概念表现法律关系的分工看，可作这样的区分：(1) 主体概念是表现法律关系主体的概念，如自然人、公民、法人、代理人、原告人、预备犯、诉讼第三人等。(2) 客体概念是表现法律关系客体即法的关系主体的权利、义务所指向的对象的概念，如主物、动产、标的、无体物、有体物、不动产、作品、发明、著作、支票等。(3) 内容概念是表现法律关系主体的权利、义务关系的概念。这类概念一部分是表现权利的，如所有权、专利权、立法权、请求权、抵押权等；另一部分是表现义务的，如债、赔偿责任等。(4) 事实概念是表现能够引起法律关系发生、变更和消灭的原因亦即法律事实的概念，如出生、死亡、犯罪、违约、侵权、不可抗力、正当防卫、紧急避险等。

明确法律概念的功能在于，它对于法律事实可以进行科学的定性，分清与法律有关的每个事物的自然属性、社会属性和法律属性，并且使得人们在使用这些概念时不至于出现歧义性理解，以免增加不必要的成本支出。当然，同所有的语词概念一样，在实际使用过程中，法律概念也会随着社会情势的变化而发生改变，一些陈旧的概念会被社会淘汰，一些新的概念会在规则中被人们所熟悉，会在约定俗成中被固定下来。

【资料检索】

在法的体系中，概念的特点和独特功能是：它对法律事实进行定性，既确定事件、行为和物品等“自然性质”和“社会性质”，又确定事件、行为和物品等的“法律性质”，因而为人们认识和评价法律事实提供了必要的结构。没有这个结构，就无法对事件、行为和物品作出法律评价和法律处理。①

## 二、法律原则

法律原则是法律上规定的用以进行法律推理的准则，它不仅可以指引人们正确适用法律，而且在没有相应法律规范时也可以代替法律规范，直接成为裁判的依据。法律原则与法律条文和法律规范有所不同，它比法律条文和法律规范更抽象和概括，又与法律条文和法律规范具有更为紧密的联系：法律原则是直接来源于法律条文和法律规范，但它又高于法律条文和法律规范。按照不同的标准，可以把法律原则划分为不同的类型，最常见的分类主要有以下四种：

1. 政策性原则和公理性原则。按照原则的渊源或来源进行分类，法律原则可分为政策性原则和公理性原则。政策性原则是为了实现经济、政治、文化和国防等的目标，国家作出的决策、指示和决定，它是法律原则的一种。《宪法》第25条规定："国家推行计划生育，使人口的增长同经济和社会发展计划相适应。"这是我国的一项基本国策，是国家的政策。这样一个政策性的原则在宪法中的规定，直接影响到计划生育条例、婚姻家庭法、婚姻登记管理条例等许多法律的规定。政策性原则具有鲜明的时代特色、政治色彩和民族特色。比如，在我国，实行计划生育制度是一项基本国策，在其他国家可能就没有这样的规定。公理性原则是从社会关系的本质中产生出来的，并得到广泛认同的被奉为法的公理的法的原则。如任何人不得从其错误的行为中获得利益、法律面前人人平等、法不溯及既往、无罪推定、罪刑法定、诚实信用原则、合法性原则，等等。这些原则是严格意义上的法的原则，与政策性原则相比，公

① 张文显著：《法哲学范畴研究》，中国政法大学出版社2001年版，第58页。

理性原则有更广的适用性。在现代法治国家，公理性原则已成为法治的一般追求和基本要求。

2．基本原则和具体原则。按照原则的范围进行分类，法律原则可分为基本原则和具体原则。基本原则是法律在调整各种社会关系时所体现的最基本的精神价值，反映了它所涵盖的各部门法或子部门的共同要求。譬如，民法通则规定了我国民法的基本原则：当事人法律地位平等的原则；自愿、公平、等价有偿、诚实信用的原则；保护公民、法人的合法权益原则；禁止滥用民事权利原则。具体原则是对基本原则的具体化，它构成了基本原则所需调整的法律领域中的指导思想和直接出发点，甚至包括了其次级层次的法律领域，而且还反映了该次级层次的特殊性。譬如，合同法除了体现民法基本原则之外，还规定了“合同必须履行”和“合法合同受法律保护”的原则。

3．实体性原则和程序性原则。按照原则的内容进行分类，法律原则可分为实体性原则和程序性原则。实体性原则是指规定实体法问题的原则，其功能是调整实体上的权利义务关系。刑法中的罪刑法定原则、民法中的诚实信用原则、国际法中的和平共处原则等。程序性原则是规定程序法问题的原则，其功能是调整程序上的权利义务关系，例如诉讼法上的司法独立原则、回避原则、谁主张谁举证原则等。

4．宪法原则和部门法原则。从法律部门看，法律原则可分为宪法原则和部门法原则。宪法原则是宪法所确定的原则，例如法治原则、平等原则等。部门法原则是各部门法中确定的原则。譬如，刑法原则、行政法原则、民法原则、诉讼法原则等，就属于部门法原则。由于宪法在法律体系中的至上权威和最高效力，决定了宪法原则在法律原则体系中的最高权威和最高效力。一个国家的法律的本质决定了其宪法原则的内容，它们是整个国家及其法律的基本价值取向。按照立法法要求，部门法原则必须与宪法原则保持一致。

研究法律原则的立法意义在于，有了它，可以确保在制定具体法律规则时不至于迷失方向，并且使得法律规则可以保持相对的连续性与稳定性；研究法律原则的司法意义在于，在具体操作法律规则时，如果出现语焉不详时、如果外部情形发生变化而无所适从时，此时的法律原则就可以起到“定海神针”的作用，使得整个司法或执法活动不至于偏离“法律原旨”。

【资料检索】

在法的体系中，原则的优点和独特功能是：第一，较宽的覆盖面。每一原则都是在广泛的、现实的或设定的社会生活和社会关系中抽象出来的标准。它所涵盖的社会生活和社会关系比一个规则要丰富得多。第二，宏观上的指导性，即在较大范围和较长的过程中对人们的行为有方向性指导作用。第三，稳定性强。这种稳定性有助于维护社会生活和社会关系的相对稳定。①

### 三、法律规则

规则也叫规范，一般是指准则、标准。法律规则是构成法律的主要部分，而且是核心部分。譬如，《刑法》第 131 条规定：航空人员违反规章制度，致使发生重大飞行事故，造成严重后果的，处 3 年以下有期徒刑或者拘役；造成飞机坠毁或者人员死亡的，处 3 年以上 7 年以下有期徒刑。这是一个比较完整的行为规则，其中包括了行为模式（航空人员违反规章制度，发生重大飞行事故）与法律后果（处 3 年以下有期徒刑或者拘役）。

学界对于法律规则的逻辑结构有三要素说和两要素说。所谓三要素说是指将法律规则在逻辑上分为假定、处理、制裁三个部分；两要素说则是指将法律规则在逻辑上分为行为模式和法律后果两个

① 张文显著：《法哲学范畴研究》，中国政法大学出版社 2001 年版，第 55 页。

部分。本书采用“新三要素说”，即从逻辑上看，法律规范由前提条件、行为模式和法律后果三个部分构成：（1）前提条件。前提条件是指法律规范中所规定的适用该规范的条件或情况，说明在什么时间、地点和条件下，某一社会关系才由这一法律规范来调整。在具体的法律规范中，规定时间效力、空间效力和对人的效力的那一部分，属于法律规范的前提条件。（2）行为模式。行为模式是指法律规范中规定行为规则本身的部分。这部分确定了人们的行为目标和模式，具体指明了人们的权利和义务，是法律规范的核心部分。行为模式可以分为三类：可以这样行为；应该这样行为；禁止这样行为。第一类行为模式赋予了作为或不作为的权利，与之相对应的规范被称为“授权性规范”，第二类行为模式设定了积极作为的义务，第三类行为模式设定了消极不作为的义务，与这两类行为模式相对应的规范被分别称为“命令性规范”和“禁止性规范”，两者亦可合称为“义务性规范”。（3）法律后果。法律后果是指法律规范中规定的履行或违反该法律规范时所导致的法律后果的部分。法律后果可以分为两类：一是肯定性法律后果，即法律承认某种行为是合法、有效的，并加以保护；二是否定性法律后果，即法律上认为是违法的、无效的，并加以制裁。制裁的形式有多种，常见的有撤销、变更、确认行为无效、追究法律责任等。

【资料检索】

要注意以下若干方面：（1）法律规范的三个构成部分是有机地联系在一起的，缺一不可。（2）法律规范的行为模式，即对于某种行为许可、命令或禁止，往往是通过对这种行为所赋予的法律后果体现出来的。例如，《刑法》第232条规定：“故意杀人的，处死刑、无期徒刑或者十年以上有期徒刑；情节较轻的，处三年以上十年以下有期徒刑。”在这里，对故意杀人行为的禁止，是通过对这种行为的否定性法律后果体现出来的。（3）法律规范三部分的划分是一种逻辑结构，而不一定会、通常也不会表现在同一个法律条文中，也就是说，这三个部分可能并不在一条法律条文之中完整地表达出来。一个法律规范可以包括在几个条文中；一个条文中也可能包括几个法律规范。譬如，1993 年修正的《经济合同法》(现已失效) 第 6 条规定："经济合同依法成立，即具有法律约束力，当事人必须全面履行合同规定的义务，任何一方不得擅自变更或解除合同。"这一条文体现了一个古老的法律规则，即必须信守协定。但这一条文并不是一个完整的法律规范，至少它并没有规定不履行合同义务的法律后果是什么，这种后果在该法的其他条文中规定。又如该法第 29 条规定："由于当事人一方的过错，造成经济合同不能履行或者不能完全履行，由有过错的一方承担违约责任；如属双方的过错，根据实际情况，由双方分别承担各自应负的违约责任……"这一款事实上包括了两个法律规范：一个是因当事人一方的过错所造成的违约行为及其法律后果；另一个是因双方过错所造成的违约行为及其法律后果。但有些法律，特别是有关组织法、程序法中往往采取下列形式：法律仅规定行为模式，而法律后果却体现在另一部法律中。

按照不同的特征，可以划分出法律规范的不同类型：

1. 法律规则从性质上可将其分为义务性规范、授权性规范和权义复合性规则。(1) 义务性规范是指要求人们承担一定的积极作为的义务或消极不作为的义务。它可以被分为两种：一种是命令性规范，另一种是禁止性规范。从语义表达方式上看，命令性规范往往带以"必须"、"应当"等形式来加以表达，禁止性规范主要是通过"不得"、"不准"等形式来表达。不论是哪一种方式，都为人们设定了行为的义务边界，具有一定的强制性。譬如，《刑事诉讼法》第 60 条规定，"凡是知道案件情况的人，都有作证的义务"，即属义务性规范。(2) 授权性规范是指人们可以做或不做以及要求他人做或不做某种行为的规则。与前者不同的是，它的特点是具有一定的任意性，权利人做出选择的余地较大。譬如，《刑事诉讼法》第 112 条规定："对于自诉案件，被害人有权向人民法院直接起诉。被害人死亡或者丧失行为能力的，被害人的法定代理人、近亲属有权向人民法院起诉……”在法理上，义务性规范和授权性规范的提出，都会使得法律主体改变其一定的法律关系乃至法律地位。（3）权义复合型规则是指兼具上述两种规则于一身。依其指示对象和作用可以被分为三类：第一是委任规则。如《行政处罚法》第63条规定：“本法第四十六条罚款决定与罚款收缴分离的规定，由国务院制定具体实施办法。”当人大常委会把“罚款决定与罚款收缴分离的规定”授予国务院以后，国务院就有权力和义务去制定具体的实施办法。这是一种强式的权义复合性规则。第二是组织规则。它确定国家机构的权力划分，指示国家机关执行某一方面的国家职能。如《宪法》第三章关于国家机构的组织规定，即属于此类。第三是审判规则。它指示司法机关依照法定程序执行审判职能。如《人民法院组织法》中关于法院职能的各项规定。

2. 法律规则从形式特征上可将其分为规范性规则和标准性规则。（1）规范性规则是指内容本已明确肯定，无须再援引或参照其他规范或解释来确定其内容。在法律条文中规定的绝大多数法律规则即属于此种规范。这类规则内容明确，结构完整，可以直接适用。（2）标准性规则是指内容尚未确定，而只规定某种概括性指示，需要由相应国家机关通过相应途径或程序加以确定。譬如，《民法通则》第59条中关于“重大误解”和“显失公平”的规定，就需要先作出新的规则或作出具体解释后才能被适用。

3. 法律规则依照功能可将其分为调整性规则和构成性规则。（1）调整性规则的功能在于指引人们的行为，使之符合规则所确定的模式。其基本特征是先有行为，后有规则。如某一高速公路要求驾驶人员不得超过110公里/小时的范围，并非要求只能把速度稳定在110公里/小时的范围，而是说驾驶者可以在低于这一时速范围内行驶。（2）构成性规则的功能是组织、允许人们按照规则所授予的权利（权力）去活动，调整的行为依赖于规则。其基本特征是先有规则，后有行为；规则在先，行为在后，如审判规则、足球比赛规则等。

研究法律规则的立法意义在于，它可以为人们提供确定的、可操作的适用平台或行动指南，以免在发生问题以后出现“无法可依”的尴尬局面；法律规则的司法意义在于，它确保了人们在作出行为时的方向选择，或者可以较为准确地评估自己行为的代价。

法律规则是构成法律具体内容、体现法律精神的最为主要的形式，它让人们能够明确法律的具体指向；相比较法律概念而言，虽然有的法律概念也具有规范意义，但它毕竟过于单一，无法完整说明立法意图，因此它更多的是作为表达法律规则、法律原则的要素；法律原则与法律规则更抽象一些，而要想完整地再现立法思想，则还需要依托法律规则的具体规定。所以说，法律规则才是法律元素中最核心的、也是最重要的形式。

【资料检索】

在法的体系中规则的优点和独特功能是：第一，微观的指导性，即在规则所覆盖的相对有限的事实范围内，可以为人们提供确定的行为指南。第二，可操作性，亦即可适用性，只要一起具体案件符合规则假定的条件，执法人员或法官即可直接适用该规则。第三，确定性和可预测性，即规则设定的权利、义务和法律后果是明确的、肯定的，人们在做出行为选择之前就可以知道自己行为的结果受到何种法律保护和支持，或者受到何种法律制裁。①

在对上述三个法律元素进行剖析时，不要把它们理解成仅在成文法的结构中才具有的；其实，在不成文法中，这些元素也一样存在，所不同的是，后者的表现形式总是那样的千奇百怪，令人不好

---

① 张文显著：《法哲学范畴研究》，中国政法大学出版社 2001 年版，第 53 页。

琢磨。

【思考题】

1. 法律与规律、习俗、宗教、道德的区别与联系是怎样表现的?

2. 在众多的社会规范中，法律是以什么样的姿态显示出其与众不同的那一面?

3. 法律是通过规范人们的权利义务来约束其行为的，这是否成为它无法直接影响人们思想的障碍?

4. 什么使得法律得以在社会大众中推行，是国家的强制力?还是人们天生的屈从传统?抑或是因为人们能够感觉到法律给自己带来的好处而选择接受?

5. 法律元素是构成法律形式的基本要求，它是否也隐藏着法律的本质基因?如何认识法律规则中的“弹性”要求?

6. 如何正确区分法律原则与法律规则之间的界限?如果某一具体的法律规则违背了法律原则的要求，有什么办法可以加以纠正?

# 第五章　法律引论

【内容摘要】任何事物都是通过一定的形式来展示自己的内容，法律亦不能例外。严格意义上讲，法律形式属于前述中关于法的本体现象，与其渊源、效力等有关，而法律内容则属于前述中法的本质范畴，是用来展示法的本质属性的一种载体。之所以没有将它们分别于法的“现象”与“本质”中加以讲解，主要是为了满足知识的循序性需要，毕竟法律概念及其元素是属于本章的前置部分。另外，本章关于法律形式的研究，并非与法律内容形成一一对应的关系。因为在法学理论方面，法律内容极其广泛，我们只是抽取其中最有典型意义、也是法律关系中最核心的部分进行研究。

## 第一节　法律形式

任何事物都需要以一定的方式来展示自己，法律也同样如此。譬如，古巴比伦王朝把汉穆拉比法典刻在了雪花岩的石柱上，这种方式既展示了法典的内容，又使得法典有机会得以流传后世。中国古代的竹刑和鼎刑也有这样的表现形式，但这种外在形式并不是法学研究的重点。法的形式主要是指与法律渊源或法律效力有关的各种法的表现形式，如中国古代较为常见的律、令、格、式等，就分别代表了不同法律内容和法律效力的四种形式，它们都无一例外地成为研究中国古代法律史学的重要部分。

【资料检索】

1. 汉穆拉比法典是目前所知的世界上第一部比较完整的成文法典，它比较全面地反映了古巴比伦社会的情况。它刻在一根高2.25米，上周长1.65米，底部周长1.90米的黑色玄武岩柱上，共3500行，是汉穆拉比王为了向神明显示自己的功绩而纂刻的。

2. 邓析（？~公元前501），郑国人，因不满子产所铸的刑书，私自编了一部适应新兴地主阶级要求的成文法，并把它写在竹简上，史称竹刑；他又聚众讲学，招收门徒，传授法律知识与诉讼方法，并且以类似讼师身份帮助民众打官司。“不法先王，不是礼义。”① 他成为中国历史上最早反对礼治的思想家。

## 一、法源形式

法源形式有广义与狭义之分：广义上，法源形式可以被分为法律历史渊源（是指引起特定法律原则和规范产生的历史上的行为和事件）、法律理论渊源（是指那些促进过立法和法律改革的理论原则和思想）和法律社会渊源（是指法律所赖以生存的社会物质生活条件）三个方面；狭义上，法源形式主要是指法的效力来源，包括制定法、习惯法、法学原理、学说观点等。此处是以狭义上的法源形式作为重点。

### （一）成文法

成文法是指依照立法程序、以法典形式出现的法律形式。在大陆法系国家，如法国、德国、意大利和日本等，这些国家的法律通常是以成文法的形式出现的，如法国的拿破仑法典就是一部影响深远的民法典。在历史上，大陆法系公认是以古罗马法作为开山鼻祖，而罗马法的内容主要是民法，所以法学界又将其称为民法法

① 《荀子·非十二子》。

系。其主要特点是：

1．成文法又可称为制定法，它不仅要正确表达立法意图和目的，而且还要让社会成员知悉法的内容，这就要求法的每一个条文、每一个字词都要蕴含相关的文化背景。从现有保存下来的、有史可查的法条内容来看，中国古代成文法的文才或逊于唐诗宋词、元曲明说，但它毕竟能够充分代表当时社会文化的发展水准。

2．成文法的生成有着严格的制定程序，其内容较为稳定。一般来说，制定成文法要做到字斟句酌、思维缜密、逻辑严谨、结构完整，每一个立法者或起草者心里都很清楚，法律内容一旦传播于社会就不能轻易更改。所以，每一次立法都是耗时费力的社会工程，这样才能保证在成文法出台以后能长时间地适用于社会。将成文法内容作定型化处置各有利弊，有利的一面表现在稳定社会关系和社会秩序方面，让社会成员在既定的行为模式中安全地生产和生活；不利的一面是成文法的适应性较差，在社会关系发生变化以后，成文法不能及时反映这种变化，滞后性是成文法的固有弊端，这就需要不时调整法律内容，而经常调整又会影响成文法的稳定性。成文法的定型化上的利弊，实质上在考验着立法者的智慧。

3．成文法在现代社会仍然不是一种完美的立法形式：（1）在法定主义的要求下，社会对成文法的期望也会越来越高，而成文法在使用文字语词方面难免会产生因时、因地、因人而异的现象，这就需要借助法律解释辅以实现达致法意的目的，如果法律解释不能合于立法原意，就会影响成文法的适用；（2）成文法形成的法律条文总是抽象的，而各式各样的法律现象又千差万别，在适用法律方面有时就会有棘手状况，无法一一面对。有学者建议，在成文法的基础上辅以必要的判例，有可能弥补成文法的这一缺陷，这也促成了成文法向不成文法靠拢和学习。中国最高人民法院每年组织编写并出版的各类案例选编，恐怕也存在使全国法院系统“参照性”学习和使用的用意。

【资料检索】

如上所述，成文法的优点与缺点一样突出，所不同的是如何予以弥补。作为成文法来说，它更多的是要通过法律解释和必要的推理来加以完善，因此，法律解释与法律推理就成为必要的辅助手段。(1) 法律解释。它有广义与狭义两种形式。广义的法律解释是指有关主体根据法规、学理或自己的理解，对现行的法律规范、条文的内容、含义、概念、术语等所作的认识和理解；狭义的法律解释是指有权机关依照一定的标准和原则，按法定权限与程序对法律的字义、目的所进行的阐释。其中可分为立法解释、司法解释和行政解释三种。而学理解释、任意解释不具有法律效力。(2) 法律推理。它是指以法律和事实两个已知的判断为前提，运用科学的方法和规则为法律适用提供正当理由的一种逻辑思维活动。它可分为形式推理与实质推理两种。如逻辑学上的演绎推理、归纳推理、类比推理即属于形式推理，而实质推理则是指当作为推理的前提包含两个或两个以上的相互矛盾的命题，借助于辩证思维从中选择出最佳命题以解决法律问题。(3) 类推适用。它是指适用法律的机关在处理具体案件或委托时，由于法律规范本身无明文规定，因此比照最相类似的有关法律规定或者按照法的基本原则、精神来进行处理的活动。它同汉代的“决事比”、明清时期的“比附援引”相似，1980 年 1 月 1 日生效的刑法就曾经规定过类推制度，后在 1997 年修订刑法时被取消了；而在其他法律部门，如经济法、民法等，类推制度依然有其用武之地。①

（二）不成文法

不成文法是指非经国家立法机关以特定程序制定的，亦不以条

① 孙国华、朱景文主编：《法理学》，中国人民大学出版社 1999 年版，第 336～353 页。

文化形式展示法律内容的、却具有国家法律效力的法律形式。主要包括习惯法、判例法和衡平法（衡平法在形式上也是一种判例法，但它在渊源上又不同于判例法，因为它是在无判例法可资援用或不堪使用时才产生的）。在英美法系国家，如英国、美国、加拿大、澳大利亚等，缘于历史上的习惯，它们选择了以不成文法作为自己的法律渊源形式。

所谓习惯，是指经过一定时间经由广泛适用和认可而形成的行为规则。“从历史的见地来说，法律的形式，是由习惯发展到判例法到成文法的。”① 在原始社会，调整人们行为的主要依靠长年积累下来的各种习惯，如公平分配劳获产物的习惯、开展血族复仇的习惯、信仰方面有遵从图腾的习惯等，虽然当时并没有像国家机器这样的组织在维护这些习惯，但氏族或部落的首领或代表却握有管理内部或与外族谈判的权力。到了原始社会后期，农业与畜牧业的发展促成了剩余产品的出现，为私有制、阶级的分化提供了物质基础，原先平等的经济关系被不平等的阶级关系所取代，氏族与部落也逐步演变成一个个国家，习惯经国家认可后也就成了法律。

当然，随着社会的发展，不同的时代，不同的地域会或多或少地出现新的习俗和做法，当它流传下来被全社会所承认之后，也就成了新的习惯，有的被充实进入习惯法。作为一种法律形式，习惯法有这样两个特点：（1）在成文法系国家，有的习惯经国家认可后直接进入法律，成为成文法的一个部分，它就丧失了习惯原有的特质，如杀人者偿命就来源于同态复仇的习惯；还有的习惯虽然没有被法律直接认可，不具有法律效力，但不等于说这一部分习惯就不具有规范意义。所不同的是，这一部分习惯因为缺乏公权力带来的强制性而显得更加宽松，自我选择的空间会大一些。而且，如果习惯没有违背法律的原则性要求，它常常会被判案的法官所认同。如我国少数民族地区至今仍流传着“抢婚”的习俗，只要它不违

① 李达著：《法理学大纲》，法律出版社1983年版，第119页。

反婚姻法的有关规定，国家乐于保持这种婚俗而不随意干预。因为习惯之例，原因复杂，非一朝一夕之故。是以，国家法律之力，恒不及社会习惯之力，所谓积重难返也。（2）在不成文法系国家，习惯是否被认可往往是通过判例来体现的。如果在一个有效的判例当中确认了某种习惯，就意味着这种习惯已经得到合法的认可，从而具有了可以适用的法律效力。有的习惯经判例认可后，甚至可以上升为法的基本理念。例如，英国自查理一世（1600～1649年）以后，国王不经国会颁布敕令的权力已无形废止，后来就形成了一条宪法性原则，"国王不能为非"，意即国王的一切行为，不经内阁签署即为无效；相应地，国王也就不必对此承担任何责任。

【资料检索】

抢婚风俗作为原始社会的一种婚姻习俗，在各民族之间都有不同的做法。"一般在男爱女但女方不同意情况下发生。有的男方在进行抢婚之前先偷走女方的衣物，作为进行抢的借口。未经女方同意而抢婚，女方有权向男方提出处罚，具体的处罚办法一般是女方向男方索取身价金、酒、肉等。"①

【观点论争】

"由法律发达史来看，各种法源中，习惯法最先发达，因为在古代，法律和道德、习俗、宗教、神话、诗歌等文化现象，并未分开，团体生活，亦是以血缘为基础之小规模的、自然的结合，团体的秩序，使于无意识的习惯而维持着，故在原始的小社会里，其社会生活秩序的维持不需要成文法那种特殊的形式，而且当时的文化状态，亦没有发达到能够创造成文法的程度。"② 这说明成文法的

---

① 高其才著：《中国习惯法论》，中国法制出版社2008年版，第245页。

② 林纪东著：《法学通论》，远东图书公司1974年版，第22页。

出现是适应了社会发展的需要，而且代表着较为先进的文化模式。

不成文法的另一个形式是判例法。判例法是指审判机关通过审理个别案件，发表判词而产生的法律原则，经由权威机构或人士根据严谨的法学方法所演绎或归纳，最终形成法律。判例法一般由两个部分构成，一是由普通法院历年累积的判例规则，即为普通法（common law）；二是由衡平法院的判例累积所产生的法律，称为衡平法。根据判例法制度，某一判决中的法律规则不仅适用于该案，而且往往作为一种先例而适用于以后该法院或下级法院所管辖的类似案件，即"遵循先例（stare decisis）原则"。当然，遵循先例也并非是绝对的，例如，英国1966年通过一项决议，认为在某些特殊情况下坚持判例，将可能导致"不正义"并"限制法律的发展"，因此，允许在认为正确时，可以不遵循本院的某一先例。

衡平法可以归于判例法的一种，它是为了弥补判例法在实际运用中的不足而产生的。有时为了克服普通法过于刻板的一面和为了打破司法救济的局限性，以寻求法律帮助，当事人会把寻求正义的目光转向国王或大法官。在一些国家，人们习惯于把国王或大法官视为正义的化身，希望大法官能够运用公平正义的原则来审理案件。15世纪末，英国设立了衡平法院，专门负责审理衡平案件，并在判案中逐步形成了一整套独特的衡平法的基本原则或准则。一般情况下，衡平法不能推翻普通法，但衡平法的出现，毕竟为干预普通法院的审判提供了一种可能。

不成文法在形式上过于庞杂，内容模糊，因为缺乏像成文法那样严格的立法程序，发现问题需要修改有时非常缓慢而且艰巨，对社会成员的警示作用相对较低，非法律职业人员是不可能熟悉法的全部内容的。

【观点论争】

比较成文法与不成文法的优缺点，我们发现，二者之间恰好形成互补形态，你的缺点恰好是我的优点，而我的缺点又是你的优点。于是，有识之士认为它们之间应当加强交流，以便取长补短。其实，各国法律在长期的演进过程中总是会形成属于它们各自的一种习惯，这种习惯不论是内容上的还是形式上的，都会变成一种顽固的力量，这种力量是阻碍不同法系之间开展交流和融通的主要因素。因此，任何一种法律形式的存在都要受到尊重，不要轻易评判哪一种形式会更好一些，哪一种形式会更差一些。我们认为，只要是符合一国国民的生活习惯的法律形式，能够适应相应的法律内容的法律形式，就是最好的法律形式。

## 二、法律形式

在法学发展的历史长河中，法学家从不同的角度、按不同的标准阐释着法律内容，从而产生了更多的法律形式，这对于深化认识法律思想、丰富法学理论起到了积极的作用。因此，在介绍和学习这些类型的概念时，切不可仅限于对其定义与分类标准的内容的了解，更重要的是要挖掘法学家在使用这些概念时的深刻用意——他们为什么要作这样的划分？限于篇幅，经筛选，择其重点加以分析。

### （一）公法与私法

公法与私法的划分始自古罗马，是当时法学家的一个杰作。从理论上把法律分成公法与私法的做法，在表面上是迎合了法律调整社会关系的一种需要，而实际上却产生了让后世的人们更为信服的法学理念。

【观点论争】

把法律划分为公法与私法，除了具有单纯的分类意义之外，以往的法学家并没有作出更充分的说明，只有马克思和恩格斯在《德意志意识形态》一书中，把私法与私有制之间的本质关系揭示了出来，“私法是与私有制同时由自然发展的共同组织之解体过程中发展而来的。在罗马人中，私有制与私法之发展改造成更进一步的实业上的与商业上的后果，因为他们的整个生产方式没变。在近代的各个民族中，封建的共同组织为商业与工业所解体了，随着私有制与私法之产生开始了一个更向前发展之可能的新的阶段。”苏联的一些法学家在论述公法与私法的关系时带有一定的偏见，认为社会主义国家不存在所谓的公法，因为公法是以最尖锐的形式表现资产阶级国家的强力活动的规范的总和。受不成文法系的影响，英美法系国家的许多学者亦不承认公法与私法的划分理论。

公法是关系到罗马人的公共事务的状况的法律，私法是关系到个人利益的法律，这是划分公法与私法标准最古老的说法。在此之后，有的提出利益说，认为法所保护的利益有公与私之分，凡是涉及公共事务的一般利益的法律，即为公法；凡是局限于私人事务的个别利益的法律，即为私法。也有的提出法律关系说，公法者，表明的是不平等主体之间的权力服从关系，如国家与市民之间的法律关系，即属于公法调整范畴；私法者，表明的是平等法律主体之间的关系，如私人与私人之间的法律关系，即属于私法调整的范畴。

不论划分公法与私法的哪一个标准更为合理，作为法学研究史上一种客观存在的现象，公法与私法的分类意义在一定程度上说明了法律关系的不同性质，这对于正确区分法律现象与本质具有先导性和基础性的意义；而且，公法与私法的划分，便于发挥法律功能性作用，有利于限制国家权力向公民权利的渗透；最后，在深入认识公法与私法的基础上，随着公民社会的发展，产生了一种全新的形式——社会法。在近代公民社会的产生、发展过程中，自由、平等的经济发展观成了社会的主流思想，为了防止资本的过分垄断，国家需要通过公法社会化来积极干预公民社会，以保障社会福利，促进经济协调发展，这就需要加强社会立法，如禁止垄断法、证券交易法、工业所有权法、土地法、社会保障法和生活保护法等，这在客观上既有利于资本主义的发展，也有利于保护社会公众的利益。

【观点论争】

19 世纪末 20 世纪初，法律的社会化运动开始出现，私法和公法之间的界限开始变得模糊不清。国家立法通过干预经济，出现了司法的公法化倾向。有的学者提出了介于公法与私法之间的第三类法——社会法的存在，如劳动法、社会福利法、证券交易法、反垄断法、环境保护法等。

（二）普通法与衡平法

在普通法法系国家里，法律被分为普通法与衡平法；而在大陆法系国家里，普通法是相对于根本法而言的，即泛指除宪法以外的所有法律的总称。把法律分成普通法与衡平法，从表面上看，它们并非是对应性的概念，前者着眼于法律效力的普及范围，后者则是为了解决申诉案件的法律援用问题。从法源意义看，普通法指的是在 11 世纪由普通法院创立并发展起来的一套法律规则。它既区别于由立法机关创制的制定法，也区别于由衡平法院创立并发展起来的衡平法。

【资料检索】

此处所指的普通法并非我们通常所说的与根本法相对应的那种普通法的概念，而是特指在 11 世纪时，诺曼底民族入侵英国后所逐步形成的并普遍适用于英格兰的一种判例法，它以国王的令状为基础，综合了各地的习惯法，通过司法审判的形式形成的法律。而在此之前，英国所通行的法律主要是盎格鲁—撒克逊人的日耳曼习惯法，教会法和罗马法在当时也有一定的影响。上述判例法因为在全国普遍适用，所以被称为普通法。

早期时，适用普通法的目的是为了抵制地方政治势力和传统习惯的影响，而到了后期却逐步演变成全英国境内法律制度的主流，其主要形式就是判例法。在 1873 年司法改革前，还只有英国的普通法院可以适用，而在此之后，全境的所有法院均可适用，其影响力也由此扩大。衡平法是英国法传统中与普通法相对称的一种法律形式。14 世纪后，英国人发现传统的判例法存在着僵化性和不宜变通，无法直接适用于已经萌生的资本主义经济关系，在法律适用上出现了既无法遵循先例、又没有现成的法律令状可供选择。在这种情况下，按照英国法传统，考虑到普通法法院无法公平处理此案时，诉讼主体可以向国王提出申诉，由王室顾问和大法官依据公平原则加以处理。这种根据公平原则判决的案件所形成的判例法，后来就逐渐发展为一种与普通法并行的衡平法，并诞生了与此相关的司法体系——大法官法院（亦称衡平法院）。衡平法的运用，在很大程度上依靠的是大法官的良心、道德和对公平、正义的理解来进行审判的。但是，到 1873 年的司法改革之后，因普通法被广泛适用，衡平法的地位已远非昔日可比。

关于普通法与衡平法的理论分析，对成文法法系国家有一定的借鉴意义：首先，在英国，当普通法成为法律制度的主要支柱时，判例法的内容就能够被最大限度地辐射全英联邦国家，并且成为稳定的法源形式，其地位甚至不可动摇；其次，衡平法的影响力虽然较之早期已经弱式，而它作为一项制度，却能够弥补传统中普通法的不足——在普通法无法实现人们对正义的需求时，它的作用非同小可；最后，或许在大陆法系国家的法官看来，衡平法院的法官所拥有的“造法”功能是如此的匪夷所思，是所有大陆法系的法官所难以企及的，其兼具“造法”与“司法”的双重功能，权力之大是否会影响到审判的廉洁性？其实这样的担心是没有必要的，因为英美法系的国家在选拔和考核法官时已经对具体制度及其措施做足了功课，尽量避免出现腐败法官的现象。而上述这两种法律制度之间的互补性，也使得它们各自的生命得以不断延续。

【资料检索】

法律权威性著作也是普通法原则存在的原始的权威根据，如英国古代格兰维尔的《论英国的法律与习惯》(1187 年)、布拉克顿的《英国的法律与习惯》(1250 年)、科克的《英国法提要》(1628 年)和布拉克斯顿的《英国法释义》(1765 年)等，由法学权威所形成的心理优势及卓越的法律见解已不容许司法界的忽略。

(三)固有法与继受法

在分析各国法律流变的历史事实时，法学家们发现了一些国家的经典性法律被他国竞相效仿的现象，为了研究其中的文化传承的规律性内容，于是他们提出了固有法与继受法的分类概念。

固有法是根据本国固有的成文法和法的历史传统而制定的法，或是成为他国或后世法律摹本的法律。如古罗马法便为世界各国尤其是大陆法系国家所竞相仿效，古罗马法就是名副其实的固有法。譬如，中国在清朝末年派出法律大臣到德国、日本竞相法务考察，回国后效仿德国与日本的法律样式进行立法，德、日之法律就成了大清帝国的固有法。与固有法对称的是继受法，即指通过模仿外国法而制定本国法的法律。前述的世界各国尤其是大陆法系国家，其本国法基本上是由罗马法演变而来的，均属于继受法。譬如，上述关于大清帝国因效仿德、日之法所制定的法律，就是继受法。

关于固有法与继受法的理论分析，多数教科书只是以分清其概念即以为大功告成，不愿意做深入的探究。其实，这一对概念的提出是基于牢固的历史事实——法律之间的文化传承不仅是可以跨越历史长河的，甚至在技术层面也可以在一定限度内跨越阶级、民族或种族之间的局限性。它至少证明了这样一个明显的结论：经典的法律不仅可以流传百世，甚至可以跨越阶级、民族或种族之间的仇隙。譬如，中国港澳地区至今仍然沿用殖民者的法律，就是一个明证。

## 第二节 法律内容

从法律本位出发，法律内容指的就是法律权利和法律义务及其相互关系。这是因为，法律对社会的控制主要是通过对社会成员利益的调整来实现的，而法律对利益的调整机制主要又是通过将利益要求转化为一定权利（权利主张、自由、特权、权力），并把它们及相对的义务归诸于法律主体，同时还要有维护权利和强制义务的补救办法——惩罚、赔偿和制裁等来实现的。这就是法律的核心内容：权利和义务的设定，规范了社会成员所固有的社会关系；而社会关系因为受到了法律调整，于是就有了特定的法律性质，这一部分社会关系即生成为法律关系。所以，一般法学研究都将法律内容归结为法律关系的内容，即法律权利和法律义务，并在此基础上形成了特殊的权义内容——国家权力。

## 一、法律权利

什么是权利？有的把权利理解为一种资格，即行动的、占有的或享受的资格，有的把权利说成是具有正当性、合法性、可强制执行的主张；有的把权利直接翻译为自由，即有限制的、受到法律保护的自由；有的把权利视同利益……关于权利的说法各式各样，但他们都是从各自的角度来阐述权利的本义。上述说法不仅丰富了关于权利的定义，同时又把权利变得更加复杂，甚至难以为它下一个明确的定义。从历史上看，人们在长期的社会生活中形成的或从先前的社会传承下来的、表现为群体性、重复性自由行动的一种权利，被称为习惯权利；从主观形态上看，权利一开始是从自然状态中生成的，人们确信自己的一切利益都是既定的，是人之所以成为人的一种基本条件，如自然权利或道德权利；从法律秩序上看，人与人之间的关系是通过法律规范的调整而形成的，因此，权利人具有自己这样行为或不这样行为，或要求他人这样行为或不这样行为的能力或资格，就被称为法律权利。

【资料检索】

在中世纪，意大利神学家托马斯·阿奎那首次解析性地把 jus

理解为正当要求，并从自然法理念的角度把人的某些正当要求称为“天然权利”；到了末期，由于商品经济迅猛发展、多元利益的出现和个人价值观的凸显，权利观念因为被大众接受而逐渐成为普遍的社会意识，于是 jus 作为权利被固定了下来。其后，格劳秀斯区分了 jus 的不同含义，并把权利看作理性动物所固有的；接着，霍布斯又将“权”与“律”做了区分：权在于做或不做的自由，而律则决定并约束人们采取其中之一。

法律意义上的权利概念最早是从罗马法传下来的，只是罗马法关于权利的概念更多的是从财产权的角度来阐述的，所以它们的权利概念实质上指的是私人权利或个人权利。其实，法律权利是指社会主体享有的、并由法律确认和保障的以某种正当利益为追求的行为自由，它具有以下几个特征：（1）法定性。法律权利的本位特征是法律化了的社会权利，是以国家法律的确认为前提的，受到法律的调整和保障。如果权利受到不利的侵犯，权利人还可以通过一定的程序要求得到救济。法律权利的法定性还意味着，借助法律的稳定性特征，国家或社会组织还不得随心所欲地规定、变更或取消某项权利。（2）自主性。这主要是从权利人的自主意志出发而产生的。一般而言，权利人在行为选择或目标选择时，他的权利意志是自由的，如果有人强迫权利人作出违背其本意的自由决定权，权利人可以为此要求排除障碍。当然，权利的自主性受到合法和可为的限制，因为权利人既不能超越法律之上行使权利，也不能在权利尚未转为现实时要求兑现利益。譬如，继承权只有在被继承人死亡时才有可能实现。（3）求利性。权利不等同于利益，但权利肯定是以追求和维护某种利益为目的的。通过权利的合法使用而求得利益的最大化，这是每一个权利人希望得到的，也是法治社会所乐意见到的。当然，行使权利的结果在现实生活中并不一定都能顺利实现或产生某种利益，有时甚至会出现不利的后果。譬如，权利人的婚姻自由并不一定带来家庭的幸福和美满，因为影响家庭生活的因素是多方面的。但求利毕竟是权利人的行为动机，我们不能因为他的利益没有实现而否认权利的求利性。

【资料检索】

直至中世纪结束前夕，任何古代或中世纪的语言里都不曾有过可以准确地译成我们所谓“权利”的词句。大约在1400年前，这一概念在希伯来语、希腊语、拉丁语、阿拉伯古典或中古语里缺乏任何表达方法，更不用说在古英语里或晚至19世纪中叶的日语里了。①

从权利构造上看，法律权利具备三大要素：第一是利益。在表面上，行为人是在行使着某种权利，而在它的背后所追求的恰恰就是具体的利益。法律不能回避对利益的调控，而且要从三个方面来解决利益问题，一是表达利益的要求，二是平衡利益的冲突，三是重整利益的格局。只有这样，才能最大限度地满足权利人对利益的要求，也才能在法律的框架内解决利益问题。第二是权能。权能是权利人行使权利的一种资格和能力，也是行使权利、实现权利向利益转变的前提条件。但权能毕竟不是权利，它更多的像是“应有权利”而不是“现实权利”，如精神病人虽然具有选举权的资格，但在他尚未治愈之前，他的这种权利只能是一种可能性，而不能转化为现实性。第三是自由行为。权利人依法可以做出某种行为，也可以放弃某种行为，还可以要求他人为自己做出某种行为或不做出某种行为。在这三种要素中，利益是行使权利的动力，权能是行使权利的基础，而自由行为则是实现权利的基本条件。

【资料检索】

在不同的历史阶段，在不同的国度里，法律权利从来都不是以

---

① ［英］米尔恩著：《人的权利与人的多样性——人权哲学》（中译本），中国大百科全书出版社1995年版，第5页。

平等的面目出现在人们的面前，因此，追求法律面前人人平等的原则的实现，其实质就是为了表达对平等权利的愿望。法律权利的类型是多方面的，有从权利的性质上将其分为公权利和私权利的，有从权利的效力范围将其分为对世权和对人权的，有从权利是否独立存在将其分为原权利和救济权的，还有从权利可否转移将其分为专属权利和可移转权的，这些分类为我们认识和理解什么是法律权利，法律权利有什么作用等，提供了很好的途径。

【观点论争】

在理论界一直存在关于“权利本位”的论争，究其实质，是法治观念在不同的人身上的体现，是对“法的本位”的进一步认识。张文显先生在其所著的《法哲学范畴研究》一书中，对此做了详尽的分析和解说，提出：(1)“权利本位”是一个派生的概括的概念，是对“法的本位”的延伸；(2)“权利本位”是一个表征性概念，即主体的个体化和普遍化，内容上确定权利第一、义务第二的特征；(3)“权利本位”是一个关联性概念，表明权利与义务对应性关系；(4)“权利本位”是一个系统性概念，它不受具体法律规范中有关权义关系的规定的影响；(5)“权利本位”是一个体现平向利益关系的概念，与权力差等性有明显区别；(6)“权利本位”是一个由价值定向的概念，即权利的平等性价值取向。[①]

## 二、法律义务

什么是义务？广义上的义务是指社会主体对他人所承担的必须作为或不作为的责任，如道德义务、宗教义务、法律义务。在法律上，义务是与权利相对应的概念，即有权利才有义务，这一点它与

① 张文显著：《法哲学范畴研究》，中国政法大学出版社2001年版，第346～349页。

道德义务有所不同，因为在伦理道德方面，义务始终是以孤立的面目出现的，它的存在不是以道德上的权利为前提条件的。

法律意义上的义务是对人们行为提出的要求，或者是要求行为人不要去妨碍他人权利的实现，或者是要求行为人要去帮助权利人实现权利。从这个意义上说，一切权利的实现实际上有赖于义务人义务的履行。其特征表现为：（1）法定性。义务也和权利一样，必须要有明确的法律规定，没有法定的义务就只能算是一种道义。例如，经法定程序登记的夫妻关系，其婚姻受到法律保护，配偶相互之间的权利义务关系属于法定婚姻关系；而现实生活中存在的“事实婚姻”，配偶相互之间的婚姻关系就处在极端不稳定的状态，因为它们不受法律保护，因此，在“事实婚姻”范围内出现的配偶义务就不属于法定义务。（2）强制性。法律义务的强制来自国家，国家以法律的强制力保证义务人履行义务，如果不履行就会对义务人产生不利的后果，甚至出现法律的制裁。（3）从属性。法律义务不像道德义务那样可以独立存在，它是以法律权利的存在为前提的，主要表现在：义务人履行义务的内容是由权利人的权利内容来决定的，而义务人履行义务的方式和程度也是由与它相对应的权利所决定的。（4）必为性。法律权利可以由权利人决定是否不行使，而法律义务就不具备单方面放弃履行义务的条件，它要求义务人必须从事某种行为或不从事某种行为。

与法律权利的类型相对应，法律义务也存在公义务与私义务、对世义务与对人义务、主义务与从义务、专属义务与可移转义务的划分。

### 三、法律权力

在广义上，权利与权力具有通用的价值。但是，在法治社会里，权利与权力有着严格的界限。一般而言，法律权力是指特定主体（包括个人、组织和国家）因某种优势而拥有的对社会或他人的强制力量和支配力量。在专制的国度里，国家权力会被控制在极少数人的手里，他们凭借这样的权力，肆意掠夺社会的各种资源供其挥霍，践踏公民权利；在宪政的国度里，为了防止出现上述现象，就需要给国家权力套上必要的绳索，理想的原则就是以权利制约权力，这就是宪政的力量。

法律权力与法律权利有着显著的区别：（1）二者来源不同。法律权利是法律对既有权利确认的结果；而权力往往根据法律来配置或由一定政治组织赋予而产生。例如，在我国，一切权力属于人民的宪法规定，表明国家机关的所有权力都是由人民权利所派生的。（2）二者要求不同。法律权利的实现是权利人要求义务人去履行义务即可，二者之间不存在支配与被支配的关系；而权力的实现必须以服从为条件。所以，权利关系体现的是一种平等性，而权力关系体现的是一种属从性。（3）二者的限制程度不同。法律权利的行使对权利人没有太多的限制，自由度较大，可以行使，可以转让，也可以放弃；而权力只能依法行使，因为在权力的内部隐含着法定的职责。所以，行使权力是你的资格使然，不行使权力则可能构成渎职。

当然，对于国家权力也要作一分为二的分析。在客观上，国家权力是一种在双方或多方之间发生利益冲突时所行使、所显现出来的对冲突的强制性控制力量，借助这样的力量，可以达到宪政国家调控社会秩序的目的。因此，我们也没有必要把国家权力一概视为洪水猛兽。不错，当公民社会逐步被国家所取代之后，国家权力借助一系列的强暴机器肆意横行，日益侵入原本属于公民社会的领域，许多私权利在公权力的裹挟下，不由自主地处于极其被动的状态。这是公权力所显示的其“侵略性”的一面；而在其另一方面，借用“水能载舟，亦能覆舟”的古谚，我们对公权力所具备的“公共管理职能”要善加引导和利用，充分发挥其“载舟”的功能性作用，削弱其“覆舟”的负面影响力，使得国家权力真正实现其“为民所用”的目的。

【思考题】

1. 按理说成文法属于法律发展的高级阶段出现的一种形式，但在全球范围内，不成文法的实际适用范围也非常广泛。这其中的原因是什么？

2. 你认为理论界把法律分为公法与私法，其主要用意何在？是为了加强对它们的理论研究？还是为了便于同境外的学者之间的文化交流？又或许隐藏着其他的想法？

3. 在本书的第一章中，就已经介绍过法律的内容——权利与义务，它是揭开法律本质问题的一把密钥。为什么这么说？依据的是什么？

4. 权利与义务之间的关系是如何体现的？这种关系又说明了哪些法律原理？

5. 权力与权利之间的关系受制于什么样的观念影响？为什么？

# 第六章　法律申论

**【内容摘要】**法律的意义在于实践，因为法律是有生命力的；而决定法律生命力的因素之一在于给它的正确定位。如果说法律形式与法律内容是在相对静止的状态下进行研究的话，那么给这些不同形式的法律进行定位就需要在动态的环境里才能完成。在一个国家内部，为了调整各种不同的社会关系，就需要制作各式各样的、与之相适应的法律种类。如何给这些法律规范排排队、立个规矩，如同建立军队首先就是要建立军规一样，不能让这些法律规范成了一盘散沙。从中国法律思想史方面可以得到这样的启示："定分"才能"止争"，即给不同的法律安排适合它们各自所需的位子，并且赋予它们各自不同的生命力——法律效力。

## 第一节　法律位阶

法律之所以能适用于社会的一个重要原因在于它的有效性，而划分法律效力高低的标准是由法律在其体系中各自所处的位置来决定的，即所谓的法律位阶。不同的法律有不同的效力形式，效力的大小又与法律位阶的高低有着直接的关联。通常情况是，效力最大的法，相应的法律位阶也是最高的，如一国的宪法，位阶最高，效力也最大，在法律体系中也就排在了第一位。法律效力形式就是根据不同的位阶来建构一国法律体系和区分不同法律种类的，它们之间在客观上存在密切的联系。

随着法治进程的不断深入，中国法律规范体系也在不断健全和完善。一般来说，根据位阶的高低依次排开，就会形成以下的不同分级：

（一）根本法处于法律位阶的顶端

凡是规定一国的政治、经济、文化及国民基本权利的法律，即为一国的根本法，宪法就是这样的一部根本大法。关于宪法，可以从两个方面进行分析。一是作为法律渊源的宪法，享有最高的法律效力，其他的一切法律都要以宪法作为根据，如有违宪之处，所立法律均为无效。二是作为法律部门的宪法，除了宪法典以外，还有其他的宪法性文件，如国家机关组织法、选举法、国籍法、国旗法、国徽法等。在中国，特别行政区基本法也是属于这一层次的法律。宪法作为一国的根本大法，在本质上属于人民授权政府管理国家的一份授权书，它调整的是一国内部各种政治力量的对比关系，即公民权利和国家政权的体系、结构及其运用，因其地位之崇高，由此决定了在制定和修改宪法方面，要采取比其他法律更加严格、更加谨慎的态度。

（二）基本法的位阶仅次于根本法，处于次高状态，即第二层级

在中国，法律是由最高国家机关按照立法法规定的要求制定的规范性文件。它包括两类，一是由全国人民代表大会制定的，调整国家和社会生活中具有普遍性的社会关系的规范性文件，如民法、刑法、婚姻法、合同法、民事诉讼法、刑事诉讼法、行政诉讼法等；二是由全国人民代表大会常务委员会制定和修改应当由全国人民代表大会制定的以外的其他法律，如公司法、消防法、收养法、证券法等。虽然以上两种法律均属于最高国家权力机关制定的范围，但它们之间还是存在一定的位阶差别。全国人大常委会作为全国人大的常设机构，其法律地位低于全国人大，相应地，它的立法权限也应低于全国人大，那么由它制定的法律在效力上是否当然低于全国人大制定的法律？《立法法》第7条第3款规定，全国人民代表大会常务委员会在全国人民代表大会闭会期间，对全国人民代

表大会制定的法律进行部分补充和修改，但是不得同该法律的基本原则相抵触。这说明上述两种法律的地位有一定的差别，这主要是为了维护全国人民代表大会在立法上的权威，防止被少数人所操控。但我们还要看到，既然同属于法律层级，其效力低于宪法，又高于行政法规、地方性法规、规章，在全国范围内统一适用，就证明二者的位阶差别并不很大，在实践中不宜将前者称为上位法，而将后者称为下位法。

（三）中央行政法规的法律位阶又次于基本法，处于第三层级

在部门立法当中，行政部门制定的行政法规是最为常见的。政府受权力机关的委托管理国家行政事务，其中的行政立法就是一项重要的事务性工作，由国家最高行政机关根据宪法和法律所制定的规范性文件，即为行政法规。行政是国家的组织活动，是对国家事务进行决策、组织、领导和调控，根据政体分权理论，中央一级的立法权的适当分离，有利于提高管理国家事务的效率。在中国，各种行政事务繁杂多样，上下级之间需要沟通，各部门之间需要协调，由此所形成的规范文件在数量上也是最多的，其重要性不言而喻。但是，行政机关毕竟是国家权力机关的执行机关，后者是它的领导机关，这种主体上的优越地位也决定了行政法规的位阶只能是从属于宪法和法律。

（四）地方法规是法律位阶的第四层级

中国是一个幅员辽阔、民族和人口众多的大国，各地方各民族的政治、经济、文化的发展极不平衡，这种情况决定了在中国不能单靠中央立法，还必须有地方立法。按照国家结构的分权理论，在不违反宪法、法律、行政法规的前提下，地方拥有一定的立法权，这样做有利于保障中央所制定的规范性文件在本行政区域的有效实施，不仅能弥补中央立法方面的不足，丰富全国的立法经验，还能针对地方的实际情况，因地制宜，制定出能解决地方特殊性问题的法规。与中央立法不同的是地方法的表现形式呈多样化。地方法规由两个方面构成，一是省、自治区、直辖市的人大及其常委会根据

本行政区域的具体情况和实际需要，在不与宪法、法律、行政法规相抵触的前提下所制定的地方性法规，简称地方一级法规；二是设区的较大的市的人大及其常委会在不违反上位法的前提下所制定的地方性法规，简称地方二级法规。在效力位阶上，前者大于后者；另外，与地方法规基本平行的行政规章，是国务院所属各部、委员会、中国人民银行、审计署和具有行政管理职能的直属机构，根据法律和行政法规、决定、命令在本部门权限范围内所制定的规范性文件，它的效力及于全国，但是，它的法律位阶与省一级地方法规平行；地方行政规章是省、自治区、直辖市和较大的市的人民政府，根据法律、行政法规和本省、自治区、直辖市的地方法规制定的规范性文件，其效力低于省级地方法规。

需要说明的是，中国还有一些法律文件的位阶难以确定：(1) 自治条例和单行条例的位阶问题。这是中国地方立法的一种特殊形式，是民族自治地方的人大依照当地民族的政治、经济、文化的特点，在不违反法律或行政法规基本原则的前提下所制定的规范性文件，这就意味着自治条例和单行条例拥有比地方性法规更大的变通权力。另外，自治条例和单行条例分别是由自治区、自治州和自治县三级人大负责制定，其中，自治区一级的自治条例和单行条例要报全国人大常委会批准后生效，而自治州、自治县的自治条例和单行条例要报所属的省、自治区、直辖市的人大常委会批准后生效。(2) 特别行政区法律的位阶问题。在行政级别上，虽然特别行政区与内地的地方最高一级政府是平行的，但是在“一国两制”的框架下，有些问题就变得复杂起来。譬如，特别行政区拥有内地地方政府所不具有的独立立法权。当然，如果把特别行政区法律视为内地地方最高一级法规的位阶也未尝不可。(3) 中央军委制定的军事法规的位阶问题。中国宪法和立法法都授权中央军委有权制定其负责管辖范围内的法规，却没有明确它的位阶层级。从中央执法机关的三个部门（国家主席、国务院和中央军委）来看，它与国务院的职级相差无几，可以推定应当在第三级范围。

（4）国际条约或协议的位阶问题。从现有情况看，中国承认和加入的国际条约或协议数量可观，虽然宪法或立法法都没有针对它们的位阶问题作出明确规定，但是从部分国内法当中还是可以看出一些端倪：对公法部分，按照各国的惯例未明确赋予国际条约或协议以高于国内法的效力，并且尽可能地将国际条约或协议的要求转化为国内法，对部分与中国实际情况不符的内容依照国际法“声明保留”；对私法部分，《民法通则》第142条第2~3款规定：“中华人民共和国缔结或者参加的国际条约同中华人民共和国的民事法律有不同规定的，适用国际条约的规定，但中华人民共和国声明保留的条款除外。中华人民共和国法律和中华人民共和国缔结或者参加的国际条约没有规定的，可以适用国际惯例。”《民事诉讼法》第260条规定：“中华人民共和国缔结或者参加的国际条约同本法有不同规定的，适用该国际条约的规定，但中华人民共和国声明保留的条款除外。”如果按照法律位阶的高低顺序来推定的话，高位阶的法律被优先适用的可能性会更高一些。

【资料检索】

各国在处理国际法在内国的适用问题上有着不同的做法：（1）英国对国际惯例的态度是，将那些普遍适用的、至少为其所能够接受的引为内国法的一部分，对国际条约则必须经由议会立法程序转为内国法；（2）美国对国际惯例的做法与英国基本一致，而对国际条约的态度则更为慎重，条约不能有违美国宪法，且不是所有的国际协定都被称为条约，只有经过参议院认可和总统批准的那一部分，才具有条约性质，而且美国法院又把条约分成可以自动执行和不可以自动执行的两种，前者当然具有法律效力，后者须经立法机关的立法程序才能获得法律效力；（3）法国对国际惯例的做法与英国、美国的基本一致，但对国际条约也要求经过批准和公布才具有法律效力，且附加上以缔约他方实施该条约为条件。如果出现条约违宪，要么修改宪法，要么条约为无效。

另外，有一些称不上是法律文件的内容，它们在实际生活中也在或多或少地影响着人们的社会生活，因为长时期处于边缘状态，其始终不能进入位阶的权威系列：（1）法律原理。法律原理主要是指贯穿于法律体系中的基本理念和基本原则，它是法学家们从法律现象中总结出的法的一般规律和普遍规则。法理能否成为具有法律效力的法的渊源，取决于各个时代和各国的法律规定和法律传统。在古希腊、古罗马时代，法学家的著作中所阐述的法理成为具有直接法律效力的法律渊源之一。在现代，各国一般不承认法理是具有直接法律效力的法律渊源，却是具有说服力意义上的法律渊源。法理作为法律渊源之一，一方面体现在法官适用制定法，总是在符合法理的层面上适用。另一方面，法理同习惯一样可以填补制定法的缺漏。（2）法学家学说。从法律史上看，法学家的学说曾经在大陆法系成为法律的主要渊源之一。在古罗马，法学家解释法律并回答各种法律问题，这些解释和回答是法律适用的准绳。到了近现代，法学家学说对于立法与司法思想仍然是具有重要的指导意义，成为名副其实的思想或理论渊源，但它不能成为法律形式的直接渊源。（3）宗教教义和戒律。在历史上，许多国家都直接把宗教教义宣布为法律渊源之一。如印度法、犹太法、伊斯兰法、中世纪教会法等都是宗教性质的法律。而在现代社会里，凡是政教合一的国家，一般都会将宗教作为本国的法律渊源。中国虽然在宪法上承认宗教信仰自由，它们各自的教义或戒律也会在社会生活中对人们的思想、行为产生一定的影响，隐藏在其背后的文化价值及其倾向也是不容忽视的，但是从官方的权威角度是肯定不予承认的。

【资料检索】

1.《宪法》第67条第7项规定全国人大常委会有权撤销国务院制定的同宪法法律相抵触的行政法规、决定和命令。当然，国务院作为中央人民政府，如果认为某一行政法规已经具备升格为法律条件时，应当及时提请全国人大及其常务委员会制定法律。这种提案权虽然不能改变行政法规的位阶，但它毕竟为实际改变行政法规的位阶提供了一种可能。另外，与国务院同属一个职级的国家军事机关——中央军委，根据宪法规定有权领导全国的武装力量，其享有根据宪法和法律制定军事法规的立法权（《立法法》第93条），但军事法规的位阶却没有得到明文确认。比较行政法规，我们认为军事法规应与其处在同一层级。

2. 有人认为，应当从立法中心主义的立场转换到司法立场上研究法律渊源，揭示法律渊源的意义，法律渊源是法官发现法律的大致场所。①

3. 在刑事领域，法源的许多内容被严格限制使用。因为在刑法领域，基于控制国家刑罚权这一立法目的，实行罪刑法定原则，这里的法定仅限于明文的国家成文法的规定。通常只有议会制定法才能成为刑法的渊源，行政法规和规章、地方法规和规章、法院判例以及法理、习惯、政策等都被排除在外。立法法也规定，关于犯罪和刑罚的事项，只有由全国人大及其常委会制定成文的法律文本才可以确立刑事法律规范。但是，在司法实践中，由最高人民法院与最高人民检察院所作的司法解释也具有一定的法律效力。

## 第二节 法律效力

法律效力，又称法律规范的效力或法的效力，是指由国家制定或认可的法律及其表现形式（法律文件）对行为主体的保护力和约束力所及之范围。法律效力涉及立法目的的实现与否、法律权威的大小或有无的诸多问题，如果一部法律失去其应有的效力，那么它还有存在的必要吗？它生命的意义又在哪里？因此，追问法律效

① 陈金钊著：《法治与法律方法》，山东人民出版社2003年版，第283~320页。

力的“生命”价值，是法学必需要解决的重要问题之一。不过，限于《法学导论》的研究层面，我们更多的是从法律的应用角度展开分析，而把追问法律效力的“生命”价值一类的问题交给《法理学》去研究。

法律效力可以作不同的分类。从效力的类型上看，法律效力可分为法律的效力等级和法律的效力范围两个方面。前述之法律位阶的内容基本上已经解决了法律效力等级的问题，现在主要解决法律的效力范围问题；从法律文件的性质上看，法律效力可以分为规范性文件的效力和非规范性文件的效力。规范性文件的效力，也称狭义的法律效力，指规范性法律文件的效力。非规范性文件的法律效力，又称广义的法律效力，是指判决书、裁定书、逮捕证、许可证、合同等的法律效力。这些文件在经过法定程序之后，对于特定对象也同样具有法律约束力。但是，非规范性法律文件不是法律本身，因此不具有普遍的约束力。

## 一、效力层次

所谓法律的效力层次，又称法律的效力等级或法律位阶，是指每一部规范性法律文本在法律体系中的效力等级关系。在一国的同一法域之中，法律体系呈现出纵横交错的特征。在单一制的国家结构中，为了维持法律体系的内在统一，不但各种法律部门在横向上要相互衔接，而且各种法律渊源在纵向上要保持协调。因此，准确地确定各个规范性法律文件之间的效力等级，对于正确适用法律、维护国家法制的统一就具有重要的意义。

可能影响法律效力层次划分的标准有以下三个因素：（1）立法主体的地位之高低。一般而言，法律制定主体的地位越高，由其制定的法律的效力也就越高；反之，地位越低，其法律效力也就越低。譬如，全国人大地位高于国务院和中央军委，这就决定了人大的法律一定也高于国务院的行政法规和中央军委军事法规。（2）调整对象的重要性之排比。在众多的社会关系中存在不同的性质，所起的作用也不尽相同，这就形成了不同等级的调整对象。譬如，相对于国家主权而言，人权与公民权就应当高于国家权力，这是由宪政原则所决定的。（3）立法时间的先后序列性。法律在适用的过程中难免会随着时间的推移而发生变化，新法代替旧法既是一种历史趋势，又是法律生命力的必然要求。因此，新法的重要性也就凸显出来了。以上三个因素的分析，只能是一种理论参考，并不能作为绝对的依据来看待。

## 二、效力规则

### （一）冲突规则

由于社会现象的复杂以及立法技术的缺陷等原因，不同位阶、不同效力层次的法律渊源之间可能会发生一些冲突现象。为了保证法律体系的统一，以便公民遵守和行政执法及法院适用，立法法规定了不同位阶的法律渊源在发生冲突时的解决规则。具体是指：

1. 在不同位阶之间的法律不一致时，下位阶的法律必须服从上位阶的法律，所有的法律必须服从最高位阶的法。在中国的法律体系中，宪法具有最高的法律位阶，一切法律、行政法规、地方性法规、自治条例和单行条例、规章都不得同宪法相抵触；法律位阶则高于行政法规、地方性法规、规章；行政法规的位阶高于地方性法规、规章；地方性法规的位阶高于本级和下级地方政府规章；省、自治区的人民政府制定的规章的位阶高于本行政区域内的较大的市的人民政府制定的规章。这样的排序，即符合了“上位法优于下位法”原则，包括“根本法优于普通法”原则。

2. 在相同效力层次之间的法律不一致时，涉及特别法与一般法、新法与旧法之间的排序问题。（1）特别法是相对于一般法而言的。一般来讲，适用于特定人、特定事、特定时间和特定地域的特别法优于适用于一般人、一般事、一般时间和全国地域的一般法，即“特别法优于一般法”原则。譬如，律师法与刑事诉讼法相比，对律师而言前者就是特别法；又如，在刑法中，如果现役军人泄露军事秘密，就要优先适用“泄露军事秘密罪”，而非“泄露国家秘密罪”。(2) 新法是相对于旧法而言的。就同一调整领域或同类调整关系来讲，通常情形下，后制定的法的效力优于前制定的法，即“新法优于旧法”原则。譬如，1988 年宪法修正案规定，对私营经济是采取“引导、监督和管理”，到 2004 年则被修改为“鼓励、支持和引导并依法监督和管理”。

3. 在一国加入和接受的国际法与国内法发生冲突时，实行“国际法优先适用于国内法”的原则。这是一种国际惯例。为更好地履行国际法所设定的国际义务，许多国家都规定在国际法与国内法产生冲突时，优先适用国际法。但是，一国在加入和接受国际条约和协定时如果对某些条款提出“声明保留”的，则不在此列。

【资料检索】

根据立法法的规定，同一机关制定的法律、行政法规、地方性法规、自治条例和单行条例、规章，特别规定与一般规定不一致的，适用特别规定；新的规定与旧的规定不一致的，适用新的规定。法律之间对同一事项的新的一般规定与旧的特别规定不一致，不能确定如何适用时，由全国人民代表大会常务委员会裁决。行政法规之间对同一事项的新的一般规定与旧的特别规定不一致，不能确定如何适用时，由国务院裁决。自治条例和单行条例依法对法律、行政法规、地方性法规作变通规定的，在本自治地方适用自治条例和单行条例的规定。经济特区法规根据授权对法律、行政法规、地方性法规作变通规定的，在本经济特区适用经济特区法规的规定。部门规章之间、部门规章与地方政府规章之间具有同等位阶，在各自的权限范围内施行。地方性法规、规章之间不一致时，同一机关制定的新的一般规定与旧的特别规定不一致时，由制定机关裁决；地方性法规与部门规章之间对同一事项的规定不一致，不能确定如何适用时，由国务院提出意见，国务院认为应当适用地方性法规的，应当决定在该地方适用地方性法规的规定；认为应当适用部门规章的，应当提请全国人民代表大会常务委员会裁决；部门规章之间、部门规章与地方政府规章之间对同一事项的规定不一致时，由国务院裁决。根据授权制定的法规与法律规定不一致，不能确定如何适用时，由全国人民代表大会常务委员会裁决。

（二）预防规则

为了预防各法律渊源之间的位阶冲突，立法法规定了相应的备案与审查等预防规则。具体如下：

行政法规、地方性法规、自治条例和单行条例、规章应当在公布后的30日内依照下列办法呈报备案：行政法规报全国人民代表大会常务委员会备案；省、自治区、直辖市的人民代表大会及其常务委员会制定的地方性法规，报全国人民代表大会常务委员会和国务院备案；较大的市的人民代表大会及其常务委员会制定的地方性法规，由省、自治区的人民代表大会常务委员会报全国人民代表大会常务委员会和国务院备案；自治州、自治县制定的自治条例和单行条例，由省、自治区、直辖市的人民代表大会常务委员会报全国人民代表大会常务委员会和国务院备案；部门规章和地方政府规章报国务院备案；地方政府规章应当同时报本级人民代表大会常务委员会备案；较大的市的人民政府制定的规章应当同时报省、自治区的人民代表大会常务委员会和人民政府备案；根据授权制定的法规应当报授权决定规定的机关备案。

国务院、中央军事委员会、最高人民法院、最高人民检察院和各省、自治区、直辖市的人民代表大会常务委员会认为行政法规、地方性法规、自治条例和单行条例同宪法或者法律相抵触的，可以向全国人民代表大会常务委员会书面提出进行审查的要求，由常务委员会工作机构分送有关的专门委员会进行审查、提出意见。其他国家机关和社会团体、企业事业组织以及公民认为行政法规、地方性法规、自治条例和单行条例同宪法或者法律相抵触的，可以向全国人民代表大会常务委员会书面提出进行审查的建议，由常务委员会工作机构进行研究，必要时，送有关的专门委员会进行审查、提出意见。

全国人民代表大会专门委员会在审查中认为行政法规、地方性法规、自治条例和单行条例同宪法或者法律相抵触的，既可以向制定机关提出书面审查意见；也可以由法律委员会与有关的专门委员会召开联合审查会议，要求制定机关到会说明情况，再向制定机关提出书面审查意见。制定机关应当在两个月内研究提出是否修改的意见，并向全国人民代表大会法律委员会和有关的专门委员会反馈。

全国人民代表大会法律委员会和有关的专门委员会审查认为行政法规、地方性法规、自治条例和单行条例同宪法或者法律相抵触而制定机关不予修改的，可以向委员长会议提出书面审查意见和予以撤销的议案，由委员长会议决定是否提请常务委员会会议审议决定。其他接受备案的机关对报送备案的地方性法规、自治条例和单行条例、规章的审查程序，按照维护法制统一的原则，由接受备案的机关决定。

### 三、效力范围

法律的效力范围，是指规范性法律文件在何种时间范围、空间范围，针对何种特定事项、何种人产生法律约束力。因此法律的效力范围包括法律的对象效力范围、法律的空间效力范围以及法律的时间效力范围三项内容。

#### （一）适用对象

法律的对象效力，是指法对于哪些人产生法律效力的问题。这里的“人”，是指社会关系的主体，不但包括自然人，也包括法所拟制的人—法人和其他组织。不同的国家、一国不同的法律部门所采用的法律对象效力的原则可能并不相同。

法律的对象效力范围通常适用以下几种原则：（1）属人主义原则。该原则是指一国法律的效力及于拥有该国国籍的人。一个自然人或者法人、组织，无论其位于何处（国内或者国外），只要其拥有某国国籍或者属于该国所有，便受该国法律约束。一国的法律不适用于外国人或者无国籍人，即使他们身处该国之内。（2）属地主义原则。该原则是指一国的法律效力及于该国领土空间范围内的所有人。凡在该国领域的人，无论是本国人，还是外国人或者是无国籍人，都适用该国法律。如果本国人不在本国领土之内，那么按照属地原则，本国法律对其不具有法律效力。（3）保护主义原则。该原则是指本国法律对所有涉及本国国家或国民利益相关的人均有效力。无论该人是否拥有本国国籍，也不论其是否位于本国地域之内。（4）折中主义原则，又称结合主义原则。该原则是以属地主义为基础，兼顾属人主义和保护主义而确立的法律对人的效力范围。该原则权衡了前三种原则的优缺点，综合考虑了人、地和利益各方面因素，可以使本国法律发挥最大效用，因此该原则为包括我国在内的绝大多数国家法律在对象的效力问题上所采用。折中原则的主要内容有：首先，一国领域内的人和组织，无论是本国的还是外国的，一般适用该国的法；其次，外国人和组织以适用居住国的法为原则，但有关公民义务、婚姻、家庭、继承、特殊犯罪等，仍适用其本国的法；最后，依据国际条约和惯例，享有外交特权的人，则适用其本国的法。（5）普遍管辖原则。普遍管辖原则是各国为维护人类共同利益在国际条约或协定的框架下所适用的关于对象效力的一项原则。该原则是指针对某些国际公约规定的事项（如劫持航空器等某些国际性的刑事犯罪），无论行为人是否为本国人、行为是否发生在本国领域内，行为是否涉及本国利益，本国法律对实施该种行为的人均有法律效力。该原则一般只发生在公约规定的事项中。

中国法律在对象效力上适用折中主义原则。它包括两个方面：（1）中国公民、法人和其他组织在中国领域内一律适用中国法；在国外仍受中国法的保护并履行中国法定义务，同时也遵守所在国的法。当两国法对同一问题规定不一致时，既要维护中国主权，又要尊重他国主权，按国际条约或惯例处理。中国刑法、民法和其他有关规范性法律文件，对中国公民、法人在国外的法的适用问题，作出专门规定。（2）中国法对外国人的适用问题包括两种情况：一是在中国领域内的外国人，除享有外交特权和豁免权或法律另有规定者外，适用中国法。根据有关国际条约的规定，享有外交特权和豁免权的外国人的刑事责任的问题，应当通过外交途径解决。二是外国人在中国领域外对中国或中国公民、法人犯罪，按中国刑法规定的最低刑为3年以上有期徒刑的，可适用中国刑法规定，但按犯罪地的法不受处罚的除外。法律作出如此规定的用意，无非是考虑到维护中国主权和利益、兼顾国际法上的对等原则。

（二）适用空间

法律的空间效力是指法在哪些地域、哪些空间范围内发生效力。法的空间效力范围主要由本国国情和法的形式、效力等级、调整对象或内容等因素决定。

有四种空间效力范围：（1）在全国有效的法律。全国性法律的空间效力范围就是国家主权及主权所及的范围，包括陆地、水域及其底土和上空，还包括延伸意义上的领土，即驻外使馆和在领域外的本国交通工具，如本国船舶、飞机等。全国性法律一般是一国最高立法机关制定的宪法和许多重要的法律，最高国家行政机关制定的行政法规一般也在全国范围内有效。中国宪法和全国人大及其常委会制定的法律，国务院制定的行政法规，除本身有特别规定外，都在全国范围内有效。（2）在地区有效的法律。地区性法律的空间效力范围一般是地区性法律的管辖空间，如特别行政区基本法和法律，只适用于特别行政区空间范围；民族自治条例和单行条例，只适用于该民族自治地区空间范围内，等等。这包括两种情况，一是地方法规仅在一定行政区域内有效，如省级权力机关制定的地方法规、自治法规。二是有的法律、法规虽然是由最高国家立法机关或最高国家行政机关制定的，但它们本身规定只在某一地区生效，因而也只在该地区发生法的效力。如全国人大常委会关于经济特区的立法就只适用于一定的经济特区。（3）在域外有效的法律。有的法律，不但在国内有效，在特定条件下其效力还可越出国境，如涉及民事、贸易和婚姻家庭的法律。一国法的域外效力范围，由国家之间的条约加以确定，或由法本身明文规定。（4）国际条约和协定的空间效力范围。国际条约和协定作为国际法的主要渊源，也有其特定的空间效力范围。一般来讲，国际条约和协定的空间效力范围及于该条约的缔结国和参加国，但缔结国和参加国声明保留的条款除外。

（三）适用时间

法律的时间效力是指法何时生效，何时终止生效及法律对其颁布实施前的事件和行为是否具有溯及力的问题。

1. 法律生效时间，一般根据法律的具体性质和实际需要来决定。主要形式有：（1）自法律颁发之日起生效；（2）由该法来规定具体生效时间；（3）由专门决定规定该法的具体生效时间（如香港特别行政区基本法和澳门特别行政区基本法这两个法律的生效时间是由全国人大以决定的形式规定生效日期的）；（4）规定法律颁布后到达一定期限开始生效。

2. 法律终止效力，即法律通过明令被废止或被默示废止的形式，而终止其效力。我国法律终止效力的形式有：（1）新的法律公布后，原有的法律即丧失效力；（2）新法律取代原有法律，同时宣布旧法律作废；（3）法律本身规定的有效期届满；（4）由有关机关颁发专门文件宣布废止某个法律；（5）法律已完成其历史任务而自行失效。

3. 法律溯及力，又称法律溯及既往的效力，是指新法颁布以后对其生效以前所发生的事件和行为是否适用的问题。如果适用，该法就有溯及力；如果不适用，该法就不具有溯及力。一般情况下，各国法律会坚持“不溯及既往”原则。这是因为法律是规范和指引人们行为的准则，在法未公布前，人们无法明了将来的法允许哪些行为、禁止哪些行为，也谈不上按照尚未制定的法律去行为。因此，法律只适用于生效后发生的行为，不适用于生效前的行为，不应有溯及既往的效力。

【思考题】

1. 香港基本法、澳门基本法是根据宪法制定的，其法律位阶如何确定？

2. 中国已经签订或加入的国际条约，是国内的一个重要的法源，我国负有履行或遵守国际条约的法定义务，在适用方面，国际条约又是处在哪一个位阶层级？

3. 中国法律解释有三大方面，国家权力机关的解释为立法解释，国家行政机关的解释为行政解释，国家审判机关和检察机关的解释为司法解释，它们都是我国行之有效的法源，而这些法律解释又分别处于什么样的位阶？

4. 如果“特别法优于一般法”原则与“上位法优于下位法”原则之间出现矛盾，或“上位法优于下位法”原则与“新法优于旧法”原则之间出现矛盾，应该如何处置？

5.“法不溯及既往”的内在实质是什么？

# 第七章　法治导论

【内容摘要】“法治”是指依照法律治理国家的治国思想、治国方式和社会秩序、社会状态。在西方国家，最先使用的则是西圣亚里士多德。他认为，首先要有良法，其次是得到普遍的服从。可惜的是，当中国人听到梁启超先生介绍这样的思想时，两千多年已经过去了；而当中国政府决定要把依法治国作为一项重要的国策时，又一个百年过去了。在专制的年代里，良法之治的确是一个奢侈品；而在民主的今天，法治变成了人们的一个信仰。对中国人民来说，1999年是一个标志，因为宪法把“依法治国”以“国策”的形式写了进去，而要把“国策”变成一种社会现实，变成每一个中国人的信念，则希望在我们这一代人的手里就能够实现。

## 第一节　法治论

法治即为法的统治，它是以民主为前提，以严格依法办事为核心，以确保权力运行为重点的社会管理机制、社会活动方式和社会秩序。法治包含着这样的几层含义：（1）它是一种宏观上的治国方略；（2）它是一种理性的办事原则；（3）它是一种民主的法制模式；（4）它是一种理想的社会秩序和社会状态；（5）它是人们表达文明社会的一种理念。在法治理论的问题上，重要的是要区分它与人治、法制之间的界限，以及中国进入法治国的具体路径。

## 一、法治与人治

所谓人治是指由拥有特权地位的个人的意志来治理国家，即倾向于专制独裁的统治方法。在以人治的方法进行统治时，国家不可避免地要凭执政者个人一时的好恶来决断国策，也势必造成制令上的反复无常，奖惩无度，是非颠倒，乃至于任意出入人罪，草菅人命。为了在比较中能够选择出一个理想的治国方式，中外历史上围绕着法治与人治的争论就不下三次（不以时间为序）：第一次是中国春秋战国时期儒法两家对这一问题的不同观点。儒家主张人治（或德治、礼治）；法家主张法治。第二次指古希腊思想家柏拉图和亚里士多德在这一问题上的不同观点。前者主张人治，后者主张法治。第三次指17～18世纪资产阶级先进思想家为反对封建专制提出的有关法治的观点。

应当指出，在中国古代儒法两家和古希腊柏拉图和亚里士多德在人治和法治之争中都直接、明确地提出“人治”和“法治”二词。与此不同，西方国家17～18世纪关于人治和法治之争主要体现在：当时一些先进思想家在抨击封建专制、等级特权并鼓吹建立君主立宪、三权分立或民主共和国等政制的同时，要求法治和反对人治，而当时维护君主专制、等级特权的代表人物一般没有直接、明确地提出要人治不要法治之类的口号。

【观点论争】

在这三次争论中，法治论者和人治论者对“法治”和“人治”二词的词义分歧大体上可概括为以下三点：第一个主要分歧是：治理国家主要依靠什么？是法律还是道德？人治论者认为国家主要应由具有高尚道德的圣君、贤人通过道德感化来进行治理。法治论者则认为主要应由掌握国家权力的人通过强制性的法律（实际上指刑法）来治理。在古希腊思想家关于人治和法治之争中也体现了上述分歧。柏拉图在其代表作《理想国》中力主“贤人政治”，并主张除非由哲学家担任国王，否则人类将永无宁日。他极为蔑视法律的作用，认为不应将许多法律条文强加于“优秀的人”，如果需要什么规则，他们自己会发现的。只是在他的“贤人政治”的理想国方案失败之后的晚年，他才在自己的著作中将法治称为“第二位最好的”，即退而求其次的选择。亚里士多德主张“法治应当优于一人之治”。在西方历史上，这是法治论的第一个经典性论述。亚里士多德对这一问题的提法是：“由最好的一人或最好的法律统治，哪一方面较为有利?”他主张法治优于人治的一个主要论据是，法治等于神祇和理智的统治，而人治则使政治中混入了兽性的因素。因为一般人总不能消除兽欲，虽最好的贤人也难免有热忱。这就往往在执政时引起偏见。“法律恰恰正是免除一切情欲影响的神祇和理智的体现。”同时他还主张，即使是在一个才德最高的人作为统治者的国家中，“一切政务还得以整部法律为依归，只在法律所不能包括而失其权威的问题上才可让个人运用其理智”。第二个主要分歧是：对人的行为的指引，主要依靠一般性的法律规则，还是依靠针对具体情况的具体指引？人治论强调具体指引，法治论强调一般性规则。中国古代儒法两家关于人治、法治之争并未就一般性指引和具体指引的分歧展开明显的争论。古希腊思想家柏拉图和亚里士多德在这一问题上的分歧相当突出。柏拉图反对法治的一个重要论据是：法律就像一个愚蠢的医生，不顾病人的病情而机械地开药方。然而，人类个性不同，人的行为纷繁复杂，人事变化无常，法律不应规定出适合每一特殊情况的规则。所以，对一切人最好的事情不是法律的全权，而是了解君主之术和有智慧的人的全权。亚里士多德在反驳上述观点时指出，“法律确实不能完备无遗，不能写定一切细节，这些原可留待人们去审议。主张法治的人并不想抹杀人们的智虑。他们就认为这种审议与其寄托一人，毋宁交给众人。”他在《尼可马亥伦理学》一书中也进一步探讨了一般性规则和具体情况之间的关系，法律总是一般规定，但实际情况中又有一般规定中不可能包括的事。在这种情况下，就需要采取纠正法律因一般性而造成缺陷的衡平手段。第三个主要分歧是：在政治制度上应实行民主还是专制？法治论者主张民主、共和政体（包括君主立宪），人治论者主张君主制、君主专制或寡头政治。柏拉图主张贤人政治和哲学家出任国王，在政治制度上讲就是维护君主制和寡头政治。亚里士多德在主张法治优于一人之治时，也提出了拥护民主和共和制的观点。他认为，群众比任何一人又可能作较好的裁断，多数群众也比少数人更不易腐败。在平民政体已经兴起的情况下，以一人为治的君主政体也不适宜了；在君主政体下，如果继任的后嗣是一个庸才，就必然会危害全邦；而在实行法治的情况下，就不会发生这一问题；同时，平民政体意味着实行轮番制度，即同等的人互做统治者和被统治者，这也就是以法律为治。在这里，亚里士多德已将法治和民主共和政治制度直接联系起来。法治论和人治论在政治制度上的分歧主要出现在17～18世纪资产阶级革命时期，一些先进的思想家在反封建专制时所提出的政治思想和政治纲领中。在我国古代儒法两家关于法治和人治的争论中从未涉及民主与专制的分歧。因为儒法两家在政治制度上都是维护君主制或君主专制的（法家更主张严刑峻法）。因此，我们不能把我国古代法家的法治论同17～18世纪西方国家反封建专制的法治论相提并论，或者把前者错误地解释为反对君主专制的君主立宪论。

从中国和西方国家历史上关于法治和人治的三次争论中的三个主要分歧中可以看出，那时法治论者和人治论者对法治和人治赋予多种含义。在中国古代儒法两家的争论中，人治指的是主要依靠道德高尚的圣贤通过道德感化来治理国家，法治则是指主要依靠掌握国家权力的人通过强制性的法律来治理国家。在古希腊柏拉图和亚里士多德之争中，人治和法治的含义比较复杂。人治不仅指主要依靠道德高尚的人以道德感化手段来治理国家，而且指对人们行为的指引主要应依靠根据不同情况而定的具体指引，也还指君主或少数寡头的统治。法治则不仅指主要依靠由不受人的感情支配的法律来治理国家，而且还指对人们行为的指引主要通过一般性的规则的指引，也指民主制、共和政制。在17～18世纪反封建斗中所讲的法治主要指民主、共和制，人治则代表君主专制、等级特权等。

## 二、法治与德治

德治在中国传统社会中也称礼治，主要是指其治国方式，它有两种指代：一种指的是道德的教化作用，并且通过教化来影响人的行为，使之符合社会与国家的管理秩序；另一种指的是为政者的典范意义，由君臣做社会表率，以收“上行下效”的管理效果。在传统儒学中，德治与礼治没有太大分别，却与人治有一定的差异，即人治是相对于法治而言的，它不要求为政者一定要有德操，但是一定要有权威，这就很容易导致专制的出现；而德治则更强调君上的自我约束与示范作用，它对君上的贤德、操守要求甚严。只是因为君上仍然没有受到外部力量的约束，仅靠其个人的自律，常常会使得所谓的德治流于形式，最后则蜕变为人治。

【观点论争】

老百姓常说：胳膊总是往里拐。自罚与自我纠错是否可能？通常认为，如果不存在这种相互监督的权力划分机制，国家仅有一个至上的权力机关的话，在这个至上的权力机关中的公职人员所作出的违法行为就很难得到纠正或追究，因为一个机关和一个人一样，通常很难纠正自己的错误，如同一个人是不会自觉地给自己施加惩罚的道理一样；更何况，法治的特点在于“他治”，而德治的特点才是“自治”。

法治与德治的区别在于：（1）行为的基本准则不同。法治靠的是法律规范的约束，德治靠的是道德规范的约束。且不论其是否有效，单就道德规范的不确定性，就足以让为政者有机会“左右逢源”。（2）冲突的解决方式不同。当法律与道德之间产生冲突时，法治社会肯定是依法办事，而德治社会靠的是以道德为主导。（3）二者与人治的关系不同。在治国方面，法治与人治表现为势不两立，而德治则与人治因为有共性基础，它们之间也就存在价值观方面的通融性。

1999年宪法修正案将“依法治国”写了进去，2001年中央紧接着又提出了“以德治国”，在治国政策上给世人一种“双轨制”的印象。其实不然，因为在现代社会里，法治的优越性是十分明显的、突出的，它必定是我们的治国首选；但是，道德毕竟是构建和谐社会的基础，是推行法治所不可或缺的选项。如果二者能够形成优势互补，在以法治为前提条件下辅以德治，一方面对传统道德规范进行整理，取其精华，去其糟粕；另一方面又注入民主、自由、人权与公平思想，不断提升人们的道德意识，培养国人遵纪守法的习惯，使得法治与德治相得益彰，互补共赢。

【资料检索】

1996年年初，江泽民同志在中共中央第一次法制讲座上作了《关于依法治国，建设社会主义法治国家的理论和实践问题》的讲座。同年3月，八届全国人大四次会议通过了《国民经济和社会发展“九五”计划和2010年远景目标纲要》，以国家正式文件形式第一次确认依法治国方略。1997年9月，党的十五大报告以党的纲领性文件形式第一次提出“依法治国，建设社会主义法治国家”。同时将法制建设的目标由“法制国家”改为“法治国家”。十五大后，中共中央于1998年11月提出《关于修改宪法部分内容的建议》。1999年3月，九届全国人大二次会议采用无记名方式表决通过宪法修正案，增加了“中华人民共和国实行依法治国，建设社会主义法治国家”的规定。

### 三、法治与法制

在中国，“法制”一词并非陌生，因为春秋战国时代就已经出现了。但在1949年以前，由于实行军政与训政制度，“法制”一词远离了人们的视野。到1997年以前，人们大体上是从以下三个方面来理解“法制”一词的：（1）静态意义上的法制，即将法制理解为法律制度的简称。这是从广义上理解法制，这种理解具有广泛性和非严格性的特征，按照这样的理解，历史上任何类型的国家均有法制。（2）动态意义上的法制，即将法制理解为由立法、执法、司法、守法、对法律实施的监督等各个环节构成的一个系统。这是从制定和实施法律制度的动态过程这一意义上理解法制。(3) 近代意义上的法制，即将法制理解为近代商品经济和民主政治的一个产物。这是一种狭义的理解。

法治与法制的区别主要表现在：（1）两个概念中内含的法律制度的含义不同。法制概念中所指的法律制度是不加区别的所有的法律制度，其中既包括好的法律制度，也包括不好的法律制度。法治概念中所指的法律制度仅指良好的法律制度。（2）两个概念所涉及的法与权力的关系不同。法制概念既可能指法约束一切人、包括约束掌握最高权力者的现象，也可能指在法律制度之上存在一个最高权力者，而这个最高权力者本身是不受法约束的。相反，法只是最高权力者的统治工具的现象。可以说，法制并不必然排斥人治现象。在人类历史上，有大量的建立在人治基础上的法律制度。法治概念却只能用来指这样一种法与权力的关系状况：法处于至上的地位，一切国家权力、一切国家机关、一切掌握权力者都要受到法的规范约束，除法之外，不存在至上的权威。法治必然排斥人治现象。（3）两个概念所涵指的人民与法的关系不同。法制概念并不内含对人民和法的关系的认识。法治概念却内含着人民主权、法体现着人民的意志，法治必然和政治民主相关。（4）两个概念隐含着对国家权力的结构形式的要求不同。法制概念并不蕴含着要求有体现特定原则的国家权力结构形式的意思。法治必然蕴含着指一个国家存在以权力分工、相互监督和制约为原则的权力结构或权力配置形式。这种权力结构的一个最大特点是，在国家的各权力机关中，不存在一个绝对至上的权力机关或权力执掌者。

【观点论争】

1. 譬如，关于中国最高权力机关的设置则不完全符合上述法治的既定概念。对此我们只能做这样的两种解释，一是中国尚处于社会主义的初级阶段，法治建设刚刚起步，还需要在今后的改革中不断求得完善；二是无须照搬外国法治的既定概念，中国有自己的国情，各国人民也有权选择符合本国发展道路的政治架构。

2. 法治与法制的不同，还表现在法治的合理性方面。对此，美国社会学著名学者韦伯认为，法治的合理性有这样四种含义：第一，法治的合理性通常是表示法律或法规支配事物的状况。在这个意义中，事物的实质内容和程序状态是合理的。第二，法治的合理性是指法律关系的体系化特征。韦伯认为，法律关系的体系化特征是法律思想成熟阶段才出现的现象。第三，法治的合理性是指法逻辑的分析方法。第四，法治的合理性被理解为统治的合法性。①

3. 国不可无法，有法而不善与无法等。②

从中国法制的基本要求中，可以看出，二者在客观上存在一定的差距：法制的要求是“有法可依，有法必依，执法必严，违法必究”；而法治的要求是“良法之治”，不仅要有法，而且必须是良法，如果仅仅满足于“有法可依”，至于是良法还是恶法则不作要求，就容易误入歧途。虽然它们之间只是一字之差，却非儿戏，而是观念与制度上的差异。

## 四、法治原则

法治原则有两种含义：一种是指对处于法治状态中的国家的主要特点和要点的概括和总结。这种意义上的法治原则是对实践的描

---

① ［美］韦伯著：《经济与社会》（下卷），商务印书馆1997年版，第15～18页。

② 沈家本著：《历代刑法考》，第2239页。

述、总结。另一种含义是指为了指导人们从事建设法治国家的实践，而要求人们在政治、法律活动中遵循的基本的、主要的规范性原理。这一意义上的法治原则主要是预设性的、限制性的要求，带有理想色彩。在当代中国的条件下，谈论法治原则，不是对已有的法治状态的总结和描述，而是为了在中国大地上实现依法治国而对法治实践提供原理规范和概括性要求，是为了要坚持“党的事业至上、人民利益至上和宪法法律至上”的必然性要求。

“有良好的法”、“普遍地依从法”和“有确保国家机关守法的权力机制”是法治论的三原则。具体分述如下：

1. 良好的法。良法是指法在用语、结构、效力等方面所表现的形式上的良好。它应当具有以下几个特征：（1）法的普遍性，即法的规则对主体及行为的规定均具有普遍性。（2）法的明确性，即法的规则的条件、权利义务的内容、违反义务的行为和责任规定，都必须是明确的，并且用来表述法的规则的语言、文字必须是语义清楚、含义明确的。（3）法的统一性，即一个国家的法的规则具有整体性、一致性，不应允许其存在相互冲突，一旦发现其中存在相互冲突，则可以依据一种准则来解决这种相互冲突的规则问题。（4）法的稳定性，即法的规则在较长时间内的不变性。只有当法的规则具有相对稳定性时，人们才能了解法、按照法的规定进行相互交往和行为选择。（5）法的先在性。这是指一方面，当国家要求人们守法时，应是法的规则对人们的行为规定在先，而人们的守法行为在后；另一方面，当国家企图指责一个人的行为并企图追究这个人的行为责任时，它必须是根据已制定出来的法的规则作这种指责和追究。（6）法的可行性，即法的规则对人的行为的要求必须是人们可以做到的。（7）法的公开性，即法必须被公布才能被人们所知晓，也只有如此才能被人们所遵从、而在人们违反法时，国家才能合理地对违法者施加惩罚。

【资料检索】

法的特性是法治社会中法在形式上所应具有的特征，或者说是法治社会中的法自身在形式上应体现的原则。法自身的这种形式原则上对国家的法治状态是必不可少的。这是对一个国家的法治状态的初步要求。虽然有了这些原则，或者说法体现了这些原则，并不必然意味着一个国家就一定存在法治状态，但没有这些原则就必然意味着一个国家不存在法治状态。良法也是指法作为一种规范体系本身必须具有的正义性内容。因为只有正义的法，才能包含保障安全、维护平等、保证自由、促进效率的作用。

（1）保障安全是指法对社会成员的生命、人身、财产加以保护，不容侵犯。法通过对侵犯他人的生命、人身、财产的行为的惩罚规定，体现保障安全的作用。安全，是个人生存、发展的起点，是人们追求更高意义上的幸福的依据，也是社会存在的基础，是人类所共同需要的一种社会性状。良好的法不能不首先重视保障人的生命、人身、财产的安全。（2）维护平等是指法使社会成员在平等的基础上进行利益交往。法通过平等地赋予每一社会成员以基本义务和基本权利，而维护社会成员的法律地位的平等；法通过赋予每个成员因付出了代价而有获得报偿的权利，来体现维护社会成员利益交往的平等；法通过规定每个成员以侵害他人的方式而获得利益的必须受到惩罚、付出利益代价，从而体现和维护社会成员承担责任的平等；法通过赋予每个成员以获得不能作平等分配的资源的机会，来体现和维护社会成员们的机会平等。良好的法不能不具有这种维护平等的性质。（3）保证自由是指法以最合理的义务性规则来约束每个人的行为，从而给社会全体成员提供一个尽可能大的自由活动空间。自由是人类最基本的天然需要之一。一个正义的社会必须是人们能在其中享有充分自由的社会。良好的法必然包含着保证人们的自由。（4）促进效率是指法以合理的规范约束来保证社会成员能最大限度地自由谋取利益，从而间接地促使社会生产要素得到最合理的配置，并且使人们在根据法的规则进行利益交往活动或诉讼活动时，能简便、快捷、省时、省力。良好的法必然具有促进社会生产力发展、方便人们行为活动的作用。只有在形式上和实质上都分别具备上述特征的法，才是真正良好的法。

2．普遍地依从法。良法的存在只是法治的前提，但良法本身还不是法治。法治归根到底还是要体现在对法的普遍遵守上。这一原则最起码包含两个方面的要求：社会普通成员的守法，国家公职人员守法、依法办事。社会普通成员守法是法治得以实现的基础。只有当社会所有成员信奉法、遵从法，使法有至上权威，国家的法治状态才能实现。

3．有确保国家机关守法的权力机制。由于国家公职人员的执行公务行为是一种国家行为或代表国家机关的行为，这种行为如带有违法性质的话，普通民众并没有加以纠正、获得救济的手段。这种由国家公职人员作出的、体现着国家机关的违法的行为，应由国家机关本身来纠正。为了保证国家机关本身能够解决、纠正由公职人员作出的公务上的违法行为，就必须使国家机关的权力被划分，由不同的国家机关行使不同的权力，并使这些权力机关能够相互监督、相互纠正违法或错误。

### 五、法治评说

#### （一）法治的优越性

法治的优越性不仅要在与“人治”相比的情况下得以体现，而且还要在与法制相比的情况下来体现它的优点。（1）法治不是人们感情冲动的产物，而是一种理性的体现：人们在平等的前提下进行协商，交换意见，尊重并尝试了解对方的观点，遵守以理服人的原则，摆事实，讲道理，以达成共同的认识，并根据此共识来治理社会或以此共识作为有关社会政策或安排的基础。（2）法治代表着一种对人们行为的高度规范性指引方式而不是一种个别性指引方式。由于法律是以国家名义制定和实施的，因而这种指引方式有着极大的权威性，它是建立社会秩序的一个必不可少的条件。所以，法治的价值之一就在于它的高效率。（3）民主是现代法治的一个重要价值，同时也是法治的一个实体基本原则。现代国家总是与某种民主模式相联系的，法律是由民选代表制定并由行政、司法机关执行的。现代国家的法治也总是与社会秩序不可分的，是与专制、独裁或无政府主义对立的。

【资料检索】

人们对中国历史上的唐律，古罗马的查士丁尼民法大全、拿破仑法典等法律文献都怀有崇敬的心情，因为它们标志着历史上较高的、优秀的文明。我们也认为健全的法治是社会文明进步的重要标志，是国家长治久安的重要保障。法律或法治绝不可能直接规定某人成为一个杰出的科学家或学者，但法律或法治可以为人们成为杰出的人才提供某种条件或环境，也就是说，法律或法治作为一种制度，它规定人们的权利、义务、权力和责任等，在这种制度下，人们通过自己的努力与智慧有可能成长为杰出的人才。大家都认为香港是一个繁荣富强的大都市，据现任香港特区行政会议成员、著名的法学家杨铁樑先生的意见，“香港的成功有赖于高度法治，香港的成功也说明香港法治的成功”。“宏观地看，香港今日的成就，主要靠三条：一是靠高度法治和公务员制，二者把香港凝聚在一起；二是靠祖国强有力的支持；三是靠香港的中国人的勤劳、节俭、聪明才智和创造力”。

（二）法治的局限性

法治的局限性主要就体现在法律作用的有限性方面：（1）法并不是调整社会关系的唯一手段。国家用以调整社会关系的手段，除法律外，还有经济、政治、行政、思想道德、文化、教育、习惯、传统、舆论等手段。在有的社会，宗教也是一个重要手段。法也不是唯一的社会规范，党规，政纪，道德规范，企事业单位和其他社会团体的规章、守则以及各城市中的文明公约，农村中的乡规民约，各行各业的职业公约等都是社会规范。在以国家名义规定社会生活的基本规则时应主要体现为法律，或仅体现为法律，在这里，对社会生活的调整，法律具有主导作用。大部分社会关系要由法律和其他手段并行调整。有些社会关系的调整，法律只能起辅助作用，主要应依靠其他手段。法律也不是解决这类问题的有效手段，对人们的思想、信仰或私生活方面的问题用行政命令的方法，用强制的方法解决不但没有效力，而且是有害的。(2)“徒善不足以为政，徒法不足以自行。”这是中国古代思想家孟子在强调道德教化的作用时所提出的一个重要观点，其意思在于即使是制定得很好的法律，也需要合适的人正确地去执行和适用，如果一个执法或司法工作者不具备相应的专业知识和思想道德水平，法律的有效实施是难以想象的；即使是制定得很好的法律，也需要绝大多数社会成员的支持，如果他们缺乏一定的法律意识，缺乏遵守法律的思想道德风尚和习惯，法律也不可能有效地实施。法律的实现还必须要有相应的社会、经济、政治、文化条件的配合。(3）法律的抽象性、稳定性与现实生活的矛盾。作为一种规范，法律必定具有抽象性、稳定性的特征，而现实生活中的问题却是具体的、多变的、千态万状的，想制定一个包罗万象、永久适用的法律只是一个幻想。同时，即使是很有才智的立法者，他们的认识能力也是有限的，因此，法律本身存在缺陷，或者说，存在漏洞、空隙等情况也是难以避免的。(4）法律所要适用的事实无法确定。在法律生活中，法律与事实并不都是一一对应的。法律的制定固然要以事实的存在作为前提条件，而法律的适用前提也是要以确定的事实为依据；如果确定事实在客观上是根本不可能存在的，则制定或者适用这样的法律，不仅没有意义，而且还会损害法律的权威。

总之，轻视法律的作用或认为法律可有可无是错误的。反之，将法律的作用夸大到极端的地步，也就是无视法律的局限性，同样也是不妥的，因为法律不能解决所有的问题，不可能是万能的。

## 第二节　法治国

依法治国，建设社会主义法治国家，是中国共产党按照法治发展规律，结合我国国情提出的治理国家的重大举措，是迄今为止马克思主义法治史上最新的理论创新成果。“依法治国，就是广大人民群众在党的领导下，依照宪法和法律规定，通过各种途径和形式管理国家事务，管理经济文化事业，管理社会事务，保证国家各项工作都依法进行，逐步实现社会主义民主的制度化、法律化，使这种制度和法律不因领导人的改变而改变，不因领导人看法和注意力的改变而改变。”由此，决定了社会主义法治理念是由依法治国、执法为民、公平正义、服务大局和党的领导五个部分构成的。其中依法治国是法治的核心内容，执法为民是法治的本质要求，公平正义是法治的价值追求，服务大局是法治的重要使命，党的领导是法治的基本原则。

### 一、法治国的标志

法治国的标志是什么？这是法治理论中的一个非常重要的问题。它涉及法治国家的共性问题。根据不同时期法治的原理和各国法治的实践，可以把不同法治国家的共性化的标志分为形式标志与实质标志。

所谓法治国的形式标志，是指法治国家的外在表现方式以及实现法治国家的技术条件。它主要包括完备统一的法律体系、普遍有效的法律规则、严格的执法制度、公正的司法制度、专门化的法律职业等。任何法治国家都具备这些共性的标志。所谓法治国家的实质标志，是指依据法治的精神而形成的涉及重大关系的理性化制度的确立和运行。具体来说，它涉及法律与政治、公共权力与国家责任、权力与权利、权利与义务等方面的关系。区分法律的善与恶，也主要是从这些方面来确立标准。所谓“善法”，也就是指涉及这些重大关系的理性化法律制度。它们也都在不同程度上表明法治国家的共性。

法治国的形式标志是由法治国的实质标志所决定的，而法治国实质标志则由国家的基本构造和社会条件所决定。形式标志反映并影响实质标志，实质标志需要通过形式标志来体现。仅有理想的实质标志而缺乏形式标志，法治国是不完整的。应该指出，不同国家进行法治建设有着不同的国情条件和本土资源，因此法治国也势必存在差异。任何国家在依靠政府运用强制力推进法治建设的同时，还应当注意到法律对于社会经济、民族文化和历史传统的依赖关系。我们要寻找并利用本民族的法治建设的资源，也要注意从社会生活中的各种习惯、道德、非正式制度中去发现对于现代法治有用的东西。当然，实现法治国并不是无条件的，而是一系列社会条件综合运动的产物。法治国的目标对国家制度的基本构造提出了相应的要求。

1. 法治国的政治统治模式应该是民主政体形式。政治统治模式实际上主要是政治体制的问题。法治国在这方面的基本要求是实行民主政体。从世界各国来看，民主政体是法治国的根本的政治基础。因此真正建立法治国家的也是在近代政治革命以后的一些民主国家。民主共和政体是“资产阶级统治的正规形式”，也是无产阶级及其政党“将来进行统治的现成的政治形式”。民主政体的特征在于：遵循预定程序，服从多数决策，容许少数意见。社会主义国家的现行体制属于民主共和政体，这为社会主义国家实现法治国提供了坚实的政治基础和条件。

2. 法治国的国家权力结构应该是分立制约的关系。法治国在这方面的核心要求是国家权力的合理分工与有效制约。一个国家由谁来掌握统治权、政权机构如何组织、权力如何分配和制约、按照什么规则来运转和行使、社会各种力量通过什么方式和途径来参与政治等，这些问题构成了这个国家的权力结构。国家权力结构与法治国家关系十分密切。能否实现法治国，也取决于其权力结构中是否实行分工和制约。

3. 法治国的社会控制原则应该是服从法律治理。在建立法治国的条件下，法律被全社会确认为至高无上的控制手段，这个社会主要依靠法律来治理。国家对社会进行控制的手段是多种多样的，甚至各自都有某些特别的作用和优点。但是，无论哪种手段都不能与法律相比，法律的手段具有更明显的优势。法治国的目标要求必须主要通过法律实行社会控制，其他手段都服从法律，社会整合主要通过法律实施来实现。

4. 法治国的经济条件应该是市场经济机制。法治是以商品经济即市场经济为基础的。对于任何一种经济形态来说，规则都是必要的共同要素。在市场经济条件下，如果市场主体之间不平等、没有自主权，就不可能有真正的公平的市场竞争。商品交换的特性决定了交换主体对“意志自由”的要求以及对权利平等的要求。当然，市场机制也有缺陷，它无法克服经济周期性波动、社会总体运行失衡、垄断、分配不公平等，所以国家有必要通过法律形式对市场进行干预或宏观控制。可以断言，法治的实现程度取决于市场经济的发达程度。

5. 法治国的文化条件应该是理性的文化基础。法治需要特定类型的文化作为其存在和发展的文化基础。这种特定类型的文化就是理性文化。理性文化既不同于跟着感觉走的非理性文化，也不同于空想浪漫的超理性文化。只有当这些文化要素成为根深叶茂的社会意识时，法治国的理想才会变成现实。法治还需要科学精神的支持。因为有了科学精神，社会成员就会自觉地把握社会生活的法权要求，理性地运用法律的功能机制，而不会在抽象、稳定的法律与具体、运动的社会之间束手无策，也不会把法律当作医治社会百病的良方。此外，社会成员要具有正确的、强烈的权利义务观念，这也是实行法治国的重要条件。很显然，以理性文化为基础的法治国，具有深刻的文化机理。

【资料检索】

社会生产力发展的源泉在于人们的生产积极性、创造性得到充分发挥。而发挥人们的生产积极性、创造性的关键在于人们的生产活动的自由、思想探索和创造的自由得到充分保障。法治就起着保障人们的自由的作用。在法治社会里，每个人的自由得到充分保证，其创造性就可以得到充分发挥，其结果就是新的科学知识、新的技术发明、新的产品开发、新的生产活动方式等的发现和发生。所以，实行法治不仅仅是个伦理上的应当的问题，它也涉及社会物质财富的增长问题。

## 二、法治国的目标

依法治国作为一种治国方略，还需要我们把法治建设与中国国情、本土资源结合起来，努力建设既与世界法律文明相沟通又具有浓厚中国特色的社会主义法治国。就法治国的形式标志而言，应当从以下四个方面来理解：

1. 完备统一的法律体系。具体是指：（1）避免法律之间矛盾、法律与地方立法矛盾、法律与解释之间矛盾。（2）法律体系是一个完整、科学、严谨的规范系统。法律体系中各部门法应当分工配套、功能协调，法律规范具有易知、明确、肯定、具体和可操作性。（3）立法机关能够积极地根据社会发展需要创制法律，必要情况下可以进行超前的预见性的立法，而不是消极被动地等待立法时机。（4）立法存在层级和时差，势必会使法律的同一内容出现不同规定，这就要求对立法活动进行及时审查和监督，整理和编纂，从而保持法律体系的统一性。

2. 普遍有效的法律规则。具体是指：（1）法律对社会生活的概括性表述与一般性调整。法律规范设定人的行为的两种模式，把允许、肯定和鼓励的行为概括为权利；把禁止、命令和否定的行为概括为义务。所有具体与个别的行为尽收其中，不承认例外。

（2）法律适用中的“一致性”，即“类似情况类似处理”、“类似情况反复适用”，排斥司法、执法过程中的随意性、偶然性和差别对待。（3）法律普遍被遵守和服从。同类主体享受相同权利，履行相同义务，特权被彻底消除。（4）法律在实施中发生实效，而不是把效力限于纸面上。

3. 严格公正的执法制度。这里包括行政执法制度与司法制度两方面。“严格公正”是指：（1）“政府要守法”。在建设社会主义法治国的时代条件下，法律独立于政府之外，行政权力是法律赋予的，任何行政行为都应当严格遵循法律的规定，在法定范围和程序中从事行政管理活动。在通常情况下，行政主体必须遵循“无法定依据即无权力”的原则。这与公民的“法无限制即自由”原则是有区别的。（2）在现代社会，法律允许行政机关在有限范围内的自由裁量行为，但必须受“合法性”和“合理性”双重原则的约束和检验。（3）司法权是终极性的权力，它是定分止争的最后一道屏障。所以司法机关应当独立行使司法权，任何行政机关、社会团体和个人都不得进行干涉，只接受监督不接受命令，保持中立，追求公正。（4）司法活动有公正的程序制度。程序不仅具有消极限制权力的功能，还具有积极引导和促进权力行为合乎正义的作用；程序能保证法律面前人人平等，程序还意味着要有严明的问责制与救济制。

4. 专门化的法律职业。法律职业主要包括法官、检察官和律师。法律是靠人来执行的，司法的权力如果经过无知和盲从的非职业者之手，那么再神圣纯洁的法律也都会变质。法治国家要求法律职业具有强烈的职业素质和专业特征。这包括：（1）法律职业者应当谙熟法律原理（而不是通常所谓通晓法律规定或知识）及其应用技巧，即具备法学修养和运用法律的艺术。（2）法律职业具有严格的任职资格和考试录用制度。除年龄、国籍、公民权、品德、身体状况之外，还应规定法律专业学历和法律实践经验等方面的严格条件。法律职业有严格的考试和实习或培训制度，采取公开竞争、机会均等、择优录用的原则。（3）具有专职性和稳定性，法官不得在行政机关、权力机关中兼任其他职务，从而保持司法的中立性。如果法官担任其他有报酬的职务，经营商业或其他以营利为目的的活动，那么法官所代表的法律的尊严也丧失殆尽，应当通过职务稳定、薪俸丰厚的制度来保证法律职业的稳定性和崇高感。（4）法律职业内部的差别，不影响他们对正义的共同追求。律师权利切实受到保障。在全社会都尊重法律职业的同时，法官、检察官、律师之间也都相互尊重。这种尊重程度也标志着法治国家建设的水平。

【思考题】

1. 中国人用 2000 年的时间来选择法制，又花了 100 年时间来选择法治。你觉得其中的原因是什么？

2. “法治与人治说的都是一种制度状态，实行法治并不意味着不要人的主观能动作用。”你觉得这句话是否正确？它能够引起你哪些思考？

3. 在区分了法治与法制之间的界限之后，在社会的现实面前，你认为还有哪些问题依然没有解决？

4. 社会上普遍认为，国家公职人员应当率先守法，这既是普通民众普遍守法的前提条件，也是普遍地依从法律这一法治原则的本身内容。这样的观点是否违背了法治的平等原则？还是说这要从当今社会的现实角度出发提出的课题？

5. 理论上来解说什么是“法治国”不难，而要实现它却并非易事。你认为，在中国的土地上，要实现这样的理想，还有哪些事情要去做、还有什么样的困难要去克服、还有哪些事情需要从我们自身做起？

# 第八章　法治引论

【内容摘要】法治的前提在于有良法可依，而不是像法制那样有法可依即可。这就需要对制定什么样的法律设定原则、限制条件、规范程序、监督实施等，以保证良法出炉后不仅“品正”，而且“好用”，因为立法的目的不是用来摆设的，而是要投入到社会实践中去，让法律接受社会检验，并且按照立法者的意图建立秩序；于是，法律实施就成为检验该法律是否属于良法的必经之路。但是，国家法治工程是一个综合系统，只有良法还仍然无法实现法律意图，它需要一系列的措施来保证良法的顺利推进。因此，推行良法之治的必然结果就是要保证实施程序的系统性、规范性、合理性与科学性。

## 第一节　法律制定

法律制定，简称立法。对它的含义，法学界有不同的理解：一是从法的本质特征作解释。从本质角度，认为法律的制定是掌握国家政权的统治阶级为了实现对国家和社会的有效控制，就需要把自己的阶级意志上升为国家意志，进而维护整个统治阶级的利益，达到依法治理国家的目的的活动。从非本质角度，认为法律的制定是指立法机关依照法定职权和程序，创制、认可、修改和废止法律和规范性文件的活动。二是从法的形式特征作解释，提出立法有广义和狭义之分。从广义角度，法律的制定是指从中央到地方一切国家机关制定和变更各种不同规范性文件的活动。从狭义角度，法律的制定是指最高国家权力机关及其常设机关制定和变更法律这种特定规范性文件的活动。

【资料检索】

1. 中国立法的指导原则：(1) 表达人民的共同意志和利益诉求；(2) 从基本国情和实际情况出发；(3) 维护宪法秩序和法制统一。①

2. 从深层次上考察，立法的核心集中在：(1) 是对现实社会中客观地形成和发展起来的第一次利益分配状况的确认，因此要注意体察和反映世情民意，要协调与平衡传统方面的既得利益集团与正在崛起的新兴的利益集团之间的矛盾关系，要心中有公平，眼中有方圆，手中有朴鞭。(2) 是对传统法的延续。创制法不如说是在生成法、丰富法和发展法。把社会利益转化为国家利益是主权行为，是合法掠夺，而把国家利益转化为社会利益也是主权行为，却是在乐善好施或者说是在回归善意。

## 一、立法现象

立法现象之所以不同于其他社会现象，原因在于它具有自己独特的内涵。具体表现在：

(1) 立法的主体性特征。纵观世界各国立法，不论是单一制或联邦制国家的立法，抑或是中央或地方的立法，还是由立法者自己或委托他人立法，立法主体的权力必定来自法律的授权或立法者的委托。换言之，没有法定的授权或委托，就没有立法者。之所以把立法者限定在特定的范围内，是因为立法活动属于国家的一件大事。为了保证立法权不会落入他人之手，就必须限定立法主体和立

① 《法理学》，人民出版社、高等教育出版社 2008 年版，第301～305页。

法权限，以防大权旁落，或滥用职权。（2）立法的程序性特征。在法治文明史的早期，立法未必都有完善的操作规程，这就难以杜绝立法过程中的种种弊端。如在中国封建社会，长期盛行立法神秘主义的做法，把制定的法律束之高阁，不让它与老百姓见面，这就为司法擅断打开了方便之门。现代立法对程序要求甚严，有的甚至把法律正义中的程序正义与实体正义等而视之。这样有两大作用：一是保证立法的民主性；二是维护法律的权威性。（3）立法的系统性特征。立法行为是由一系列的立法方式组成的。法的制定、认可、修改、补充和废止，构成全部的立法行为方式。表面上，这些立法方式反映着立法的形式特征，属于立法的外延。而在行为方式的背后，却隐藏着代表法律效力的特征，而法律效力又是构成立法本质的一项不可或缺的内涵。法从产生（指制定或认可）到变更（指修改、补充和废止），是立法方式在系统性的指导下，实现法应当适应社会需要、及时反映立法者意志的必要措施。立法的生命力在于系统内的流水不腐。

现代社会对法律的依赖性越来越强，社会成员希望得到的是一部又一部的良法，而产生良法的思想基础就要求人们要重视对立法工作的研究。明确立法的概念和意义，将有助于人们提高对立法工作的重要性的认识。

【观点论争】

法律是在社会的需要、期望和压力下形成的。“一切划时代的体系的真正的内容都是由于产生这些体系的那个时期的需要而形成起来的。”① 在法学领域，提出法的生成问题并加以研究，目的在于揭示出国家实定法与民间的自然法、国家的法律秩序与社会自在秩序、法的创制与法的发展的内在关系。

---

① 《马克思恩格斯全集》（第3卷），人民出版社1960年版，第544页。

## 二、立法价值

在中国，立法工作带有根本性、全局性和规律性的特点，它需要明确属于自己的指导思想：如正确表达人民的共同意志和利益诉求，尊重本国实际情况，达到维护宪法秩序和依法治国的统一性要求等。这就需要对具体的立法工作作出明确指示，确立正确的价值观。

【观点论争】

1. 法律秩序的形成首先需要通过立法环节来实现，没有立法，就无法可依，也就无法律秩序可言。社会秩序的建立有多种渠道，有的是依靠道德的力量，有的是借助宗教的影响，有的是遵循着传统的习惯，而由法律建立起来的社会秩序却是社会的基本秩序。当人们充分认识到法对社会秩序的稳定性作用之后，以立法方式生成社会秩序的想法就会变成社会的主流思想，立法的意义也正在于此。然而由立法生成的法律秩序并不构成社会秩序的全部内容，因为道德、宗教、习惯等社会规范也是构成社会秩序的重要方面。在历史上的某一时期，它们的作用甚至超过了法律对社会的影响。

2. 立法的意义还在于协调各方利益，稳定社会秩序和调整社会关系。由于社会各阶级、各阶层的利益不尽相同，因而导致社会冲突和矛盾的不断发生。如何协调各方利益，避免激化矛盾，这就需要寻求有效的社会控制手段。立法的意义在于它能够生成最有效的控制社会的方法。立法本身并不能阻止矛盾的发生，但它可以减少冲突现象的发生率，或在冲突之后能够作出有效的控制。当然，立法并不直接导致社会控制的结果，因为在立法之后还有赖于施法环节的成功推行。只是如果没有立法，施法环节也就成了一句空话。

3. 立法的意义还在于它能适应不断变化的社会需要。立法具有预设性功能，在它为一般人创设行为模式时，这一部分人的社会关系就被纳入了法律调整的范畴，也就成了稳定的法律关系。在社会形势发生重大变化之后，新的社会关系应运而生，在新旧社会关系构成冲突时，立法者就必须考虑是否要给新的社会关系以法律的名分。立法环节对社会的适应性特征正是它得以保证自身无限生机的秘诀之一。根据马克思主义法学的基本观点，立法并不能产生新的社会关系，立法者要做的就是去承认社会上已经存在的社会关系，这是从社会关系的渊源上来理解的。

（一）内在价值观

1．平等思想。平等体现的是人类对社会正义的基本要求。在我国理论研究领域，长期流行着把“法律面前人人平等”解释为“适用法律上的平等”的说法，这是一种断章取义的手法，它曲解了这项原则的伟大意义，同时也把法律的阶级性推向了极端的位置，导致社会上出现了新的不平等现象。事实上，立法的平等思想是保证司法或执法平等的基础，没有立法的平等就不会有司法或执法的平等。因为执行不平等的法律只会加大不平等的差距，它将严重违背人类对社会正义的诉求。在社会主义市场经济条件下，我国宪法确立的人权思想，为保证立法工作和立法内容的平等性打下了坚实的思想基础。

2．民主思想。民主思想是体现宪政理念，保障良法产生机制的根本途径。它主要体现在：法律利益的支配权要由人民直接行使或社会的最大多数人来决定；法律权利的实现要有民主的方法来保障；当利益和权利遭到侵害或践踏时，要能够通过法律的途径得到及时、有效的救济。

3．权利思想。行政事务的扩张，难免出现公权力对私权利的侵犯，这是现代社会行政管理的一大弊端。如何杜绝这种现象的发生，对立法而言就需要树立正确的权利观，要求政府在立法时不得以公权力的名义肆意剥夺公民的私权利，因为在公民的私权利面前，政府只是有限的政府，政府的公权力是来自社会全体成员的基本权利，公民的私权利应当受到政府的尊重，政府的公权力应当受到法律的限制。

4. 追求利益最大化思想。立法与判决的最大区别在于：后者是以个别的、具体的案件事实作为判断的对象，追求的是个案的特殊利益；而前者是以多数人的利益作为判断的对象，它需要追求利益的最大化价值。例如，垄断是阻碍推行市场自由化的敌人，反垄断的立法就是要消除滋生垄断的温床，铲除垄断的毒瘤，还市场自由化利益的最大化。

【资料检索】

立法的基本要求是：1. 需要以人为本，以人的标准来对待人；2. 务求简明、审慎、精详、完备；3. 以连续、稳定为准则；4. 力求严谨、适时和讲求效益；5. 过程要公开、要设立听证程序。

（二）外在价值观

1. 位阶原则。法律权威的来源从外部而言，是因为国家的强制力量提供了坚实的条件。从内部而言，则是因为不同的法律具有不同的效力，也就具有不同的表面权威。一般情形，上位法高于下位法，下位法不得违反上位法，否则被视为无效。在立法上确定位阶原则，其意义就在于保持法的统一性，进而维护法律的整体权威。

2. 公开原则。民主立法的思想就是要通过公开立法才能得到实现。把立法程序公开，实行阳光操作，如举行立法听证会等，让更多的人来关心立法工作，进而参与到立法工作中来。通过广泛征求意见，取得社会的认同，最大限度地防止暗箱操作，保证良法的出炉有一个宽松的民主氛围。

3. 前瞻原则。法的稳定性在很大程度上指的就是法律内容的稳定性。一部法律对相关的自然规律或社会规律研究不到位，对今后可能出现相关的社会关系预见性差，都会或多或少地反映到法律内容层面上，也因此埋下了不稳定的隐患。立法工作要想避免朝令夕改的命运，就必须坚持前瞻原则，使法律在制定出来以后具有较强的适应能力，以确保法律关系在较长时间里的稳定性。

【资料检索】

法律生活的实践经验不止一次地告诉我们，立法不可能解决所有的问题，更何况由于立法者的认识能力的有限性、立法技术的时代限制、法律语言释义不完全性以及社会关系的复杂多变性等，从而决定了立法调整功能的限度。有的时候，法官的经验以及判例和习惯，可以为扩张立法调整功能的限度作出一定的贡献，以填补立法的空隙。

## 三、立法体制

法律制定的体制亦称立法体制。它是关于立法权、立法权运行和立法权载体等方面的体系和制度所构成的有机整体。立法体制由三个要素构成：一是立法权的体系和制度，包括立法权的性质、归属、种类、范围等内容。在外部方面，指立法权与其他国家权力之间的关系，在内部方面，指立法权在整个国家权力体系中的地位和作用。二是立法权运行的体系和制度，其中既包括立法程序和步骤，也包括立法工作程序和步骤。三是立法权载体体系和制度，它包括立法机关体系和制度，也包括非专门立法的国家机关中受命完成立法任务的工作机构和其他不行使立法权但参与立法活动的工作机构的体系和制度。

立法体系的核心在于对立法权限的划分。在这一方面，中国作为单一制的国家结构，又兼顾着多民族的特点，还需要对“一国两制”下的特别行政区的立法问题进行特殊规范，其立法体系明显呈现出：（1）“一元集中”。中央国家机关掌握全国的立法权。根据宪法规定，全国人民代表大会及其常务委员会行使国家立法权，地方和其他任何国家机关不具备这项权力。由国家权力机关掌握全国的最高立法权是为了保证法制在最高层面上的统一，有利于集中体现全国人民的意志和利益要求。(2)“两级并存”。中央与地方国家权力机关适当划分立法权限。省、自治区、直辖市以及较大的市的立法机关可以根据本行政区域的具体情况和实际需要，在不与宪法、法律、行政法规相抵触的前提下，有权制定地方性法规。中国幅员辽阔，各地的经济发展、社会文化、人文习俗不尽相同，中央与地方适当划分立法权限的做法，是贯彻原则性与灵活性相结合原则的最好体现。(3)“多类结合”。中国立法最丰富多彩的一面就是“多类结合”的立法特点。其中包括民族区域自治地方、特别行政区、经济特区的立法等方面。在立法层级方面，很难把自治法规、特别行政区法律等同于地方性法规；在立法类别方面，行政法规和地方性法规亦同自治法规、特别行政区法律有很大差别。

立法权限从本体方面可分为职权立法和授权立法两类：(1)职权立法亦称为专门立法，其立法权直接来源于宪法或立法法，如全国人大代表大会修改宪法、制定法律就属于专门立法。(2)授权立法是指立法权不是由直接规定授予，而是专门立法主体依法在一定范围内把原由自己行使的立法权授予相关国家机关行使的一种立法方式，如《立法法》第9条规定，全国人大及其常委会有权作出决定，授权国务院可以根据实际需要，制定相关行政法规。为了防止授权立法出现越权或权力错位现象，一般要求授权决定应当明确授权的目的、范围，被授权机关应当严格按照授权目的和范围行使该项权力，并严格限定被授权机关不得将该项权力转移给其他机关。

【资料检索】

专属立法权是指由特定国家机关行使的、针对特定社会关系制定法律的权力。在中国立法法中共有10项属于法律的专属调整范围，只能制定法律：国家主权的事项；各级人大、政府、法院、检察院的产生、组织和职权；民族区域自治制度、特别行政区制度、基层群众自治制度；犯罪和刑罚；对公民政治权利的剥夺、限制人身自由的强制措施和处罚；对非国有财产的征收；民事基本制度；基本经济制度以及财政、税收、海关、金融和外贸的基本制度；诉讼和仲裁制度；必须由全国人大及其常委会制度法律的其他事项。

立法体制的结构是由两大方面构成，对立法权限的划分构成立法体制的第一态，它明确了立法主体的法律地位和权限范围，在立法体制中起到了定位作用；对立法权的行使构成立法体制的第二态，体制的生命在于运作，立法主体只有在法律的框架范围内制定法律，合程序地构筑立法体系，才能保证我国立法体制得以科学的构建。

## 四、立法程序

当中国从“革命的法制”过渡到民主宪政以后，科学与民主立法就成为所有法治环节中最重要的原则之一，因为它关系到良法的“品正”与“好用”的问题。因此，法律制定的过程必须经历准备阶段、由法案到法阶段、立法完善阶段三个过程：（1）立法准备。这是为正式立法提供或创造条件的活动。立法准备活动的主体较为广泛，除享有立法权的主体外，也可以是无立法权的其他组织人员。它的内容按目标大小可以划分为三大方面：在大目标方面，立法准备要进行立法预测、编制立法规划、形成立法制度、作出立法决策等方面的工作。在具体的技术性工作方面，进行法的整理、汇编，立法信息交流、反馈等也可以划归为立法准备工作范围。在中目标方面，立法准备要明确立法目标、目的和指导思想，通过调研，多方收集资料，确定立法条件是否成熟，评估法案出台以后可能给社会带来的各种影响。从技术层面上看，围绕着中目标，要落实法案起草机关或机构、组织法案起草班子、挑选法案起草人、协调相关的工作关系和各种社会关系、拟订草案出台的时间表等。在小目标方面，立法准备工作要求负责法案起草人认真领会立法精神，拟出法案提纲，草拟法案内容，并向各方征求意见，经反复修改，最终形成正式草案，提交立法审议机构。（2）由法案到法的阶段。它是法形成的核心阶段。因为一是该阶段的立法主体一般仅限于享有立法权的主体；二是立法行为受到严格规范的立法程序的调整和约束；三是法案一经通过颁布实施即对社会产生法律效力。（3）完善立法。当法律投入社会后，它需要接受来自社会各方面的评价，从内容到形式都无一幸免。法律内容是否合理、法律构造是否完善、法律功能是否全面、法律价值能否得到体现等，都需要经过社会实践的检验，确定其是否达到“合目的性”的要求。

【资料检索】

“革命法制”语出列宁。在创建人类第一个社会主义国家的时候，列宁认为法制要经历两个阶段：一是革命法制阶段，即立法与司法的过程不必受到太多的程序性要求，只要能够最大限度地体现实质正义即可；二是实行法治审判阶段，即良法之治理，要体现实质正义与形式正义并重的原则。在中国共产党领导下的解放区也曾经推行过革命法制，审理程序极为简化，而在枪决敌对分子时，常说的一句话就是：“我代表人民判你死刑。”这就是上述革命法制的具体体现。

【观点论争】

上述立法准备工作并不适合于所有的立法活动，立法规模大、等级高、调整范围广、调整内容重要的，立法准备工作就要求做得更仔细、更充分；反之，也可以简化一些立法准备活动。立法准备工作实质上是民主立法与科学立法的统一。因为立法准备实际上是各方参与意见、发表见解的酝酿过程，而各项准备工作是否做得扎实可靠，也直接影响法案的质量。只有高度重视立法准备工作，才能为后期立法打下坚实的基础。

立法程序的主要阶段：（1）提出法案。简称提案，由享有立法提案权的主体向接受提案的主体提出关于制定、认可、修改、补充或废止法律的议案。当然，提案本身也有程序要求，如提案人应在自己的职权范围内提出法案、应当明确向谁提出法案、提案人应具备哪些法定条件、提案是采取口头或书面形式、在什么时间内提案是有效的、提案是否需要进行登记、是否要求附动议说明，等等。只有严格提案程序，才能有效保证提案的质量。（2）审议提案。简称审议，由享有审议权的主体对法案进行审议，决定是否将其列入议事日程，是否需要修改等的专门活动。也有极少数国家采取直接提交议会大会审议的方式。（3）表决法案。简称表决，由享有立法表决权的主体根据法定形式和程序要求决定法案是否通过的过程，表决行为可以是赞成、反对或弃权等形态，表决方式可以是举手、起立、口头、行进、点名、投票、计牌表决等。（4）公布法律，即由有权公布法律的主体在特定的时间、采用特定的方式将法律向社会公布，使法律内容广为人知。通常情况下，公布法律是由国家元首负责行使，这也被视为行政权制约立法权的一个手段。

【资料检索】

多年前，费孝通先生在谈到乡土中国时曾经指出：法治秩序的建立不能单靠制定若干法律条文和设立若干法庭，重要的还得看人民怎样去应用这些设备。更进一步，在社会结构和思想观念上还得先有一番改革。如果这些方面不加以改革，单把法律推行下乡，结果法治秩序的好处未得，而破坏礼治秩序的弊病却已先发生了。[①]

需要说明的是，法律公布的时间不等同于法律的生效或实施的时间，有的在公布之日即可生效实施，有的在公布之后的若干时间

① 费孝通著：《乡土中国》，三联书店 1985 年版，第 58～59 页。

才能生效实施，这主要是为了让广大民众在这段时间里充分学习和了解法律，从而保证最大限度地知法、守法、用法，监督法律实施。

## 第二节 法律实施

在法学理论方面，法律实施一般被看作由法律实施与法律适用两个方面构成的。法律实施是指法律规范在社会生活中被人们实际施行，即国家机关及其工作人员、社会组织和公民实现法律规范的活动。而法律适用则是由广义与狭义两种概念组成，广义的法律适用包括司法与执法在内，而狭义的法律适用仅仅是指司法机关的法律活动。

### 一、法律实施

法律是一种行为规范，其基本内容是规定人们的权利、义务以及与之密切相关的权力、职权、职责，为一定社会的人们提供了行为准则。法律在被制定出来后只是一种书面上的规范，处在应然状态。法律的实施，就是使法律从书面上的法律变成行动中的法律，使它从抽象的行为模式变成人们的具体行为，从应然状态进入实然状态。

法律实施是一个过程，它是将法律规范的要求转化为人们的行为，将法律规范中统治阶级的意志转化为现实关系的过程，是使法律规范的抽象规定具体化，由可能性转变为现实性的过程。与法律的实施相比较，法律的创制是从社会关系上升为法，把具体的社会要求转变为抽象的、一般的法律规范的过程，是一个物质变精神的过程；而法律的实施则是相反的运动方向，是把法律规范中的统治阶级意志转化为现实关系，是从抽象到具体、精神变物质的过程，并且是一个更重要的过程。

【资料检索】

法律实施不同于法律实效和法律实现。法律实效是指人们实际上按照法律规定的行为模式去行为，法律被人们实际遵守、执行或适用。法律实效与法律实施的意思相近。它们的区别在于：法律实施侧重于过程、活动，即法律被人们实际施行的过程或活动；而法律实效则侧重于状态，即法律被人们实际施行的状态、程度。法律实现是指法律规范在人们的行为中的具体落实，即权利被享用、义务被履行、禁令被遵守。法律实施是以法律的实现为目标，而法律实现又必须通过法律的实施，并以之为前提。它们的区别在于：法律实施侧重于强调法律在社会生活中的具体运用和贯彻，是法律的运作过程；而法律实现则侧重于强调法实施的结果，强调把法律规范的要求转化为现实生活中的事实和实际状况。例如，人民法院依法对案件作出判决，是实施了法律。判决的实际结果则是法律的实效问题，而判决转化为当事人的行为，才是法律的实现。

法律实施的形式就是法在社会生活中被人们实际施行的具体方式。由于法律调整的复杂多样，法律规范在社会生活中实施的具体形式也是多种多样的。人们通常从以下三个不同的角度对法律实施的基本形式进行分类。

1. 按照法律的实施和实现是否需要国家机关的干预为标准，法律实施可以分为法律的遵守和法律的适用。法律的遵守，简称守法，是指全体国家机关、社会团体、企事业单位、国家公职人员和全体公民，按照法律规范的要求，实施法律规范的活动。守法是法律的实施和实现的一种最基本、最主要的形式。守法是利用主体的社会积极性和对社会的责任感，允许他们做一定的行为（或不行为），而不是强制社会关系的参加者完成一定的行为，其目的是使主体的社会积极性、创造性得到广泛的发挥，形成良好的社会秩序。权利的享用、积极义务的履行和禁令的遵守都是法律的遵守的具体形式。在现代社会，守法是对法治的理解、支持和参与，是对法律的实施和实现的重要支持。法律的适用，简称司法与执法，是指司法机关与执法机关按照法定职权与程序，具体运用法律处理案件的专门活动。

2. 按照法律的实施是否通过具体的法律关系为标准，法律的实施可以分为通过具体法律关系的法律实施和不通过具体法律关系的法律实施。通过具体法律关系的法律实施，是指只有在一定的主体之间建立具体的法律关系（即权利义务关系），法律规范的规定才能实施。这种法律的实施形式是以权利义务及其主体的特定化为前提的，即权利人的权利和义务人的义务都是特定的、具体的，不能随意变更，如婚姻关系的当事人及其权利义务，诉讼法律关系的当事人或国家机关及其权利义务。权利主体实现权利依赖于义务主体履行义务，如债权法律关系中，债权人权利的实现，必须依赖于债务人履行义务。需要有权利人对义务人的主动作为，这是产生相应的法律关系和义务人完成一定积极行为的根据，如公民权利受到侵犯，可以向有关行政机关或司法机关申请恢复被侵犯的权利，要求制裁违法者。通过具体法律关系的法律的实施只有在具体法律关系建立之后才有意义。不通过具体法律关系的法律实施，是指法律规范不需要在有关主体之间形成具体、明确的法律关系即可实施。这种情况主要出现在法律明确规定相应的确定的权利义务时，由于法律的规定，法律的要求可以直接转化为公民或社会组织一方的行为，只要完成法律对自己的要求，法律就能够得到实施和实现。如宪法关于国体的规定，民法关于所有权的规定，刑法关于禁止各种犯罪活动的规定，等等。不通过具体法律关系的法律实施形式更多地体现了法律调整和社会关系参加者独立的主动性、创造性、社会积极性的深刻联系。这种法律实施的方式可以以较少的社会支出取得较大程度的法律的实现，在社会生活中，大量的法律规范是通过这种方式实现的。

3. 按照法律规范所规定的行为模式的不同为标准，法律实施的形式可以分为权利的享用、积极义务的履行和禁令的遵守。法律规范所规定的行为模式大体上可分为三类：可以这样行为，即允许人们做出某种行为，确认人们某种权利或行为自由，公民享用了这些权利，也就是这些法律规范获得了实施和实现；应该这样行为，即主体主动履行法律要求必须做的积极行为的义务，只要公民或组织按照法律的规定履行自己的义务，该法律规范即得到实施和实现；不应该这样行为，即主体不做法律所禁止的行为，有关社会关系主体承担不作为的义务，只要国家工作人员、公民或组织不做法律禁止的行为，该法律规范就得到了实施和实现。

【观点论争】

1. 法律实施是建立法治国家的必要条件。制定好的法律，并严格实施这种法律，被亚里士多德认为是法治的两个重要条件。在人治社会中，法律的效力来源于掌权者的个人权威。是否实施法律、如何实施法律，不是依照通过民主协商制定的规则决定，而是凭少数掌权者的个人意志。这种社会没有一个保证全面、严格地实施法律的有效机制。法治强调的是通过法律制度对国家和社会事务的管理。法治国家的要义在于法律的权威高于个人的权威，是依法而治，而不是依人而治。因此，国家机关及其工作人员、社会组织和公民实现法律规范的活动，并且在实现法律规范的活动中严格遵守规范制度，乃是建立法治国家的一个必要条件。

2. 法律实施是实现法律的作用与目的的条件。考察一个国家的法，不但应看它规定了什么，更重要的还应看这些规定在实际社会生活中如何实施。一个国家创制了好的法律而不能在社会生活中转变为现实，无异于一纸空文，法对社会关系的调整作用就无从发挥，法所追求的目的也无法实现，法的价值也无法在实际社会生活中为人们的需要所满足而得以实现。因此，法律的实施是实现立法者的立法目的、实现法律的作用的前提，是实现法的价值的必由之路。

## 二、法律适用

法律的适用是一种使法律规范在社会生活中获得实现的活动，其含义有狭义和广义两种。从狭义上讲，法律的适用专指国家司法机关（也包括具有一定司法权的国家机关，如公安机关、国家安全机关等）及其司法人员依照法律规定的职权和程序，根据法律规范的一般规定处理具体案件的专门活动；从广义上讲，法律的适用是指国家机关及其工作人员按照法律规定的职权和程序，将法律规范适用于具体的人或组织，用来解决具体问题的专门活动。它主要包括国家司法机关的司法活动和有执法权的国家行政机关的执法活动。例如，国家审判机关依法审判的专门活动，国家工商行政管理机关、税务机关依法执行工商行政管理法规和税务法规的专门活动，都属于法律适用的范围。

法律的适用作为国家机关职能范围内的专门活动，它是在需要国家机关的干预才能将法律规范予以实施或实现的情况下产生的，因此，它与法律实施有着不同的特点：

1. 法律适用是国家特定机关及其公职人员在法定职权范围内的专门活动。适用法律是国家机关的职能，是特定的国家机关（主要是具有行政执法权的执法机关和具有司法权的司法机关）将法律规范适用于具体的法律关系主体的活动。这一活动是基于国家机关的法定职权并要求在其职权范围内进行的，其他任何组织和个人都不能进行适用法律的活动，不能把某一国家机关与社会团体、企业事业组织和公民参加某种法律关系，或促进法律规范的实施视为法的适用。有法律适用权的国家机关及其工作人员也只能在法定职权范围内执行和运用法律，任何失职或越权行为都是法律所不允许的。因此，法律适用具有很强的职能性。

2. 法律适用是严格按照法定程序进行的活动。法律对行政执法程序和司法程序都作了明确而又具体的规定。国家机关适用法律，不论是行政执法活动还是司法活动都必须严格依照法定的程序进行。这是因为，法律的适用活动作为一种国家行为，其活动结果直接关系到法律关系主体的合法权益的存失，因此必须最大限度地减少随意性和各种非规范行为的不确定性，使法律的适用的每个环节都严格依法进行，这样才能保证正确地适用法律，依法维护有关当事人的合法权益，制裁违法行为。所以，严格的程序性是法律的适用的又一特征。

3. 法律的适用是具有国家强制性的活动。适用法律的活动不是某一机关或个人的个体行为，而是国家机关及其工作人员以国家名义进行的专门活动，它可以凭借国家强制力保证法律规范在社会生活中的实施。国家机关通过适用法律的活动对具体人或组织依法作出的处理决定，该组织或个人必须严格执行，不能自行修改，更不能违抗。由于法律适用是一种国家行为，又凭借着国家的强制手段，所以它具有强制性特点。

4. 法律的适用是必须依法作出决定或判决、裁定的活动。适用法律就是要将法律规范的一般规定适用于具体的人和组织，处理具体案件，其结果会使具体的法律关系参加者得到肯定积极的结果，获得好处，也可以使违法者接受否定消极的后果，受到惩罚。因此，国家机关通过适用法律活动所作出的决定或司法判决、裁定，都必须具有法律依据，并以法律文件的形式表现出来。例如，公安机关依有关行政法规对当事人进行行政处罚时要制作书面的处理决定，人民法院依法作出的判决、裁定或调解要有判决书、裁定书或调解书。作为适用法律的结果的国家行政机关的决定和司法机关的裁决都必须是合法的，没有法律依据的处理结果对当事人不具有法律效力，但是对于合法的决定或裁决，有关组织或个人必须严格执行，非经法定程序不能以任何形式或借口变动、废除或者抗拒。

法律的适用必须忠实于事实真相、忠实于法律、忠实于人民利益，既保证工作质量，又讲究工作效率。概括来说，法律适用的基本要求：（1）正确首先是指适用法律时有关的法律事实一定要搞准确、搞清楚，证据要确凿、可靠，这是正确适用法律的前提和基础。其次是对案件的定性要准确，合法与违法、罪与非罪、此罪与彼罪的界限一定要分清。再次是处理或处罚要准确，做到违法者对社会的危害应该与法律对其的惩罚相应。最后是实事求是，有错必纠，一切冤假错案一经发现，必须纠正。（2）合法是指有权适用法律的国家机关在将法律的一般规定适用于具体人和组织或者审理具体案件时，其行为的整个过程都要合乎法律规定，严格依法办事。合法性的要求，不仅包括在适用法律处理问题或审理案件时，对涉及当事人实体权益的定性和处理结果要符合法定标准和规则，而且包括按照法定的权限范围和程序办事。（3）及时是指法律的适用活动的每个环节都要严格符合法律所规定的时间要求，提高办案效率。一是在正确、合法的前提下，有权适用法律的国家机关及其工作人员要以高度的职业责任感和负责的态度，及时办案、及时结案，不能拖拖拉拉、延误推诿。二是在适用法律处理问题的每一个具体环节上都要符合法律规定的时间要求，严格按法定时限办事。三是对某些案件的从快处理也要依法进行。当然，及时必须以正确、合法为前提，在及时的同时，必须保证办案质量，绝不能草率从事。（4）合理、公正是指符合社会主义道德要求，符合广大人民心目中的公平要求，符合适用法律的目的。由于法律的规定往往比较原则，而具体的情况、情节又千差万别、十分复杂，所以，在坚持正确、合法的前提下，也需要考虑合理、公正的问题。任何案件只有处理得合法、合理、公正，才能获得广大人民群众的拥护，才能有利于判决和决定的执行，最终有利于社会的安定团结和生产力的发展。

【资料检索】

在法律适用的过程中，存在一个需要法律补救的问题。这是因为，社会的客观情况在不断地发生变化、法律自身存在的抽象性和稳定性以及立法者的局限性等，必然造成法律漏洞，对其采取补救措施就成为不可避免。法律补救的措施大体上有这么几种：法律解释、法律类推、法律原则、制定政策、判例、习惯、适用法律精神和法律意识等。法律补救的意义在于通过修补漏洞，充分体现司法或执法机关的创造性与能动性作用，为今后完善立法工作打下基础。

司法机关适用法律必须遵循的原则：一是法治原则。司法法治原则是指在司法过程中，要严格依法司法。依法司法，既要求依实体法司法，也要求依程序法司法。这条原则具体地体现为“以事实为根据，以法律为准绳”的原则。以事实为根据，就是司法机关对案件作出处理决定，只能以被合法证据证明了的事实和依法推定的事实作为适用法律的依据；以法律为准绳，就是指司法机关在司法时，要严格按照法律规定办事，把法律作为处理案件的唯一标准和尺度。二是司法平等原则。在我国，司法平等原则具体地体现为“公民在法律面前一律平等”的原则。它是指各级国家司法机关及其司法人员在处理案件、行使司法权时，对于任何公民，不论其民族、种族、性别、职业、宗教信仰、教育程度、财产状况、居住期限等有何差别，也不论其出身、政治历史、社会地位和政治地位有何不同，在适用法律上一律平等。这一原则不仅适用于公民个人，也适用于法人和其他各种社会组织。三是司法独立原则，即司法权独立行使原则，是指司法机关在办案过程中，依照法律规定独立行使司法权。司法独立原则要求国家的司法权只能由国家的司法机关统一行使，其他任何组织和个人都无权行使此项权力；要求司法机关行使司法权只服从法律，不受行政机关、社会团体和个人的干涉；要求司法机关行使司法权时，必须严格依照法律规定和法律程序办事，准确适用法律。坚持司法独立原则，并不意味着司法机关行使司法权可以不受任何监督和约束。司法权要接受中国共产党和国家权力机关的监督，要接受行政机关、企事业单位、社会团体、民主党派和人民群众的监督，要接受社会舆论的监督。这些种类广泛的监督形式和监督机制，有利于司法机关更好地行使司法权，并防止司法权滥用等司法腐败现象和行为。四是司法责任原则。该原则是指司法机关和司法人员对其他社会组织的合法权益造成严重后果而应承担的一种责任制度。司法责任原则是根据权力与责任相统一的法治原则而提出的一个权力约束机制。按照权力与责任相一致的原则，一方面对司法机关和司法人员行使国家司法权给予法律保障，另一方面对司法机关及其司法人员的犯罪行为给予严惩。只有将司法权力与司法责任结合起来，才能更好地增强司法机关和司法人员的责任感，防止司法过程中的违法行为，并对违法行为进行法律制裁，以更好地维护社会主义司法的威信和社会主义法制的权威和尊严。在我国，已颁布的国家赔偿法、法官法和检察官法等法律，确立了司法责任制度，对于实现公正司法、廉洁司法必将产生深远的影响。

【思考题】

1. 规范立法体制的意义何在？你认为中国的立法体制有哪些方面还需要完善和加强？

2. 你如何理解“立法是一种资源”的说法？

3. 你如何理解“立法是在集中众人意志与智慧”的说法？

4. “不善为法者，穷析天下之理与一身之聪明，恃区区目前之智而断万里未来之势，故其法不患于不详，而天下卒不能行，而不知其患乃出于好详。是故善用法者，有违法无违意；不善用法者，有违意无违法；法可违也，意不可违也。”① 请详察其意，析其用意。

5. 在诸多的法律实施环节中，你认为哪一环节最为重要？哪一环节最容易出纰漏？

---

① 摘自《张右史文集·法制论》。

# 第九章　法治申论

【内容摘要】法治的落脚点在于明确法律责任，从这意义上讲，无论是立法、执法或司法，其中的每一个环节实际上都是围绕着落实法律责任而展开的，因为责任不明，法治就要落空；但是，法律责任的设定又不是一种摆设，它的存在是为了兑现法律制裁的目的而做的准备工作，换言之，法律责任是沟通法律权利、义务与法律制裁之间的一座桥梁。有了这座桥梁，法律权利和义务才有可能得到展示的机会或保障；同时，法律责任又为实现法律处分提供了明确的、切实可行的依据，它们共同构成了实现法治理想的最后也是最重要的一环。

## 第一节　法律责任

责任经常是同义务、职责等概念相提并论，甚至在许多场合是作为同义词来使用。从法学的角度进行严格区分，它们之间还是存在不同的词义指向：如果是按照“分内应做之事”来理解，上述三者的词义较为近似；而如果是按照“应承担相应后果”来理解，义务是一种法律设定的内容，职责是以法定职权作为前提的要求，只有责任才是在未完成设定的义务或违背职权要求所要承担的后果——一种未履行义务与职责的后果。本章中的“法律责任”指的是狭义的法律责任，是在法律责任的第二种含义上使用的，即行为人由于违法行为、违约行为或者由于法律规定而应承受的某种不利的法律后果。应当说，这个意义上的法律责任是一种特殊意义的义务，是由违反第一性的义务而引起的第二性的义务。

【资料检索】

1.《道路交通安全法》第11条第1~2款规定："驾驶机动车上道路行驶，应当悬挂机动车号牌，放置检验合格标志、保险标志，并随车携带机动车行驶证。机动车号牌应当按照规定悬挂并保持清晰、完整，不得故意遮挡、污损。"这里的"应当"就是指机动车驾驶人在驾驶机动车时应承担的积极的法律义务。

2.《道路交通安全法》第96条规定："伪造、变造或者使用伪造、变造的机动车登记证书、号牌、行驶证、驾驶证的，由公安机关交通管理部门予以收缴，扣留该机动车，处十五日以下拘留，并处二千元以上五千元以下罚款；构成犯罪的，依法追究刑事责任。伪造、变造或者使用伪造、变造的检验合格标志、保险标志的，由公安机关交通管理部门予以收缴，扣留该机动车，处十日以下拘留，并处一千元以上三千元以下罚款；构成犯罪的，依法追究刑事责任。使用其他车辆的机动车登记证书、号牌、行驶证、检验合格标志、保险标志的，由公安机关交通管理部门予以收缴，扣留该机动车，处二千元以上五千元以下罚款。"这就是在行为人不履行上述第11条所规定的积极义务时所应当承担的不利的法律后果。

## 一、法律责任的含义

法学一般将法律责任作广义和狭义的两种解释：广义的法律责任主要是从职责、义务的角度去解读法律责任，此时的法律责任是指在法律实施中，社会各个主体依法所应承担的法律上的义务和职责，在这个意义上的法律责任又称为积极的法律责任；狭义的法律责任是从法律后果的角度进行解读，将法律责任界定为是因损害法律所保护的社会关系而产生的相关主体所应当承担的法定强制性不利后果，在这个意义上的法律责任又称为消极的法律责任。

作为社会责任的内容之一，法律责任与政治责任、道义责任、纪律责任等其他社会责任相比，有其自身特点。具体表现为：(1) 法律责任具有显著的法定性，法律是法律责任的最终承担依据。首先，法律责任是在法定的行为或事实产生后依照法律而应承担的法定责任，它以违法行为和法律规定的事实为条件，而无论违法还是法定事实，其认定的依据只能是法律（包括正式的法律渊源和非正式的法律渊源）。其次，确定法律责任的内容、性质、范围、轻重程度、承担方式甚至承担程序等都必须依法进行。故法律责任的法定性是法律责任首先区别于其他责任的一个显著特征。其他的社会责任，诸如道义责任、纪律责任等，其最终依据并非法律，而是社会传统的伦理道德或某一事先声明的组织纪律。(2) 法律责任具有国家强制性。法律责任的实现由国家强制力保障。也只有在国家强制力保障之下，法律责任才可能得到完全、充分的履行，法律才可得以完全实施。当然，国家强制力在法律责任的履行中有时是以威慑力的面目出现，而在责任主体不主动或不充分履行法律责任时，威慑力才转化为国家的强制力。(3) 由国家机关依法追究。法律责任通常只能由法定的国家机关或经法律法规授权的组织予以认定，其他组织或个人无权进行确认和判断；在法律责任不被主动或充分履行的情况下，也只能由法定的国家机关或法律法规授权的组织代表国家运用强制力实现法律责任的承担。(4) 法律责任体现了国家对违法、违约等的否定性、谴责性的反应和评价。首先，违法、违约是法律责任产生的最主要的原因和根据，法律责任是违法、违约的法律后果，而且这种后果体现为责任主体违反法定的第一性义务而导致的不利后果；其次，法律责任与法律制裁具有内在的逻辑性，法律责任是以补偿或制裁等不利后果的承担为最终实现方式。

从以上的分析中，可以看出，所谓的法律责任是指由于责任主体违反法定或约定的义务而必须承担的具有直接强制性的特定义务，亦即由于违反第一性义务而引起的第二性义务。这个定义被法学界称为“第二性义务论”或“新义务论”。

## 二、法律责任的构成

法律责任的构成是指确定和判断行为主体的法律责任时所必须考虑的条件和因素，它是构成法律责任的客观条件和主观条件的总和。法律责任是国家实施法律制裁的根据，是对行为主体的否定性评价，法律责任的确定对责任主体意味着不利后果的产生，因此科学、合理地确定法律责任的构成要素，对维护责任主体的个人权益，平衡社会各主体间的权利义务关系，实现社会各主体的和谐共处，促进社会发展具有重要意义。

法律责任的构成要件在下述情形中并不完全相同。

### （一）以违法为根据的法律责任

违法是指特定主体违反法律规定，实施与现行法律相冲突的行为，造成损害事实，法律对之进行否定性评价的状态。在以违法为前提的法律责任中，违法行为是产生法律责任的主要根据之一，但并非所有与法律相冲突的行为都将被追究法律责任。违法行为要成为产生法律责任的根据，还应当具备以下要件：（1）违法行为。法律责任是违反法律上的义务而应当承担的法律上的不利后果，这种违反法律上义务的行为就是违法行为。这种违法行为包括积极的作为，也包括消极的不作为。积极的作为是指行为主体实施了法律所禁止的行为；消极的不作为是指行为主体没有实施法律所要求的行为。区分作为与不作为，对于确定法律责任的范围、大小具有重要意义。由于法律仅是约束人们的行为的社会规范，并不调整人的思想，故无论何种违法行为都是意志的外化，都具有客观性。不产生危害后果的，只存在于主体内心世界的思想或意志与违法行为有着本质的不同，在认定主体的法律责任时应当加以正确区分。(2) 责任主体。责任主体是指因违反法律、违约或法律规定的事由而承担法律责任的主体，包括自然人、法人和其他社会组织。责任主体对于法律责任的有无、种类、大小有着密切的关系。构成违法的责任主体必须是具有法定行为能力或责任能力的公民、法人或其他社会组织。必须具备行为能力，这是违法行为产生法律责任的主体要件。行为能力是指行为主体以自己的行为享有权利、履行义务的能力。行为人是否具备责任能力，与行为主体的自身条件，如年龄、精神能力状况等有关。在不同领域的法律责任中，认定法律责任所要求的行为能力或责任能力的条件并不完全相同。由于不具备责任能力的行为主体实施违法行为，自身无法承担法律责任，因此在某些情况下（主要是民事责任中）存在法律责任的转继现象。(3）损害结果。损害结果是指违法行为侵犯他人权利或社会公共利益所造成的损失和伤害，包括实际损害、丧失所得利益及预期可得利益等。损害结果一般表现为实际损害，既可以是对人身的损害、财产的损害、精神的损害，也可以是其他方面的损害。损害结果具有侵害性和确定性。认定损害结果时一般根据法律、社会普遍认识、公平观念并结合社会影响、环境等因素进行。损害结果在深层次意义上体现了违法行为对法律所保护的社会关系所造成的破坏。因此，在大部分违法行为中，认定损害结果要求有实际损害发生，但在某些法律责任领域，认定法律责任并不必须以实际损害存在为条件，只要违法行为对法律所保护的一定社会关系可能造成破坏，即须承担相应法律责任。（4）因果关系。因果关系是违法行为与损害结果之间的必然联系。因果关系是一种引起与被引起的关系，即一现象的出现是由于先前存在的另一现象而引起的，则这两种现象之间就具有因果关系。因果关系是归责的基础和前提，是认定法律责任的基本依据。（5）主观过错。主观过错是指在做出与现行法相冲突的行为时，行为主体对其所实施的违法行为及其危害后果在主观心理上必须具有故意或过失的状态，即要求行为人对行为具有一定的主观恶性。主观过错包括故意和过失两类。不同的主观心理状态对认定某一行为是否有责及承担何种法律责任有着直接的影响。在刑事法律责任中，主观过错作为犯罪的主观要件，是犯罪构成的必要条件之一，对于认定和衡量刑事法律责任即区分罪与非罪、此罪与彼罪、一罪与数罪、重罪与轻罪具有重要作用；行为主体的主观恶性程度一般也与其所承担责任的轻重成正比。

【资料检索】

1. 在国家安全犯罪中，法律责任的产生不要求行为已对国家安全造成实际损害，仅构成现实性的威胁也要承担刑事责任。

2. 需要说明的是，违法行为与损害事实之间的因果关系是法律规定的因果关系，具有法定性，它不同于日常生活中的条件和结果之间的关系，但这种法定性，又是以因果关系的客观性为前提的。因果关系作为客观现象之间引起与被引起的关系，它是客观存在的，并不以责任主体的主观意志为转移。

3. 刑法上将过错分为故意和过失，故意犯罪，应当负刑事责任；过失行为，法律有规定的才负刑事责任。在民事、行政法律责任方面，一般也要考虑主观过错，大多采用过错责任原则。如《行政处罚法》第26条规定："精神病人在不能辨认或者不能控制自己行为时有违法行为的，不予行政处罚，但应当责令其监护人严加看管和治疗。间歇性精神病人在精神正常时有违法行为的，应当给予行政处罚。"由于现代社会将主观过错作为法律责任构成的要件之一，因此，在不以人的意志为转移的不可抗力或意外事件中，由于行为人不存在主观过错，法律一般不要求行为人承担法律责任。应当说明的是，民事责任领域中的无过错责任和公平责任对主观过错这一前提没有要求，例如，《民法通则》第106条第3款规定，"没有过错，但法律规定应当承担民事责任的，应当承担民事责任"。这其中就涉及法律对公平价值的选择。

（二）以违约为根据的法律责任

违约行为是指在民事法律关系中，合同主体违反合同约定，通过作为或不作为的方式未履行合同义务的不法状态。违约行为是产生民事法律责任的重要原因。从广义上说，违约行为也是违法行为的一种，但违约行为所引发的法律责任和一般违法行为所引发的法律责任还是有一定的区别。首先，违法行为所导致的法律责任针对不确定的对象，其效力及于一般人；而违约行为所导致的法律责任的效力则只针对特定的对象，即互有约定的对方当事人。其次，违法行为承担法律责任的依据只能是法律，而违约行为承担法律责任的依据包括法定和约定两种情况。以违约行为为根据的法律责任，其构成要件也需要有责任主体、违约行为等，但在有约定的情况下，法律责任的构成要件不要求具备主观过错、损害事实等要素。

【资料检索】

违法和违约是法律责任产生的最主要、最基本的原因和根据，是认定和归结法律责任的前提。在法律责任系统中，由违反义务（包括法定或约定义务）所引起的法律责任占据主导地位，而不以违法或违约为前提的其他法律责任则居于从属地位。因此，违法和违约的构成要件就成为法律责任构成要件的核心要素。

（三）以法律的特别规定为根据的法律责任

责任主体的行为符合法律的特别规定，也可以引起法律责任。这时，责任主体在形式上并没有从事任何违法行为，也没有出现任何违约行为，而是出现了法律所规定的某些法律事实，责任主体即须承担一定的法律责任。

## 三、法律责任的功能

在法律体系中为何要设定法律责任、为何要求责任人承担法律责任？这是法律责任的目的问题。我们生活在一个社会共同体中，一方面，每个人都追求各自的特殊利益；另一方面，大家都有共同的社会利益、国家利益或集体利益。法律要求人们在追求自己利益的同时要尊重他人利益，并共同维护和促进社会利益、国家利益和集体利益。为此，法律对应当维护的利益加以认定和规定，并以法律上的权利、义务、权力作为保障这些利益的手段。法律责任的目的就在于：通过使当事人承担不利的法律后果，保障法律上的权利、义务、权力得以生效，实现法的价值。

法律责任的目的是要通过法律责任的功能来实现。法律责任有以下三个功能：（1）惩罚功能，就是惩罚违法者和违约人，维护社会安全与秩序。在社会生活中，侵害、纠纷、争议和冲突在所难免。在人类历史的早期，以复仇或报复为形式的惩罚是解决侵害、冲突和纠纷的主要方式；这种具有野蛮性、自发性的惩罚方式也是一种最古老的保护利益和维护权利的方式。随着社会的发展，人们以公共权力为后盾，由公民个人或国家机关根据法律程序要求行为人承担不利的法律后果，以此惩罚违法侵权者和违约人，从而以文明的方式平息纠纷和冲突，维护社会安全和秩序。正是因为惩罚功能有着如此重要的作用，它才成为法律责任的首要功能。（2）救济功能，就是救济法律关系主体受到的损失，恢复受侵犯的权利。法律责任通过设定一定的财产责任，赔偿或补偿在一定法律关系中受到侵犯的权利或者在一定社会关系中受到损失的利益。救济，即赔偿或补偿，指把物或人恢复到违约或违法侵权行为发生前它们所处的状态。可以分为“特定救济”和“替代救济”两种。所谓“特定救济”，是指要求责任人做他应做而未做的行为，或撤销其已做而不应做的行为，或者通过给付金钱使受害人的利益得以恢复。这种救济的功能主要用于涉及财产权利和一些纯经济利益的场合。所谓替代救济，是指以责任人给付的一定数额的金钱作为替代品，弥补受害人受到的名誉、感情、精神、人格等方面的损害。这种救济功能主要用于精神损害的场合。精神损害与其他人身损害一样，都是受害人所遭受的实际损失。以金钱为手段在一定程度上弥补、偿付受害人所受到的心灵伤害，尽最大可能恢复受害人的精神健康，如果不能恢复，也使受害人的心灵得到抚慰。（3）预防功能，就是通过使违法者、违约人承担法律责任，教育违法者、违约人和其他社会成员，预防违法犯罪或违约行为。法律责任通过设定违法犯罪和违约行为必须承担的不利的法律后果，表明社会和国家对这些行为的否定态度。这不仅对违法犯罪或违约者具有教育、震慑作用，而且也可以教育其他社会成员依法办事，不做有损社会、国家、集体和他人合法利益的行为。

【资料检索】

《治安管理处罚法》第 8 条规定:“违反治安管理的行为对他人造成损害的，行为人或者其监护人应当依法承担民事责任。”由监护人承担行为人伤害他人的民事责任，就是法律责任的转继行为。

【观点论争】

英国哲学家哈耶克从自由与责任密不可分的关系出发，指出责任的预防功能:“在一般意义上讲，有关某人将被视为具有责任能力的知识，将对他的行动产生影响，并使其趋向于一可欲的方向。就此一意义而言，课以责任并不是对一事实的断定。它毋宁具有了某种惯例的性质，亦即那种旨在使人们遵循某些规则的惯例之性质。”他同时指出，发挥责任的预防功能同时也是追究责任的理由:“课以责任的正当理由，因此是以这样的假设为基础的，即这种做法会对人们在将来采取的行动产生影响；它旨在告知人们在未来的类似情形中采取行动时所应当考虑的各种因素”。

**四、法律责任的种类**

依据不同的标准可以对法律责任作各种各样的划分，比如根据责任主体的主观状态不同将法律责任划分为过错责任、无过错责任、公平责任；也可以根据责任的内容不同将法律责任划分为财产性责任和非财产性责任；还可以根据法律责任程度的不同将法律责任划分为有限责任和无限责任。按承担责任的主体不同可以分为自然人责任、法人责任、国家责任。但最根本的分类是根据引发法律责任的违法行为（特指广义上的违法）所触犯的法律规范的性质的不同，把违法主要分为刑事违法、民事违法、行政违法和违宪，与此相适应，法律责任划分为民事责任、行政责任、刑事责任、国家赔偿责任或违宪责任。之所以将违法作为划分法律责任的标准，是因为违法行为是最重要的引发法律责任的条件。虽然，法律规定的特定事实也可以引发法律责任，但这些责任的形式，都属于民事责任。

（一）刑事责任

它是指因实施了违反刑事法律规范的行为而应当依法承担的由司法机关代表国家所确定的否定性法律后果。其特点是：（1）承担刑事法律责任的根据是严重的违法行为。一般来说，只有当违法行为人实施了刑法所禁止的行为，即实施了犯罪行为才有可能受到刑事制裁。（2）刑事法律责任是最严重的法律责任。从责任形式上不仅包括管制、拘役、有期徒刑、无期徒刑等剥夺人身自由的主刑和剥夺政治权利、没收财产和罚金等附加刑，而且包括剥夺犯罪人生命权利的死刑。（3）刑事法律责任具有法定性。刑事法律是追究刑事责任的唯一法律依据，因为我们推行的是罪刑法定原则。一方面，犯什么罪，承担何种刑事责任，应当依刑法确定，即有法可依。另一方面，根据犯罪的事实和情节，可以对犯罪人加刑或减刑，以加重或减轻刑事法律责任的程度，但这些变更也应是有法可依的。（4）刑事责任的构成要求责任人主观上要有过错（故意和过失），不存在无过错责任的情况，因此，刑事责任基本上是一种有过错责任。（5）刑事责任是一种惩罚性责任。惩罚是刑事责任的首要功能。刑事责任的内容包括限制、剥夺责任人的自由、财产、政治权利甚至生命。刑事责任给行为人所带来的不利影响或后果远比其他法律责任严重，因而是所有法律责任中最严厉的一种。刑事责任这些内容都明显地体现了刑事责任的惩罚功能。刑事责任的惩罚性与严厉性，是由犯罪行为的严重社会危害性所决定的。

（二）民事责任

它是指由于违法民事法律、违反民事合同或约定或者由于民事法律的规定所应承担的一种法律责任。其特点是：（1）民事法律责任主要是民事主体违反民事法律所应承担的不利后果。主要包括违反合同的民事法律责任和侵权的民事法律责任两类。(2) 民事责任主要是一种救济、补偿责任，而较少惩罚色彩。民事责任的功能主要在于救济当事人的权利，赔偿或补偿当事人的损失。民法通则规定的民事责任的主要承担方式中，绝大部分以补救当事人的实际损失为限度。如“停止侵害，排除妨碍，消除危害，返还财产，恢复原状，修理，重作，更换，赔偿损失”等。(3) 民事责任可以在允许的范围内自愿和解。强制性是一切法律责任共有的特性，民事法律责任也不例外。但应该注意的是，在一定条件下，民事法律责任不一定要求国家相关部门去主动干预。可以不经过诉讼程序，而直接由当事人在国家和政策允许的范围内自愿和解，协商解决，也可以在相关部门的主持下进行和解。(4) 民事责任主要是财产责任。在民事活动中，违反民事义务往往与财产损害有关，这就决定了民事法律责任主要是具有经济内容的财产责任。但这些财产责任的承担并不影响某些非财产责任的承担，比如赔礼道歉、消除影响、恢复名誉等。

(三) 行政责任

它是指责任主体因违反行政法律规范而依法应承担的不利后果，是一种伴随社会的法治化而出现的公法责任。其特点是：(1) 行政法律责任是基于行政法律关系而发生的。在行政管理中，由行政主体一方违反行政法律义务或相对人违法所引起的法律关系。行政主体与公民、法人或其他组织在民事法律关系或其他关系中违法而引起的责任不是行政法律责任。(2) 行政法律责任追究机关及追究程序具有多样性。由于产生行政责任的原因是行政主体和行政相对人的行政违法行为和法律规定的特定情况。所以，为了执行行政责任惩罚、救济、预防的功能，并与刑事责任和民事责任相区别，行政责任的承担方式是多样化的。首先，行为责任是行政责任中数量很大的责任形式，像撤销违法的行政行为、履行职务或法定义务等；其次，精神责任在行政责任中所占的比重明显高于其他法律责任，像通报批评、赔礼道歉、承认错误；再次，财产责任仍然是行政责任的重要形式，像赔偿损失、罚款；最后，行政责任也包括人身责任，像拘留。（3）承担行政法律责任的主体具有多元性，由此决定了作出行政制裁措施的机关及程序具有多样性，这也是行政法律责任与民事法律责任和刑事法律责任的不同之处。

（四）违宪责任

它是指由于有关部门国家机关制定的某种法律和法规、规章，或者有关国家机关、社会组织或公民从事的与宪法规定相抵触的活动而产生的法律责任。在我国，监督宪法实施的权力属于全国人民代表大会及其常务委员会。但是，到目前为止，直接追究违宪责任的机制和程序等仍处于缺失状态，这对于维护我国宪法权威是极为不利的。

## 第二节　法律处分

法律处分，又称法律责任的承担，其核心是解决问责问题。它是指责任人因为违法或违约，需要按照法律对自己的行为付出一定的代价，履行其应尽的义务。法律责任的承担可以分为主动承担和被动承担两类。主动承担的方式，是指责任主体自觉地承担法律责任，主动支付赔偿、补偿或恢复受损害的利益和权利。被动承担的方式，是指责任主体根据司法机关和行政机关的确认和归结，承担相应的法律责任。承担法律责任的方式有惩罚与补偿两种。

### 一、惩罚

惩罚又称制裁，是指由特定的国家机关或法律授权的组织依法根据违法者所应负的法律责任强制其承担的惩罚或补救性措施。法律责任是法律制裁的前提，法律制裁是法律责任的结果或体现。当然，法律责任不等于法律制裁，有法律责任不等于有法律制裁。在民事法律关系中，只有在违约方或特殊侵权责任的责任人拒不履行义务，经另一方向人民法院起诉，由人民法院判决违约方或侵权责任人赔偿损失或承担其他方式的民事责任，这种判决才能称为对被告的民事制裁。法律制裁的要求：（1）法律制裁是基于违法行为而产生的。没有违法行为，就失去了追究法律责任的客观基础，也就不能实施法律制裁。（2）法律制裁是由特定的国家机关来进行的，并以国家强制力保证施行。

【资料检索】

法律制裁与法律责任有逻辑上的紧密联系。一方面，法律责任体现了国家对违法行为的否定性评价，它是国家对违法行为实行法律制裁的根据；违法、违约或法定事实必须承担法律责任，而追究法律责任，一般都必须实施法律制裁。法律责任是前提，法律制裁是结果或体现。法律制裁的目的，是强制责任主体承担否定的法律后果，惩罚违法者，恢复被侵害的权利和法律秩序。因此，法律制裁是承担法律责任的一个重要方式。另一方面，法律制裁与法律责任又有明显的区别。法律责任不等于法律制裁，法律责任的承担也并不仅有法律制裁一种途径，在某些情况下，法律责任的承担可以通过责任主体主动承担的方式实现，因此，有法律责任不等于一定有法律制裁。以国家强制力为保证而实施的法律制裁，其一般的目的在于预防、制止和一定程度的惩罚，从而实现法律正义，维护社会公平。法律制裁的措施可以是对责任者的人身、财产和非财产权利施加各种影响，以使法律责任的承担者受一定的惩罚、限制或剥夺，达到平衡和协调社会关系、化解纠纷、维持社会秩序安定的目的。

正像法律责任可以不同标准划分成不同类型一样，法律制裁也可以运用不同的标准进行划分。根据法律制裁的目的、强度、制裁所损及的利益等标准划分，我们可将法律制裁分为刑事制裁、民事制裁、行政制裁、违宪制裁。（1）刑事制裁。也称刑罚，是人民法院对于构成犯罪的行为主体实施的惩罚性措施，是最严厉的一种法律制裁。（2）民事制裁。人民法院对负有民事责任的违法者依法实施的强制性惩罚。法院审理民事案件时还可以予以训诫、责令具结悔过、收缴进行非法活动的财物和非法所得，并可依法罚款和拘留。（3）行政制裁。它是指国家行政机关对违反行政法律规范而负有行政法律责任的人实施的惩罚性措施。行政制裁分为行政处分、行政处罚两种。行政处分是特定的国家机关基于行政隶属关系对有失职行为的国家机关工作人员实施的惩罚性措施；行政处罚则是法定的国家行政机关或法律、法规授权的组织基于对社会的行政管理权依法对违反行政法律规范尚不够刑事处罚的公民或法人的一种惩罚性措施。（4）违宪制裁。它是指由监督宪法实施的国家机关（在我国，即为全国人大及其常务委员会）对违宪行为依其所应负的违宪责任而实施的强制措施。违宪制裁是具有最高政治权威的法律制裁。

## 二、补偿

补偿是指以责任主体的某种作为或不作为为形式弥补或赔偿损失的一种责任的承担方式，它包括防止性补偿、恢复性补偿、补救性补偿等，其作用在于制止对法律关系的侵害以及通过对被侵害的权利进行救济，使之修复利益、恢复原态。

行政补偿是指行政主体因为客观情况发生变化或出于社会发展的需要而改变或消灭行政法律关系，从而导致行政相对人的合法权益受到损害时，应当给予的补偿。

国家赔偿包括行政赔偿和司法赔偿。行政赔偿是国家因行政主体及其工作人员行使职权致使行政相对人受损害，而给予受害人赔偿的一种责任方式。司法赔偿是国家因司法机关及其工作人员行使职权致使当事人受到损害，而给予受害人赔偿的一种责任方式。

## 三、归责

归责是指根据法定构成条件，把法律责任由抽象的一般规范归结于具体的责任主体的推演过程。这种归责过程是由法定的国家机关或者法律授权的组织依法进行的，其必须遵循一定的原则和法定的程序。在我国，违法者的民事法律责任和刑事法律责任的认定和归结权属于人民法院；行政法律责任认定和归结权属于有特定职权的国家行政机关；违宪责任的认定和归结权属于全国人民代表大会及其常务委员会。

法律责任的归结是指针对违法行为而引起的法律责任进行判断、确认、追究和免除的活动。法律责任的归结是一个复杂的责任判断过程，判断、确认、追究以及免除责任时必须依照一定的标准和规则，这就是归责原则。它是法律责任制度的核心问题。具体如下：

1. 责任法定原则。责任法定原则是法治原则在归责问题上的具体运用，它的基本要求为：（1）法律责任作为一种否定性法律结果应当由法律规范预先规定，包括在法律规范的逻辑结构之中。（2）违法行为或违约行为发生后，应当按照事先规定的性质、范围、程度、期限、方式追究违法者、违约者或相关人的责任。（3）责任法定原则否定和摒弃责任擅断、非法责罚等没有法律依据的行为，强调"罪刑法定主义"、"法无明文规定不为罪"、"法无明文规定不处罚"。同时，对刑事法律而言，责任法定原则也不允许法律的类推适用。（4）责任法定原则还否定和摒弃对行为主体不利的溯及既往，这是从"尊重行为时法"的层面上提出的。

2. 责任与处罚相当原则。责任与处罚相当原则是公平观念在归责问题上的具体体现，其基本含义为法律责任的大小、处罚的轻重应与违法行为或违约行为的轻重相适应。责任与处罚相当原则的要求为：（1）法律责任的性质与违法行为或违约行为的性质相适应。（2）法律责任的种类和轻重与违法行为或违约行为的具体情节相适应。（3）法律责任的轻重与种类与行为人的主观恶性相适应。

3. 责任自负原则。凡是实施了违法行为或违约行为的人，应当对自己的违法行为或违约行为负责，必须独立承担法律责任；同时，没有法律规定不能让没有违法行为或违约行为的人承担法律责任。当然，责任自负原则也不是绝对的，在某些特殊情况下，为了社会利益保护的需要，会产生责任的转移承担问题。如监护人对被监护人承担替代责任，这在法律上不仅是允许的，也是必要的。

## 四、免责

免责是指虽然违法者事实上违反了法律，并且具备承担责任的条件，但由于法律规定的某些主观或客观条件，可以被部分或全部地免除（即不实际承担）法律责任。通常情况下，只要行为已构成违法，行为人就应承担相应的法律责任，但为了体现教育与惩戒相结合的原则，或者体现法律的公平原则，法律也规定一些特殊的行为可以不承担法律责任，这就是法律责任中的免责。

在中国的法律规定和法律实践中，免责的条件和情况是多种多样的。免责条件是指对于行为人免除法律责任的条件。它在不同的法律上有不同的规定。私法上的免责条件有两种：法定免责条件，主要指不可抗力；意定免责条件，包括超过时效、有效补救和自愿协议。公法的免责条件除了上述内容外，还包括追诉时效、自首、立功和当事人不起诉等。总的来说，法律责任免责的条件和方式主要有：

1. 时效免责，即在违法行为经过一定期限后违法者不再承担强制性法律责任。为维护社会关系的相对稳定，督促有关机关积极、高效地追究法律责任，法律通常规定法律责任的存续是有一定的时间期限的，超过期限后，违法者将不再受到法律的追究。

【资料检索】

《行政处罚法》第29条第1款规定：“违法行为在二年内未被发现的，不再给予行政处罚。法律另有规定的除外。”

2. 不诉免责，即所谓“告诉才处理”、“不告不理”，是指在当事人不起诉或权利人主动放弃追究责任时，责任主体的法律责任即被免除。在中国，不仅大多数民事违法行为是受害当事人或有关人告诉才处理，而且有些轻微的刑事违法行为也是不告不理。

【资料检索】

在中国，民事案件、经济案件、继承案件、婚姻案件等，基本上适用“不告不理”原则；刑事案件分成了两类，一类属于公诉案件，即由国家司法机关负责追究犯罪人的刑事责任；另一类属于刑事自诉案件，如《刑法》第246条（侮辱、诽谤罪）、第257条（暴力干涉婚姻自由罪）、第260条（虐待罪）等，也都规定了告诉才处理的情形。当然，在虐待案件中，如果受害人无法行使起诉权，可以由其监护人、所在社区、单位指定专人起诉，或通过检察院提起诉讼。

3. 自首、立功免责。为鼓励责任主体主动承担责任、尽力改过自新，中国刑事法律和行政法律均规定，违法或犯罪之后有自首或立功表现的人，应当免除其部分或全部法律责任。

【资料检索】

《刑法》第67条第1款规定：对于自首的犯罪分子，可以从轻或者减轻处罚。其中，犯罪较轻的，可以免除处罚。第68条规定，犯罪分子有重大立功表现的，可以减轻或者免除处罚。

4. 补救免责，即对于那些实施违法行为，造成一定损害，但在国家机关归责之前采取及时补救措施的人，免除其部分或全部责任。这种免责的理由是违法者在归责之前已经超前履行了其第二性义务。

【资料检索】

譬如，在交通肇事案件中，肇事人因为给予受害人一定的经济补偿，支付了医疗费、营养费、误工费等，并且获得了受害人的谅解，即可考虑不予行政处分。

5. 协议免责或意定免责，即基于双方当事人在法律允许的范围内的协商同意的免责，即所谓“私了”。这种免责一般不适用于犯罪行为和行政违法行为（即“公法”领域的违法行为），仅适用于民事违法行为（即“私法”领域）。

【资料检索】

譬如，在民事债务纠纷中，债务人因为不善经营，造成亏损，无法按时返还债务及利息。经双方和解，债权人只要求债务人分期返还本金，免除利息。对于利息部分，即属于协议免责。

6. 自助免责。所谓自助行为是指权利人为保护自己的权利，在情事紧迫而又不能及时请求国家机关予以救助的情况下，对他人的财产或自由施加扣押、拘束或其他相应措施，而为法律或社会公共道德所认可的行为。自助行为可以免除部分或全部法律责任。

【资料检索】

譬如，诈骗分子从受害人手里接过被骗钱款时，受害人突然觉得不妥，当即要求退还；诈骗分子伺机逃跑，受害人即刻纠集几人将诈骗分子抓住并捆绑起来进行搜身，把属于自己被骗的钱款要了回来。这其中虽然有捆绑和限制其人身自由的行为，但是他是为了保护自身的合法权益而采取的，符合法律与道德要求，一般不宜追究法律责任。

7. 人道主义免责。权利是以权利相对人即义务人的实际履行能力为限度的。在权利相对人没有能力履行部分或全部责任的情况下，有关的国家机关或权利主体可以出于人道主义考虑免除或部分免除有关责任主体的法律责任。

【资料检索】

《刑法》第19条规定：又聋又哑的人或者盲人犯罪，可以从轻、减轻或者免除处罚。

“免责”同“无责任”或“不负责任”在内涵上是不同的。免责以法律责任的存在为前提，是指虽然违法者事实上违反了法律，并且具备承担法律责任的条件，但由于法律规定的某些主观或客观条件，可以被部分或全部地免除（即不实际承担）法律责任。“无责任”或“不负责任”则是指虽然行为人事实上或形式上违反了法律，但因其不具备法律上应负责任的条件，故没有（即不承担）法律责任。不负法律责任的法定情形有：正当防卫、紧急避险、无行为能力和责任能力、不可抗力等。

【资料检索】

《刑法》第18条关于精神病人不负刑事责任的规定，与《刑法》第19条关于又聋又哑的人或盲人犯罪的刑事责任的规定有严格区别：前者的行为不符合犯罪构成要件，不属于犯罪行为，即无责任可言；后者的行为符合犯罪构成要件，属于犯罪性质，但出于上述之一种因素的考量，作免责处理。

【思考题】

1. 法律责任与法律义务之间的关系应当做何理解？

2. “七项免责”的理由是否充分？为什么？

3. 制裁的目的是为单纯地满足对法律责任的履行吗？

4. 没有制裁措施的法律还是法律吗？

5. 案情回放：被告人胡斌（杭州人、已成年）于2009年5月7日晚驾驶经过改装的三菱轿车上道，途中与同伴互相追赶，严重超速行驶。当车行驶到杭州市区文二西路德加公寓西区大门口的人行道时，未注意观察路面行人动态，致使车头右前端撞上被害人谭卓，致其被撞弹起，落下时头部先撞上该车前挡风玻璃，再跌至路面。后经医院抢救无效死亡。胡斌被一审法院以“交通肇事罪”判刑3年有期徒刑，赔偿被害人一方医疗费及其他损失共计113万元多人民币。判决当日，据记者采访，双方家属均表示不满意。请结合所学的法律原理，对此案进行评价。

# 下篇

# 宪法导论

# 第十章 宪法导读

**【内容摘要】** 宪法作为近代的产物，是由资产阶级一手创制的。于是，在介绍“什么是宪法”时，则不可避免地要引进原创的宪法概念；宪政是对宪法的实践，因为宪法的一切内容都需要在宪政过程中才能得以实现，所以宪政又成为激活宪法生命意义的重要开关；在历史上，宪政是如何完成这一系列的漂亮动作的，这还得从外国的宪法起源、发展到新旧中国宪法的历史演变进行分说，以便阐明在东西方国家之间客观上存在不间断的交流和联系的事实，同时也说明每一个国家的宪法在不同的历史时期都会有着与其他国家、民族所不同的内涵，而造成这些差异的原因主要是由当时各自所处的社会条件所决定的。

## 第一节 宪法概念

早在远古时代，“宪法”一词就已出现，但其词义和用法与今有本质区别。在中国，据史书记载，从春秋时期开始，就有了宪、宪法、宪章、宪令、宪纲等词汇，如“赏善罚奸，国之宪法”(《国语·晋语》)；在俄罗斯，宪和羊皮纸是同一个单词，当时只有君主才将自己的敕令写在羊皮纸上，于是羊皮纸就成了君主敕令的代名词，即“最重要的、最高的法律”；在英国，Charter（宪章）被人们当做宪，是因为它是由国王签发的。当然，以上所说的“宪”，无论其地位是否同一般法律有差别，其与近代意义上的宪法仍有很大不同。近代意义上的宪法是资产阶级革命胜利并取得国家政权后颁布的、规定国家根本制度的法律。从词源意义上看，近代西方“宪法”一词，来源于拉丁文 Coustitutio，其原意是组织、规定、确定、结构、政体的意思。在古罗马时代，它又被用来专指皇帝的“敕令”、“诏令”，以区别市民会议通过的法律文件；到了欧洲中世纪，它主要是用来表示规范封建主和教会特权的法令。现代汉语中所使用的“宪法”一词是从日本引进的。19 世纪 60 年代，西方宪法思想首先传入日本国，译者最初将 Constitution 翻译为建国法、根本律例、国家法等，1873 年，曾任日本司法大臣的箕作麟祥参照中国古代文献将其翻译为“宪法”，之后一直沿用至今。宪法的词义并不能代替宪法概念的使用，但从它的演变过程却能够反映出近代宪法概念形成的轨迹。宪法概念的最终形成是因为宪政思想发展的结果，在理论上把宪法分为规范性概念与政治性概念两种，实际上是人们对宪法的外延与内涵有着不同的认识。

【资料检索】

17 世纪中期，英国发生资产阶级革命，逐步形成了近代民主代议制。这种制度将国家主权从君主手里移转到民众手里，是这场革命最重要的成果之一，因而资产阶级就必须用法律的手段巩固并发展它，从而使得这种法律具有了与其他法律区别开来的最高地位。这时，人们便援用 Coustitutio 一词来表明这种具有特殊性质的法律。18 世纪后期，随着美国独立战争的胜利，美国人建立了全新的政权组织体系并用一部法律将它规定下来，同时将这部重要的法律命名为 Constitution of the United States of America，解释为 Fundamental Law。这种解释是有一定道理的，因为它不仅规定了美国的政权组织体系，而且还为美国的其他法律提供了立法基础，基本上是一部根本法。从此，Constitution 取代了“羊皮纸”、取代了 Charter 而成了宪法、根本法的代名词。

## 一、表象概念

宪法的表象概念，只是针对它与其他法律之间的形式对比所提出的，并不触及其内在的实质内容。

首先，宪法是更高级的法。一个国家有许多法律，比如民法、刑法、民事诉讼法、刑事诉讼法等，宪法只是其中的一种，具备法的一般特征，如法的规范性、普适性、公共性和目的性等内容；但宪法又有其自身的特点，这些特点标志着宪法在国家的法律体系中所处的重要地位。宪法毕竟不是普通的法，作为更高级的法，它具有双重含义：一是指它的法律效力。一般情况下，一国只有一部宪法，其他法律都要以这一部宪法作为制定的依据；如果出现违宪内容，就会被宣布为无效。二是指它的系统地位。宪法从制定到实施，都是这个国家的头等大事，需要这个国家最重要的国家机关来负责。宪法的最高法律效力表现在两个方面：（1）对法的最高效力。宪法是其他法律立法的基础和依据，为其他法律提供立法原则；其他法律不能与之相抵触，否则无效。（2）对人的最高效力。是指宪法是一切国家机关、政治力量、政治组织和一切社会组织和个人的根本活动准则，任何组织和个人均无超越宪法之上的特权。

【资料检索】

1. 在民主政治的规制下，民选议会要比其他政府机构具有更高的合法性，因而决定了由其制定的法律要比其他法律具有更高的效力。《宪法》第5条第3~5款规定："一切法律、行政法规和地方性法规都不得同宪法相抵触。一切国家机关和武装力量、各政党和各社会团体、各企业事业组织都必须遵守宪法和法律。一切违反宪法和法律的行为，必须予以追究。任何组织或者个人都不得有超越宪法和法律的特权。"但是，宪法具有最高效力也只是相对而言的，因为在有的国家里，如有的联邦国家，联邦有联邦的宪法，各州或各加盟共和国也有属于自己的宪法。对这些宪法来说，其法律效力与其他普通法律相差无几。所以，宪法在“塔尖”的说法只能是就一般情形而言的。

2. 因为受到宗教势力的影响，对世俗而言，英国国王的权威虽然至高无上，却不能与上帝和法律相抗衡。当法律演变为宪法形式以后，可想而知，国王尚且要受到法律的约制，更遑论其他的世俗力量，于是由此演绎出“任何组织和个人均无超越宪法之上的特权”的原则。

其次，宪法是根本法。除了上述有关法律效力最高的以外，宪法通常情况下是被用来规定一国的根本制度的法律形式。在国家制度中，只要是最重要的决策和措施都是属于宪法范畴，其他法律不具备这样的涵盖能力。在中国，宪法规定了国家的根本制度和根本任务，规定了国家制度和社会制度的基本原则和基本问题，主要包括国家性质、政权组织形式、国家结构形式、经济制度、文化制度以及公民基本权利和义务等内容，涉及整个国家生活各个重要领域，调整范围十分广泛。其他法律规定的内容只能是国家生活中的一般性问题，而且只涉及国家生活的某一方面。

【资料检索】

譬如，民法规定的是平等主体之间的财产关系和人身关系，刑法规定犯罪与刑罚问题，诉讼法规定的是诉讼程序方面的内容。这些内容虽然也很重要，但是毕竟只是社会生活的局部性问题，唯独宪法是从全局的高度，以根本制度和根本原则的方式来规范整个国家的活动。

最后，宪法是公法。按照公法的一般理论标准，如果一种法律的主要调整对象属于国家或社会的公共关系内容的，即可将其归于公法范畴。宪法的主要任务是规定国家机构的组成、国家权力与义务的划分、国家与公民的关系等基本问题，这些问题均属于公法领域。把宪法归于公法不纯粹是理论问题，它与宪法的性质与职能都有很大的关系。其他法律有的属于公法，如刑法、行政法、经济法等，有的则属于私法，如民法、婚姻法等。从公法的角度来区分宪法与其他普通法的界限，无非是想说明凡是宪法的内容都应当被列为公法序列。

【观点论争】

在中国封建社会里，当时的统治者都知道“天家无私事”的道理。所谓的公法只是相对于私法而言的，它表明，只要是涉及国家与国家之间、国家机关与国家机关之间、公民与国家之间、公民与国家机关之间的关系问题，就不是私事。如涉及王位继承问题、皇家与外族之间的联姻问题、后宫干政问题等，就都是公事；相反地，如果只是公民之间的私事，只能是由私法进行调整，如果严格限定在私事范畴，除非万不得已，也不希望政府过多地加以干预。但是，中国封建社会一直以来就没有所谓公法与私法的区分，对部分民间问题不作处理，并非是出于对私法尊重的观念，更多的恐怕是因为立法上的不周全所致。

从以上的论述来看，宪法在形式上具有一般法律的特性，这就难怪有的国家把宪法视同普通法；由于宪法又属于效力和地位更高级的法，在规范的内容上又是涉及国家根本制度的法，在法律分类上还被归于公法的范畴，这充分说明了宪法在形式上具备了不同于其他法律的一些特征，也证明了宪法在整个法律体系中的重要地位。但是，宪法的规范特征毕竟只是其外在形式，却不能反映出宪法的实质性内容，如为什么要把宪法推向更高级的法？将宪法定位在公法领域又是出于何种因素的考虑？怎样才能保证宪法能够得到有效的遵守？所有这些都需要通过分析宪法的本质内容，才能使其概貌得以充分展示。

### 二、实质概念

表象往往就是实质的外衣。宪法的表象概念反映的只是人们对宪法的初步认识，揭开掩盖在宪法身上的外衣，就能够使我们对宪法的认识更加深入。其实，在宪法的外在形式的表象中已经透露出其实质内涵的信息，只不过没有往更细致的地方挖掘下去，使得其内在实质没有那么容易就显露出来。接下来，我们就从以下几个问题入手进行分析。

首先是从宪法所规定的基本内容来分析。宪法的基本内容就是要保护公民的基本权利，如法国《人权与公民权利宣言》（以下简称《人权宣言》）宣布：凡权利无保障的社会就没有宪法；又如，列宁指出：宪法就是一张写着人民权利的纸。这说明宪法最主要、最核心的价值在于它是公民权利的保障书。不可否认，宪法最早是由资产阶级创制的，每当它取得了某种权利时，就会用法律或宪法性文件形式规定下来，借以保卫和巩固其胜利成果。这些内容主要包括公民权利和国家权力——这两部分的地位并非平行，公民权利的有效保障居于支配地位。宪法之所以要规范国家权力的行使，就是为了保障公民权利不被国家权力侵犯——而在整个法律体系中，宪法的基本出发点就在于保障公民的权利和自由，其他内容则是由此派生的。因此，宪法与其他法律的关系被推到了“母法”与“子法”的位置，它也因此获得了人权“大宪章”的名声。

【资料检索】

中国宪法在第一章总纲之后就接着规定公民的基本权利和义务，把公民的基本权利放在第二章，就是为了突出“权利保障”在宪法中的地位。相反的例子是，中国在1975年进行修宪时，因其把公民的基本义务作为主要内容，忽视了对公民的“权利保障”，虽然有的学者仍然将其归于“社会主义宪法”范畴，但是，失去了“权利保障”的宪法，其历史定位就只能是“恶法”。

【观点论争】

中国宪法在序言部分就明确宣布：“本宪法以法律形式确认了

中国各族人民奋斗的成果，规定了国家的根本制度和根本任务，是国家的根本法，具有最高的法律效力。”正因此，我们通常将宪法称为“治国安邦的总章程”；而有的教科书也将宪法称之为“母法”，这当然是从宪法是根本法的角度提出的。但是，宪法并不产生所有法律的基因，换句话说，并非所有的法律都是根据宪法制定出来的，因此，“母法”一说只有相对的意义。

其次是从宪法与政治的关系入手。按照马克思主义的观点，法律所表现的是被上升为国家意志的统治阶级意志。这一点在美国宪法中被首先肯定——因为它自己就是从英国殖民统治与奴隶制的双重铁蹄下解放出来的。宪法作为国家的根本法，它所表现的当然也是上升为国家意志的统治阶级意志。但是，统治阶级在把自己的意志上升为国家意志的时候，必须考虑到本国的各种政治力量的对比关系，并以这种对比关系为依据确定宪法的某些基本内容。正是因为宪法必须规定一国内部的各种政治力量的对比关系，确定每个阶级、阶层在本国内部的地位，以及他们的利益关系，于是宪法就有了“政治法”的名声。

【资料检索】

所谓政治力量对比，包括阶级力量对比和同一阶级内的各个阶层、各个派别力量的对比。其他法律当然也是政治力量对比关系的表现，但是宪法更加全面、集中地反映了这种对比关系。阶级力量的强弱对比发生根本变化，被统治阶级力量壮大，成为强者，则会引发革命，从而引起宪法本质的改变。当然，革命毕竟不是社会的常态，所以各阶级或各阶层通常会在宪法的框架内争取自己的合法权益。其他法律所表现的政治力量对比关系只侧重于某个方面，比如税法就只表现税收方面的政治力量对比关系。从国家管理的角度，宪法是在规范人权与主权、公民权与宪政权、立宪权与修宪权等内容，而这些内容又无一例外属于国家政治范畴，所以说宪法是政治法当属确当。

最后是从宪法的由来说起的。在宪法历史上，英国资产阶级虽然不像法国资产阶级那样将革命进行到底，而是利用各种有利条件逼迫王室作出让步，签下了一个个多少有点“城下之盟”意蕴的协约；无独有偶，中国立宪史上也曾经将宪法称之为“约法”，如第一个具有资产阶级性质的宪法——中华民国临时约法。这些看似偶然的协约或者约法，其实恰恰反映出宪法的另一种品行——妥协性。因为在现代社会，取得国家政权的一方并不意味着可以“独大”，它需要与其他各方进行谈判或协商，使其“心悦诚服”地接受宪政的统一安排，以理顺相互之间的利益关系，宪法也就在这样的妥协中很形象地获得了“协约法”的名声。

【资料检索】

1640年，英国的资产阶级把国王查理一世送上了断头台，后来又经历了克伦威尔的独裁、斯图亚特王朝的复辟和1688年的光荣革命，最终是以资产阶级与国王的妥协而建立起君主立宪的国家；美国早期的立宪史表明，它的联邦宪法就是在13个州的代表的讨价还价声中达成一致后缔结的。从这个意义上来说，宪法是一种政治契约亦不为过。另外，根据宪政的思想理论，宪法就是依据了“社会契约论”才产生的。其原理在于：民主政治的国家是由公民授权政府行使国家权力的。在约定的范围内，政府不能侵害公民未予授权的那部分权利，不得轻易干预公民的私权利，从而得出政府的权力是有限的结论。因此，宪法实际上是公民与政府之间的一种协议。

现在我们可以来回答上述提出的三个问题：（1）为什么要把宪法推向更高级的法？因为宪法是母法，这就需要树立起它在法律体系中的应有权威。如何才能实现宪法“立威”的目的，需要在制度上做一种结构性安排，最简单的办法就是宣布宪法具有最高的法律效力。（2）将宪法定位在公法领域又是出于何种因素的考虑？这是从宪法所规范的内容来做的一种学术分类。所谓的公法就是要规定与国家有关的各种制度性内容，宪法作为国家的根本大法，它不可能单纯地规范公民与私人之间那种不受国家法律调整的关系内容，因此将其划为公法领域也就顺理成章。（3）怎样才能保证这种宪法能够得到有效的遵守？除了在宪法中直接规定哪些公民权利是不可侵犯或剥夺的实体内容以外，还需要在立宪与修宪的程序上作出明确规定。考虑到宪法是不同于一般的法律，因此要为宪法设定严格的制定和修改程序。

【资料检索】

所谓宪法结构是指由单一宪法性文件组成的成文宪法在内容上的体系和安排。在宪法结构方面，我国宪法采取的成典型宪法结构形式，有序言、正文、附则三个部分。这一做法实际上是借鉴了当今许多国家的惯例，如魏玛宪法、美国宪法、意大利宪法和南斯拉夫1974年宪法。在宪法结构中，最容易引起争议的是“序言”的效力问题，因为它的存在会在很大程度上阻碍宪法的适用性。

【观点论争】

关于序言的效力问题，我国宪法学界有不同的看法：一是否认说。认为序言只是起到一种说明、解释或类似宣言的作用，本身没有强制力，也不像条文那样规范、具体，所以不具有法律效力。二是肯定说，其中有全部肯定和部分肯定两种。前者认为序言作为宪法的组成部分，其内容不仅当然具有法律效力，而且甚至强于正文；后者认为要对序言的内容进行分解，有的有法律效力，如属于规范性文件的就有：“本宪法……是国家的根本法，具有最高的法律效力。全国各族人民、一切国家机构和武装力量、各政党和各社会团体、各企业事业组织，都必须以宪法为根本的活动准则……”有的就不具有法律效力，如记载历史事实的。

通过以上对宪法进行多方位的考察，不难发现，如果人们只是关注宪法作为法律规范的一种形式，可能会将宪法的规范特征作为其唯一概念，即宪法是指在效力上比之一般法律更高级、内容上是以规范国家根本制度为主旨、调整对象上是以与国家有关的各种法律关系为要点的法律；如果是要确认宪法的实质内容，就会将其概念表述为：宪法是规定国家主要方面的核心内容、集中表现国内政治力量的对比关系、保障公民权利和限制政府权力的法律。实际上这两个方面的概念都是围绕着宪法的内涵与外延而展开的，它反映了人们认识宪法的不同角度。

## 第二节　宪法规范

宪法规范是指调整国家最基本、最重要的社会关系的各种规范的总和，是调整国家权力运行与人权保障的法律规范。[①] 它是宪法的基本构成要素，要想把宪法的内容作用于社会生活，就是要通过其规范的具体运用来实现的。

宪法规范同刑法规范、民法规范一样，是法律规范的一种。宪法规范调整的社会关系即宪法关系，主要包括四个方面：公民与国家之间的关系、国家机关内部的关系、各国家机关相互之间的关系、国家与国内各民族、团体、企业、事业单位和其他社会组织之间的关系。一般来说，宪法关系的一方是国家或国家机关，宪法关系的范围虽然广泛，但都属于原则性、宏观性的问题。正因为宪法规范所调整的社会关系有这些特殊性，宪法规范也呈现出同其他法律规范相区别的特点。

### 一、政治性与最高性

宪法规范的政治性是由宪法的性质和职能决定的。宪法规范是调整国家权力运行与人权保障的法律规范，因此，不可避免地表现

① 魏定仁著：《宪法学》，北京大学出版社 2005 年版，第 14 页。

出政治性。从宪法的产生来看，正是为了保护资产阶级革命的政治成果，为了确立和发展已经取得的国家权力，资产阶级才制定了宪法。因此，宪法从诞生之日起就带有强烈的政治色彩。从宪法规范的具体内容看，主要是有关国家制度、社会制度、政治组织和政治权力的行使、公民权利保障等方面的基本原则、基本政策与政治理念，而其他法律规范通常只是调整社会主体的个人生活或社会生活，宪法规范具体内容的确定反映统治阶级的政治选择。另外，宪法规范的调整和实现要受到政治力量对比关系的影响，受到一定政治利益的约束。

【观点论争】

把宪法看作政治法或者过分强调宪法的政治意蕴的做法，其实是有一定弊端的。不错，宪法在很大程度上是与政治内容密切相关的，诸如国家的政治制度和根本性规范都离不开国家政治的范畴。但是，学者经过研究后发现，如果把上述看法推向极端，就有可能导致以下两种倾向的出现：一是降低宪法的司法性质，甚至干脆抹杀宪法为司法行为提供法律依据的可能性；二是过分拔高违宪行为的性质。因为凡是违宪都可能与政治挂钩，这也的确是够吓人的。如果这两种情形都可能存在的话，且不论会在人们的思想上造成什么样的恶果，最低限度将会提高国家对违宪审查的成本核算。

宪法规范的最高性，指宪法规范的效力在一国的法律体系中居于最高地位，它制约和控制其他规范的存在，能够约束一切国家机关、社会团体与公民的活动。一切法律、行政法规等规范性文件必须以宪法为立法依据，不得同宪法相抵触，否则无效；宪法是调整国家生活和社会生活的最权威标准，一切社会政治行为都必须以它为最高准绳。

## 二、原则性和概括性

宪法规定的是国家的根本任务和根本制度，内容囊括了政治、经济、教育、科学、文化等国家生活和社会生活的各个方面。面对如此广泛而复杂的问题，宪法规范既不可能也无必要规定得非常具体，只能从宏观上将国家的根本利益和最高意志以最基本的原则形式确定下来。至于各个细节和具体运用环节，只能留待一般法律作具体化规定。所以，以宪法的角度，它只能对自己所关心的核心问题作出原则性的规定。

【资料检索】

1.《宪法》第28条规定："国家维护社会秩序，镇压叛国和其他危害国家安全的犯罪活动，制裁危害社会治安、破坏社会主义经济和其他犯罪的活动，惩办和改造犯罪分子。"这个条款就是一个非常原则的规定，具体的犯罪与刑罚问题则属于刑法要解决的部分。

2. 宪法的原则性是否会影响到对它的司法适用性？直至20世纪末，我国司法系统一直不愿意介入"宪法该不该被司法适用"的纷争。1955年，最高人民法院在批复新疆高级人民法院的请示中指出："宪法是我们国家的根本法，也是一切法律的'母法'"，但"对刑事方面，它并不规定如何论罪科刑的问题，在刑事判决中，宪法不宜引为论罪科刑的依据。"无独有偶，时隔31年后，最高人民法院在批复江苏高级人民法院的一份"有关审理民事与经济纠纷案件中可以引用法律和行政法规请示"中，仍然没有提及宪法。由于最高司法机关的"主动缺位"，使得宪法的司法适用性一直处于"被休眠"的状态。2001年，因为山东齐玉苓诉求教育权被侵犯一案，① 最高人民法院的回复是："经研究，我们认为，根据本案事实，陈晓琪等以侵犯姓名权的手段，侵犯了齐玉苓依据宪法规定所享有的受教育的基本权利，并造成了具体的损害后果，应承担相应的民事责任。"该批复是在《教育法》1995年颁布之

① 《最高人民法院公报》，2001年第5期。

后，最高人民法院原本只要引用《教育法》的有关条文即可，却因为齐玉苓被侵权的事实是发生在1990年，这说明最高人民法院在程序上并无不妥。因此，有媒体将此案视作“破坚冰”的第一案。①

比起普通法律，宪法的概括性更为突出，因为只有这样，它才能对其他法律进行纲领性指导。宪法规范内容的原则性和广泛性早已决定了宪法规范只能用简明、概括的文字表述。否则，宪法规范的原则性就无从显现，宪法与其他法律也难以从形式上区分，从而失去其治国安邦总章程的性质。从某种程度上说，宪法的概括性是因为它所涉猎的面过于宽泛造成的，不论在政治、经济、思想、文化、军事、体育和卫生等各个方面，宪法都要将宪政理念贯穿其中。这就是“因为宽泛，所以概括”的原因。

【资料检索】

宪法调整的社会关系极为广泛：一是指它的内容广泛，涉猎了国家生活的各个方面，如政治、经济、文化、教育、科学、技术、体育、国防、外交等；二是指它的主体广泛，包括各民族、各阶级、各政党和社会团体、一切国家机关和武装力量、各企业事业组织和全体公民，甚至还包含在本国境内的外国人、外国经济组织等。宪法因为这样的广泛性，也在一定程度上决定了它不可能像其他普通法那样对每一项内容作出具体、翔实的规定，只能是以纲领性、原则性的文件形式出现。

**三、适应性和稳定性**

宪法规范内容的原则性和概括性决定了它要比一般的法律规范具有更大的适应性，能够在较大的限度内承受客观条件变化给它带

① 《南方周末》2001年8月16日。

来的影响。只要国内阶级力量对比没有发生根本变化，只要客观形势的变化没有导致国家根本制度的改变，宪法就无须重新制定甚至无须作较大的调整。譬如，美国立宪至今历时200多年的时间，在这期间，其国际国内的形势变化极大，种族问题、教育问题、社会福利问题、海外扩张问题等层出不穷，早先的立宪者也未必把所有的问题都考虑周全，却从来没有发生过宪法信仰的危机。这些除了应当归功于联邦法院的法官不断给出合理的权威解释外，不得不说它是宪法规范在适应社会变化方面的典范。

【资料检索】

美国著名大法官马歇尔在处理1819年《美国银行案》的判决书中指出："宪法条款被设计去经受漫长岁月的考验，因而必须适应人类事务的各种危难。假如要在所有未来时期去规定政府执行权力的手段，那就完全改变了这部文件的特性，并赋之以普通法典的性质。紧急情况至多只能被模糊预见，并只有在发生时才能被解决；如果要用一成不变的规则去处理这类情形，那必将是不明智的企图。"

宪法规范的适应性决定了宪法规范在社会生活中需要长期稳定，不得轻易变动。作为效力最高的法律规范，作为一国法律秩序的基础，保持宪法规范稳定性的意义在于维护宪法、法律的严肃性和权威性。因为即使是宪法的个别或几个规范发生变动，都有可能导致其他法律的修改。假如这种情况时常发生，那势必会影响人们对宪法、法律的信心和信任，影响国家的安定和社会的稳定。

当然，宪法规范的稳定性只是相对的，并不是绝对的，当宪法规范和社会现实发生矛盾与冲突时，也是有必要调整原有的宪法规范，赋予其新的内容，以保持其与现实之间的协调。

【资料检索】

宪法修改的方式一般有三种：一是全面修改，是指在国家政权的性质及制宪权没有发生变化的前提下，宪法修改机关对宪法的大部分内容进行调整或变动，通过或批准整部宪法并且重新予以颁布的活动。除非出现国家的重大情势的变化才会采取这种方式，否则会极大地降低和损害宪法的严肃性与权威性。如中国1975年、1978年和1982年的修改就属于这种情形。二是部分修改，是指宪法修改机关根据宪法修改程序，以决议或修正案等方式对部分内容进行调整或变动的活动。如中国1988年、1993年、1999年和2004年所做的宪法修改即属于这种情形。三是无形修改，是指由于社会或国家的实际情况发生变化，使得宪法的原有条文的含义出现了改变，虽然没有明确的修改，却也达到了修改的效果。如中国宪法是在1993年后才确立起市场经济，但是在此之前却已经在全国铺开了“有计划的商品经济”，形成了自中央到地方的“良性违宪”。

### 四、无具体惩罚性

从法律规范的逻辑结构上看，一般而言，宪法规范中的行为模式和法律后果两个部分并不完整。因为除了个别条款，如规定对违反同宪法、法律相抵触的行政法规、决定和命令应予以撤销之外，从宪法的条文中很难找到对违反宪法的具体惩罚性规定。这里有两个问题值得注意：一是当宪法以下的法律、行政法规、决定和命令存在明显的违宪情形、却又没有得到及时撤销、新的规范也未适时出台时，司法机关、执法机关或社会组织、公众等又该如何处置？二是宪法的无具体惩罚性应当是相对于部门法或司法、执法系统而言的，在它授权有关国家机关或人员依法行使相应的惩罚性职权时，是否可以理解为这就是一种惩罚呢？

【观点论争】

《宪法》第37条第3款规定：“禁止非法拘禁和以其他方法非法剥夺或者限制公民的人身自由，禁止非法搜查公民的身体。”如果发生了非法搜查公民的身体或非法限制公民人身自由的行为应如何处理，宪法并没有作出如何处罚的规定，其无具体惩罚性是建立在有其他法律的有惩罚性条款作为支持的基础上，所以宪法的权威性是不容置疑的。但是，孙志刚事件又说明了什么？地方通过立法来驱赶“三无人员”的做法，是否已经危及到宪法的权威？

## 第三节 宪法分类

为加深对宪法概念的理解，进而挖掘出隐藏在宪法概念背后的价值元素，研究者从不同的角度将宪法作分类学研究，于是就产生了宪法的分类问题。在宪法的理论研究方面，关于宪法的分类问题是一个颇具争议的内容，许多教科书也都将宪法的传统分类作为重要内容来介绍。

### 一、成文宪法与不成文宪法

根据宪法是否具有统一法典的形式，可以将宪法分为成文宪法和不成文宪法。成文宪法是指具有统一宪法典形式的宪法。成文宪法的结构和条文都经过精密设计、反复推敲审查，具有规定明确、条文系统、比较稳定的特点，易为全国上下掌握、遵守和监督。不成文宪法制定和修改比较容易，所以富有灵活性和适应性，可以比较迅速地对变化了的现实作出反应，随时补救其缺陷。但由于其条文凌乱分散，缺乏系统，容易相互重复矛盾，不易为人们所掌握。为弥补不成文宪法的不足，制宪者更加重视从宪政思想家那里获取稳定的理论资源。成文宪法与不成文宪法的区别不在于有没有书面文件，也不在于有没有宪法习惯与宪法判例，而在于宪法的构成是否集中表现在一个书面文件中，在于是否以集中的宪法典为主。

【资料检索】

世界上第一部成文宪法是1787年的美国宪法。当今世界大多数国家都采用成文宪法这种模式。不成文宪法是指不具有统一的法典形式，而是由多种宪法性法律文件、宪法惯例、宪法判例组成的宪法。英国宪法是世界上最早的不成文宪法，其包括宪法性文件、宪法性法律、宪法习惯等。

【观点论争】

把宪法分为成文法与不成文法，一是容易使人产生误解，认为只有不成文法才承认宪法惯例或习惯，而成文法就不承认宪法惯例；二是宪法典中没有规定的内容（指宪法性法律）得不到足够的重视；三是片面强调宪法成文化的必要性，忽略习惯或宪法惯例的重要功能。美国的斯通教授就认为这样的分类是错误的，因为世界上本来就不存在完全的成文性和非成文性的宪法。

## 二、刚性宪法与柔性宪法

根据以宪法的效力及修改的机关和程序与普通法律有无不同为标准，可以将宪法分为刚性宪法与柔性宪法。刚性宪法是指法律效力及修改的机关和程序不同于一般法律的宪法。刚性宪法在效力上高于一般法律，主持宪法修改的机关不同于一般法律的修改机关，在修改程序上比一般法律更为严格。一般说来，刚性宪法有利于保证宪法的权威性和稳定性，所以，现在世界上绝大多数国家的宪法都是刚性宪法。柔性宪法是法律效力及修改的机关和程序都与一般法律相同的宪法。英国是实行柔性宪法的典型国家，其宪法性文件是由国家按照普通立法程序制定和修改。柔性宪法的最大优点在于，其制定和修改起来较为容易，弹性较大，适应性较强，但也因此不及刚性宪法的稳定性与尊严性。

【资料检索】

1. 刚性宪法与柔性宪法是英国政治学家布莱斯于1901年首先提出的。但是，除了把某些宪法性文件作为宪法的英国以外，世界上很少出现真正意义上的柔性宪法，即使是不成文宪法也未必都是柔性宪法，因为不成文宪法的修订也未必都很容易；反之，刚性宪法的修订也不一定就很困难。讨论刚性宪法与柔性宪法的分类意义，是否如布莱斯所说的与“社会革命的爆发”有关，则缺少必要的实证资料。所以，在刚性宪法——柔性宪法与成文宪法——不成文宪法之间，不要产生不必要的误解。

2. 在制定程序方面，宪法通常由专门的制宪机构制定，宪法草案必须以立法机关绝对多数赞成，有的是2/3以上多数，有的是3/4以上多数，有的国家甚至要求经全民公决过半数方可通过。而其他法律通常由普通立法机关制定，法律草案的通过只需要1/2以上的多数赞成。这种表决方式上的差异性，恰好说明了立宪的重要性远胜于普通立法；在修改程序方面，修宪提案权主体有特别限制，宪法修正案也必须以绝对多数或其他特殊程序通过。《宪法》第64条规定：“宪法的修改，由全国人民代表大会常务委员会或者五分之一以上的全国人民代表大会代表提议，并由全国人民代表大会以全体代表的三分之二以上的多数通过。法律和其他议案由全国人民代表大会以全体代表的过半数通过。”

【观点论争】

这种分类最早是由英国学者布莱斯在其所著《历史与法学的研究》一书中提出。它虽然对于认识不同形态的宪法是有益的，但作为统一的分类方法却存在技术与逻辑的矛盾。因为这一分类只是相对的，法国1875年的宪法为刚性宪法，而它的修改程序并不严格；同样是刚性宪法的美国联邦宪法的修改程序却十分的严格。从宪政发展的实际情况看，修宪的难易程度和修宪频率固然与宪法规定的修宪方法有关，但更重要的是取决于宪法适应社会生活的程度。

### 三、钦定宪法、民定宪法和协定宪法

这是根据制定宪法的机关不同为标准对宪法所作的分类。钦定宪法是指按照君主的意志，由君主制定和颁布的宪法。钦定宪法奉行的是主权在君原则，是在封建势力还很强大，资产阶级虽有一定力量但不能占据优势的情况下产生的。协定宪法是指由君主与国民或者国民的代表机关协商制定的宪法。当新兴资产阶级尚未强大到能够推翻君主统治，而封建君主又不能实行绝对专制统治时，协定宪法就成为阶级妥协的产物。民定宪法是指由民意机关或者由全民公决制定的宪法。当今世界大多数国家的宪法都属于民定宪法。民定宪法一般奉行主权在民原则，或者至少在形式上以民意为依据、以民主政体为价值追求。

罗文斯坦认为，把民定宪法解释为由国民制定的宪法是不确切的，因为不同的国家在不同的历史时期，国民所具有的概念和含义是不尽相同的，因此这一分类有许多的不确定因素，不宜作为分类的标准来使用。①

【资料检索】

1814 年法国国王路易十八颁布的宪章、1848 年意大利宪法、1889 年日本明治天皇颁布的大日本帝国宪法、1908 年中国清朝颁布的钦定宪法大纲等，属于钦定宪法一类；当今绝大多说国家由民选议会、制宪会议或公民投票表决制定出来的宪法，就属于民定宪法一类；1215 年英国自由大宪章、1689 年英国权利法案、1830 年法国宪法等，则属于协定宪法一类。

---

① 韩大元等著：《宪法学专题研究》（修订版），中国人民大学出版社 2008 年版，第 82 页。

【观点论争】

罗文斯坦在《我们革命时代里宪法的价值之反映》一文中根据存在论的观点，把宪法分为规范宪法、名义宪法和语义宪法三种。[①] 规范者，是指宪法上的各种规范支配着政治过程，权力过程适应和服从宪法规范的宪法；名义者，是指宪法只有名义上的意义，宪法对政治过程不具有实际的约束力；语义者，是指在政治生活中可能得以运用，但往往被作为掌握权力的一种宣言手段或点缀物的宪法。这样的分类很值得玩味，因为我们所处的时代和所经历的宪法，多少都有着其中的一些影子。它在提醒着我们，宪法不是用来给某种政权或势力点缀的或装饰门面的，也不是用来给某些政客提供宣传工具或扬名立万的，它的现实意义远远多于它的名义和语义。如果一部宪法不具有任何的现实意义，不能为宪政利益服务的话，我们还要宪法干什么？

以上三种是对宪法的传统分类。当然，也有学者不满足于把宪法类型停留在上述简单的分类上，提出了一些颇有现代意识的分类标准和方法，譬如，以宪法的本质为标准，可以把宪法分为社会主义宪法和资本主义宪法；以宪法内容是否具有首创性为标准，可以把宪法分为原始宪法和派生宪法，以宪法概念的性质为标准将宪法分为社会学意义的宪法和法学意义的宪法等。如果深入探究下去，与其说宪法分类是一种学术研究成果，不如说是代表了学界的某一种“出声”，因为在每一种分类的背后，都或多或少地隐藏着一些政治用意。

## 第四节　宪法史略

宪法与其他法律的不同之一在于它是近代的产物。西方国家中

---

① 许崇德主编：《宪法》，中国人民大学出版社 2009 年版，第 20 页。

最早产生宪法或宪法性文件的是英国，而作为曾经的英国殖民地的美国，却在反殖民统治的过程中诞生了最早也是迄今影响最大的成文宪法，法国的资产阶级革命是欧洲大陆的范例，它的成文宪法也是欧洲大陆最早的宪法。与西方国家不同的是，中国宪法起源于1912 年的辛亥革命。由于中国传统势力的强劲作祟，资本主义经济与政治条件的先天不足，都使得资产阶级的发展遭遇了极大的困境，新旧“三民主义”的主张，以及“军政、训政、宪政”的三段论思想，足以影响到资产阶级宪法在中国的发展。1949 年 10 月，新中国成立，《中国人民政治协商会议共同纲领》起到了宪法性文件的作用，5 年后诞生了第一部具有社会主义性质的宪法。在长达 60 多年的发展历程中，宪法被三次“大修”，终于在 1982 年完成定型，其后历经四次“小修”，演变成为今天的宪法。

## 一、外国宪法史略

英国地处欧洲大西洋西部，是一个有着悠久历史的国家。1199～1216 年，英约翰王在位期间，新兴的资产阶级得到初步发展，由贵族、僧侣和中小地主参加的“大会议”正在摆脱其早先作为国王辅助机构的角色，而逐步成为了能够抑制国王权力的新兴力量，1215 年的《自由大宪章》则进一步加强了大会议的作用。1640 年，英国开始资产阶级革命，1688 年建立起共和国。在这期间，虽然经历了克伦威尔的军事独裁、斯图亚特王朝的复辟，最终还是以资产阶级与封建王朝之间的妥协完成了光荣革命，建立起议会制的君主立宪制政体。“英国宪法是任何作者也作不出透彻说明的一组智慧的产物，它所具备的性质是它在几个世纪中逐步浸染而成的。”① 英国的立宪历史可谓长久，它是由一系列的宪法性文件和宪法性法律所构成的，而其中的每一份文件都是璀璨的明珠：(1) 1215 年《自由大宪章》和 1628 年《权利请愿书》，它们是英

① ［英］布赖斯著：《比较政治制》，法律出版社 1984 年版，第 109 页。

国宪法的萌芽。（2）1689年《权利法案》、1701年《王位继承法》、1706年《英格兰与苏格兰合并法》、1800年《大不列颠与爱尔兰合并法》，这些文件在扩大议会权力、限制王权、确立国家结构、推行法治、保障公民自由权利等方面影响深远。（3）20世纪以来，随着资本主义经济的发展，特别是经历了两次世界大战，资产阶级已经稳定地占据着国家政权的资源。除了宪法性文件和宪法性法律以外，它们还形成了宪法性判例和习惯法等。值得一提的是，在这个过程中，欧洲理事会于1950年9月4日通过、1953年9月3日生效的《欧洲保护人权和基本自由公约》（以下简称《人权法案》），对英国的影响可谓波浪起伏。经过几十年的辩论，于2000年10月2日被英国正式纳入国内法范畴。

【资料检索】

1215年，约翰王在同教皇的权力斗争中落败和对法国的战争失利的情形下，贵族们群起反叛，逼迫着约翰王于6月15日在停战和约上签字，这部和约就是后来著名的《大宪章》。在历史上，作为和约的《大宪章》并没有多大的实际效果，因为它在3个月后即失去效力，而约翰王也在第二年去世。他的继任者亨利三世于1225年将它修订为正式的法律。《大宪章》共有63条，其中的9条至今仍然有效。

【观点论争】

丘吉尔是英国少有的能够做出果敢决断的领袖。而在历史上，英国的政治家们一般是持保守态度，除了态度暧昧外，传统政治生活中另一方面的特色是妥协。政治家们不喜欢作决断，并总是推迟作决断，除非被迫无奈。只要有可能，一个政治家就尽量作一个妥协的决断，一个不会冒犯任何人或有损任何利益的决断。而且，政治家喜欢推卸决断的责任，以便出了问题时能尽量地减轻指责。这或许也是为什么英国能够出现资产阶级与王室之间达成政治妥协的一个原因。另外的一个例证也可予以佐证，丘吉尔作为“二战”英雄，本该受到人民的拥戴，谁也没有料到，他却在战后的首相竞选中败给了工党领袖艾德礼，落寞地退出了政坛。为什么英国人这么急着抛弃自己的民族英雄？有人分析，是因为丘吉尔过于张扬的个性和过分炫耀自己的功绩的言行而给了低调的艾德礼以机会。

美国地处北美大陆，与英国相比明显是个年轻的国家，建国才200多年。在独立以前，美国人接受的是由英国清教徒带来的《五月花公约》，它成为了美国最早的宪法渊源。在反对英国殖民统治的赋税斗争中，1774年的第一次大陆会议通过了《权利宣言》，因为没有达到预期的目的，两年后，第二次大陆会议则通过了著名的《独立宣言》，这也标志着美国独立战争的正式打响。次年又通过了《邦联条例》（这份文件直至1781年才正式生效）。但是，《邦联条例》尚不能解决北美13个州面临的共同难题，美国在国际上也没有什么地位与尊严可言。在联邦党人汉密尔顿与麦迪逊等人的鼓动下，1788年7月，共有11个州相继批准了《联邦宪法》，1789年3月成立联邦政府。1789年，国会通过了麦迪逊提出的12条宪法修正案，2年后，其中的10条修正案得到州的批准而生效，即为著名的《人权法案》，它是联邦政府与各州之间在利益博弈中妥协的产物。在这之后，《联邦宪法》又多次修订，特别是在经历了南北战争、工业革命、经济大萧条、第二次世界大战以及后来的民权运动后，共产生了27条修正案。这些修正案的出现，不仅没有动摇联邦宪法的根本，反而使其更加稳固，成为世界宪法史上最典型的成文宪法，由它散发出来的宪法思想、原则、价值观，如同美国好莱坞电影大片一样，已经成为资本主义世界竞相效仿的楷模。世界各国通常会把美国联邦宪法作为“法律稳定”的表率，这还在其次，更为重要的是，他们实现了宪法的司法化过程，创立了对宪法的司法审查制度。这样的结果有两个：一是提高了联邦最高法院的地位，使之可以与议会、总统处在基本平衡的位置；二是表明了美国从来都没有把联邦宪法看作一部政治法，是议会独享的产物。

【观点论争】

美国著名史学家布尔廷斯认为，“我们制度的奇妙、成功与富有活力之处可以同我们政治理论的惊人贫困与含糊不清相提并论。没有一个国家比美国更坚信它的政治生活是建筑在完美理论基础上的，然而也没有一个国家像美国这样对政治哲学漠不关心或没有经某种理论方式便能降生于世的。”①

刨除个人成见，这个说法并非准确。美国其实不缺伟大的理论家、思想家，如联邦党人的思想和理论都是具有世界影响力的。但是，早期的美国人的确是把利益看得比较重，边沁的实用主义在美国的盛行就足以说明了一切。直至今日，在美国的政坛上，这样的思想依然大行其道。不过，伴随着美国经济、军事实力的强大，当它说“yes”时，除了俄国、中国等少数几个国家以外，已经很少有国家敢说“no”。无论如何，国际霸权主义都与宪政思想不相吻合。或许有人会说，手段可以是卑劣的，只要目的崇高即可。这说来说去也还是“丛林法则”的那一套，是在继续贩卖马基雅维里的《君主论》思想。这让人引发以下两个思路：一是宪政思想是否只存在于一国内部？在国际上就可以不讲了吗？这也不对呀，《欧洲人权公约》是起什么作用的？二是在国际上是否允许用一国的霸权主义为其国内的宪政思想开道吗？这种行径不免让人想起中国古代的一些趣事，那些想要造反的臣子都愿意打出“清君侧”的旗号，肚子里藏着的却是“夺君权”的念头。

法国地处欧洲大陆，“深厚的宪政理论积淀是法国频繁制宪的理论支撑。”② 按照上述内容，英国和美国已经分别成为不成文宪

① ［美］詹姆斯·M. 伯恩斯等著：《民治政府》，中国社会科学出版社1996年版，第241页。

② 薛小建主编：《外国宪法》，北京大学出版社2007年版，第40页。

法与成文宪法的典型，法国作为成文宪法的国家，它在宪法史上又有什么样的地位呢？以前中国学者的一个通俗说法，说它是欧洲大陆最早的成文宪法的国家。这种说法固然不错，但是却没有触及其实质内容。在人类历史上，法国资产阶级在反封建的革命斗争中是最彻底的。1789 年的法国大革命，直接产生了著名的《人权宣言》，此后的立宪活动极为频繁，共经历了 15 部宪法：1791 年宪法、1793 年宪法、1795 年宪法、共和八年宪法、共和十年宪法、共和十二年宪法、1814 年宪章、1815 年帝国宪法补充篇、1830 年宪章、1848 年共和宪法、1852 年宪法、1870 年宪法、1875 年宪法、1946 年宪法、1958 年宪法。那么，法国宪法是否因其“多产”而名垂青史？当然不是。归结原因有两点：一是在法国大革命的前后，涌现出一大批资产阶级启蒙思想家，如伏尔泰、卢梭、孟德斯鸠等，由他们创立的“主权在民”、“三权分立与制衡”、“法治”、“自由与平等”、“私有财产神圣不可侵犯”等思想，成为人类有史以来最为重要的、具有原创性的、影响最为深远的思想宝藏；二是法国社会阶级成分复杂，思想观念繁多，革命过程不断反复，每一种政治势力上台，先要拿宪法“说事”，力争把自己的思想观点或主张写进宪法，仅仅是政体模式就出现过三个：君主立宪制、帝制、议会内阁制，实在是够乱的。宪法历史已经不止一次地证明过，在把宪法看作政治法的国度里，宪法的频繁变动，恰恰表明了这个国家的政治局势极不稳定的一面。即便如此，也丝毫不会影响法国《人权宣言》在各国人民心目中的光辉形象。

【资料检索】

1958 年 6 月，法国戴高乐怀着他的宪政思想——1. 有职有权的总统；2. 理性化的议会；3. 有力和稳定的政府——着手领导起草新宪法。在 1958 年 9 月 28 日公民投票中，宪法草案以高达 79%

的赞成票得以通过。由戴高乐总统领导的第五共和国也由此拉开序幕。①

【观点论争】

戴高乐将军建立的第五共和国，使法国和他自己蜚声世界。由于他过于关注国家的富强，过于关注法国在国际上的地位和影响，反而忽略了国内老百姓的民生。他自己或许仍然执迷不悟，但老百姓对此却是一清二楚的，于是戴高乐将军从总统的宝座上下台了。戴高乐将军的悲剧，并非是说法国人民不懂得感恩戴德，而是他的想法没有得到足够多的法国人的支持，脱离了国情，高估了民众的觉悟程度。作为伟大的领袖，不管你怎样应该高瞻远瞩地考虑明天的事情，可是老百姓最关心的是今天的利益；不管你怎样合理地考虑外部的事情，老百姓只关注他们内部的繁荣；不管你怎样从政治上考虑问题，老百姓最关心的还是自己的衣食住行。一个聪明的政治家本应该看到这才是最大的政治——推行民主政治的最终目的，归根结底不就是为了解决民生问题吗？

德国地处欧洲西部，传统上是专制国家，其立宪历史较短。1871 年产生了第一部帝国性质的成文宪法，在第一次世界大战失败后，1918 年成立了魏玛共和国，次年制定了一部具有自由民主性质的《魏玛宪法》。虽然这部宪法较为注重保障人权和自由，却由于国内上层人士固有的帝国梦想，加之经济萧条、社会动荡，温和的民主制根本就无法改变德国的现状，且又为纳粹的独裁统治提供了生存的空间。第二次世界大战后，德国被分割成民主德国与联邦德国两个部分；在经过长达 40 多年的分离之痛后的 1990 年，终于实现了统一，制定了《琪米斯统一法》。

① 薛小建主编：《外国宪法》，北京大学出版社 2007 年版，第 48 ~ 50 页。

【观点论争】

希特勒之所以可以搅动本国，进而欲称霸欧洲，除了利用“国家社会主义”的口号来团结和鼓动本国民众以外，最主要的还在于他利用了各民族之间的仇恨与矛盾，利用了各国“事不关己、高高挂起”的心理，利用了《魏玛宪法》所给予的宽松的政治平台，发动了惨绝人寰的第二次世界大战。当我们在强调希特勒为此承担责任时，同时代的一些德国人是否需要扪心自问：你的心中是否也曾经生成过构建帝国大厦的梦想？今天，法西斯的脚步声似乎已经远去，可是，希特勒《我的奋斗》就再也没有了他的知音吗？如果不是，相信再好的宪法也挡不住纳粹冲锋枪的扫射。

俄国地处欧洲东部，1917 年 10 月，由列宁领导推翻了沙皇政府，建立了苏维埃政权。1918 年 7 月制定了《苏俄宪法》，这是世界上第一部无产阶级性质的宪法；1922 年 12 月，建立全苏联盟；1924 年 1 月通过了第一部《苏联宪法》；1936 年制定了具有社会主义性质的《苏联宪法》。它对世界社会主义的影响是巨大而空前的，曾经对中国和其他的社会主义国家的宪法历史产生过极大的影响。20 世纪 80 年代末，东欧剧变，社会主义阵营发生重大变化，许多社会主义国家在一夜之间“易帜”。一眨眼 20 多年已经过去，“剧变”也罢，“转型”也罢，时代在进步，俄国的宪政制度也在进步之中。

【资料检索】

1917 年俄国十月革命取得成功，建立起人类历史上第一个社会主义国家。列宁在《关于经济建设话题的发言》中提出：工人阶级夺取政权之后，像任何其他阶级一样，要通过改变所有制和实行新宪法来掌握保持政权，巩固政权。但是，到了 20 世纪 80 年代末发生了东欧剧变，苏维埃政权在一夜之间被瓦解，戈尔巴乔夫的“新思维”没有为俄共带来新的希望，而叶利钦却一跃成为了俄国社会主义的掘墓人，建立起具有资本主义性质的俄罗斯联邦共和国及其宪法。虽然叶利钦总统在任期间被视为“铁腕人物”，在他治下甚少民主气息，但他的一切举动基本上都还是按照宪法在进行。1999年12月31日，叶利钦总统在电视节目上向全国宣布三项命令：1. 根据俄罗斯联邦宪法第二章第92款，从1999年12月31日12时零分开始，我终止行使俄罗斯总统的职权；2. 根据俄罗斯联邦宪法第三章第92款，从1999年12月31日12时零分开始，由俄罗斯联邦共和国总理临时行使总统职权；3. 此命令从签署之时起生效。俄罗斯联邦共和国从此进入“普京时代”，经济开始复苏。后来的继任者梅德韦杰夫基本上也还是按照普京定下的政策在执行。普京曾经说过：给我20年，还你一个强盛的俄罗斯。如果他要想在俄国继续掌舵，就需要按照宪法规定参加下一任的总统竞选，否则的话就要修改宪法。结果是，2012年3月，普京以压倒性多数竞选成功，再次出任总统一职。这是普京个人的胜利，更体现了宪政的力量。

【观点论争】

1. 作为列宁的接班人，斯大林通过国际共运所给予各国社会主义阵营的援助是大家无法忘却的。毛泽东因为感念他对中国革命作出的巨大贡献，不愿意接受其接任者赫鲁晓夫对斯大林的批判，甚至一度断绝了与苏联的“兄弟”关系；但是，斯大林在国内进行的肃反运动，确实带给许多苏联人无法弥补的灾难。如何评价斯大林的个人功过，曾经在各社会主义国家阵营中引发争议。从今天的社会形势看，我们发现，《苏联宪法》也的确没有管住像斯大林这样类似当年“沙皇式”的人物，其中的教训值得记取。

2. 20世纪末，非洲一些国家进入了宪政改革的通道。乌干达总统穆塞韦尼为谋求连任第三期，不惜要求修改宪法关于总统的连任限制的规定。2005年8月18日，乌干达议会以222票赞成、37票反对、2票弃权，三读通过了对1995年宪法的修改，取消了对总统连任的限制，使得穆塞韦尼成为事实上终身制的总统。突尼斯、乍得等国也相继做了修改。这引起了人们对宪法的“合法性”的关注。对比这些事件，俄罗斯总统普京谋求迂回担任总统的做法要比上述非洲国家明智了许多，它至少保证了宪法的权威性与稳定性，也避免了人们对宪法合法性的怀疑。

虽然上述宪法有的已经“作古”，犹如过往云烟，但它们在历史上也曾经辉煌过，如同现代医学中出现的器官移植手术，其母体已然不在，而被移植的器官仍然会以另外的生命形式“活着”。

## 二、中国宪法史略

### （一）1908~1949年中国立宪史

清朝末年，为救亡图存，一大批改良主义者如康有为、梁启超等提出“伸民权，争民主，开议院，立宪法”的主张。清政府对此先是镇压，后迫于压力，又同意立宪，先后于1908年和1911年抛出了《钦定宪法大纲》、《十九信条》等，却都没能挽回其被灭亡的命运。

【资料检索】

在19世纪80年代，中国改良主义思想家郑观应在《盛世危言》中首次使用“宪法”一词；在戊戌变法中，以康有为、梁启超为代表的维新人士出于拯救中国危局的信念，力主实行君主立宪制，纷纷提出“立宪法、开议院、伸民权”的主张，立宪思想之花开始在中国的大地上盛开。

1911年爆发辛亥革命，1912年1月1日成立南京临时政府，孙中山先生就任临时大总统。为求“南北议和”，孙中山先生将总统之位让给了袁世凯。为防其称帝野心，1912年3月出台了《中华民国临时约法》。两年后，袁世凯重新制定《中华民国约法》，总揽全国的统治权。袁世凯去世后，北洋政府的政权更迭频繁，宪法修订不断：1923 年直系军阀曹锟出台《中华民国宪法》，因其贿选举动，史称“贿选宪法”；1925 年皖系军阀段祺瑞出台《中华民国宪法草案》，因广受反对，最终没有成为正式宪法；1931 年国民党政府出台《中华民国训政时期约法》，确认国民党一党专政地位；抗战结束后，国民党政府于 1947 年 1 月 1 日又出台了《中华民国宪法》，赋予总统以国家元首的最高权力。

【资料检索】

1911 年的中国爆发了具有资产阶级性质的辛亥革命。次年元旦，中华民国成立，孙中山就任临时大总统。1912 年 1 月底，成立临时参议院，开始着手制定宪法。3 月，经临时参议院一致同意、临时大总统公布，《中华民国临时约法》开始生效，前后历时 1 个多月。匆忙之下制定的宪法，主要目的是限制袁世凯的总统权力（实行责任内阁制）。可惜的是，当袁世凯总统把《中华民国临时约法》变成了《中华民国约法》之后（总统代表国家，统率三军），当初的“限袁”设想不仅化为了泡影，而且逼得孙中山先生进行二次北伐。

【观点论争】

中国的文明历史不存在所谓的宪政思想，有的只是君臣之间的权力格局的变化，或者是帝王权力无限坐大如秦始皇、汉武帝等，或者是帝王权力被臣子架空如明万历帝、清光绪帝等，而每一次农民起义的结果，不过是“旧桃换新符”而已，是一点也看不到任何宪政的影子。只有在儒学文化中还能够依稀看到“人”的价值——那种“以仁为已任”的“君子”，这或许就是中国将来建构宪政价值的基础。但是，就思想解放与制度建设而言，中国近代百年屈辱的历史已经在告诫我们，只有把自已融进世界进步的洪流，才有可能强大自已。“中国的宪政迟早也会融入世界宪政体系，并以自已悠久的道德传统与深厚的文化底蕴和其他国家进行平等对话。然而，就和中国在经济领域仍然是发展中国家一样，中国宪政也处于发展中状态，因而需要虚心学习其他国家的发展经验，勇于并善于吸收发达国家的长处。”①

1921年成立中国共产党。在中国共产党的领导下，中国工农红军开展武装斗争，建立革命根据地。1931年11月，在江西瑞金召开第一次工农兵苏维埃代表大会，宣告成立中华苏维埃共和国，颁布《中华苏维埃共和国宪法大纲》；为建立抗日民族战线，1941年11月，陕甘宁边区第二次参议会制定了《陕甘宁边区施政纲领》；在解放战争期间，为建立人民民主专政政权，反对帝国主义、封建主义和官僚资本主义，陕甘宁边区第三届参议会制定了《陕甘宁边区宪法原则》。

旧中国的立宪史历经半个多世纪，各种政治势力纷纷登场：清王朝的立宪是为了挽救其濒临灭亡的危局，立宪的结果不过是想苟延残喘；中国资产阶级领导的国民革命一波三折，立宪过程更是虎头蛇尾；中国共产党领导的根据地虽然是在没有国家政权之名的情况下开展立宪活动，却也为后来新中国的立宪积累了些许经验。

【观点论争】

有一种观点认为，在旧中国的宪政道路上，如果不是袁世凯的个人恶行——投靠慈禧出卖维新派、与国民党争夺权力、一意孤行恢复帝制、杀害对他构成威胁的宋教仁等——情形可能会好许多。有时个人的作用的确会在一定程度上影响到历史的进程。但是，历史毕竟不能假设，更何况从深层次看，旧中国的宪政道路之所以会变成如此，主要还在于当时的社会条件，包括传统文化的影响。“有枪便是草头王”，袁世凯因为有强大的北洋军作后盾，按照“丛林规则”，实力较弱的南方革命军只有作出让步；蒋介石因为

① 张千帆著：《宪法学导论》，法律出版社2008年版，“序言”第5页。

握有800万大军，他就可以同样的规则围剿中共军队。这种在传统文化中存在的、对权力与实力的膜拜心理，当然是不会产生真正的宪政思想的。它再一次证明了：强权从来就是宪政的死敌。

（二）1949～2004年中国立宪史

1949年，中国人民在解放战争中取得了决定性的胜利，国内阶级力量对比关系发生了根本的转变。新中国即将诞生，有必要用根本法的形式来确认和保护革命胜利的成果，确定新中国成立后的国家根本任务和根本制度。但是，当时解放战争尚未完全结束，人民群众的组织程度和政治素质以及法制观念有待提高，参与普选经验不足，尚不具备召开普选的人民代表大会并制定宪法的条件。1949年9月，以中国共产党为主导召开了具有广泛代表性的中国人民政治协商会议，并由它代行最高国家权力机关的职权，且通过了《中国人民政治协商会议共同纲领》。作为新中国的建国纲领，它规定了我国的国体是人民民主专政，政体是人民代表大会制度，规定了人民的权利和义务以及相应的政权机关、军事制度和经济、文化、教育、民族、外交等各方面的基本政策。虽然这不是一部正式的宪法，但它具有国家根本法的特征，起到了临时宪法的作用，成为1949～1954年期间全体公民遵守的最高准则。

至1953年，中国完成了社会改革和恢复国民经济的基本任务，国家的政治、经济等各方面发生了重大的变化，需要制定一部正式的宪法来巩固新中国成立以来取得的经验和成果，指导社会主义事业顺利前进。当时，中国抗美援朝战争取得胜利，土地改革和“三反”、“五反”、“镇反”等一系列民主改革运动提高了人民群众的政治素质，国家经济得到恢复，制定正式宪法的条件成熟。正是在这样的背景下，1953年3月，中央人民政府委员会第二十次会议决定成立一个以毛泽东同志为首的有33个成员的宪法起草委员会，开始起草宪法。1954年3月宪法草案成稿，又用6个月的时间向各方征求意见，经中央人民政府委员会第三十四次会议决定，将宪法草案交由第一届全国人民代表大会进行审议，全国人大第一次会议通过并颁布了《中华人民共和国宪法》（以下简称五四宪法）。五四宪法是对《共同纲领》的继承和发展，除序言和总纲外，分为国家机构、公民的基本权利和义务、国旗、国徽、首都共4章106条。

【资料检索】

1. 1953年起草制定宪法时，毛泽东曾经要求给每一位起草宪法的委员会成员配上《魏玛宪法》、《苏俄宪法》，作为参考资料。对后者我们不难理解，因为它们同属于社会主义国家；而对前者，因为它属于资本主义国家，为什么也要加以参考呢？这其中是否与其在公民权利保障方面自有特别之处有关？不得而知。作这样的猜想不是没有因由的，要知道，在新中国成立初期，每一个人的阶级斗争观念都很强烈，每一根神经都被绷得很紧。但凡属于资本主义的东西，都可能被列入“毒草”范围。

2. 五四宪法的主要内容：（1）规定了国家的根本性质是工人阶级领导的，以工农联盟为基础的人民民主国家。（2）规定了实行民主集中制的人民代表大会制度是国家的根本制度。（3）规定单一制是我国的国家结构形式。（4）规定了我国的基本经济制度，确认了生产资料的全民所有制、合作社所有制、个体劳动者所有制和资本家所有制四种基本形式，规定社会主义性质的国营经济是国民经济中的主导力量，应优先发展。（5）规定公民享有广泛的权利和自由，国家为公民提供必需的物质便利，同时要求公民履行必要的义务。（6）规定了国家机构的设置，确认各级人民代表大会为国家权力机关。这部宪法是中华人民共和国的第一部根本大法，既坚持了社会主义原则和人民民主原则，又在具体的方法和步骤上不拘泥于某种固定的模式，具有很大的灵活性，是一部较好的社会主义类型的宪法。宪法的颁布和实施对于巩固人民民主专政政权、团结全国各族人民参与社会主义革命和建设、维护社会稳定、推动国家经济的发展，都发挥了重要的作用。同时，宪法所奠定的社会主义宪法内容体系和宪政制度也为日后的修宪工作提供了方向。

【观点论争】

1. “文化大革命”十年浩劫。1975年1月，第四届全国人民代表大会第一次会议通过修改宪法（以下简称七五宪法）。这部宪法具有极“左”色彩，特别是公民权利和自由的范围大幅度缩小。为了宣告“文化大革命”结束、消除七五宪法存在的严重问题，1978年3月，由第五届全国人民代表大会第一次会议通过了对宪法的修改（以下简称七八宪法）。这部宪法取消了七五宪法中一些错误内容，但未能完全摆脱“文化大革命”和七五宪法的影响，虽经1979年、1980年的两次修改，从总体上看仍然不能很好地适应我国社会发展的需要，因此对它进行全面修改势在必行。

2. 事件回放：1976年10月，以华国锋同志为首的党中央一举粉碎了“四人帮”，结束了“文化大革命”给中国人带来的灾难。但是，在思维惯性的作用下，人们对毛泽东的由衷情感和历史评价总是乱麻似地交织在一起，一时无法厘清。正是在这样的背景下，中共中央内部出现了“两个凡是”的言论。以下有三个版本：(1) 1977年2月7日，《人民日报》、《解放军报》和《红旗》等公开提出的是：“凡是毛主席做出的决策，我们都坚决拥护；凡是毛主席的指示，我们都始终不渝的遵循。”(2) 1978年9月16日，邓小平在东北视察期间听取中共吉林省委汇报工作时对此的解说是：“凡是毛泽东同志圈阅的东西都不能动，凡是毛泽东同志做过的、说过的都不能动。”(3) 1978年12月13日，华国锋在中央会议上所做的检讨发言是：我讲了“凡是毛主席做出的决策，都必须维护；凡是损害毛主席形象的言行，都必须制止。”

1980年9月，第五届全国人民代表大会成立宪法修改委员会，主持修宪工作。1982年12月4日（这个日子后来成为中国的普法纪念日），五届全国人大五次会议通过了新宪法（以下简称八二宪法）。这部宪法在结构上沿袭了前三部宪法的形式，除序言外，分为总纲，公民的基本权利和义务，国家机构，国旗、国徽、首都，共4章138条。但公民的基本权利和义务由原来的第三章提前到第二章，这一变化充分反映了国家对保障公民基本权利的重视。八二宪法继承和发展了五四宪法，是一部比较完善的、中国特色的社会主义宪法，它有力地推动了我国民主宪政建设的发展。为了使它更好地适应变化着的现实，到目前为止，全国人大采取修正案的形式先后4次对这部宪法进行了修改，共形成31条宪法修正案。

【资料检索】

1. 八二宪法的主要特点：（1）将四项基本原则作为指导思想，确认我国社会主义初级阶段的基本路线，即“一个中心，两个基本点。”（2）加强社会主义民主法制建设，首次在宪法中明确地把社会主义民主建设作为国家的根本目标和根本任务之一并加强和完善了人民代表大会制度，扩大了公民的权利和自由，恢复了法律面前一律平等原则，废除了领导终身制。（3）强调以经济建设为工作重点，规定了以生产资料公有制为主体、多种经济成分并存，以按劳分配为主、多种分配方式并存的社会主义经济制度。（4）高度重视社会主义精神文明建设，规定了在加强科学文化建设与思想道德建设这两个方面的具体要求。（5）维护了国家的统一和民族的团结，进一步完善了民族区域自治制度，规定了特别行政区制度。

2. 宪法修正案的具体内容：第一次是1988年4月12日，第七届全国人民代表大会第一次会议通过2条宪法修正案，主要内容：（1）私营经济是社会主义公有制经济的补充，国家对私营经济实行引导、监督和管理。（2）在土地所有权公有的前提下肯定土地的有偿使用。第二次是1993年3月29日，第八届全国人民代表大会第一次会议通过9条宪法修正案，主要内容：（1）社会主义初级阶段理论、中国特色理论、改革开放、中共领导的多党合作制、建设富强、民主、文明的社会主义国家。(2) 农村家庭联产承包责任制、社会主义市场经济。(3) 县级人大代表任职期限由3年改为5年。第三次是1999年3月15日，第九届全国人民代表大会第二次会议通过6条宪法修正案，主要内容：(1) 邓小平理论。(2) 依法治国。(3) 公有制为主体、多种所有制共同发展；按劳分配为主体、多种分配方式并存。(4) 以家庭承包经营为基础、统分结合的双层经营体制；非公有制经济是社会主义市场经济的重要组成部分。第四次是2004年3月14日，第十届全国人民代表大会第二次会议通过14条宪法修正案，主要内容：(1) 三个代表思想和三个文明（推动物质文明、政治文明和精神文明协调发展）。(2) 国家为了公共利益的需要，可依法对土地实行征收或者征用并给予补偿，及对公民的私有财产实行征收或者征用并给予补偿；鼓励、支持和引导非公有制经济发展，并对其依法监督和管理；公民的合法的私有财产不受侵犯；建立健全社会保障制度。(3) 保障人权。(4) 将乡镇人大代表的任期由3年改为5年。

3. 关于中共党内指导思想的确立过程：(1) 1940年在延安时期，毛泽东在《新民主主义论》一书中第一次明确提出了马克思主义中国化的命题，但是当时还是受到以王明为代表的“左倾”路线的反对。为此，毛泽东亲手掀起了延安整风运动，他自己也刻苦学习了一批马克思主义著作；1941年5月，他做了一个《改造我们的学习》的报告；1942年2月，毛泽东在中央党校做整风的动员报告《整顿学风党风文风》，现在被认为是发动延安整风运动的重要标志。延安整风运动的第一个直接结果就是在中共党内确立了毛泽东思想。1954年，毛泽东思想被写进了新中国第一部宪法。(2) 1997年9月召开的十五大会议，首次使用“邓小平理论”这个科学称谓，把这一理论作为指引党继续前进的旗帜。在当代中国，只有把马克思主义同当代中国实践和时代特征结合起来的邓小平理论，而没有别的理论能够解决社会主义的前途和命运问题。邓小平理论是当代中国的马克思主义，是马克思主义在中国发展的新阶段。1999 年，邓小平理论被写进了新修订的宪法。（3）2000 年 2 月 25 日，江泽民在广东考察工作时指出：总结我们党七十多年的历史，可以得出一个重要结论，这就是：我们党所以赢得人民的拥护，是因为我们党在革命、建设、改革的各个历史时期，总是代表着中国先进生产力的发展要求，代表着中国先进文化的前进方向，代表着中国最广大人民的根本利益，并通过制定正确的路线方针政策，为实现国家和人民的根本利益而不懈奋斗。在 2002 年 11 月召开的党的十六大会议上，"三个代表"被正式写进了《党章》，2004 年被写进新修订的宪法。（4）2003 年 10 月召开的十六届三中全会，通过《中共中央关于完善社会主义市场经济体制若干问题的决定》，第一次提出了科学发展观这一重大战略思想。2005 年 10 月，在十六届五中全会上，胡锦涛又对科学发展观做了深刻阐述。

【观点论争】

宪法作为根本大法，它就不应该频繁修改。如果宪法规定了具体的国家制度，如经济制度等内容，它就无法避免被频繁修改的命运。以往的修改是为了政治上的原因，而现在的修改却是因为经济原因。不论是何种情形，它们都造成了宪法丧失稳定性与权威性的结果。还有一个原因，就是要从保证宪法是可操作性的、可实施的法的角度出发来制定宪法，对于有的概念其时间性太强的，就不宜规定进去。①

【思考题】

1. 为什么以往的宪法概念过于单一地强调政治性内容，而忽略了宪法作为一般法律的特性？

① 张千帆著：《宪法学导论》，法律出版社 2008 年版，第 144～146 页。

2. 比较宪法的形式概念与实质概念，你认为它们之间有哪些内容是你最感兴趣的，也是学习宪法最重要的元素？

3. 如果把宪法效力降低到与一般法律相对等的地步，你认为其中的利弊得失该如何分解？没有具体惩罚性的宪法是否等同于宪法没有法律强制力？

4. 你认为宪法需要改变这样的状况吗？如果需要，有何方法可以解决宪法的权威问题？

5. 宪法是对整个国家的根本制度进行规范，其涉及面极广，作出原则性规定也就在所难免。那么，(1) 如果它的原则性太强的话，是否有可能影响到宪法的诉讼适用性？(2) 如何才能约束其他法律听从宪法原则性的规范，实现宪法的既定目标？

6. 作为根本法的宪法，既然它的效力高于其他法律，那么它的实际作用是否也应该大于其他法律？而作为政治法的宪法，如何理解它对国内各种政治力量的包容或者是排斥的关系？

7. 宪政事实是由立宪产生的还是说宪法是对宪政事实的承认？

8. 1978 年发生的农村改革，与 1978 年宪法规定的人民公社是冲突的；1986 年南方经济特区请求国务院同意变更土地所有权和出让土地使用权的请示得到确认，与 1982 年宪法关于土地的相关规定是冲突的。良性违宪事件的不断发生又说明了什么？

9. 资产阶级的宪法思想对无产阶级的立宪活动有无启迪、有何助益？

10. 在历史上，《魏玛宪法》、《苏联宪法》都曾经极大地影响到我国的立宪思想。对此应当作何评价？

11. 为什么各国的宪法都不能约束住那些“领袖”的手脚和野心？在其背后有什么需要反省的教训？

12. 假设慈禧太后同意光绪帝和他的一班维新改良派的主张，是否就一定能够起到挽救清王朝被覆灭的命运，或者能够起到延缓的作用？历史真的会因这样的假设而发生改变吗？

13. 在无宪政事实的情况下开展立宪活动，其最终结果会变成什么模样？旧中国的立宪史又告诉了我们什么东西？

14. 你认为频繁修改宪法是利多还是弊多？理由是什么？从1988年以后的修宪工作中，你得到了什么样的启发？其中的哪些内容是你感兴趣的？

# 第十一章　宪政导论

**【内容摘要】**在西方的宪政理念中，因为受到各自宗教信仰或哲学思想的影响，可谓错综复杂。本着“他山之石，可以攻玉”的精神，我们截取了其中思想科学、内涵丰富、影响深远的片段进行介绍，如立宪主义、契约精神、政治多元思想等，这些内容不仅对其各自国家起着重要作用，而且对确立中国的宪法原则也有着一定的借鉴意义；而从实际出发，中国的宪法原则应该包括人民主权、人权、法治和分权制衡的内容。其中，中国没有直接选择资产阶级启蒙思想家提出的分权与制衡的思想和理论，而是根据国情选择了民主集中制作为指导政权管理的首要原则，但也不能因此而贬低分权与制衡的科学价值。

## 第一节　宪　　政

宪法是一种法律形式，只有在它发挥作用的时候，才能对外部产生影响，这种作用力的结果之一就是宪政的事实。所以，宪法与宪政之间的关系主要就表现在两个方面：宪法是具体宪政的结果，宪政的具体实现过程又需要以宪法为依据；宪政则是具体实现宪法的目的，以致在全社会形成宪法秩序。宪政是什么呢？就是民主的政治。[1] 毛泽东的这句话，其实已经揭示出了宪政的实质。

首先，宪政的前提是要建立民主政权。政权是保证政治秩序的

① 毛泽东著：《新民主主义的宪政》。

首要条件，建立民主的政治秩序，如果没有一个强有力的政权作保障，民主就将是一句空话；而政权又是在社会变革或革命获得成功以后才能取得的，所以宪政不可能是由专制的封建社会传承而来的，它应当是在绝大多数社会成员成为国家的实际主宰以后取得的政权，这才是民主的政权。历史上有过两种类型的社会革命，它们都成功地建立起民主政权，一是以资产阶级为主导的民主政权，如近代以来的英国、美国、法国等；二是以无产阶级为主导的民主政权，如苏联、中国、前东欧的社会主义国家。虽然从20世纪90年代以后，以苏联为代表的社会主义阵营已经四分五裂，社会制度也发生了根本性的变化，但在这些国家当中，民主政权的性质却没有多大的改变。

其次，民主政权要用宪法的形式固定下来。在古代社会，夺取政权的标志可能是代表了国家权力象征的一柄权杖、一枚戒指或一块玉玺，但是在近代社会，民主政权的建立标志只能是宪法——在对外方面，你这个国家或政府的一切都是通过宪法，让其他国家了解你、承认你甚至和你发生邦交关系；在对内方面，宪法可以让你通过革命或变革得来的权力合法化，让绝大多数的社会成员承认你的存在，服从你的领导。所以，制定宪法就成为固定民主政权的前提条件。当然，在一些国家如英国，它没有形成“成文宪法”，只有一些宝贵的宪法性文件，而这些因素却不影响资产阶级掌握国家政权的事实，更不影响他们民主事实的实际存在。

最后，宪法要以实现宪政目的为主要内容。专制制度的一个重要表征就是国家权力的私有化，所有的社会资源只能是由少部分社会成员所控制。在他们实际控制了国家政权和社会资源以后，其他的社会成员也就沦落为他们当然的控制对象，被奴役、被迫害就成为多数社会成员的生活常态。民主政权的核心是要让国家政权公有化，避免重蹈大权独揽现象的存在。可见宪政与专制是互相对立的，宪政的目的就是要确保人民主权，反对大权独揽。因此，宪政的另一层含义就是要将国家权力进行适当分离，使得权力与权力之间保持着一定的距离，以便于它们之间的相互合作与制约。

【资料检索】

英国1689年的“权利法案”规定：人民有权向国王请愿，有自由选举国会议员权，议会享有言论免责权。1788年的美国《宪法》第1、2、3条，分别规定了国会、总统和法院的权力。1789年的法国《人权与公民权宣言》把平等视为人权与公民权的基本原则，自由作为人权与公民权的首要原则，安全权是保护人权与公民权的目的，财产权是神圣不可侵犯的权利。

当然，宪政实现的路径与过程并没有统一的标准。考察人类历史，不难发现，在管理国家与社会的模式中是既多样又复杂的，不同的国家和民族的发展进程也各不相同。在同一个历史时期，有的已经进入了发达的封建制国家如中国的宋朝，而当时的北方民族还停留在原始社会的形态。同样都是封建制国家，有的实行个人独裁管理模式，有的实行贵族共同管理模式。这就说明任何一项社会制度，都是与它当时所处的社会条件相适应的。宪政制度也是如此。虽然今天的许多国家已经走上了民主政治的道路，但限于各国实际情况的差异性，其宪政的发展水平将有所不同，其选择民主政治的模式也会出现不同的版本。存在这样的情形都是正常的，只是宪政的实质不能走样，那就是人民主权和保障人权。

## 第二节 西方宪政理念

从17~18世纪开始，西方国家率先汲取了先哲们的法治思想——平等、自由、博爱与法律至上等理念。在这些思想的指导下，启蒙思想家又从人性的角度出发来构解国家权力与公民权利之间的种种博弈，于是提出一个又一个的宪政理念，诸如立宪主义、契约论思想和政治多元主义等，所有这些观点都在不同程度上影响到各国的宪法内容，使得上述的宪政思想变成了活生生的立宪实践。

## 一、立宪主义

在《英汉法律词典》中，立宪主义（Constitutionalism）是多义词，它还包括立宪制度、宪法论、宪政的拥护等意义。据考察，最早使用该词的学者是1866年的布朗森，他理解的意思是指“对抗和制衡制度”。从政治哲学的角度分析，西方立宪主义概念最早源于一种“设防的学说”，即在国家权力与公民权利之间设置相互调整的制度或装置。立宪主义有两层含义，一是形式意义，指制定宪法，且不论这样的宪法其内容如何；二是实质意义，指“建立、管理或约束政府的规则”。由此可见，立宪主义成为了有限政府存在的思想基础。

【观点论争】

确切地说，根本就没有单一的政府。……人们还可以用一些类似的方法来补救与此相反的不便：当政府过于松弛的时候（指政府掌握在大多数人的手中），就可以设立一些委员会使之集中化，这正是一切民主制国家所实行的。……在前一种情形下（指当政府过于强大时），人们划分政府是为了削弱政府；在后一种情形下（指当政府过于松弛的时候），则是为了加强政府。因为强力的极限与软弱的极限同样地都出现在单一的政府之下；反之，混合的形式产生适中的力量。①

立宪主义的发展经历了古典立宪主义、中世纪立宪主义、近代立宪主义与现代立宪主义等不同的发展阶段。对现代立宪主义的构成要素，学者有不同的表述：国民主权的实质化；基本人权的保

---

① ［法］卢梭著，何兆武译：《社会契约论》，商务印书馆1982年版，第102～103页。

护；宪法规范力的强化；权力分立原则；实质的法治主义，等等。

立宪主义之所以成为重要的宪法理念之一，是因为在它的思想内容中包含着极为丰富的宪政观点。何谓宪政？宪政是指以宪法为依据，以保障人权为宗旨，按照民主、法治原则和方法运作的政治形式。法治的最高境界是依宪而治，而实施宪政的核心是限制政府的权力，以确保公民权利的实现。我们可以这样说，离开了立宪主义指导的宪法，就不可能是良性的宪法，政府权力就有可能凌驾于公民权利之上。因此，为了防止出现类似的情形，现代社会的宪法就需要树立立宪主义的思想理念。

【观点论争】

在《联邦党人文集》第51篇，麦迪逊指出："假如人都是神，那么政府就没有必要存在了；如果能够以神来统治人，那么无论外部或内部的政府制约也就没必要存在了。要形成一个以人管理人的政府，其最大的困难在于，你首先必须使政府能够控制被统治者；其次必须迫使政府控制自己。对政府的首要控制乃是依赖人民，但经验早已教导人类辅助防御的必要性。"

## 二、契约论思想

契约（Contract）是规定当事人权利与义务关系的法律文件，而在近代西方世界，这种契约关系是在不同社会利益的公开斗争中逐渐形成的。虽然契约关系并不一定是绝对平等的，但双方或各方能够形成法律上的互惠关系，其本身就表明了一定程度的地位平等。契约关系因为是一种权利义务关系，它需要受到法律的约束，正是从这个意义上，现代宪法就同契约联系在了一起。1215年英国《大宪章》的产生，就是英国贵族迫使英国国王约翰接受限制王权的"权利法案"，其本身也是一种契约。

【观点论争】

中国封建社会从来不缺契约，也不缺履约中的守本诚信，唯独缺的是民权契约精神。英国法学家梅特兰经考察认为，从封建主义到资本主义市场经济的过渡，是“从身份到契约”的变化。这样看来，契约似乎是资本主义的产物。其实不然，因为在宪政国家里，契约的重要性在于限制政府权力，或者说是政府要学会尊重它与民众之间达成的协议。《大宪章》就是英国人以要求国王服从法律为宗旨的一种契约。

国家权力从何而来，是“君权神授”还是“天赋人权”？国家权力的合法性依据又是什么？契约论的目的是为国家权力的产生和维持提供合法性依据，或者说是为界定什么是合法国家权力提供标准。尽管国家早已存在，契约论却只是近代才产生的思想，是西方思想家在文艺复兴、新教革命和启蒙运动的推动下对国家权力进行反思的产物。“社会契约论”的基本思路是：国家并不是从来就有的，而是（或应当是）通过一组契约产生的。人和社会先于国家而存在，国家则是人类理性的有目的与有意识的后天产物。可以说契约论思想对宪政的形成与发展发挥过重要的作用，在18世纪的许多立宪主义者看来，宪法在本质上就是一部契约。在历史上，曾经有过四位思想家或理论家对社会契约论做过开创性的贡献，他们的名字及其代表作分别是：专制契约论的代表霍布斯（《利维坦》）、自由契约论的代表洛克（《政府论》）、民主契约论的代表卢梭（《社会契约论》）和罗尔斯（《正义论》）。

【观点论争】

把宪法说成是一种契约，这其中的一个道理在于“超多数人的意见”，因为宪法要比法律需要更多的人的同意才能获得通过，这就是所谓的宪政意义。但是，且慢，我们不要忘记了，宪政的另一种含义，那就是保护少数人利益的问题。在程序上我们需要尊重多数人的意见和利益，却无权以多数人的意志去损害少数人的利益。如果我们这样做了，我们就成了民主的暴君，就不是我们想要的能够平等保护每个公民权利的宪政，而这样的宪法就再也不是具有“社会契约”精神的宪法。

马克思主义关于国家起源的学说是符合历史事实的，也是可以被证实的。但是，它对于宪法的历史而言，尤其是在界定国家权力的合法性问题上却没有多少帮助。相反地，社会契约论思想却是不证自明的，它对确立人权高于主权的思想是有帮助的，它还以历史的事实证明了：国家主权的更迭可以不通过阶级斗争也能够得以实现。我们认为，历史是多面的，思想也是相对的。如果大家都相信社会契约论是客观存在的，是合理的，只要它对于推动宪政的发展是有利的，这样的理论又有何不可使用？事实上，今天的宪法就像是一部人权与主权之间的一种契约，它确定了国家主权是源于公民或人民的授权。

【观点论争】

要寻找出一种结合的形式，使它能以全部共同的力量来维护和保障每个结合者的人身和财富，并且由于这一结合而使每一个与全体相联合的个人又只不过是在服从自己本人，并且仍然像以往一样地自由。这就是社会契约所要解决的根本问题。……社会公约可以简化为如下的词句：我们每个人都以其自身及其全部的力量共同置于公意的最高指导之下，并且我们在共同体中接纳每一个成员作为全体之下不可分割的一部分。① 卢梭的“社会契约论”看似不可思议，本来世界上就没有过所谓的“共约”，但是大家相信了它的存在，这就足够了，因为信仰是构成一切规范遵守的前提或基础。

---

① ［法］卢梭著，何兆武译：《社会契约论》，商务印书馆 1982 年版，第 24～25 页。

### 三、政治多元主义

在宪法概念中，有两个说法被证明是成立的：一是说宪法是政治法，二是说宪法是协约法。这就等于我们已经承认了这样一种事实：在国家和社会领域，不同的阶级或民族或团体，由于他们所处的政治地位的差异性，决定了他们对政治利益有着不同的诉求，这就难免会出现利益之争。争斗的结果或许是两败俱伤，或许是一方压倒另一方。怎样做才能保证国家或社会不会陷入上述的局面？在认识论方面，聪明的美国人给我们奉献了一种明智的答案，这就是坚持政治多元主义的立场。

何谓政治多元主义？联邦党人麦迪逊认为，派系的潜在根源生存于人类本性的萌芽之中，而调控多样化和相互干扰的利益构成现代议会的主要任务，它涉及通常和基本的政府运作中的党派或派系斗争。既然派系是不可消除的，派系斗争是不可避免的，那么体制设计者唯一能做的就是把派系斗争所产生的危害限制在一定的范围内。其实，在论述政治多元主义时，我们发现，美国的政治多元主义是以承认人类的自由权利和平等权利作为前提的，而且承认政治妥协也是非常必要的，因为它可以减少在争斗中的利益损耗。这就与宪法中的两个概念有了联系：政治法与协约法。

美国的政治多元主义不仅对它本国的宪政制度和宪法生活有重大影响，而且对全世界的宪政运动也产生了一定的积极作用。因为政治的性质就决定了：只有和平共处，互相包容，才能存同求异，共谋发展。这也就是宪法的产生和存在的价值及其政治目的之一。因为政治多元是一种客观存在的事实，那么就让我们用宪政制度来包容它吧。

政治多元主义是“人民共和”的思想基础。所谓的共和就是要求同存异、包容异己。譬如，资本主义国家实行的两党或多党轮流执政的做法，就隐含着各种政治势力在角逐中共存的想法；在中国的历史上，孙中山先生提出“联俄、联共、扶助农工”的新三民主义，即为这一方面的典范；相反地，在抗战结束以后，国民党急于剿共的思想和做法则是对共和思想的背叛；在不同的历史时期，毛泽东关于“人民”概念的变化，就是针对不同时期的社会情况而作出的政策性调整，其中的核心思想也包含着共和的意蕴；在现阶段，中国实行的民族区域自治制度、特别行政区自治制度等，也是实现政治多元主义的一种实践，它们分别很好地解决了各民族之间的和谐共处的关系，以政治包容的态度解决香港、澳门等在历史上留下的问题。从以上的事例中不难看出，政治多元主义的含义是广泛而又深刻的，它对国体、政体、国家结构等都有一定的指导意义。这或许是对政治多元主义所作的另一种延伸解释吧。

【资料检索】

1. 1940 年，毛泽东在《新民主主义》中曾提出过“中华民主共和国”的说法；清华大学教授张奚若提出称“中华人民共和国”，因为在英语单词中，民主（democracy）和共和（repulicd）字面含义并无分别，只是中文在翻译时变成了两个词组，如果在国名中重复使用，即无意义。最后张奚若的意见被采纳。

2. 事件回放：1949 年上半年，中共筹备建国事宜。为力求新政权能够得到各方的认可，遍邀民主党派和无党派人士“共襄盛举”。与毛泽东素有私交的、民革中央秘书长兼中央监察委员会主席柳亚子先生因为没有被推为新政协的代表和文协筹委会的常委，不免有些牢骚，称“安得南征驰捷报，分湖便是子陵滩”，意欲归隐；毛泽东回诗一首：“牢骚太盛防肠断，风物长宜放眼量。莫道昆明池水浅，观鱼胜过富春江。”两人在诗词唱和中终于释怀，足以证明当时中共高层领导人的雅量。

宪法基本原则是在一定的宪政理念的指导下提出的，它的一般含义是指人们在制定和实施宪法时所遵循的理论依据或基本标准，它是调整整个国家制度和社会制度的基本法则，是贯穿于宪法的制定、实施和遵守、监督等各个环节始终的基本精神。作为国家的根本大法，宪法内容必然包含一个社会的基本价值和观念以及宪法所要达到的基本的社会目的，这些基本价值、观念和目的往往构成了一部宪法的主线和灵魂，贯穿于整个宪法之中，指导着具体宪法条文的制定和宪法的贯彻实施。虽然各国宪法的内容不尽相同，但是有些精神、原则和理论是共通的，通常认为宪法基本原则主要包括：人民主权原则、人权原则、法治原则和分权制衡原则。

相信构成宪政思想理念的内容会有许多，我们选择的这些内容，不能说已经完整解说了宪政恢弘的思想体系，只是上述的三项内容必定是其中最为重要的，而且在宪政思想的形成过程中，我们也看到了思想争锋的另一面，这就说明宪政理论本来就不是、也不应该只是一种声音。

## 第三节　中国宪政原则

今天中国的宪法思想既不可能源于自古以来的传统的法治思想，更不可能是从西方国家有关宪政问题的只言片语中获取养料。照搬人家的制度容易，要学人家的思想亦不难，难就难在要把自身固有的思想、理念作深刻的反思。诸如人民主权、人权、法治和分权制衡等原则，其实都是舶来品，将它们直接写进宪法也并非难事。重要的是我们是否已经真正接受了这些思想内容，是否已经把它们加以“中国化”的改造，变成了可以执行的制度。

### 一、人民主权原则

人民主权原则，也叫主权在民原则，体现的是人民掌握国家主权的思想。主权，是指国家对内的最高统治权和对外的独立自主权。根据人民主权原则，国家这种最高权力即主权，应当属于人民，而不是君主。国家的管理者，不论是君主还是政府，其权力都是人民授予的，如果违背人民的意志，人民就有权推翻这样的国王，或者解散这样的政府。人民主权原则还意味着，对于已经成立的政府，人民可以要求政府按照平等、自由、法治的途径进行管理；而在具体的政治管理过程中，人民可以直接或间接地参与其中。在现代社会，通过选举自己信任的代表参加国家各种事务的管理，授权政府管理社会，对管理过程有权进行监督，对不合格代表进行罢免，都体现出人民主权的具体内容。

人民主权学说的产生推动了资产阶级革命的发展，它最初以政治宣言的形式在资产阶级革命实践中发生作用，比如1776年的北美十三州《独立宣言》和1789年的法国《人权宣言》。1791年，法国宪法将《人权宣言》作为序言纳入宪法体系，并规定“一切权力只能来自国民，国民只得通过代表行使其权力”后，人民主权原则开始出现在各资本主义国家宪法之中，成为一个一般性的资产阶级宪法原则。社会主义国家出现后，也用宪法表现人民主权原则，其一般方式是在宪法中规定国家的一切权力属于人民。

【资料检索】

《联邦宪法》是由序言及7条正文组成。在序言部分，明确美国人民是立宪的主体；第1条规定了国会的组成，产生方式和职权，两院议员的权利与义务，公民的部分权利。第2条主要是规定了总统的产生方式、任期、任职资格、就职宣誓及职权等。第3条主要规定了联邦最高法院及下级法院的职权及法官的职务保障。第4条主要规定了各州之间的平等与互信的关系，联邦与各州之间的平等与尊重的关系。第5条主要规定了宪法的修改程序及州在参议院的平等参政权。第6条主要规定了联邦宪法、法律的地位。第7条规定了联邦宪法的生效程序：经9个州批准后，正式生效。

【观点论争】

1. 近代意义的主权观念为法国古典法学家让·博丹所首创。博丹从反对封建领主的割据状态出发，赞同建立在神权基础上的君主主权。但他所说的主权是一种和王权结合的主权，这种主权不能适应时代的要求，于是法国的卢梭便创立了人民主权说。卢梭以他的社会契约论为基础，认为原始社会人们生活不方便，于是共同订立契约，组成国家。这时人们根据社会契约把全部权利让渡给国家，当然同时保留个人权利，从而形成“公意”，公共意志就是人人都必须服从的最高权力，也就是国家主权。国家主权是最高的，它属于全体人民，不可转让、不可分割。

2. 资本主义国家宪法和社会主义国家宪法都确认了人民主权原则，但二者间存在根本差别。资本主义国家的宪法虽然标榜“人民主权”，但事实上国家主权并不掌握在人民手里，带有极大的虚伪性。

## 二、人权原则

所谓人权，就是指基于人的本性，并在一定历史条件下基于社会经济结构和文化发展，人的个体或群体为了自身的自由生存、自由活动、自由发展以能够真正掌握自己的命运而必须平等具有的权利。[①] 人权原则认为，人权是每个社会成员都应平等享有的自由和权利，不能被剥夺或转让，国家必须尊重和保障人权。人权原则源自于资产阶级启蒙思想家的天赋人权学说。在封建社会末期，随着资本主义生产关系的成长，资产阶级的经济势力日益膨大，但是他们在政治上仍然受到封建主的压迫，处于无权的地位。封建主一直利用君权神授、天赋王权学说为自己的统治权力辩护，于是资产阶级的启蒙思想家提出了天赋人权学说作为自己的有力的思想理论武器。

资产阶级思想家认为在国家产生以前人们生活在自然状态之中，人人都有自然权利，过着自由、平等的生活。人们根据契约组成国家的目的是保护这种自然权利不受侵犯。可是，当时的封建专

① 付子堂:《法理学进阶》，法律出版社 2005 年版，第 148 页。

制国家不但没有保护人们的自然权利，反而肆意侵犯人们的生命权、财产权和自由权。于是资产阶级的启蒙思想家便倡导民众为了争取人权、维护人权而斗争，并且在此基础上创立了天赋人权学说。这个学说的基本内容是：每个人都有与生俱来的自由和平等权利；这种权利既不能被剥夺，也不能被让渡。

社会主义国家也用宪法表现了人权原则，比如我国在 2004 年修宪中就增加规定了“国家尊重和保障人权”。但是，社会主义国家的人权原则在本质上同资产阶级的人权原则有着很大的区别。资本主义国家宪法以保护资本主义的私有财产所有权为核心，但认为人权是超阶级的，以人权的普遍性掩盖了人权的阶级性；社会主义国家的宪法并没有以“天赋人权”学说为依据，相反地，认为人权并非天赋的，也不是哪个人赐予的，而是取决于个人在社会生产中所处的地位，有时还必须经过斗争而取得。社会主义国家宪法以维护社会主义公有制为核心，同时也认为人权是具有阶级性的，它公开宣布剥夺敌对分子和敌对势力的政治权利，剥夺其部分人权。

【资料检索】

英国虽是上述《欧洲人权公约》的第一批签署国，但它对其被纳入国内法的态度极其慎重。《欧洲人权公约》在英国的生效，对英国的整个法律思想和建制影响深远。如在立法方面，《欧洲人权公约》要求——“只要有可能，无论对基本法还是附属立法的解释和给予效力均应与公约保持一致。”

【观点论争】

1. 把人权理论系统化的是英国著名思想家洛克，他总结修正和概括前人关于人权理论的成果，使之成为一个天赋人权的理论体系，主要内容包括：第一，人权是天赋的，与生俱来；第二，人权的基点是个人，个人人权高于一切；第三，人权是超阶级的，人人皆有；第四，人权的主要内容是平等权、生命权、健康权、自由权和财产权；第五，按照社会契约，如果国家权力被滥用，人民可以收回国家最高权力。①

2. 天赋人权学说的产生推动了资产阶级革命的发展，逐渐发展成为一项宪法原则。现代资本主义国家宪法体现基本人权的方式有三种：一是原则上确认基本人权，并以公民基本权利表现基本人权的具体内容。二是在宪法中不出现人权字样，只规定公民基本权利的内容。三是原则上确认基本人权，并对公民基本权利作出少量规定。②

3. 关于公民权利与国家权力的对立统一关系：(1) 公民权利与国家权力统一的本源是社会的物质财富；(2) 公民权利与国家权力统一的基础是社会整体利益；(3) 国家权力来源于公民权利，在根本上统一于人民权利；(4) 法权概念是对公民权利与国家权力统一体的适当理论概括；(5) 公民权利与国家权力对立的最深刻根源是社会物质财富的相对稀缺；(6) 公民权利与国家权力所以有差异和对立，直接原因是它们分别体现着社会整体利益的不同构成部分；(7) 公民权利与国家权力从根本上来说都是社会经济过程的产物；(8) 与公民权利对立的国家权力对自身本质的异化；(9) 公民权利与国家权力必须严格界分，这种界分是实现法治的基本前提；(10) 公民权利与国家权力应当维持平衡；(11) 公民权利是法权的基础，国家权力是法权的集中表现；(12) 公民权利必须足以制约国家权力，为此国家权力不能过分集中；(13) 国家权力必须足以防止公民权利的滥用；(14) 国家权力功能性分解和结构性分离既是历史必然趋势，又是有效保障公民权利的条件；(15) 推动公民权利与国家权力统一关系社会实践模式变化的根据动力是物质资料生产活动；(16) 国家权力必然逐渐向公民权利转

① ［英］洛克著：《政府论》（下），商务印书馆 1982 年版，第 136 页。

② 许崇德主编：《中国宪法》（第 3 版），中国人民大学出版社 2006 年版，第 33 页。

化或回归。①

### 三、法治原则

法治也称“法的统治”，是指统治阶级按照民主原则把国家事务法律化、制度化，并严格依法进行管理的一种治国理论、制度体系和运行状态。早在两千多年前，亚里士多德就为法治下过一个著名的定义，他认为法治应包含两重含义：已成立的法律获得普遍的服从，而大家所服从的法律又应该是制定得良好的法律。因此，法治原则的核心内容是：依良法治理国家，法律面前人人平等，反对任何组织和个人享有法律之外的特权。现代法治尤其强调国家受宪法、法律的限制，国家权力来源于宪法、法律的授权，任何超越或滥用权力的行为都必须得到制止。现代法治表现为宪法至上、法律至上，权力服从于宪法和法律。

法治原则也是社会主义国家宪法的基本原则，譬如我国宪法就明确规定，依法治国、建设社会主义法治国家。但社会主义宪法的法治原则同资产阶级的法治原则有着本质区别。如果说资本主义国家的法治是享有特权的资产阶级的法治，那么社会主义国家的法治则是以消灭特权为目的的法治。社会主义国家的宪法不仅宣布宪法是国家根本法，具有最高的法律效力，而且还规定国家的一切权力属于人民，国家的立法权属于最高人民代表机关。这样，在社会主义国家中，宪法和法律具有广泛深厚的民主基础，而且以生产资料社会主义公有制为坚强后盾，有利于真正实现法律面前人人平等。

【资料检索】

近代法学理论认为，法治原则是从美国联邦宪法和以《人权

① 董之伟：《公民权利国家权力对立统一关系论纲》，载《中国法学》1995 年第 6 期。

宣言》为序言的法国宪法开始的，后被其他国家的宪法所沿用。资本主义国家宪法中的法治原则一般包括以下内容：(1) 宪法是国家的最高法律，其他任何法律、法令不得与之相抵触，一切机关、组织和个人都必须以之为根本的活动准则；(2) 法律面前人人平等；(3) 未经正当法律程序，不得剥夺任何人的权利和自由；(4) 各国家机关的职权由宪法和法律授予，其权力必须依法行使；(5) 司法权独立行使。

【观点论争】

在法治理论的发展过程中，法治与人治的争论由来已久。通常认为法治与人治的区别不在于是否承认人在国家治理中的作用，因为法律总是要靠人来执行的，而是在于当法律与个人意志发生冲突的时候，以谁为准。在法治国中，法律高于个人意志；而在人治国中，治理者个人的意志最终要凌驾于法律之上。用潘恩的话来说，就是“在专制政府中国王便是法律，同样地，在自由国家中法律便应成为国王”。①

**四、分权制衡原则**

分权制衡原则是指国家权力的各部分之间各自独立、相互监督、彼此牵制，以保障公民权利的原则。英国的资产阶级启蒙思想家洛克是近代分权学说的倡导者。他认为，国家有三种权力，即立法权、行政权和对外权。这三种权力应由特殊机关分别掌握，否则，就会诱惑人们去攫取权力，以使自己凌驾于法律之上；同时，尽管立法权是国家的最高权力，但因为国家的权力来自人民的委托，因而必须受委托条件的限制。孟德斯鸠则是近代分权学说的完成者。他不仅把国家权力分为立法权、行政权和司法权，由三个不

① ［美］潘恩著：《潘恩选集》，商务印书馆 1982 年版，第 35 ~ 36 页。

同的机关来行使，而且认为，“一切有权力的人都容易滥用权力，这是亘古不易的一条经验”，“有权力的人们使用权力一直到遇有界限的地方才休止”。因此，“从事物的性质来说，要防止滥用权力，就必须以权力制约权力”。①

分权制衡原则，首先要求独立性，在人员、财政、权力等方面的独立性，否则，有效的制衡就无法实现。如果议员就是行政长官，那么就难以期待这个议员能有效监督自己的行政活动；如果法官的前途和福利掌握在行政官员手中，那也不能指望他们对涉及该行政官员的案件进行公正裁决。所以，只有在三权首先实现独立后，才能使国家权力达到制衡。

权力制衡原则在社会主义国家的宪法中也有体现，但是同资产阶级的分权制衡原则有重大的差别。社会主义国家的宪法学在理论上一般不采纳“三权分立”，而是普遍确认“民主集中制”原则。这个原则确认国家权力的不可分割性，在实践中把人民的代表机关作为统一行使国家权力的机关，一切其他国家机关向人民的代表机关负责并接受它的监督。当然，民主集中制并不排斥国家权力的各部门之间的分工和制约。比如中央与地方之间权限的划分，比如人大对行政、司法机关工作的监督，比如在司法机关内部检察院对法院、公安工作的监督。所以，大致可以认为，在资本主义国家的宪法中，权力制约的原则主要表现为分权原则；在社会主义国家的宪法中，权力制约的原则则主要表现为民主集中制原则和监督原则。

权力制衡原则还可以体现在国家机关内部职能的分工问题上。例如，人大常委会的组成人员就不能兼任国家行政机关与司法机关的职位。因为在职权与职能的分配上，前者是后者的上级，其负有领导与监管后者的权力与职责；而后者则要在工作中接受其领导与监督。一旦在职位上得到兼任，不仅混淆了二者之间的职能性质，

① ［法］孟德斯鸠：《论法的精神》（上册），商务印书馆1982年版，第154页。

也使得权力监管流于形式。这就严重违背了上述的权力制衡原则。那么是否需要将这一原则延伸到上述公职人员的亲属之间的任职上，还需要做进一步的研究。从严格规范的角度去理解这一原则，让亲属之间的公职人员遵守此原则是必要的。

【资料检索】

1. 分权制衡原则是资产阶级国家普遍的宪法原则，其中最典型的是美国。根据美国宪法，立法权属于国会，行政权属于总统，司法权属于法院。国会有权要求总统公开政策，有权批准总统对外缔结的条约，有权建议和批准总统对行政官员和法官的任命，有权弹劾总统和联邦法官。总统有法律公布权，对法案有要求复议等有限否决权。副总统兼任参议院院长，总统有权提名并任命法官。法院有权宣布法律或行政行为违法而无效。可见，美国的立法、行政、司法三机关的制衡关系十分明显。

2. 权力分立学说来源于古代世界，从那里演化出了政府职能的思想，演化出混合均衡政体的理论。在权力学说的发展中，这些都是关键要素。在中世纪的著作中，它们得以流传，为英国的政制思想提供了基础，使得分权学说成为对政府各个部分恰当组合的一种可供选择的、但关系密切的系统阐述。①

【思考题】

1. 立宪思想出于近代，却在各国的宪法生活中有了各自的经验。你认为应当如何正确对待他国的宪政思想与经验？这其中，独创与借鉴哪一点更为可贵？

2. 契约中的诚信精神是否可以沿用到民权契约中来？当政府

---

① ［英］M. J. C. 维尔著，苏力译：《宪政与分权》，三联书店 1997 年版，第 3 页。

违背了社会契约思想的宗旨，作为宪法应当如何有所作为？

3. 你理解的政治多元主义与民主共和思想之间是否一致？

4. 上述资产阶级提出的“立宪主义、契约主义与政治多元主义”，这些思想对确立中国宪政原则有无帮助？

5. 三权分立原则的核心思想是以权利制约权力，还是通过相互制约权力来达到平衡？

# 第十二章　宪法权利

【内容摘要】无论是在宪法典或是宪法学当中，人权与公民权无疑都是最为重要的内容。从权力的渊源上看，没有这些宪法权利也就不会有所谓的国家权力。这样的授权理论是按照宪法性质及其目的提出的：国家主权是由人民授权的结果。中国宪法就开宗明义地宣布，中华人民共和国一切权利属于人民。问题在于，国家或政府是以什么样的方式和途径分别获得人民授权的？在取得权力之后，国家与政府又应当对人民承当起什么样的宪法责任？关于这些问题，在旧教科书中并不能找到相应的答案，而这些问题又是宪法理论所无法回避的。为此，我们通过人权与公民权来展开分析。

## 第一节　人　　权

2004年，中国宪法将人权正式作为一个宪法学的核心概念提了出来。但是，围绕着人权的概念问题，学者们却没有给出一个明确的答案。英美国家的学者习惯于将“宪法上的权利”称之为人权，而德国学者则将公民的“基本权利”称之为人权，有学者也把宪法规定的公民权与人权相提并论。我们认为，人权与公民权不是同一个概念，虽然它们之间是有着某种联系的。但是，人权毕竟是以“人”为前提，其外延要比“公民”大了许多，前者包含的天然属性是后者的法律属性所无法包容的，实在不应该将它们混为一谈。

何谓人权？人之立足于自然界与人类社会，必然要与后二者发生一定的关联作用。在这样的关联作用的过程中，人是如何在保持自律和他律的情况下获得生存和发展条件的？这就自然地引出了人的基本权利的概念，即人的基本权利是人作为构成社会整体的自律的个人，在自然界和人类社会历史发展过程中不断形成和发展的那些为确保其自身的生存和发展，维护其作为人的尊严而享有的权利；从终极的意义上说，这种权利既不是造物主或君主赋予的，也不是国家或宪法赋予的，而是人本身所固有的，同时又多为宪法所认可和保障，此天然的固有性与人为的法定性就构成了该权利的不可分离的统一元素。再者，该权利是不允许他人侵犯的。虽然现代的宪政生活告诉我们，基于自然法思想产生的宪法权利"不可侵犯"性已经被淡漠了许多，但是，各国的宪法都还或多或少地保留了一些这方面的规定。如我国《宪法》第37~39条即分别规定人身自由、人格尊严和住宅不受侵犯。另外，该权利还具有普遍性的特征。既然人权是人本身所固有的，它就不应该受到民族、种族、国籍、性别、职业、家庭出身、宗教信仰、教育程度、财产状况等方面的限制。也正是因为人权的这一属性，当今世界上出现了国际保障人权的趋势，一方面是各国宪法将保护本国公民的许多权利都适用于外国人，另一方面表现为人权宣言、人权公约的国际化动向。

其实，在人权与主权之间存在一种所谓的"让渡原则"，这可以从开创国家的历史说起。按照古典自然法学派和社会契约论的观点，人们建立国家是为了更好地生存与发展，是为了更好地保护自己固有的利益，这说明国家的出现是人类理性的结果。有了国家，就需要组建维持国家机器运转的一系列组织和人。在权利问题上，如何才能保证人们固有的利益不被他人或组织所侵犯？怀疑论者认为，既然要选举一部分人来管理国家（因为不论国家大小，不是所有的人都需要参加到国家的管理行列里来），就需要授予这些人一定的实权，但同时又要防止这些人或组织利用权力损害到自己的利益，怎么办？这就需要运用宪法授权的办法来解决此一难题。于是，我们就假定：国家就其原始形态而言是没有任何权力的，国家的权力是由组建这个国家的人民授予的。人民把原本属于自己固有的权利拿出一部分来授予国家，于是国家就代表人民来行使这一部分权利；同时，人民为了防止国家在取得这一部分权利之后会反过来侵害自己的权利，就给国家权利加上一定的责任，这就是所谓的国家权力，其中就包括了责任在内。我们姑且把这样的授权称之为"宪法授权"。

因此，从人权到主权的过渡，其推论过程完全是遵循了古典自然法学派与社会契约论的思想。很明显，这样的推论过程和结果与马克思、恩格斯关于国家与法的学说是不一致的，也不完全符合历史演变的真实。但是，我们为什么还要选择这样的理论假设？其中的道理十分简单，只是因为这样的理论假设有利于约束不断膨胀和不断异化的国家权力，有利于维护已经让渡或尚未让渡的人权，有利于增强人权理念，这也是我们树立宪政思想的根本目的。退一步说，如果认为这样的理论假设是不能成立的，有关"人民主权"的思想恐怕也只能说是一种宣告了。

人权是资产阶级为了反对封建专制和宗教特权而提出来的口号，其最初的含义包括人们追求生命、财产、自由和幸福的权利。资产阶级革命胜利以后，人权就成为世界各国立宪的核心内容和根本准则。从理论上看，"人权"的概念很难予以明确无误的表述，通常都把它定义为一种作为人的权利，是普遍的、不可剥夺的和不可转让的权利，是作为人所必不可少的权利。这种定义似乎相当于一种同义反复的逻辑错误，但这主要是由于人权本来是一种公理或如西方人所谓的"天赋"的权利，本身不需要证明，也不可能予以证明，所以任何试图证明它的人一定会犯同义反复的错误。实际上，人权作为一种"不可剥夺的"权利，只是属于一种基于人性的道德权利，表明一种应该约束立法、行政、司法等国家行为的社会道德要求，而它本身是不具备法律意义的。如果要把所有被宣布为人权的权利都视为法律上的不可剥夺，则是相当荒谬的。以生命权为例，《独立宣言》公布200多年后的今天，在美国仍然存在死刑判决，仍然可以剥夺“不可剥夺”的生命。所以，人权只表明一种尊重人和人性的理念，是一种对政治和法律的道德要求。

在人权与公民权的关系上，二者并不是一对矛盾的概念。我们很难在内容上把它们区分开来（在一国内部，外国人享有基本人权，但是他却不能享有其所在国的公民权，这是否可以作为区分二者的一个标准），也很难在具体问题上分出孰先孰后。事实上，人权的保护无疑要靠法律的作用。没有宪法对人权的确认、宣布和保护，人权要么只能停留在道德权利的应有状态，要么经常会面临遭受侵害的危险而无法得到救济。基本人权必须宪法化，也就是把人权的内容用宪法的形式加以明确规定，并加以保障。但人权本身的存在则不需要任何法律的确认，它完全是与生俱来的、不可剥夺的。对人权概念的认识深化，为法律上对公民权的保护提供了广阔的发展空间。

【资料检索】

1. 美国1776年7月4日签署《独立宣言》，它宣告：我们认为下列真理是不证自明的，即所有人都生来平等，造物主赋予他们以某些不可剥夺的权利，其中包括生命、自由以及对幸福的追求。为了保障这些权利，政府组建于人们中间，并从被统治者的同意中获得其公正的权力。一旦任何形式的政府破坏了这些目标，人民有权变更或取消之，并建立新的政府，使其所基于的原则及其权力的组织形式在他们看来最可能实现他们的安全和幸福……

2. 法国1789年8月26日制定了《人权宣言》。其中正文的第1条规定：人人生来并有权保持自由与平等。社会区别必须基于普遍福利。第2条规定：每一个政治社会的目的，皆是保护人的自然与不可战胜之权利。这些权利是自由、财产、安全和对压迫之抵制。

3. 中国政府于1997年和1998年分别签署了《经济、社会和文化权利国际公约》和《公民权利和政治权利国际公约》，截至目前共加入17个国际人权公约。人权保护的观念已逐步深入人心，人权作为一种进步的、与社会发展有密切关系的权利保护观念已得到较为普遍的认同。2004年的宪法修正案在第33条增加规定了："国家尊重和保护人权。"这是人权保护第一次写入新中国宪法保护的范畴，意味着我国宪法的人权制度设计将走向一种新的保障模式：在继续强调生存权、发展权的同时，承认个人基本权利的固有性、普遍性和不可侵犯性；承认政府有义务通过国内立法、司法手段和接受国际社会的合作与帮助提供切实有效的人权保障。

【观点论争】

1. 当然，人权并不是不受制约的。它有两个方面的表现：一是社会现实的制约，即人的生存与发展的现实条件是不会完全一致的，这其中的差异性就是客观存在的、一时半会儿也不可能改变的。二是人为的制约，有的也包含了法律规范意义上的制约。人权的法定性就证明了这种制约的存在，如人权主体的范围。在美国，其宪法赋予的权利即为全体人民；而在我国，人民与公民的概念是有严格区分的。

2. 与公民权相比，人权有无国界之分？一种观点认为，人权中的"人"是从最纯粹的"人性"角度提出的，它不应该受到国界、疆界的阻隔而有不同的标准，只有按照统一的人权标准进行保护，才能更好地促进人权的快速发展，而欧洲人权公约的产生就说明了人权是没有国界、疆界之分的；另一种意见认为，人权并非抽象的概念，在现有世界范围内，它的起源与发展都不平衡，每一个国家的经济、政治、文化的水平都不一样，也因此会直接影响到人权的发展水平。因此，不宜给人权划上统一的标准。目前，这两种意见主要集中在发达国家与发展中国家之间。

## 第二节 公民权

当我们在理论上明确了人权与主权之间的让渡关系之后，公民权与宪政权之间的宪法关系就无须再作理论上的推导了。因为后一项内容在实质上是以前一项内容为前提的。只是需要进一步明确的是，公民权在归属上应当划入人权的范畴，而宪政权可直接划入国家主权的系列。当然，在现代法治社会里，不论是公民权还是宪政权，它们都需要以宪法的形式表现出来，因为只有这样，这些权利或权力才能取得合法的外衣和正当的条件。

在具体介绍公民权的基本情况之前，有必要对公民、人民和国籍的概念做些了解。

公民也有称之为国民或市民，是指具有一国国籍的自然人。在古希腊和古罗马时期，公民是指享有城邦公共事务参与权的男性奴隶主和自由民，说明它只不过是极少数人政治特权和性别特权的代名词。只有到了资本主义时代，资产阶级启蒙思想家的“天赋人权”、“社会契约论”和“主权在民”的政治理念和社会成员平等参与国家政治的地位得以确立，每一个人均成为享有公共事务参与权的公民，“公民”概念才由此具有了普遍、平等的近代民主政治主体的含义，并通行于世界各国。

【资料检索】

国籍是指一个人属于某个国家的一种法律上的身份。一个人具有了某个国家的国籍，就被认为是该国的公民，就享有该国宪法和法律规定的权利和履行该国宪法和法律规定的义务。因此国籍也是区分一个人是本国人还是外国人的唯一标志。根据《宪法》规定：“凡具有中华人民共和国国籍的人都是中华人民共和国公民。”我国国籍的取得方式有出生国籍和继有国籍两种。对出生国籍，根据血统主义和出生地主义相结合的原则，《国籍法》分不同情况，作了如下规定：(1) 父母双方或一方为中国公民，本人出生在中国，具有中国国籍。(2) 父母双方或一方为中国公民，本人出生在外国，具有中国国籍；但父母双方或一方为中国公民并定居在外国，本人出生时即具有外国国籍的，不具有中国国籍。(3) 父母无国籍或国籍不明，定居在中国，本人出生在中国，具有中国国籍。对继有国籍，《国籍法》规定，外国人或无国籍人申请加入中国国籍，必须具备两个前提，并且还要符合法律规定的条件。两个前提是：申请人必须愿意遵守中国宪法和法律；申请人必须出于自愿。

作为近代意义上的公民，其含义十分丰富，它包含以下内容：(1) 公民具有自然人的身份或资格。公民首先是自然人，具有自然人的一切属性。所谓自然人是指自然出生的人，不同于其他动物。其次，公民是单个的自然人，是权利和义务的载体。(2) 公民概念反映了其和国家之间的关系。属于某一国的公民，意味着享有该国法律所赋予的权利，同时负有该国法律所规定的义务，包括接受国家管理的义务。(3) 公民概念反映了公民之间的平等关系。不管公民的出身如何，从事何种职业，担任何种职务，他们在法律面前都一律平等，不存在任何特权。(4) 公民资格的取得与丧失以国籍的取得与丧失为转移。具有一国国籍即为该国公民，丧失某国国籍后就不再是该国公民。

【资料检索】

作为国际间的法律用语，公民、国民、人民是通用的。意大利、法国、德国等国在同一部法中使用了这三种不同的而实指同一的称谓。例如，1958年的《法国宪法》第1条称：“共和国以及海外领地的人民自由决定通过本法，并组成共同体”；第2条称：“全体公民，不论血统、种族和宗教信仰的不同，在法律面前一律平等”；第3条称：“国家之权属于人民，人民通过自己的代表或者通过公民投票的方法行使国家的主权。……根据法律所规定的条件，凡享有公民权利和政治权利的法国成年男女国民都有选举权”。可见，公民、国民、人民在有些国家是可以通用的。

【观点论争】

1. 对国家主权的归属主体和基本权利的享有主体分别采用不同的用语是我国宪法的一个传统。新中国宪法抛弃了民国多部宪法中“国民”这一传统术语，采用“人民”一词作为主权的归属主体。同时改变了“公民”一词的法律内涵，以用之表达基本权利的一般主体。① 自1954年宪法以来，每一部宪法皆以人民与公民两词共用，总纲标明“中华人民共和国的一切权力属于人民”，而以专章列出则称“公民的基本权利和义务”。

2. 学术界对我国宪法中“公民”与“人民”的区分提出了诸多的看法。《宪法小百科》写道：“公民是个法律概念，不仅包括全体人民，也包括依法被剥夺政治权利的反革命分子和刑事犯罪分子，而人民则是个历史概念，又是个政治概念，它以阶级内容来划分。不同国家和不同历史时期，人民的范围也不同。”②

3. 周叶中教授认为，在我国，“公民”和“人民”是两个不同的概念。它们的区别是：（1）范畴不同。公民是与外国人（包括无国籍人）相对应的法律概念；人民是与敌人相对应的政治概念。人民在不同历史时期有着不同的内容。现阶段，人民是指全体社会主义劳动者、拥护社会主义的爱国者和拥护祖国统一的爱国者。（2）范围不同。我国公民的范围要较人民的范围更加广泛。公民中除人民外，还包括人民的敌人。（3）后果不同。公民中的人民，享有宪法和法律规定的一切权利并履行全部义务；公民中的敌人，则不能享有全部权利，也不能履行公民的某些光荣义务，如

① 林来梵著：《从宪法规范到规范宪法》，法律出版社2001年版，第85页。

② 王世勋、江必新著：《宪法小百科》，光明日报出版社1988年版，第120页。

被剥夺政治权利的人不能享有选举权，也不能履行服兵役的义务。(4) 公民所表达的一般是个体的概念，人民所表达的是群体的概念。①

公民既享受宪法所确认的权利，同时也履行宪法所规定的义务。公民的基本义务是国家对公民最重要、最根本的要求，国家生存和国家管理必须依赖于公民基本义务的履行，国家有权要求其公民按照宪法和法律的规定，作出一定行为或不作出一定行为。

## 一、公民基本权利

我国宪法规定了公民享有广泛的权利和自由，依据我国现行宪法规定，其基本权利可以分为六大类，而每一项基本权利又可以分为若干具体的权利，现分述如下：

### (一) 平等权

作为公民基本权利的平等权，是指宪法赋予公民的、在法律地位上不受歧视的权利，它是资产阶级在反对封建等级特权的斗争中提出并确立的，成为近代资产阶级宪法所确立的一项基本原则和公民权利的核心内容，并在近代宪法中得到了实定化。

在现实的条件下，人类的平等思想只能说是一种理想，因为从人一出生就存在各种各样的差别。但是，人又是具有人格尊严的，在自由人格的形成上又必须享有平等的权利。这种权利要求主要是针对国家或政府而言的，是在宪法的层面上说的。近代宪法所确立的形式平等原理，虽然对于解放人的身份制度与特权制度是一种巨大的进步，但同时也有一定的局限性。单纯的"机会均等"在许多条件下只能是一种徒劳，因为它有可能使得社会出现"强者愈强、弱者愈弱"的现象。1883 年，美国联邦最高法院对著名的民权案件（The Civil Rights Cases）的经典判决，就曾刻板地体现了

① 周叶中主编：《宪法》，高等教育出版社 2000 年版，第 251 页。

形式平等的理念。[①] 1964年，美国联邦最高法院对雷诺兹诉西姆斯一案所作出的判决，就体现了形式平等和实质平等概念的界分意义以及实质平等本身的限定性。[②] 这就说明，平等权中还应该包含着合理差别的原则。尽管我们在法律上、人格上是平等的，但是，我们又无法完全消灭人与人之间的种种差别，所以在制度设计上，就需要通过宪法和法律承认差别、减少差别直至消除差别，实现实质平等。

《宪法》第33条第2款规定："中华人民共和国公民在法律面前一律平等"。这表明平等权是宪法赋予公民的一项基本权利，是公民其他一切权利实现的基础，也是我国社会主义法治的一项基本原则。具体表现在以下三个方面：（1）中国公民不分民族、种族、性别、职业、家庭出身、宗教信仰、教育程度、财产状况、居住期限，都一律平等地享有宪法和法律规定的权利，也都平等地履行宪法和法律规定的义务；（2）任何人的合法权益都一律平等地受到保护，对违法行为一律依法予以追究，绝不允许任何违法犯罪分子逍遥法外；（3）在法律面前，不允许任何公民享有法律以外的特权，任何人不得强制公民承担法律以外的义务，不得使公民受到法律以外的处罚。

【资料检索】

案情回放：原告到一家餐馆就餐，只见其广告上写着：每位18元，国家公务员每位16元；1.3米以下儿童9元；当天过生日者凭身份证免费就餐一次。原告就餐后，以餐馆对消费者实行身份歧视，有违宪法之平等原则，要求赔礼道歉，退还收款差额以及撤

① 韩大元等著：《宪法学专题研究》（第2版），中国人民大学出版社2008年版，第318页。

② 韩大元等著：《宪法学专题研究》（第2版），中国人民大学出版社2008年版，第329～330页。

销上述广告为由，将餐馆老板作为被告起诉到法院。四川省成都市中级人民法院认定被告的广告内容纯属商业经营的民事行为，与宪法所规定的公民的平等权没有关系，没有违反有关的法律规定，原告可以选择进店消费或不消费，他的平等权不会因此而受到侵害，遂判决原告败诉。①

【观点论争】

公民的平等权是否意味着在法律适用上的平等，而不包括在法律内容上也是平等的？对此，宪法理论界争议不断。其实质关乎人的阶级归属。因为法律被认为是阶级统治国家的产物，被统治阶级是不可能与统治阶级共同享受平等的立法权。

（二）人身权

人身自由是指公民的人身不受非法侵犯的权利。它是公民参加各种社会活动、参加国家政治生活和享受其他权利自由的先决条件。公民失去了人身自由，其他权利自由也就无从谈起。因此，人身自由是公民最基本、最起码的权利。我国宪法规定的人身自由，包括人身自由不受侵犯、人格尊严不受侵犯、公民住宅不受侵犯、公民的通信自由和通信秘密受法律保护。

1. 人身自由不受侵犯。人身自由不受侵犯的权利是指公民享有不受任何非法搜查、拘禁或逮捕，即公民对自己身体的活动自由不受非法限制或剥夺的权利。从这种意义上说，公民的人身自由是最重要和具有最高价值的基本权利。我国《宪法》第37条第1款规定："中华人民共和国公民的人身自由不受侵犯。"这一规定包含了下述含义：公民有人身自主权，不受他人非法地支配或者控制；公民有居住和行动的自由权；公民有保护自己的身体不受非法侵害的权利。当然，人身自由不是绝对的，为了社会利益和他人权

---

① 参见成都市中级人民法院（2000）成民终字第913号判决书。

利，国家公权力在必要时可以采取一定的措施限制甚至剥夺公民的人身自由，但必须遵守法定的程序。这同时也意味着，公民的人身自由是对国家权力本身的一种限制，即国家机关在行使职权的过程中，不得超越法律的授权，侵犯公民的人身自由。

按照人身自由权利的内涵，它还应当包括个人迁徙权、刑事正当程序权以及信息自决权等，但是这些内容在宪法中有的做了规定，如个别的刑事正当权，而其他方面均未见规定。当然，只要宪法对人身自由权有所规定，我们就可以从中推测出其他权利的内容。美国宪法也没有直接规定"隐私权"，它是最高法院利用第十四修正案的"正当程序"条款之创造。在中国，迁徙权的规定在现实条件下还是有一定的难度，至少在大陆与台湾地区之间的往来还要受到一定的限制，城乡之间的迁徙涉及城市的容纳量和承受力。目前，农民工进城打工已经是一个不可回避的问题，国家也在积极地想方设法解决各种困难，扩大城镇建设规模，解决交通运输的"瓶颈"现象。刑事正当程序的问题是目前民众普遍关心的一件事。美国大法官福兰克弗特说过，自由的历史，在很大程度上，就是奉行程序保障的历史。①

【资料检索】

在中国，根据法律规定，限制或剥夺公民人身自由必须遵循的法定程序主要有：(1) 拘留和逮捕的程序。《宪法》第37条第2款规定："任何公民，非经人民检察院批准或者决定或者人民法院决定，并由公安机关执行，不受逮捕。"(2) 搜查的法定程序。为了收集犯罪证据，查获犯罪人，侦查人员可以对犯罪嫌疑人的身体、物品、住处或其他有关的地方进行搜查，但必须严格依照法定程序进行。(3) 禁止刑讯逼供。刑讯逼供是对公民身体自由的严

---

① 韩大元等著：《宪法学专题研究》(第2版)，中国人民大学出版社2008年版，第354页。

重侵犯。严禁刑讯逼供是保障公民人身自由的重要措施。审判人员、检察人员、侦查人员必须依照法定程序，收集能够证实犯罪嫌疑人、被告人有罪或者无罪、犯罪情节轻重的各种证据。此外，在行政管理过程中，对违反行政法律规范的相对人进行行政拘留及劳动教养等，有关法律、法规规定了明确的条件、程序及特定的决定机关。

【观点论争】

宪法中有关人身自由的规定较为简约（只有第37条），具体的是由下位法（如刑事诉讼法、刑法以及行政法等）来规定，这既不能作为认定人身自由是宪法的基本权利的说法，但也不能说它就不是由宪法直接规定的。立足于我国宪法的规范内容，参酌外国的有关规定，在法教义学上可将人身自由的主要内容作如下理解：人身自由的核心内容就是人身自由不受侵犯的权利，然而，当国家诉诸刑事诉讼这种特殊的国家权能，又或行使特定必要的行政权能之时，则必然对特定权利主体的人身自由进行必要的拘束，这一方面既划定了人身自由的界限，另一方面也引出了人身自由受限制的合法程序保障之要求，后者构成了人身自由保障的另一项重要内容。前者为人身自由的实体保障，后者则为人身自由的程序保障。①

2. 人格尊严不受侵犯。人格尊严，是公民人身权利的重要组成部分。人格尊严不受侵犯，是现行宪法总结我国历史经验教训之后，首次确认公民享有的一项基本权利。《宪法》第38条规定："中华人民共和国公民的人格尊严不受侵犯。禁止用任何方法对公民进行侮辱、诽谤和诬告陷害。"这是我国宪法第一次写明保护公

① 韩大元等著：《宪法学专题研究》（第2版），中国人民大学出版社2008年版，第352~353页。

民人格尊严的内容，它是对公民人身自由不受侵犯权利的补充和扩展。公民的人格，就是公民作为人所必须具有的资格。从法律上讲，公民的人格，是指作为权利和义务主体的自主的资格。公民的人格尊严是指公民作为法律关系上主体的独立资格应当得到承认和尊重。在宪法上，人格尊严应当具有不可剥夺、不可转让和不受限制三方面特点。

在中国宪法学界，传统上有一种观点认为，人格尊严是指人的自尊心和自爱心，就是指作为一个正直、品质端正的人，都有他的自尊心和自爱心，不允许别人侮辱和诽谤，而法律规定公民人格权的内容包括：姓名权、肖像权、名誉权和人身权。参酌各国的宪法条文，与此有关的用语至少有六个：人的尊严、人性尊严、人类尊严、个人尊严、个人的尊重和人格的尊重。这就说明，在我国宪法规定的人格尊严中，其实应当包括人的尊严和个人的尊重在内。

从下位法的保障情况看，我国行政诉讼法已经将人身权纳入受理案件范围，刑法、物权法、民法通则和治安管理处罚法等也对此作了具体规定。2012 年，在国家赔偿法的修订计划中也将对人格尊严的赔偿问题作出相关规定。

【资料检索】

1. 人格尊严在具体的部门法中，主要表现为人格权，其基本内容包括：(1) 姓名权。公民权有决定、使用和依照法律规定改变自己的姓名，禁止他人干涉、盗用、假冒。对公民姓名权的侵犯就是对公民人格尊严的侵犯。(2) 肖像权。肖像是人的形象的客观记录，是公民人身的派生物。根据《民法通则》的规定，公民享有肖像权，未经本人同意，不得以营利为目的使用公民的肖像。(3) 名誉权。名誉权是公民要求社会和他人对自己的人格尊严给予尊重的权利。它尽管不具有财产的内容，但对维护公民的人格权具有重要的意义。(4) 荣誉权。荣誉权是指公民对社会给予的褒扬享有的不被侵犯的权利，如由于对社会的贡献而得到的荣誉称号、奖章、奖品、奖金等。从国外的人格权理论和宪政实践来看，隐私权是公民人格权的重要内容。所谓隐私权，是指公民因人格及其在身体、精神方面的特性而享有的权利，包括个人私生活秘密不受侵犯，个人私生活自由不受侵犯，自我情报的自律管理权等。我国宪法规定的公民享有住宅不受侵犯权、通信自由和通信秘密权等都属于隐私权的内容。但这种隐私权属于推导的权利，而非明示的权利。因此，从宪法对公民人格权保障的完善而言，应该将隐私权在宪法中作明确规定。

2. 案情回放：1994 年，湖北京山人佘祥林因被怀疑“杀妻”而被拘留、逮捕、起诉、审判，一切程序都在“合法”的框架里走完了。但是它却是地地道道的冤案，因为被杀的妻子于2005 年回来了，她还活在人世间。平反、赔偿、恢复名誉等程序又走了一遍。通过此案，人们发现宪法规定的内容无法保证作为人的权利，这其中还有什么是我们没有注意到的？有人认为是因为我们没有规定“被告人应当享有沉默权”的问题。①

3. 案情回放：2006 年年底，深圳某区公安机关在街头以“公开逮捕”等方式，在大规模集聚的公众面前，有意公开处理上百名涉嫌卖淫嫖娼的人员，其间迫使有关人员身着黄衣当众列队，虽使其带有口罩，但公开宣读各个当事人的籍贯、姓名与年龄等个人资料。②

3. 住宅权不受侵犯。公民的住宅不受侵犯权是同公民的人身自由密切相连的一项基本权利。古谚云：风可进、雨可进，国王不可进。公民的住宅是公民日常生活、工作和休息的地方，保护公民住宅不受侵犯，就是保护公民居住安全，使公民生活安定，从而有利于公民的学习、工作和生产，有利于公民对子女的培养和教育，

---

① 《佘祥林蒙冤11载，有罪推定是祸首?》，载《新京报》2005 年 4 月 14 日。

② 南方网，2007 年 10 月 22 日。

也有利于社会的安定团结。《宪法》第39条规定："中华人民共和国公民的住宅不受侵犯。禁止非法搜查或者非法侵入公民的住宅。"这里所指的"住宅"不限于私人所有或使用的房屋，还应包括私生活在物理空间上所展开的场所，如寄宿的宿舍和旅馆等。对住宅的非法侵入或搜查一般也不限于直接非法侵入住宅内的行为，还包括在住宅外部通过一定的设备非法监听或窥视住宅内部的私生活或家庭生活情景的行为。公民的住宅不受侵犯，应当包括三个方面的含义：(1) 公民的住宅不得随意进入；(2) 公民的住宅不得随意搜查；(3) 公民的住宅不得随意查封（有的国家法律还规定，禁止对其内部进行监听或窥视的外部行为）。公安机关、检察机关为了收集犯罪证据、查获犯罪人，侦查人员需要对被告人以及可能隐藏罪犯或者犯罪证据的人的身体、物品、住所和其他有关的地方进行搜查时，必须严格依照法律规定的程序进行。

住宅不受侵犯的自由可视为人身权的一种延展形态，尤其与保护公民的人格权、一般私生活和家庭均有密切的关联性。《世界人权宣言》即作出类似的规定。西方近代以来的法治确立了私自治的原理，传统的立宪主义精神正与之吻合，都强调公权力不能肆意介入私自治的领域。这种领域当然不尽然是物理空间，即使涉及物理空间，也在权利形成中而被赋予深远的规范意义。

【资料检索】

2002年，延安市某公安机关的警察于夜间进入一个体诊所，强行搜查黄色影碟。据警方宣称，其白天作为诊所，晚上为夫妻休息场所，仍应当认定为公共场所。亦有学者认为可从法社会学的观点加以认定。

（三）参政权

参政权，又称之为政治权利和自由，是指宪法规定的公民参与国家政治运作和社会政治生活，表达和实现个人政治愿望的权利。公民个人享有参与政治方面的权利，是国家权力组成和运行的民主基础，标志着人民当家做主的地位。依据宪法规定，公民的政治权利和自由主要有：

1. 选举权和被选举权。《宪法》第 34 条规定："中华人民共和国年满十八周岁的公民，不分民族、种族、性别、职业、家庭出身、宗教信仰、教育程度、财产状况、居住期限，都有选举权和被选举权；但是依照法律被剥夺政治权利的人除外。"在中国，人民是国家的主人，人民有当家做主的权利，但并不是每一个人都直接行使国家权力，参与国家的重大决策和日常事务管理，而是采用选举的方式，选出代表自己意愿的代表参加各级国家权力机关管理国家，行使国家权力，实现人民民主专政。因此，选举权和被选举权是我国人民参加国家管理的一项最基本的手段，也是我国人民行使国家权力的基本形式。

2. 诉愿权。诉愿权是公民依照宪法规定而享有的提出政治诉求和进行政治监督的权利。它既是国家一切权力属于人民的体现，也是公民作为国家管理活动的相对方对抗国家机关及其工作人员违法失职行为的有效手段。《宪法》第 41 条第 1 款规定："中华人民共和国公民对于任何国家机关和国家工作人员，有提出批评和建议的权利；对于任何国家机关和国家工作人员的违法失职行为，有向有关国家机关提出申诉、控告或者检举的权利，但是不得捏造或者歪曲事实进行诬告陷害。"公民通过这项权利的行使，既可对国家机关和国家工作人员实行监督，同时又可维护自己的合法权益，使其免遭国家机关和国家工作人员的不法侵害。

公民的诉愿权包括：批评、建议、申诉、控告、检举和取得赔偿的权利。（1）批评和建议权。批评权，是指公民对国家机关和国家工作人员在工作中的缺点和错误，有提出批评意见的权利。建议权，是指公民对国家机关和国家工作人员的工作有提出合理的、建设性的意见的权利。批评权和建议权的区别仅仅在于前者针对的是国家机关和国家工作人员的缺点和错误，而后者则是针对国家机关和国家工作人员的工作。在中国，公民行使批评权和建议权的途径是多种多样的，如公民可以通过新闻舆论、来信来访、座谈讨论等途径，对国家机关和国家工作人员的职务活动进行监督、评议，促使国家机关和国家工作人员更好地履行自己的职责。（2）申诉、控告和检举权。申诉权，是指公民的合法权益，因行政机关或司法机关作出的错误的、违法的、决定或判决，或者因国家工作人员的违法失职行为而受到侵害时，受害公民有向有关机关申述理由，要求重新处理的权利。控告权，是指公民对任何国家机关和国家工作人员的违法失职行为，有向有关机关进行揭发和指控的权利。检举权，是指公民对于违法失职的国家机关和国家工作人员，有向有关机关揭发事实，请求依法处理的权利。检举权和控告权都是对抗违法失职行为的手段，在行使权利的时候都不得捏造或者歪曲事实进行诬告、陷害。但两者又存在区别，这就是：控告人是受国家机关或国家工作人员的违法失职行为不法侵害的人，而检举人一般与事件无直接关系；控告是为了保护自己的权益而要求依法处理，而检举一般是出于正义感和维护公共利益的目的，对违法失职行为进行检举。公民的控告权和检举权可以通过以下途径行使：对违法行为向司法机关提出；对违反政纪的行为向主管单位、行政监察机关或上级单位提出；对国家机关中党的组织或党员的违法犯罪行为，向同级或上级党的纪律检查委员会提出。

【资料检索】

1. 依据法律的有关规定，公民申诉权的行使，主要有以下两种情况：（1）对已经发生法律效力的判决或裁定，当事人、被告人及其家属或者其他公民，可以向人民法院或者人民检察院提出申诉，要求改正或者撤销原判决或裁定；（2）公民对于行政机关所作出的行政处罚决定不服时，可以向其上级机关或者有关国家机关提出申诉，要求改正或者撤销原决定。

2. 为了保障公民的批评、建议和申诉、控告或者检举权利的行使，《宪法》第41条第2款规定：“对于公民的申诉、控告或者检举，有关国家机关必须查清事实，负责处理。任何人不得压制和打击报复。”并且在全国各级国家机关都设立专门的信访机构，在检察机关和审判机关还设立专门的申诉和控告机构，在刑事诉讼法和有关的法律中规定了公民行使申诉、控告和检举权的具体程序。同时宪法也规定公民在行使申诉、控告和检举权利的时候，“不得捏造或者歪曲事实进行诬告陷害”。

3. 取得赔偿权。它是指公民在受到国家机关错误的处罚得到昭雪后，或者是在受到国家机关和国家工作人员侵权得到纠正后，公民要求国家赔偿损害的权利。《宪法》第41条第3款规定：“由于国家机关和国家工作人员侵犯公民权利而受到损失的人，有依照法律规定取得赔偿的权利。”取得赔偿权也是一种救济权利，权利救济是权利保障的最后手段，缺少了权利救济的实体与程序内容，所有的权利都只能是纸上谈兵。

【资料检索】

1994年5月颁布的国家赔偿法，对国家赔偿责任的构成、国家赔偿的范围以及赔偿的方式、计算标准都作出了具体的规定，为公民依法享有国家赔偿权利提供了具体的法律保障。

（四）精神自由权

1. 表达自由。《宪法》第35条规定：“中华人民共和国公民有言论、出版、集会、结社、游行、示威的自由。”就法律意义上说，自由就是可以做法律所许可的一切事情的权利，自由是权利的另一种表现形式。宪法所确认的这六项自由，是公民在法律范围内享有表达政治意愿、参加社会生活和政治生活的政治自由权利。具体分述如下：（1）言论自由。它是公民对于社会的各种问题有通过语言方式表达其思想和见解的自由。言论是公民表达意愿、相互交流思想、传播信息的必要手段和基本工具，也是形成人民意志的基础，所以言论自由在公民的各项政治自由中居于首要地位。一个国家言论自由的程度大致能反映出其民主化程度。公民的言论自由受法律保护，只要公民的言论在法律的范围内行使，就不能对他的言论进行任何干预。从内容上看，言论自由中包括政治言论、商业言论、学术言论、艺术言论、宗教言论等多种类型。但是，言论自由应该在法律的范围内行使，是指：其一，不得利用言论自由煽动他人反对政府，危害国家和社会安定；其二，不得利用言论自由对他人的人格尊严进行侮辱诽谤。这是因为在言论自由与其他权利之间可能构成某种冲突，所以有必要对言论自由给出一定的限制。当然，言论自由与话语权是有一定关联的，但又不是同一个概念，需加以区分。（2）出版自由。它是公民在法律规定的范围内，以出版物，如书籍、报纸、广播、电视以及互联网等形式表达思想和见解的权利和自由。出版自由是言论自由的一种表现形式。它与言论自由的区别仅仅在于它是借助于公开发行的文字、图片、音像等形式来表达思想和见解的自由。由于出版物的影响很大，为了加强对出版物的管理，保障公民出版自由的实现，世界各国通常从内容和形式两方面制约出版自由。从内容上说，法律设定了两类限制，一是为了保障社会全体利益，如对煽动颠覆政府和淫秽内容的限制；二是为保障私人利益而对诽谤性言论等的限制。

【资料检索】

1. 2002年国务院制定的《出版管理条例》第25条列举了以下禁止出版的内容：（1）反对宪法确定的基本原则的；（2）危害国家统一、主权和领土完整的；（3）泄露国家秘密、危害国家安全或者损害国家荣誉和利益的；（4）煽动民族仇恨、民族歧视，破坏民族团结，或者侵害民族风俗、习惯的；（5）宣扬邪教、迷信的；（6）扰乱社会秩序，破坏社会稳定的；（7）宣扬淫秽、赌博、暴力或者教唆犯罪的；（8）侮辱或者诽谤他人，侵害他人合法权益的；（9）危害社会公德或者民族优秀文化传统的；（10）有法律、行政法规和国家规定禁止的其他内容的。从形式上说，世界各国都建立了相应的管理制度。其一是预防制，这是一种事先干预的办法；其二是追惩制，这是事后发现违法予以法律追究的办法。我国目前对于出版自由的保障和限制，实行预防制和追惩制相结合的制度，对出版进行限制，但事前审查主要由出版单位承担，国家一般不予以干涉。

2. 1971年，时为越战期间，美国《纽约时报》在其报纸上连载了自己获得的两份“越南机密文件”，《华盛顿邮报》也在差不多的时间里作了纪要性连载，引起全国舆论大哗。司法部立即要求停止报道，未果。遂向地方法院请求对这两家报社发出禁止令，但是被驳回。当上诉到联邦最高法院后，被合并审理，史称“五角大楼文件案”。当时，联邦最高法院实际上遇到了一种情形：联邦政府请求法院对新闻机关发出禁止令，而不是直接由政府发出。在本案表决时，九大法官意见分歧，无法形成法庭意见，最后只好以“法院意见”这种形式作出：基于保护新闻自由和人民的知情权这一立场而否定了政府的请求。

【观点论争】

19世纪英国宪法学家戴雪认为：我们的现行法律允许任何人随心所欲地谈论、写作或出版；但如果他误用了这项自由，他就必须接受惩罚。如果他不正当地攻击个人，诽谤的受害者就可以诉讼赔偿。

2. 结社自由。它是指有着共同意愿或利益的公民，为了一定宗旨而依法定程序组成具有持续性的社会团体的自由。一方面，结社自由意味着个人有结成社团、加入社团及自主管理社团的自由；任何社团，除非依照宪法和法律予以取缔，否则都有继续存在并进行活动的自由，公权力不得压制和干涉。另一方面，结社自由意味着公民有不加入或脱离社团的自由，不受公权力侵害。

【资料检索】

根据1998年国务院发布的社会团体登记管理条例的规定，公民结社自由保障与限制的具体内容和程序主要包括以下几方面：第一，社会团体的成立实行核准登记制度。凡在中国境内组织的社会团体，都应该依据该条例的规定申请登记，并须符合规定的基本条件。社会团体的登记管理机关是中华人民共和国民政部和县级以上的地方各级人民政府民政部门。第二，社会团体必须遵守国家宪法、法律、法规和国家的有关政策，不得反对宪法确定的基本原则，不得危害国家的统一、安全和民族的团结，不得损害国家的、社会的、集体的利益和其他公民的合法的权利和自由。社会团体不得从事以营利为目的的经营性活动。国家保护社会团体依照其登记的章程进行活动，任何组织和个人不得非法干涉。第三，登记机关、业务主管单位对社会团体的活动进行监督管理。其主要的监督管理职责有：监督社会团体遵守宪法和法律；监督社会团体依该条例的规定，履行登记手续；监督社会团体依照登记的章程进行活动；对社会团体违反该条例的问题进行监督检查，对社会团体违反该条例的行为予以行政处罚；等等。

3. 集会、游行、示威自由。在公民的基本权利体系中、集会、游行、示威自由是公民表达其意愿的重要形式，直接反映了公民的宪法地位。集会自由是公民为共同目的，临时集合在露天公共场所，讨论问题或表达意愿的自由。游行自由是公民在公共道路或露天场所上行进，以表达其强烈意愿的自由。示威自由是公民在公共道路或露天场所以聚会、静坐、行进等方式，表达要求、抗议或者支持、声援等共同意愿的自由。集会、游行、示威自由，是言论自由的自然延伸，是扩大了的言论自由，也兼有人身自由的意味，还与公民的请愿权和政治自由权有密切关系。它们的共同之处在于：都是公民表达强烈意愿的自由，主要在公共场所行使，必须是多个公民共同行使，属于集合性的权利，单个公民的行为通常不能形成法律意义上的集会、游行和示威。三者的不同之处在于表达意愿的程度、方式和方法有所差异。

【资料检索】

1. 1648年，清廷下令在全国的府学与县学立一块卧碑，上面铭刻三大禁令：第一，生员不得言事；第二，不得立盟结社；第三，不得刊刻文字。违犯三令者，杀无赦。

2. 为了更好地保障公民行使集会、游行、示威的自由权利，维护社会安定团结，1989年，中国制定了集会游行示威法，具体规定了集会、游行、示威的概念和标准；主管机关和具体管理程序、措施，如申请和获得许可的程序，对集会、游行、示威的场所、时间、行为的规范；以及违法行为应承担的法律责任，等等。该法是实现宪法赋予公民集会、游行、示威自由权利的重要法律依据和法律保障，同时也是对滥用此项权利行为的必要限制。

4. 宗教信仰自由。

它是人们相信某一超自然神祇的拯救力量及相关神学学说的自由。《宪法》第36条第1款规定："中华人民共和国公民有宗教信仰自由"，这是公民宗教信仰自由权的宪法依据。宗教信仰自由的含义包括：（1）每个公民都有按照自己的意愿信仰宗教的自由，也有不信仰宗教的自由；（2）有信仰这种宗教的自由，也有信仰那种宗教的自由；（3）在同一宗教里，有信仰这个教派的自由，也有信仰那个教派的自由；（4）有过去不信教而现在信教的自由，也有过去信教而现在不信教的自由；（5）有按宗教信仰参加宗教仪式的自由，也有不参加宗教仪式的自由。

【资料检索】

1. 1948年的《世界人权宣言》第18条规定："人人有思想、良心和宗教自由的权利，此项权利包括改变他的宗教或信仰的自由以及单独或集体、公开或秘密的以教义、躬行、礼拜和戒律表示他的宗教或信仰的自由。”

2. 现行宪法比较详细地规定了国家的基本宗教政策。基本内容是：第一，宗教信仰问题是公民个人的私事，国家不干预。《宪法》第36条第2款规定：“任何国家机关、社会团体和个人不得强制公民信仰宗教或者不信仰宗教，不得歧视信仰宗教的公民和不信仰宗教的公民。”也就是说，就信仰而言，我国公民的宗教信仰问题是公民个人的私事，不能以任何理由强制公民信仰宗教或者不信仰宗教。第二，国家保护正常的宗教活动。《宪法》第36条第3款规定：“国家保护正常的宗教活动。任何人不得利用宗教活动进行破坏社会秩序、损害公民身体健康、妨碍国家教育制度的活动。这就表明，公民一方面享有宪法和法律赋予的宗教信仰自由，另一方面则必须承担宪法和法律规定的有关义务，否则宗教信仰自由就失去了其合法基础。第三，宗教团体和宗教事务不受外国势力的支配。《宪法》第36条第4款还规定：“宗教团体和宗教事务不受外国势力支配。”因此，宗教团体必须坚持自主、自办、自传的“三自”原则。我国宗教团体可以与其他国家的宗教界保持宗教的学术文化交流，但不允许外国宗教势力干涉我国内部的宗教事务，我国宗教团体也不去干涉我国以外的宗教问题，以防止国际上的宗教势力干涉、控制、支配我国的宗教团体和宗教事务。

【观点论争】

宪法之所以要如此规定是因为：第一，宗教是一种历史现象，有其产生、发展和消亡的过程，在它存在的条件尚未消失的时候，它还会继续存在；第二，宗教信仰属于思想范畴问题，对待公民的思想认识问题，只能采取说服教育的方法去解决，绝不能强迫命令、粗暴压制；第三，宗教的存在具有长期性、国际性、民族性和群众性的特点，正确处理好宗教问题，对于民族团结、国家统一和国际交往都具有重要意义。

5. 文化活动自由。

(1) 受教育权。《宪法》第46条规定："中华人民共和国公民有受教育的权利和义务。"公民享有受教育的权利和义务，是指公民有在国家和社会提供的各类学校和机构中学习文化科学知识的权利，有在一定条件下依法接受各种形式的教育的义务。宪法之所以要规定公民有受教育的权利和义务，是因为：其一，公民接受教育是整个社会科学文化发展的基础。要提高科学文化的发展水平，促进科学技术的进步，首要的前提必须是广大群众有文化、有知识。而要做到这点，就必须大力发展教育事业，使人人都有接受教育的机会，否则，就无从谈及文化科学技术的发展。其二，公民接受教育是进行物质文明建设和精神文明建设的前提条件。教育是改造旧社会和接受新社会的有力工具，是培养人才、提高人才素质的基本方式和途径。积极提高公民的文化知识和科学技术水平，对于促进社会主义物质文明、政治文明和精神文明的建设，有着十分重要的意义。因此，一方面国家有义务创办各种教育机构和文化设施，以保证公民享有受教育的权利；另一方面，公民个人也有义务通过接受各种形式的教育，去提高文化和业务水平，以适应国家现代化建设的需要。

【资料检索】

公民有受教育的权利和义务的基本内容是：(1) 学龄前儿童有接受学前教育的机会；(2) 适龄儿童有接受初等教育的权利和义务；(3) 公民有接受中等教育、职业教育和高等教育的权利和机会；(4) 成年人有接受承认教育的权利；(5) 公民有从集体经济组织、国家企业事业组织和其他社会力量举办的教育机构接受教育的机会；(6) 就业前的公民有接受必要的劳动就业训练的权利和义务。为了保障公民实现受教育的权利和义务，国家制定了一系列的法律，如教育法、义务教育法、教师法、教育法实施细则等法律，以保障公民能够切实享有受教育的权利，履行受教育的义务。

（2）文化活动自由。《宪法》第47条规定：“中华人民共和国公民有进行科学研究、文学艺术创作和其他文化活动的自由……”这主要包括：其一，科学研究自由，是指公民在从事社会科学和自然科学的研究时，有选择科学研究课题、研究和探讨问题、交流学术思想、发表个人学术见解的自由。其二，文艺创作自由，是指公民有发挥个人的文学艺术创作才能，创作各种形式的文学艺术作品的自由。其三，从事其他文化活动的权利，是指公民有从事除科学研究和文艺创作以外的其他属于文化权利范围活动的自由。如观赏文化艺术珍品、欣赏文艺作品、从事娱乐活动等。进行科学研究、发展科学事业，是建设社会主义现代化国家的关键；文学艺术创作和其他文化事业是社会主义精神文明建设的重要内容。保障公民的这项权利，对于发扬社会主义民主，实现社会主义现代化的宏伟目标，有着直接的、密切的联系。

【资料检索】

为了保障公民上述自由和权利的实现，《宪法》第47条还规定：“……国家对于从事教育、科学、技术、文学、艺术和其他文化事业的公民的有益于人民的创造性工作，给以鼓励和帮助。”此外，国家还先后颁布了一些法律，如学位条例、自然科学奖励条例、发明奖励条例等一系列法律法规，把鼓励措施具体化、制度化，从法律上进一步保证公民这项自由权利的实现。

（3）通信自由。通信自由和通信秘密受法律保护。通信是公民进行社会交往、进行思想和感情交流、获取信息的一种正常活动，是公民日常生活中不可或缺的一项基本权利，并且是个人私生活和隐私权的重要内容。保护这种权利，对于维护正常的社会生活秩序和公民的切实利益非常重要。公民的通信自由和通信秘密，是指公民的书信、电报、电话和其他通讯资料，不受国家的非法干预，他人不得隐匿、毁弃、拆阅或者窃听。隐匿或毁弃公民的信件、电报，就是对公民通信自由的侵犯；拆阅或者窃听公民的通讯内容，就是对公民通信秘密的侵犯。

【资料检索】

1.《宪法》第40条规定："中华人民共和国公民的通信自由和通信秘密受法律的保护。除因国家安全或者追查刑事犯罪的需要，由公安机关或者检察机关依照法律规定的程序对通信进行检查外，任何组织或者个人不得以任何理由侵犯公民的通信自由和通信秘密。"但这种自由不是绝对的，公安机关和检察机关为了国家安全或者对付犯罪，可以依法对公民的通信进行检查。

2.《刑事诉讼法》第141条规定："侦查人员认为需要扣押犯罪嫌疑人的邮件、电报的时候，经公安机关或者人民检察院批准，即可通知邮电机关将有关的邮件、电报检交扣押。不需要继续扣押的时候，应即通知邮电机关。"《监狱法》第47条规定："罪犯在服刑期间可以与他人通信，但是来往信件应当经过监狱检查。监狱发现有碍罪犯改造内容的信件，可以扣留。罪犯写给监狱的上级机关和司法机关的信件，不受检查。"

（五）社会经济权

社会经济权利是指公民根据宪法规定享有的具有物质经济利益的权利，是公民实现基本权利的物质上的保障。文化教育权利则是公民根据宪法规定，在教育和文化领域享有的权利和自由。这类权利在人类人权保障历史上出现较晚，最早确认这方面权利的宪法是1918年的苏俄宪法和1919年德国的魏玛宪法。中国宪法规定的公民经济类基本权利包括私有财产权、劳动权、休息权、退休人员的生活保障权和物质帮助权，文化类基本权利则包括受教育权和科研文化权。

1. 财产权。财产权主要是指公民在占有财产上的一系列权利，亦即私有财产的权利，包括公民对个人所有的生产资料和生活资料的占有、使用、处分、出租、投资和不受非法侵犯等方面权利。确认和保护公民的财产不受非法侵犯，是发展生产、繁荣经济、富国强民的基本保障，也是社会发展必不可缺的物质条件。

【资料检索】

2004年3月14日，全国人大通过第22条修正案对《宪法》第13条进行了修改，规定“公民的合法的私有财产不受侵犯。”“国家依照法律规定保护公民的私有财产权和继承权。”“国家为了公共利益的需要，可以依照法律规定对公民的私有财产实行征收或者征用，并给予补偿。”修改后的《宪法》第13条，实际上提出五个环环相扣的宪法命题，即（1）国家承担保护私有财产权的职责；（2）私有财产不受侵犯，包括不受国家的侵犯；（3）正是为了保障私有财产权不受国家的侵犯，国家对私有财产的征收或者征用必须满足两个要件：一个是依照法律规定，另一个是必须给予补偿；（4）从上一个命题可以推论：任何不以法律形式出现的对私有财产的征收或者征用都是违宪的；（5）采取非法手段获得的私有财产不得转化为不受侵犯的权利。①

2. 劳动权。《宪法》第42条第1款规定：“中华人民共和国公民有劳动的权利和义务。”公民的劳动权是指有劳动能力的公民有从事劳动并取得相应报酬的权利。由于劳动是人们生存的基础，也是社会得以生存、维系和发展的条件，因此国家不仅应当保护公民劳动的权利，而且应当积极创造条件，为公民享有这一权利提供保障。

【资料检索】

《宪法》第42条第2款规定：“国家通过各种途径，创造劳动就业条件，加强劳动保护，改善劳动条件，并在发展生产的基础上，提高劳动报酬和福利待遇。”具体说来，这一规定有下面内

① 朱福惠主编：《宪法学原理》，中信出版社2005年版，第211页。

容：(1) 就业权。国家负有提供更多就业机会的宪法义务。(2) 取得报酬权。国家在不同的特定时期，应当确立公民的最低劳动报酬和不断提高劳动报酬的制度。(3) 自由择业权。可要求国家提供各种条件，帮助劳动者进行就业培训和指导，同时通过各种途径，创造各种条件，尽可能多给劳动者提供可供选择的劳动岗位。(4) 劳动安全权。国家和企业应当采取各种措施，保障劳动者在劳动过程中的安全和健康。在我国，劳动既是一种权利，又是一项应尽的光荣职责。

3. 休息权。《宪法》第 43 条第 1 款规定："中华人民共和国劳动者有休息的权利。"休息权是指劳动者在享受劳动权的过程中，有为保护身体健康，提高劳动效率，根据国家的法律和制度的有关规定，而享有的休息和休养的权利。劳动者的休息权是和劳动者的劳动权密切相关的，休息权是劳动权的必要补充。宪法确认休息权的目的在于使劳动者的体力和精力得到恢复，以便更好地参加社会主义建设。同时，使劳动者有时间参加社会文化生活和国家政治生活，以及很好地安排家务、教育下一代。为了保障劳动者的休息权，《宪法》第 43 条第 2 款还规定："国家发展劳动者休息和休养的设施，规定职工的工作时间和休假制度。"

【资料检索】

1994 年劳动法对劳动者的休息权作了明确的规定。第 36 条的规定："国家实行劳动者每日工作时间不超过八小时、平均每周工作时间不超过四十四小时的工时制度。"第 38 条规定："用人单位应当保证劳动者每周至少休息一日。"第 40 条规定："用人单位在下列节日期间应当依法安排劳动者休假：(一) 元旦；(二) 春节；(三) 国际劳动节；(四) 国庆节；(五) 法律、法规规定的其他休假节日。"

4. 退休人员的生活保障权。退休制度是指国有和集体等企业、事业组织的职工和国家机关的工作人员达到一定年龄时，离开工作岗位进行休息或休养时，依照国家法律或者有关规定领取一定的离休金或退休金的制度。国家实行退休制度，是为了适应企业、事业组织的广大职工和国家机关工作人员的生理发展规律的要求，保持职工、干部的换代、接班，以便使企业、事业单位和国家机关的生产、工作不致间断，并有秩序、有成效地得到发展。退休本身也属于一种权利，即劳动者有权在工作一定年限之后要求离开工作岗位并获得生活保障。除非本人愿意，任何人不得强制劳动者在达到法定退休年龄后继续工作。《宪法》第 44 条规定：“国家依照法律规定实行企业事业组织的职工和国家机关工作人员的退休制度。退休人员的生活受到国家和社会的保障。”

5. 物质帮助权。物质帮助权是公民因特定原因不能通过其他正当途径获得必要的物质生活手段时从国家和社会获得生活保障、享受社会福利的一种权利。物质帮助的形式有多种多样，如生活费、救济费、抚恤金、补助费、医疗费等。《宪法》第 45 条第 1 款规定：“中华人民共和国公民在年老、疾病或者丧失劳动能力的情况下，有从国家和社会获得物质帮助的权利。国家发展为公民享受这些权利所需要的社会保险、社会救济和医疗卫生事业。”

【资料检索】

所谓“年老”的公民，一般是指在国家规定的退（离）休年龄以上，已丧失劳动能力或者不适于继续参加劳动的公民；也包括在一定年龄之上没有参加过正式工作，又无子女赡养的公民。所谓患有“疾病”的公民，是经医院检查证实，且无能力或者不适于继续劳动的公民。“丧失劳动能力”的公民，指的是除上述人员外，因其他原因，失去了体力、智力的公民，也包括伤、残、呆、傻等无劳动能力，又无人供养的公民。上述公民都有从国家和社会获得物质帮助的权利。国家的帮助是通过民政、劳动部门向这些公民提供物质帮助；社会的帮助是由集体经济组织、人民团体、群众自治组织及社会各界人士所提供的帮助。义务承担者是国家和社会。为了保障公民这一项权利的实现，国家大力发展社会保险、社会救济和医疗卫生事业，并采取了许多具体措施，制定了一些相应的和专门的法规。这在一定程度上体现了我国社会主义的人道精神和对公民基本人权的尊重。

（六）特殊主体权利

宪法除对一切公民所应普遍享有的权利和自由作出全面的明确规定外，还对具有特定情况的公民给予特别保护。所谓特定情况，或者是由于这类公民被传统习俗所歧视或侵犯，或者是由于这类公民的行为能力处于弱势。

1. 保护妇女的权利。《宪法》第48条规定："中华人民共和国妇女在政治的、经济的、文化的、社会的和家庭的生活等各方面享有同男子平等的权利。国家保护妇女的权利和利益，实行男女同工同酬，培养和选拔妇女干部。"宪法的这一规定表明，国家重视对妇女权益的特殊保障，从根本上结束了妇女受压迫的地位。

【资料检索】

为了实现男女平等，国家颁布了一系列的体现男女平等的法律，如婚姻法、劳动法、继承法等，从法律上保证了男女平等原则的实现。特别是妇女权益保障法，对妇女权益保障作了完整的、具体的规定，是保障妇女权益的基本法。保护妇女权利，实现男女平等的具体内容是：（1）在政治方面，妇女享有与男子平等的政治权利，妇女有权通过各种途径和形式参与国家和社会事务的管理，国家要培养和选拔妇女干部。（2）在劳动就业方面，一是妇女享有同男子平等的就业权利；二是对女职工实行特殊劳动保护；三是实行男女同工同酬。（3）在文化教育方面，妇女享有与男子平等的受教育权以及从事科学研究和其他文化活动的权利。（4）在社会生活方面，妇女与男子一样，参与社会活动和社会事务的管理。（5）在婚姻家庭领域，夫妻双方地位平等，对家庭事务和家庭财产享有同等的权利。此外，在人身权利、财产权益等方面，妇女均享有和男子平等的权利。

2. 保护婚姻、家庭、母亲、儿童和老人。《宪法》第49条第1、4款分别规定："婚姻、家庭、母亲和儿童受国家的保护"、"禁止破坏婚姻自由，禁止虐待老人、妇女和儿童。"宪法的这些规定，一方面将中华民族的固有道德上升为宪法规范，另一方面也表明了对社会中较弱的社会关系和社会关系中较弱的一方的关注。婚姻是指男女双方在自愿的基础上，经国家婚姻登记机关登记批准而结成的夫妻关系。家庭是由婚姻关系、血缘关系或收养关系而形成的人们共同生活的组织，是最基本的社会单位。家庭是婚姻的后果，婚姻是家庭的条件，国家保护婚姻家庭，就是指法律承认和保护合法的婚姻家庭关系，承认和保护夫妻双方，以及家庭其他成员的正当权利，同时也相应地要求双方及家庭其他成员履行法定的义务。在家庭关系中，宪法还规定禁止虐待老人、妇女和儿童，这是因为，保护老人、妇女和儿童的合法权益，体现了中华民族的传统美德，同时在现实生活中虐待老人、妇女和儿童的行为时有发生，宪法承认作为社会关系中相对较弱的一方，享有国家的特殊保护。

【资料检索】

为了切实保障老人和儿童的合法权益，国家制定了未成年人保护法和老年人权益保障法，形成了我国针对弱势群体的法律保护机制。同时为了更好地关怀青少年和儿童的成长，1999年全国人大常委会制定了预防未成年人犯罪法，保障未成年人的身心健康，培养他们良好的品行，使他们在品德、智力、体质等方面全面发展。

3. 保障残废军人和烈军属的权利。《宪法》第45条第2款规定："国家和社会保障残废军人的生活，抚恤烈士家属，优待军人家属。"这一规定明确了国家对残废军人、烈士家属以及现役军人的家属的优待和抚恤原则。残废军人、烈军属是我国社会主义建设事业的重要力量，他们和他们的家属为革命和建设事业流血牺牲，作出了重大贡献，国家和人民理应尊敬他们，并努力做好优抚工作，这对于鼓舞士气，增强国防力量，提高广大群众的爱国主义思想有着重要意义。

【资料检索】

根据宪法的上述规定，兵役法对残废军人、退役军人、烈士家属、牺牲病故的军人家属以及现役军人家属的优待和安置问题，作了专门的规定：(1) 烈属、牺牲或病故军属、现役军属均受社会的尊重与优待；(2) 家居农村的义务兵家属，由乡镇人民政府采取平衡负担的办法给予优待，具体办法由当地人民政府规定；(3) 家居城镇的义务兵家属，生活困难的，由当地政府给予适当补助；(4) 现役军人牺牲、病故，由国家给付其家属一次性抚恤金，其家属无劳动能力或者无固定收入而不能维持生活的，再由国家定期发给抚恤金。上述规定在法律上具体保证了宪法规定的贯彻执行。

4. 保护残疾人的权利。《宪法》第45条第3款规定：“国家和社会帮助安排盲、聋、哑和其他有残疾的公民的劳动、生活和教育。”残疾人是指在心理、生理、人体结构上，某种组织、功能丧失或者不正常，全部或部分丧失正常方式从事某种活动能力的人。残疾人作为公民，在政治、经济、文化、社会和家庭生活等方面，享有同其他公民平等的权利。残疾人权益既包括残疾人作为公民的合法权益，也包括其因残疾而需要国家和社会给予关心和照顾的权益。对有一定劳动能力的残疾人，国家和社会应兴办专门学校，组织残疾人进行必要的文化科学知识学习，按照残疾人不同的生理情况，创造特别的劳动条件，使他们能够从事力所能及的劳动。对根本不能从事任何劳动和无固定社会依靠的残疾人，国家和社会则应采取措施，或给以固定生活救济，或指定法定监护人，或由民政部门照顾。

【资料检索】

2008 年通过的残疾人保障法，依照现行宪法的精神，把我国对残疾人的保护纳入了法治轨道。

5. 保护华侨、归侨、侨眷的权利。《宪法》第 50 条规定："中华人民共和国保护华侨的正当的权利和利益，保护归侨和侨眷的合法的权利和利益。"华侨是居住在外国的中国公民。中国华侨人数众多，大概有三千万人，分布在世界各地。他们不仅是中国公民的重要组成部分，而且是中国同世界各国人民发展友谊的纽带。由于华侨身处国外，情况有些特殊，因此，国家一方面要求华侨遵守所在国法律，同所在国的人民和睦相处，为发展所在国的经济文化交流起积极的作用；另一方面，根据国际上的惯例，国家维护华侨的正当权利和利益，反对强迫华侨改变国籍，反对歧视和迫害华侨。对于一切反华、排华、迫害华侨和损害华侨正当权益的行为，国家通过外交途径予以保护。归侨是已经回到祖国定居的华侨。由于他们长期旅居国外，在生活习惯和其他方面都具有各自的特点，与国内居民有所不同。侨眷则是华侨在国内的亲属，包括华侨、归侨的配偶、血亲和其他亲属。他们虽家居两地，却命运相连。因此，国家把归侨、侨眷的合法权益保护作为专门问题写入宪法，这体现了国家对广大华侨、归侨和侨眷的关怀和爱护。

【资料检索】

1990 年第七届全国人大常委会通过的归侨侨眷权益保护法，规定了较为完整的归侨、侨眷保护制度，并对他们的合法权益作出了明确的规定，从而使《宪法》第 50 条的这一规定在立法上得到了具体的体现。

上述关于人权与公民权的具体论述，是为了让掌握了宪政权的管理者必须明确，从人与公民的主体角度来看，这些基本权利受宪法保护，是其合法拥有、不容侵犯的；而从国家或社会的组织角度来看，宪法要求管理者在实施宪政权时要学会尊重作为人或公民的这些基本权利，因为这是他们的宪法义务。换句话说，在宪法的基本权利面前，宪政权的首义就是要尊重和维护人权与公民权的职责，其次才是合法行使其各项具体的权力。

## 二、公民基本义务

《宪法》第52条规定："中华人民共和国公民有维护国家统一和全国各民族团结的义务。"国家统一和全国各民族团结是我国社会主义革命和建设取得胜利的根本保证，也是推进改革开放、建设中国特色社会主义的根本前提。因此，全体公民必须自觉维护国家的统一和各民族的团结，坚决反对任何分裂国家和破坏民族团结的行为。第53条规定："中华人民共和国公民必须遵守宪法和法律，保守国家秘密，爱护公共财产，遵守劳动纪律，遵守公共秩序，尊重社会公德。"这里规定的基本义务属于公民的一般社会义务，即作为社会共同体一员为保证共同生活条件和生活秩序所应承担的基本社会责任。第54条规定："中华人民共和国公民有维护祖国的安全、荣誉和利益的义务，不得有危害祖国的安全、荣誉和利益的行为。"国家的安全是每个公民生产生活、安居乐业的必要条件，作为中华人民共和国的公民有义务维护祖国的安全。第55条规定："保卫祖国、抵抗侵略是中华人民共和国每一个公民的神圣职责。依照法律服兵役和参加民兵组织是中华人民共和国公民的光荣义务。"根据这一规定，这项义务包括保卫祖国、抵抗侵略、服兵役和参加民兵组织的义务。根据1984年兵役法规定，我国实行以义务兵役制为主体的义务兵与志愿兵相结合，民兵与预备役相结合的兵役制度。凡年满18周岁的我国公民，不分民族、种族、职业、家庭出身、宗教信仰和教育程度，都有义务服兵役。第56条规定："中华人民共和国公民有依照法律纳税的义务。"公民的纳税义务对于发展国民经济有着非常重要的作用。税收是国家筹集资金的重要方式，社会主义税收制度是“取之于民，用之于民”，纳税已成为绝大多数公民的自觉行为，任何偷税、漏税的行为都是违法的。除了上述列举的义务外，我国宪法还结合某些公民的基本权利规定了相应的一些基本义务：公民有劳动的义务；公民有受教育的义务；夫妻双方有实行计划生育的义务；父母有抚养教育未成年子女的义务，成年子女有赡养扶助父母的义务；等等。现行《宪法》第51条规定：“中华人民共和国公民在行使自由和权利的时候，不得损害国家的、社会的、集体的利益和其他公民的合法的自由和权利。”这是我国公民行使基本权利和自由的总的指导原则，具体表现为：（1）权利和自由的相对性。世界上从来没有绝对的权利和自由。权利是相对于义务而言的，自由是相对于纪律而言的。（2）权利和自由的有限制性。任何权利和自由都不是无限制的，任何权利和自由的程度都要直接或间接受到社会经济发展水平的制约和客观规律的制约，权利和自由的行使要受到法律的制约。（3）不损害整体利益。在我国，依据宪法的规定，公民在行使自己的权利和自由时，不能违背体现广大人民意志和利益的法律。

通过对上述关于公民基本权利和义务具体内容的扫视，可以将其立法特点概括为：（1）权利和自由的广泛性。一是享有基本权利和自由的主体非常广泛，二是宪法所确认的公民的权利和自由的范围十分广泛。在司法实践中，“法不禁止即自由”的原则逐步被确认，我国公民享有的权利和自由已不完全限于宪法列举的范围。（2）权利和义务的平等性。一是公民在享有权利和履行义务方面一律平等；二是公民的正当权利和合法利益都平等地受到法律的保护，任何国家机关不得以任何理由歧视任何公民，公民有权要求得到平等的对待和服务；三是不允许任何组织和个人享有宪法和法律以外的特权，任何人都必须在宪法和法律的范围内活动。（3）权利和义务的现实性。一是宪法在确认公民的基本权利和义务时，总是从我国的实际情况出发，充分考虑到现阶段政治、经济、文化发展的实际水平，来确认权利和义务的范围、内容以及物质保障问题的；二是宪法规定的公民的基本权利和义务是有法律保障和物质保障的。（4）权利和义务的一致性。一是享有权利和承担义务的主体是一致的；二是公民的某些权利和义务是相互结合的；三是公民的权利和义务是相互促进、相辅相成的。

【思考题】

1. 西方一些学者把人权看作对抗国家的“防御权”，因为即便是在民主制度的国家里，也同样会存在着人统治人的情形，隐含着权力滥用的危险，国家权力也可能作出不法行为。你对此有何看法？

2. 人权保护在国外已有200多年的历史，随着时间的推移，其本身的内涵也在不断地发生变化。在美国，人权的内容并非一成不变。欧洲国家实行累进税制，美国也以宪法修正案予以模仿；同样，在美国生成的表达自由、宗教信仰自由也传播到其他国家。这种互相影响的根据是什么？有没有规律可循？

3. 公民与人民的概念有何区别？宪法为什么要做这样的划分？如何正确理解“公民在行使权利和自由的时候，不得损害国家的、社会的、集体的利益和其他公民的合法权利和自由”这句话的深刻含义？

4. 平等权的相对性与接受社会的现实性之间应该如何把握？在这一方面，作为政府是否有责任要尽可能地帮助民众缩小二者之间的差异？消除不合理的差别（即所谓的歧视），它的根据是什么？公民与人民之间的差异性是否构成不平等的一种因素？

5. 基于国家司法权与行政权的作为，公民的人身自由在其作用下受到一定的限制，其理论依据又是什么？是基于集体权的原因还是因为公民的人身自由本来就是要受到公权力的限制？

6. 人格尊严的底线在哪里？当它与其他权力发生联系时，人格尊严是否要受到限制？你认为“延安黄碟案”的实质是什么？应当如何来认定公权力与公民个人的住宅权之间的矛盾关系？

7. 公民的参政权与“人民主权”原则之间是否相吻合?

8. 被害人的刑事诉权为什么要受到限制，如其刑事部分的上诉权是否一定要通过检察院的抗诉程序来行使?这与宪法保护的被害人的诉愿权能否相称?

9. 在价值与事实之间，在新闻自由与政府权威之间，美国联邦最高法院为什么选择了保护私权利而放弃保护公权力?

10. 如何把握宗教信仰自由与参与邪教活动之间的界限以及本国宗教活动与外国宗教势力之间的法律关系?

11. 我国宪法关于公民的财产权保护是否在现实中已经得到充分体现?该权利与国家对公共财产的保护是否相适应?

12. 公民的劳动权是否意味着国家有“必须为公民解决就业问题”的义务?

13. 休息权是劳动权的自然延续还是有其一定的独立性?

14. 宪法为什么要为退休人员提供物质生活上的保障和对于那些年老、疾病或者丧失劳动能力的公民提供社会救济性的帮助?

15. 宪法分别对不同特定人的保护各有什么缘由?

# 第十三章　宪法权力

【内容摘要】通过宪法获取人民授权，这是国家及国家机关法定的和正当的权力来源。说是法定的，不仅是因为宪法直接作出了“人民主权”的规定，而且在程序上也要求有一定的授权规程；说是正当的，此授权必须是人民出于其真实的意愿，否则就是一种篡夺或暴政。在中国，我们习惯上会把主权视为最重要的公权力，而把具体的与国家管理相关的权力视为宪政权，因为它也是公权力的一部分。在理论上，关键的问题在于如何证明：宪法权利对宪法权力的授予和监督、宪法权利如何得以自保、宪法权力在运行过程中受到自我或他我的约束。

## 第一节　国家主权

主权属于国家权力的一部分，而且是首要的部分。政治学与法学无一例外地将主权问题作为自己的研究对象，而在宪法学研究者的眼里，他们更关心的是主权的归属及其实效，于是“主权在民”的思想与“三权分立”的原则就成为宪法与宪政关注的焦点。但是，在许多的教科书中，主权与立宪权问题一样遭到了无端的漠视，似乎它们原本就不存在。在宪法理论上，国家权力是由宪法权利派生出来的，并且是为宪法权利服务的；没有了主权，宪法权利也就无法实现。凯尔森说过，如果主权被认为是国家“权力”的一种属性，这一权力一定是国内法律秩序的效力和实效。[①] 当然，以民主政治为主轴的现代国家，人民通常会把主权实施置于整个宪政的全过程，由此主权被视为国家宪政权力的一部分可谓顺理成章。

国家主权是指一国对内的统治权和对外的独立权的统一体。在众多的权力体系中，不论是在国内还是在国外，主权可谓是一国最大的权力，因为它具有最高的性质和最大的权威。法国16世纪的法学家让·博丹在他的《论共和国六书》中最先提出国家主权的概念，在他看来，主权是一种不受限制的权力，一种永恒的权力，一种高于法律的权力。在这样的观念指导下，有关的国际条约肯定了相应的国家主权原则，即领土主权原则与主权平等原则，而且把主权规定为与居民、领土、政府并列的民族国家的基本要素。让·博丹的主权论对于解决国际法准则有一定的启蒙作用，尤其是在国家对外行使权力的时候。但如果我们把国家主权说成是“不受限制、永恒的且高于法律的权力”，则与当今社会的主权观有很大的差距，因为它既不符合历史的真实，又有违民主与法治的观念。

在国际法领域，国家主权原则是其基本原则之一。《联合国宪章》就规定“本组织系基于各会员国主权平等之原则”。在旧金山会议上，“主权平等”原则有四个要素：国家是在法律上平等的；每个国家享受完全主权所固有的权利；国家的人权及其领土完整和政治独立应受尊重；国家应在国际秩序下诚实遵守其国际的责任。[②] 正是在这样的观念引领下，各国才产生了与国家主权有关的“国防与外交”方面的权力，而且还获得了加强国防与外交的正当性。而在新的历史条件下，传统的主权概念越来越受到质疑，全球

① ［奥］凯尔森著，沈宗灵译：《法与国家的一般理论》，中国大百科全书出版社1996年版，第283页。

② 王铁崖著：《国际法引论》，北京大学出版社1998年版，第218页。

经济问题、国际人权问题和反对恐怖主义等都在理论与实践方面向国家主权提出了挑战。

在国内法方面，主权是一国最高的统治权，它意味着没有比主权更高的权力。那么，人民主权原则是否会对这样一种“至高无上”的权力构成悖论关系？我们知道，主权是不容他人随意染指的，谁是这个国家的主人，谁就是该主权的法律主体。当人民实际上掌握了国家政权以后，人民就是这个国家的主人，也就是这个国家主权的主体。这应该不会形成悖论。只是国际社会秩序以及原始社会时期的秩序的形成都与国家主权没有太大的关系。

在现行的社会条件下，国家主权的存在还是可以满足人们对法律秩序的许多方面的需要。只是需要提出疑问的是，在主权问题上，除了确立“人民主权”的思想以外，怎样做才能达到法治国的理想？这其间还需要在理论上解决哪些问题？是进一步强化国家职能还是重在完善国家职能或是予以弱化？过分迷信国家主权是否会给政治体制改革带来一些不利的影响？所有这些问题都需要经过一番深思才能作出回答。

【资料检索】

1. 主权观念产生于西方，最早可以追溯到古希腊。起初，主权是个表征主奴关系的概念，奴隶主对奴隶享有主权，家长对家子享有主权。可见主权是一种绝对的“全总的”权力，是一种主体对于客体意义上的权力，是不需要“正当性论证”的权力。在部落社会走向城邦社会的过程中，这一表征家庭关系的概念产生了新的义项：抽象的人民的权力。人民主权同样具有绝对性与至高性，它不仅被视为官员权力的合法性基础，同时它本身是一种实实在在的权力——人民通过集会行使立法、行政与司法等权力。希腊这一文化传统在罗马得到发扬。共和时代的罗马与希腊持相同的主权观念。但是在帝政时代的罗马，主权的含义虽然没有质的变化，但是主权的归属发生了改变——由人民而转向君主。古罗马的法学家们用“转让说”来使人民主权理论与君主绝对权力的现实相通融——人民通过转让将自己的主权交由君主行使。可见在终极的意义上，古罗马通行的仍然是人民主权理论，或者起码人民仍然是主权的终极拥有者。①

2. 孙中山先生把国家权力分为政权与治权，政权包括选举、罢免、创制、复决四权，治权包括立法、司法、行政、考试、监察五权，其主张把政权交由人民行使，使之能够直接去管理国事，所以这一政权又称之为民权；而把治权交给了政府，因为只有政府才有这样大的力量来治理国家事务，所以这一治权又可称之为政府权。

【观点论争】

1. 为什么说在一国的内部需要主权？有一种说法认为，只有在国内具有统治地位，全面掌握国家政权，才能形成统一的国家意志，才能制定宪法和法律，才能依照一定程序管理国家与社会的各项事务，才能使得国家或社会变得高效、有序。否则，如果没有国家对内统治权作用的发挥，法律就无法被遵从，违法犯罪就不会被追究。从表面上看，这一说法在逻辑上无懈可击；但是，人民需要什么样的统一意志？宪法和法律是良性的还是恶性的？什么样的程序才能保证国家或政府去实现人民所需要的实体正义？等等，所有这些问题均不是根据主权的形式逻辑能够推导出来的。在理论上，我们同意“国家主权是国内法的基础”的说法，但是把社会秩序的形成一定要与国家主权联系起来理解，其结论就不一定能够站得住脚。在没有国家、没有国家意志以及在此基础上形成的法律的许多时间里，社会秩序依然存在，因为社会是由多元因素构成的。离

① ［法］让·博丹著：《主权论》，［美］朱利安·H. 富兰克林编，李卫海、钱俊文译，北京大学出版社2008年版，“代译序”第2页。

开了国家以及国家意志及其法律，构成社会秩序的大厦还有其他的支撑力量。

2. 以国家权力为核心、以“权力至上”为价值基础的国家主义，凭借厚实的中国传统法文化的基础，并汲取了计划经济时代中央高度集权的内在精神，潜存于我国的制度性法文化和观念性法文化之中，进而影响到立法、行政和司法等诸多领域。反观 20 世纪中国法制现代化的嬗变全程，我们不难看出，国家主义的日渐衰微正是法制现代化走向成熟的标尺和界碑。[①]

## 第二节　宪制政权

以民主政治的方式管理国家和社会被认作是一种宪政的观点，而将国家主权纳入民主政权的管理渠道，最大限度地让民众直接参加国家管理与监督，则是实现法治国的一种最佳选择。如此，在“人民主权”原则的作用下，首要的就是将国家主权变成具有浓厚民主色彩的、与公共管理相关的宪政权。宪制权的种类有许多，有的是因为与宪政组织密不可分，不宜在这里作集中介绍，其具体内容可参照“宪政组织”的相关章节。此处重点介绍与国家主权性质、国家制度形式有关的宪政权内容。

### 一、制宪

民主政治的最佳方式是宪政，而宪政的第一步骤就是要制定宪法，即产生所谓的立宪问题。因此，立宪权的归属就成为主权原则的第一要义。但是，在许多宪法典的条文中，我们却很少会发现有关立宪权的规定，中国宪法即属于这一类型。

---

① 吕世伦、贺小荣：“国家主义的衰微与中国法制现代化”，载《法律科学》1999 年第 3 期。

创制国家根本大法同普通立法有很大的差别，这在宪法概念中已经做了说明。在一些学者看来，宪法的创制内含着各政治力量的对比关系以及对价值体系的认同程度，而由于立宪权是产生一切国家权力的法律正当性的依据，通常情况下还会被视为政府行为是否合法的前提性条件，因此，立宪权是直接由国家主权派生出来的，它在所有国家权力体系中居于优越地位。

宪法制定与宪法成立是两个不同的概念。宪法成立是在社会政治、经济、文化等综合因素的影响下出现的，需要社会成员共同意识和参与意识。它首先是一种政治社会学的现象，成立本身不一定具有法学规范的意义。为了使之得到合法化，便需要立宪行为，使之具有实定法的意义，成为一种法的现象。

立宪不同于修宪。从权属而论，立宪权属于国家主权者。在君主立宪的国家里，立宪权由君主与人民共同享有；在人民主权的国家里，人民则拥有无可争辩的立宪权；而修宪权则可以由立宪者选择授予某一国家机关来行使，它是宪法授予的。从程序而论，应当是先有立宪后有修宪。但是不论怎么说，修宪权毕竟是依宪法进行的。只是我们要清楚地知道，当一个国家通过国民投票决定宪法修改时，这种国民投票权也是一种源于立宪权的修改宪法的行为，不可能是纯粹的始原性的立宪权。明确它们二者之间的关系，就是要正确树立“修宪不能偏离立宪的目的和宗旨”的宪政理念。

### 二、国防

国家安全系于防务。防务既是一个政治问题，又是一个军事问题，从其财政开支到权力分配，无一不是国家的大事。因此，将防务权纳入宪政权管理的范围是正当的。

在防务权的分配问题上，共有两项：一为战争权力的分配，二为派遣军队的权力的分配。在战争权力的问题上，有这样两个概念值得注意，即“宣战”与“开战”。一般情况下，与他国宣战是一国国内最为重要的事务，是一种决定战争的意志行为，因为它涉及要和平还是要战争的问题，而它毕竟又不像开战那样具有时间上的“紧迫性”，所以由国家最高权力机关作出决策是可行的。通常情况下，各国会把这一权力交由国会来行使。中国即由全国人民代表大会来行使；而开战是在宣战之后出现的，是执行宣战命令的一种行为，许多国家会将这一权力交由国家元首或政府首脑来相机决定，但要受到国会的限制。向境外派遣军队也属于防务问题之一，一般情况下也要受到国会的制约。只是由于此项权力毕竟不同于宣战权或开战权，国家元首或政府首脑也相对容易得到国会的支持。

在防务权的制约方面，如何防止国家元首或政府首脑在宣战、开战与派遣军队的问题上出现越权现象？越南战争之后，美国参议员约翰·斯坦尼斯就说过，越南战争最重要的教训就是：今后不通过国会宣战，任何总统都不得向海外派遣军队。[①] 这就引发了人们对国会应当如何有效地防止总统越权行为的制度构建的热议。一般认为，可以有这样的三种措施：第一，制定《战争权力法》，以限制总统的越权行为；第二，国会在必要时否决对总统的战争授权；第三，国会加强对政府行政行为的法律监督。当然，国会也可以通过停止拨款等方式来影响政府行为。

中国实行的是集体元首制，有关“决定战争与和平的问题”，则由全国人民代表大会及其常务委员会、国家主席来行使。当然，这其中的分工职能和职权还是有一定区别的。

【资料检索】

按照美国联邦宪法的规定，国会享有宣战权，而总统享有开战权。但在其后的政治实践中，美国总统多次未经国会而直接对外宣战，如美国总统罗斯福在第二次世界大战中主动对德国与日本的宣战，1950 年杜鲁门派兵朝鲜，1958 年艾森豪威尔出兵黎巴嫩，以

① ［美］罗杰·希尔斯曼等著，曹大鹏译：《防务与外交决策中的政治》，商务印书馆 2000 年版，第 481 页。

及后来的越南战争，等等。

## 三、外交

外交事务范围较广，包括战争权、核战略的发展、支出权、秘密行动和条约缔结权，其中与相关国家缔结条约为主要内容，而缔约权又分为签订和批准条约、协定等项，各国通常是由宪法直接作出规定。

从条约的性质上看，缔结条约的工作性质不包含在立法权和行政权性质的定义之内。立法权的要素在于制定法律，而行政首脑的全部职责似乎只为执行法律以及为执行法律或为保卫社会而统筹支配社会力量。可见，缔约权与立法权或行政权没有直接的关联。那么，各国为什么在通常情况下会将如此重要的权力交由国家元首或政府首脑来行使？这其中的缘由究竟又是什么？原来，这些人对外是代表国家或政府的，而在国际法方面，所签订的条约或协定又具有法律性质，需要由国会这样的立法部门进行审批。所以，出于对缔约的重要性考虑，缔约权由他们共同执掌是完全可行的。而且，共同执掌缔约权的优越性在于可以降低或消除个人在草率之间作出有损国家利益的举动的风险。

在宪政生活中，对于实行两院制的国家而言，习惯上会将批准条约的权力交由下议院或众议院来行使，但在美国，该项权力却掌握在参议院的手中。而在“府”、“院”关系之间，代表国会的“院”通常掌握着批准条约的权力，代表着行政机关的“府”则负责签署条约。根据我国宪法规定，全国人大常务委员会、国家主席、国务院都可以行使缔约权，但分工不同：全国人大常务委员会具有“决定同外国缔结的条约和重要协定的批准和废除”的权力，国家主席具有“批准和废除同外国缔结的条约和重要协定”的权力，国务院具有“管理对外事务，同外国缔结条约和协定”的权力。

## 四、区划

行政区域划分，简称行政区划，是指国家把自己的领土依据一定的原则划分成为若干大小不同、层次不同的区域，建立相应的地方国家机关，以便进行管理的一种领土结构。行政区划是国家结构形式的一项重要内容，不论采取何种国家结构形式，国家为了实施有效的管理，都必须综合考虑政治、经济、人口、民族分布、地理交通条件等情况，将全部领土划分成若干部分和层级，分别组织国家机关，以实现其国家职能。行政区划是国家有目的的活动，是一种人为的划分，不是自然的形成，一般由各国的宪法和法律来对相关制度，包括行政区划的机关、原则、程序以及纠纷的解决等内容进行具体、明确的规定。除了历史上出现的城邦国家以外，因其人口少、地域小的特点，决定了这样的国家属于无行政区划的可能性，在许多情况下，各国都会对本国进行地域上的划分，以便于国家的统一管理。因为涉及国家主权、领土完整、行政管理、民族分布等因素，其重要性不在其他宪政权之下，所以此类问题也会被宪法收编。

中国现行的行政区划一般分为三级：省（自治区、直辖市），县（自治县、县级市、市辖区），乡（民族乡、镇）。但有的地方实行“四级制”，即在省一级和县一级之间又设立一级行政区划，称为设区的市或自治州。根据《宪法》第30条的规定，行政区划为：全国分为省、自治区、直辖市；省、自治区分为自治州、县、自治县、市；县、自治县分为乡、民族乡、镇；直辖市和较大的市分为区、县；自治州分为县、自治县、市。《宪法》第31条规定：国家在必要时得设立特别行政区。特别行政区也是我国中央人民政府领导下的一级地方行政区域，和省、自治区、直辖市属于同一层级。

行政区划并非一成不变，当国家的政治、经济发生变化时，行政区划也会随之变更。但是行政区划的变更会带来许多重要的影响，所以宪法和法律对行政区划变更的程序，进行了严格的规定。

行政区划变更的法律程序：(1) 由全国人大审批的事项：省、自治区和直辖市的建置（设立、撤销、更名）；特别行政区的设立。(2) 由国务院审批的事项：省、自治区、直辖市的行政区域界线的变更，省、自治区、直辖市人民政府驻地的迁移；自治州、县、自治县、市、市辖区的设立、撤销、更名和隶属关系的变更以及自治州、县、自治县、市政府驻地的迁移；自治州、自治县的行政区域变更，县、市的行政区域界线的重大变更；涉及海岸线、海岛、边疆要地、重要资源地区及特殊情况地区的隶属关系或行政区域界线的变更。(3) 省、自治区、直辖市人民政府审批的事项：国务院授权审批县、市、市辖区的部分行政区域界线的变更（批准变更时，须同时报送民政部备案）；乡、民族乡、镇的设立、撤销、更名和行政区域界线的变更；乡、民族乡、镇人民政府驻地的迁移。(4) 行政公署、区公所、街道办事处的撤销、更名、驻地迁移，由依法批准设立该派出机关的政府审批。

### 五、标志

国家标志，又称国家象征，是指一般由宪法和法律规定的，代表国家的主权、独立和尊严的象征和标志。国家标志主要包括国旗、国徽、国歌，通常被认为是一国宪法中不可或缺的基本内容之一，对国家标志的制定、管理和使用，就产生了国徽权。

#### (一) 国旗

国旗是最常用的国家标志。它通过一定的式样、色彩和图案来反映一个国家的政治特色和历史文化传统。因此，各国往往以宪法或专门的法律来规定国旗的名称、图案以及使用方法。中华人民共和国国旗是五星红旗。尊重和爱护国旗是每个公民和组织的义务。

【资料检索】

1. “中华人民共和国国旗是五星红旗。”我国国旗是在新中国成立前夕，由中国人民政治协商会议第一届全体会议以决议的形式通过的。1954 年以后，载入历次宪法。1990 年 6 月 28 日，第七届全国人民代表大会常务委员会第十四次会议通过的《中华人民共和国国旗法》系统地规定了国旗的构成、制作、升挂以及使用办法。这标志着我国国旗的构成、制作、升挂和使用走向了法治轨道。

2. 国旗由下列图案和颜色组成：旗面为红色，长方形，其长与宽的比例为 3∶2，旗面左上方缀黄色五角星 5 颗。一颗较大，其外接圆直径为旗高的 3/10，居左；四星较小，其外接圆直径为旗高 1/10，环拱于大星之右。旗杆为白色。国旗的内涵十分深刻。红色的旗面象征着革命，大五角星代表中国共产党。四颗小五角星代表新中国成立时的工人阶级、农民阶级、城市小资产阶级和民族资产阶级。四颗小五角星呈椭圆状围绕在大五角星右侧，各有一个角尖正对着大星的中心，表示围绕着一个中心而紧密团结，表达全国各族人民对党的向心之情。大五角星的一个角尖正向上方，象征着党的领导坚强有力。星用红色是为了在红地上显出光明，使旗面显得明亮美丽。旗杆套用白色是为了与旗面的红色区别，并起到衬托的作用。

3. 按照国旗法的规定，应当每日升挂国旗的机构和场所有：(1) 北京天安门广场、新华门；(2) 全国人民代表大会常务委员会、国务院、中央军事委员会、最高人民法院、最高人民检察院、中国人民政治协商会议全国委员会；(3) 外交部；(4) 出境入境的机场、港口、火车站和其他边境口岸，边防海防哨所。可以升挂国旗的场所有：(1) 企业事业组织，村民委员会、居民委员会，城镇居民院（楼）以及广场、公园等公共活动场所，有条件的可以升挂国旗；(2) 民族自治地方在民族自治地方成立纪念日和主要传统民族节日，可以升挂国旗；(3) 举行重大庆祝、纪念活动，大型文化、体育活动，大型展览会，可以升挂国旗。应当在工作日升挂国旗的机构和场所有：(1) 国务院各部门；(2) 地方各级人民代表大会常务委员会、人民政府、人民法院、人民检察院；(3) 中国人民政治协商会议地方各级委员会；(4) 全日制学校，除寒假、暑假和星期日外。在国庆节、国际劳动节、元旦和春节，各级国家机关和各人民团体应当升挂国旗；企业事业组织，村民委员会、居民委员会，城镇居民院（楼）以及广场、公园等公共活动场所，有条件的可以升挂国旗。

4. 国旗法规定，下列人士逝世，应当下半旗志哀：中华人民共和国主席、全国人民代表大会常务委员会委员长、国务院总理、中央军事委员会主席；中国人民政治协商会议全国委员会主席；对中华人民共和国作出杰出贡献的人；对世界和平或者人类进步事业作出杰出贡献的人。此外，在发生特别重大伤亡的不幸事件或者严重自然灾害造成重大伤亡时，可以下半旗志哀。

5. 每日升挂国旗及在工作日、学习日、节庆日升挂国旗的，应当早晨升起，傍晚降下。依照本法规定应当升挂国旗的，遇有恶劣天气，可以不升挂。升挂国旗时，可以举行升旗仪式。举行升旗仪式时，在国旗升起的过程中，参加者应当面向国旗肃立致敬，并可以奏国歌或者唱国歌。全日制中学小学，除假期外，每周举行一次升旗仪式。升挂国旗，应当将国旗置于显著的位置。列队举持国旗和其他旗帜行进时，国旗应当在其他旗帜之前。国旗与其他旗帜同时升挂时，应当将国旗置于中心、较高或者突出的位置。在外事活动中同时升挂两个以上国家的国旗时，应当按照外交部的规定或者国际惯例升挂。在直立的旗杆上升降国旗，应当徐徐升降。升起时，必须将国旗升至杆顶；降下时，不得使国旗落地。下半旗时，应当先将国旗升至杆顶，然后降至旗顶与杆顶之间的距离为旗杆全长的1/3处；降下时，应当先将国旗升至杆顶，然后再降下。

6. 为了维护国旗的尊严，国旗法规定："不得升挂破损、污损、褪色或者不合规格的国旗。""国旗及其图案不得用作商标和广告，不得用于私人丧事活动。"《刑法》第299条规定："在公共场合故意以焚烧、毁损、涂划、玷污、践踏等方式侮辱中华人民共和国国旗、国徽的，处三年以下有期徒刑、拘役、管制或者剥夺政治权利”。

（二）国歌

国歌是国家的音乐象征。通常在庄严的集会、庆典和国际交往的仪式上演奏或演唱。国歌大多数是专门创作的；也有的采用传统的革命歌曲或爱国歌曲；还有采用古老的歌词新作歌谱，或者用传统的革命歌曲、爱国歌曲、古典歌曲的曲调另作新词。中国国歌是《义勇军进行曲》，由田汉作词、聂耳作曲。1949 年 9 月 27 日，中国人民政治协商会议第一届全体会议通过了关于国歌的决议，决定在中华人民共和国国歌未正式制定以前，以《义勇军进行曲》为国歌。

【资料检索】

《义勇军进行曲》产生于 20 世纪 30 年代中国人民奋起抗日的烽火岁月，它是 1935 年戏剧家田汉、音乐家聂耳为抗日救亡题材电影《风云儿女》所创作的主题歌。它虽然是代国歌，但雄伟壮丽，表现了华夏民族的伟大精神，深受广大人民群众的喜爱。直至“文化大革命”爆发，田汉遭到“四人帮”迫害，歌词被禁唱。政治场合大都以《东方红》取代。1978 年 3 月 5 日第五届全国人大第一次全体会议修改通过新宪法的同时，通过了一个关于国歌的决定，公布了保持《义勇军进行曲》原曲但重新填写歌词的国歌。然而，重写的歌词未得到广大人民群众的认可。

【观点论争】

1982 年修改宪法时，有不少人建议恢复国歌的原歌词，也有许多人提出在宪法中规定国歌。最后，在 1982 年 12 月 4 日第五届全国人民代表大会第五次会议通过的现行宪法仍未规定国歌，而在通过新宪法的同时专门通过一个关于中华人民共和国国歌的决议，决定：恢复《义勇军进行曲》为中华人民共和国国歌，撤销本届人大一次会议1978年3月5日通过的关于国歌的决定。

（三）国徽

国徽是以图案为其组成形式的，它是国家特有的象征和标志，代表着国家的主权和民族的尊严。世界各国都有自己的国徽，形状、图案各不相同。国徽的式样、图案也是精心设计的。在外形上严谨端庄，在寓意上要求深刻。我国的国徽呈椭圆形，内容为国旗、天安门、齿轮和谷穗。具体图案设计如下：中心部分是红地上的金色天安门城楼。城楼正中上方为一颗大的金色五角星；大星下边，以半弧形状环拱四颗小的金色五角星。在国徽的四周，是由两把金色谷穗组成的正圆形的环。在谷杆的交叉点上，是一个圆形齿轮。内轮的中心交结着红色绶带。绶带向右绾住谷杆而下垂，把齿轮分成了上下两部分。国徽图案表明了国家性质。国徽图案中的天安门是中国“五四运动”的发源地，又是新中国成立时盛大集会的场所。天安门图案体现了各族人民的革命传统和新的民族精神。国徽图案中的齿轮和谷穗象征着工人阶级和农民阶级。而在国徽图案中用国旗上的五星，则代表了中国共产党领导下的中国人民大团结。因此，整个国徽图案象征中国人民自“五四运动”以来的新民主主义革命斗争和工人阶级领导的、以工农联盟为基础的人民民主专政的新中国的诞生。

【资料检索】

1. 国徽也是国家的象征和标志，一切组织和公民都必须尊重和爱护国徽。1990年6月28日，第七届全国人大常委会第十四次会议作出了关于惩治侮辱中华人民共和国国旗国徽罪的决定，对侮辱国徽构成犯罪者处3年以下有期徒刑、拘役、管制或者剥夺政治权利。《刑法》第299条对此也作出了规定。国徽法还明确规定，国徽及其图案不得用于商标、广告、日常生活的陈设布置、私人庆吊活动以及国务院规定不得使用国徽和图案的场合。不得悬挂破损、污损或者不合格的国徽。

2. 1991年3月2日，第七届全国人民常委会第十八次会议又通过了国徽法，对国徽的制作、悬挂和使用等作出了明确规定。该法的制定，是宪法对国徽的规定进一步具体化、制度化。

3. 国徽法规定，下列机构应当悬挂国徽：县级以上各级人民代表大会常务委员会；县级以上各级人民政府；中央军事委员会；各级人民法院和专门人民法院；各级人民检察院和专门人民检察院；外交部；国家驻外使馆、领馆和其他外交代表机构。乡、民族乡、镇的人民政府可以悬挂国徽，具体办法由省、自治区、直辖市的人民政府根据实际情况规定。国徽应当悬挂在机关正门上方正中处。而下列场所应当悬挂国徽：北京天安门城楼，人民大会堂；县级以上各级人民代表大会及其常务委员会会议厅；各级人民法院和专门人民法院的审判庭；出境入境口岸的适当场所。

（四）首都

首都也叫国都、首府，是国家最高领导机关所在地，通常是国家的政治、经济、文化的中心。定都北京是由1949年9月27日中国人民政治协商会议第一届第一次全体会议确定的，这次会议通过的关于中华人民共和国国都、纪年、国歌、国旗的决议的规定："中华人民共和国国都定于北平。自即日起，改名为北京。"五四宪法继续确认了这个决议，但将"国都"改称"首都"，后来的三部宪法也作了相同的规定。八二宪法规定："中华人民共和国首都是北京。"

【资料检索】

在国民党统治时期，北京被称之为北平，它位于华北平原的西北角，在地势比较高的永定河冲积扇上。其北面是燕山山脉，西面有属于太行山脉的西山。北京历来是我国中原地区与北部、西北和东北地区相互联系的交通要塞，地理位置十分重要。北京城是一座历史名城和文化古都，同时也是具有光荣革命传统的城市。北京作为中华人民共和国的首都，是中国共产党中央委员会、全国人大及其常委会、国家主席、国务院、中央军事委员会、最高人民法院、最高人民检察院等党和国家领导机关所在地，也是各国驻华大使馆和公使馆的所在地。

【观点论争】

新中国成立60多年来，北京作为首都在政治、经济和社会生活的各个方面都取得了巨大的成就。北京已经有了比较先进的科研机构和较为发达的教育、文化、卫生体育设施；有了较强的物质技术实力，建立起了门类齐全的产业和服务业。北京市在市内交通、市政规划和精神文明建设方面都取得了较大的进步。随着我国现代化建设事业的发展，北京将成为更加繁荣美丽、富于活力的国际大都市。

由宪法对国家标志作出规定是基于以下三个方面的考虑：(1) 对外表明国家的独立、主权和尊严。在现代世界，任何国家都不可能与世隔绝，与其他国家不相往来。在国际交往中，无论是参加国际组织，出席国际会议，缔结国际条约，接待外国领导人访问或出访，都需要显示自己国家的标志，以表明自己是独立的主权国家，在国际交往中应当受到其他国家的尊重，也表明自己对其他国家的尊重。新建立的国家在国际场合显示国家标志，还可以表明自己的独立地位和国家主权已被国际社会和其他国家所承认。(2) 对内代表国家的统一和团结。对于新生的国家，国家标志可以向国民昭示新国家已经建立或实现了根本性的变革和转变，希望国民承认并拥护新出现的政治秩序，同以往旧的政治秩序脱离或决裂。对于历史悠久、政局稳定的国家而言，除了用政治、经济、文化、思想等各种手段强化自己的统治权以外，也需要用国家标志显示自己统治地位的稳固，并表明国家是统一和团结的。(3) 激发国民的民族归属感和爱国热情。民族的归属感和自豪感、国家的凝聚力和向心力，这是任何国家生存、巩固、发展、强大的必不可少的社会意识和感情因素。

【思考题】

1. 需要讨论的是：既然说主权是不可分享的，那么，在君主立宪制的国家里，君主与人民之间的权利关系又是如何分配的？

2. 从公共管理的角度出发提出“小政府与大社会”的命题是否符合中国的国情？它们之间的管理关系可能存在哪些问题？在宪政的框架内还有什么样的办法可以解决这些问题？

3. 在严格遵守“三权分立”原则的国家里，总统作为行政首脑却一再地越过国会行使宣战权，是否违宪？是否会造成立法权与行政权之间的失衡现象？可否授予总统临危决断的权力？国会对于总统的这种越权行为能否启动质讯程序？

4. 美国改变宪政惯例的做法可有道理？

5. 条约的批准权与签署权分别由“府”、“院”行使，其理论依据是什么？

6. 你认为中国宪法关于缔约权的分工规定是否合理？有无需要改进之处？

7. 为什么行政区划的范围越大，其审批的有权机关的级别也越高？

8. “在宪政权的范围内，国徽权只是属于形式要求，但它却是国家主权的一个重要组成部分。”你对这句话有何认识？

# 第十四章　宪政模式

【内容摘要】宪法分权理论主要是依据国家管理权的事实作为基点的。在我们解决了宪法的授权理论之后，对于宪政权而言，最重要的就是要把国家的管理权按照分权制衡的原则进行有效的规范。一个国家的管理权有两个问题至为重要，一是把管理权按照职能性质的不同进行划分，如划分为立法职能、行政职能与司法职能等；二是把管理权按照管理区域的范围之大小进行划分，如划分为中央的管理权与地方的管理权等。通常我们会把前者称为国家政权组织形式，而将后者称为国家政权结构形式。在国家政权结构形式中，中国由于存在着历史与现实的原因，民族区域自治、特别行政区自治以及基层群众性组织自治等，已经成为现时期宪政模式的重要内容，它们也都存在与中央之间的分权管理问题。当然，不论是何种形式的分权，也不论分权是出于何种理由，其终极目的主要还是为了发挥各个权力主体的积极性，保证权力得到平衡、有效使用，防止权力的垄断现象与腐败现象的发生。

## 第一节　国家政体

国家政权组织形式是由国家性质所决定的，主要是用来解决一个国家的政权以何种形式进行划分和配置，或通过什么样的途径来实现对国家不同组织机构的管理。在我国目前，政权组织形式的核心是人民代表大会制度。不过，在现代国家，政权组织形式不是单独或孤立地存在的，它总是同一国的政党制度与选举制度密切相关。所以，在了解我国人大制度之前，有必要首先介绍政党制度与选举制度的相关内容。

【观点论争】

在原始状态下，权具有结构上的不可分性，即不能区分为社会成员的权利与国家权力。国家权力是随着国家的产生而从原始的权中分解出来并作为社会成员的权利的对立面出现的，因此，它也必然随着国家的消亡而回归于社会成员的权利。基于这样一种认识，可以从理论上作出假设：从国家权力产生并具有了成熟的存在形式以后，它就处在渐进但又永不停顿的分解和再分解的过程中，直至它被分解完毕；在这个过程中，国家权力既分解为不同的存在形式，由不同主体掌握和运用，又逐渐转化为社会成员的权利，由权力形态向权利形态回归，经过充分分解的国家权力最终将全部转化为社会成员的权利。[①]

政权组织形式又简称为政体，是指特定的国家采取何种原则和方式去组织旨在治理社会、维护社会秩序的政权机关。政权属于国家权力的一部分，从纵向上看，它可以分为中央一级的权力与地方一级的权力，这种政权划分形式在习惯上被称之为国家结构形式；从横向上看，它可以由多种方式来组织，如国家政权由一人来行使，即为君主制政体或独裁制政体；如国家政权由社会的一些人来行使，即称为共和政体或民主政体，这种政权划分形式在习惯上被称之为国家政权组织形式。有学者作出这样一种假设，从国家权力产生并具有了成熟的存在形式以后，它就处在渐进但又永不停顿的分解过程中，在这一过程中，国家权力由不同的主体来掌握和运用，当社会成员的权利变成国家权力时，国家权力就有可能异化为统治或凌驾于公民权利之上的一种力量或权威，此时公民权利就变

① 董之伟著：《法权与宪政》，山东人民出版社 2001 年版，第 307 页。

得软弱无力，就要受制于国家权力；当国家权力向公民权利回归以后，经过充分分解的国家权力终将全部转化为社会成员的权利，即公民真正成为国家权力的主人，而此时国家只是一种管理者的表现形式。20世纪80年代以后，学界已经将政治体制与政治制度相区别，用政治体制来表示个别的、可以进行改革的具体政府工作制度，即专指政权机关的组织原则和方式。

【观点论争】

关于权力的划分，亚里士多德在《政治学》一书中就讲道，“一切政体都有三个要素。作为构成的基础，一个优良的立法家在创制时必须考虑到每一要素，怎样才能适合于其所构成的政体。倘使三个要素（部分）都有良好的组织，整个政体也将是一个健全的机构。”这三个要素是一般公务的议事机能、行政机能和审判（司法）机能。只是当时的亚里士多德并没有提到这三种要素要进行分立的构想，而完成权力划分的构想则是英国的洛克和法国的孟德斯鸠，他们的分权理论都旨在反对专制，维护人权，而在具体的政体上，洛克没有把司法权作为三要素之一，而孟德斯鸠将司法权作为三权之一；洛克特别强调议会的立法权，而孟德斯鸠对三权同样重视。三权分立学说后来经过各国思想家和理论家的推崇和实践，终于成就了资本主义国家构建政体的核心理论和指导思想。

根据不同的历史传统和现实需要，不同时期的国家会采取不同的政体形式，它们都分别反映着不同时期的人们对政治利益的不同需求。

**一、君主制与共和制**

君主制与共和制属于国家体制范畴，因其进一步的分类涉及专制君主制与立宪君主制两种，这其中就涉及政体问题，所以我们将其归属于政体范畴来讨论。

君主制是指国家最高权力在法律上和事实上均属于一个人即君

主的政治制度，它是奴隶制或封建制社会类型的典型政体，对于保护私有财产、稳定社会秩序、抵御外敌入侵起着非常重要的作用。农业社会是推行君主制最佳的社会条件。到了商品生产不断发展的时期，君主制的基础开始发生动摇，在变革的过程中出现了两种结果，一种是立宪君主制的确立，它又分为实君制和虚君制两种。从17世纪的英国到“二战”结束后的日本、西班牙，已经不再强调君主主权，而是强调人民主权或议会民主，这与共和制国家并无原则区别；另一种是共和政体的确立，它完全终结了君主在这些国家中的地位和命运，君主制成为了历史。君主制政体的共同特点是：君主是世袭的，拥有国家至高无上的权力，是其他一切权力的来源，它赖以建立的理论基础即为“君权神授”或“天赋君权”的思想。到2006年，全世界仍然保留君主制的国家有29个。

共和制是指由广大民众推选代表，由代表来行使国家权力，国家元首和重要的国家机构均由选举产生，并有一定的任期。它来源于古代选举君主制，后演变为共和国，如古希腊的雅典城邦和古罗马。共和制分为贵族共和与民主共和两种。贵族共和在古代社会中作为“另类”形式存在过，而民主共和则是在18世纪的欧美资产阶级革命胜利后普遍建立起来的。在这种政体下，任何的个人都不能拥有对国家政治的绝对权力，一切要由人民的公意来决定。共和政体适合于近代工商业社会，它们与政治民主的发展进程是同步进行的。自17~18世纪以来，一些西方国家通过“权利宣言”或宪法的形式，规定了公民的基本权利和义务，即自由、平等和法治等，使共和政体具有了坚实的政治民主性质。

至于哪一种形式最适合于这些国家，不同的国家会作出不同的选择。

【观点论争】

1. 民主的实质在于公民参政、议政的广泛程度，如果以此为标准，我们会发现，君主制政体并不完全都是反民主的。如上所述，在立宪君主制的国家里，如当今的英国和日本，形式上他们仍然保留着君主的政治地位，但在实质上国家权力已经控制在资产阶级的手上，他们以资产阶级的民主政治方式来管理国家事务，与专制君主制相比，民众管理国家的权力有了根本的改变。这就说明我们不能从表面上看待君主制政体，而是要从民主的角度来进一步分析一国的政体实质。

2. 英国人保持君主立宪制，除了是因为英国的政治家们的先天“妥协性”外（其实不失政治聪慧），还因为英国的版图构成与英国人对王室的历史情结。在对外方面，作为老牌的帝国主义殖民国家，保留君主，哪怕是形式上的，也可以最大限度地维护大不列颠帝国的往昔颜面；在对内方面，人们多半是看在英女王的面子上，才把英格兰、北爱尔兰、苏格兰、威尔士合成了一个“大家庭”。这样看来，形式上的君主制对英国而言，除了需要每年给女王家室提供数以百万计的英镑外，它收获的却是比金钱大得多的利益。相比之下，除了收获一些民心外，日本国的君主制就没有这么划算的交易。

### 二、民主制与独裁制

民主制政体是指在国家的政治生活中，政府的权力来自人民的授予，政府对人民负责，受人民监督；国家要推行法治，人民通过宪法和法律来限制政府权力的扩张；在人民面前，政府仅仅是、也只能是管理国家的仆人，人民才是国家的主人，这是人民主权原则所决定的。一般认为，民主制是与共和制国家同时出现的。孙中山先生确立了“三民主义”，虽然其中没有涉及阶级的内容，但这种对民主构造的认识已经接近了民主的实质内容。有一种观点认为，根据正确认识和评估社会主义民主的需要，宪法学上将民主认定为由公民的政治权利和国家权力两大部分构成的有机结合体比较合理。因为公民的政治权利如果不能同国家权力相联系，就只能是空洞的、表面的，是虚伪的民主。

独裁是专制社会的典型特征，它推行的是个人专权或小集团专政，由个人或小集团来绝对控制国家权力，广大民众不可能染指国家政权。因此，它根本不需要什么选举和议会，它同古代的君主制称得上是一种最佳的政治拍档。20 世纪 30 年代，德国纳粹政权和意大利法西斯统治是现代政治体制中最典型的独裁形式，人们已经把法西斯与专制独裁相提并论。

### 三、内阁制与总统制

内阁制也叫议会制或议会内阁制。在这种制度下，议会是国家的最高立法机关或权力机关，政府（内阁）由议会选举产生并向议会负责，政府成员多数也是议会议员，国家元首一般没有实权，只是作为国家统一的象征。当然，政府并不是议会手上的面团可以随便拿捏，在一定条件下政府也有权解散议会，这在一定程度上保证了立法权与行政权的政治平衡关系。议会监督政府的方式有：(1) 由议员向政府内阁及各部部长提出质询；(2) 按照文官制度弹劾政府内阁及各部部长；(3) 议会如果对政府决策不满意达到一定程度，可以提出不信任案，达到推翻政府、改变政府政策的目的。当然，政府内阁也有反击的机会。例如，《日本国宪法》第 69 条规定："内阁在众议院通过不信任决议案或信任决议案遭到否决时，如 10 日内众议院不被解散，必须全体辞职。"这就构成"府"、"院"之间互相制约的机制。

总统制下的立法权与行政权分别由人民选举产生。一般情况下，总统既是国家元首，又是政府首脑；行政机关不由议会产生，政府成员不担任议员，也不向议会负责，当然总统无权解散议会，而相反的，议会却拥有弹劾总统的权力。当今的美国是这一政体的首创国，也是最被人称道的国家，只是总统的权力随着国内、国际事务的增加而变得更加强大、更加突出和显著：总统是国家权力的核心，与国会保持独立，总统不对国会负责，而是对选民负责；法国总统与此不同，根据 1958 年戴高乐宪法的规定，法国总统是有实权的国家元首，但他不是政府的首脑，政府首脑是由政府总理担任的。从那以后，法国议会的权力被分散了许多，不再拥有无限的权力。

上述“府”、“院”关系的两种版本，其实都是对“三权分立”学说的实践，而在权力方面所发生的“此消彼长”的变化，无非是告诉人们，国家权力“独大”的危险性和危害性，这其中是否涉及政府效率的问题，则需要由文官制度的经济学来作进一步阐述。

【资料检索】

总统制是三权分立区别于“议行合一”制度的一个特征，因为它要求三项权力具有同等的独立地位，因而行政首脑具有自己的选民基础，而不需要依靠议会的信任而存在。虽然国会对总统可以通过弹劾来实现某种控制，且总统有义务执行国会通过的法律，但总统仍然在外交、内政事务中具有相当大的自主权；如果两者在重大政策上发生意见分歧，总统和国会都分别要对其选民负责，因为总统不是对国会负责，因此国会也就无权直接控制总统。且在成熟的三权分立体制下，弹劾是一种不应该被经常启动的程序。因此，和责任内阁制相比，“三权分立”的制度架构，相对于国会而言，它在事实上提高了行政首脑的权力。

上述分类说明，国家制度有时与政权政治制度是无法截然分开的。在君主制与共和制中，就涉及国家政权由谁掌握的根本问题；在民主制与独裁制中，它也在陈述着是多人掌权还是一人掌权的问题。只有第三种分类才可算是真正的政体分类形式。

【观点论争】

政体的权力本质在于如何分配立法权、行政权与司法权，换句话说，国家机构当中谁拥有较大的权力，其政体的权力就会发生在平衡基础上的倾斜。如果倾向于立法权，议会的权力就会凸显出来，相对而言，政府的权力就会在很大程度上受制于议会；如果倾向于行政权，议会的权力就会相对削弱，而政府的权力就会占据政治“跷跷板”的高端。于是，宪法理论就将这两种现象分别称之为内阁制与总统制。

中国的政权组织形式是人民代表大会制度。人民代表大会制度的具体含义是：第一，国家的一切权力属于人民，表明人大制度是人民行使国家权力的一种民主形式；第二，人民行使国家权力的机关是全国人民代表大会和地方各级人民代表大会；第三，其他国家机关从属于人民代表大会，由人大产生、受人大监督、向人大负责；第四，人民代表大会行使国家权力是通过会议的方式进行，这就涉及设置常设机构的问题，人大的常设机构是人大常委会。人大应如何向人民负责、受人民监督，其中还涉及政治主权与法律架构的关系问题，其中还存在着人大代表能否真正代表民意、统一行使职权的重要问题。

【观点论争】

1. 马克思主义创始人从科学的历史唯物主义态度出发，批判了三权分立学说。他们认为，分权并不是永恒的规律，尤其是行政权力存在着庞大的官僚机构和军事机构，它们有可能成为社会的寄生机体。巴黎公社的成立过程虽然短暂，但却成为马克思主义创始人为构建共产主义的政权组织形式的思想火花和实践条件。董必武在《论加强人民代表会议的工作》（1951年）一文中，深刻地阐明了马克思主义的这一思想：“为什么我们说人民代表会议或人民代表大会的制度是我们国家的基本制度？这是因为：一、我们国家有很多制度，如婚姻制度、税收制度、司法制度、军制、学制等等，但这些制度都只能表示我们政治生活的一面，只有人民代表会议或人民代表大会制度才能代表我们政治生活的全面，才能表示我们政治力量的源泉，因此人民代表会议或人民代表大会制度才是我们国家的基本制度。二、我国人民代表会议或人民代表大会是由人民革命直接创造出来的，不是依靠从前任何法律规定而产生的。人民代表会议或人民代表大会一经宣告成立，它就可以创造各种制度和法律，而其他任何制度则必须经过人民代表会议或人民代表大会批准，或它所授权的机关批准，才能生效。”

2. 邓小平指出，我们评价一个国家的政治体制、政治结构和政策是否正确，关键看三条：第一是看国家的政局是否稳定；第二是看能否增进人民的团结，改善人民的生活；第三是看生产力能否得到持续发展。作为中国杰出的政治领袖，邓小平的这一思想已经攥住了政体的要害。

## 第二节 国家结构

国家结构是国家的领土组成，即国家的整体是由哪些部分组成的。国家结构形式是指特定国家的统治阶级所采取的，划分国家内部区域，调整国家整体和组成部分、中央和地方之间相互关系的原则和形式。国家结构形式是一种权力划分关系，所以又称为国家政权结构形式，它同国家政权组织形式有着密切的联系，二者合称国家形式。不同之处在于，前者体现权力体系纵向划分关系，后者体现权力体系横向划分关系。国家政权结构形式是国家制度的重要组成部分，主要解决统治阶级对国家的领土如何划分，以及划分以后如何规范国家整体和组成部分、中央和地方之间权限的问题。

一个国家采用何种国家结构形式管理国家，要受到多种因素的影响，比如历史传统、民族构成及分布、经济发展状况、地理分布、宗教文化背景等，但其中起最终决定作用的是统治阶级的政治需要。按照马克思主义国家学说，国家本质决定国家形式，有什么样的阶级本质，就要有什么样的国家形式与之相对应。一国的统治阶级根据现实的政治统治需要决定采用的国家结构形式，其他因素则在统治阶级意志的认可的基础上才能发挥作用。现代国家的国家结构形式，主要有两大类型：

## 一、单一制

单一制是指由若干普通行政单位或自治单位、特别行政区等组成统一主权国家，各组成单位都是国家不可分割的一部分的国家结构形式。现代国家大多采用这种国家结构形式。其基本特征是：(1) 从法律体系看，全国只有一部宪法，由统一的中央立法机关根据宪法制定法律。(2) 从国家机构的组成看，国家只有一个最高立法机关，一个中央政府，一套完整的司法系统。(3) 从中央与地方的权力划分看，地方接受中央的统一领导，地方政府的权力由中央政府授予，地方行政区域单位和自治单位没有脱离中央而独立的权力。(4) 从对外关系看，只有国家才是一个独立的国际法主体，公民具有统一的国籍。

根据宪法规定，中国实行的是单一制的国家结构形式，其具体表现如下：(1) 在法律体系上，中国只有一部宪法，只有一套以宪法为基础而建立起来的社会主义法制体系；(2) 从国家机构构成来看，只有一套中央国家机关体系，只有一个最高立法机关即全国人民代表大会及其常务委员会，只有一个最高行政机关即国务院，只有一套完整的司法系统即人民法院和人民检察院；(3) 从中央和地方的关系来看，是领导与被领导的关系，地方不得脱离中央而独立存在；(4) 从对外关系来看，中华人民共和国是一个统一的国际法主体，中国公民只有一个国籍，即中华人民共和国国籍。

【资料检索】

1. 宪法序言指出："中华人民共和国是全国各族人民共同缔造的统一的多民族国家。平等、团结、互助的社会主义民族关系已经确立，并将继续加强。"总纲第3条第4款规定："中央和地方的国家机构职权的划分，遵循在中央的统一领导下，充分发挥地方的主动性、积极性的原则。"总纲第4条第3款还规定："各少数民族聚居的地方实行区域自治，设立自治机关，行使自治权。各民族自治地方都是中华人民共和国不可分离的部分。”

2. 从建党伊始，中共关于建国主张（包括国体、政体与国家结构）是随着历史的发展而不断变化的：（1）20世纪20年代国民革命时期，中共首次提出“联合战线”，但实际上是把政权交给国民党。对民族问题，当时的国人普遍受民族主义影响，认为一个民族有权利建立一个国家。中共受苏联民族理论的影响，虽然仍认为东北属于中国，但按照民族自决原则，同时又主张“蒙古、西藏、回疆三部实行自治，为民主自治邦”，联合蒙古、西藏、回疆建立中华联邦共和国。（2）1927年发生的“四·一二”事件，改变了中共对国民党的信任，受当时共产国际的影响，认为民族资产阶级和城市小资产阶级都已叛变革命，“中国革命的动力，已经只有无产阶级和农民”，因此应该建立“以苏维埃为国家政权形式的工农民权独裁”。（3）1937年日本侵华，需要建立抗日民族统一战线，“工农民主专政”的提法已经不合时宜，毛泽东在《新民主主义论》中提出建立几个革命阶级联合专政的共和国；抗战后期，他又提出要“建立民主的联合政府”。（4）1947年国内战争爆发至1949年6月期间，内蒙古于1947年5月正式成立了民族自治政府；1948年9月，毛泽东认为“苏维埃代表大会制度”是“死搬外国名词”，是排斥民族资产阶级的，他在《论人民民主专政》中指出：人民是什么？在中国，在现阶段，是工人阶级，农民阶级，城市小资产阶级和民族资产阶级。对人民内部的民主方面和对反动派的专政方面，互相结合起来，就是人民民主专政。后来在《中国人民政治协商会议共同纲领》和1954年《宪法》中，确立了人民代表大会制度和民族区域自治制度。

3. 李维汉是毛泽东在湖南第一师范学校的校友，对民族问题颇有研究。新中国成立之初新政协会议召开期间，毛泽东向李维汉征求民族自决与国家结构问题，李维汉认为中国应实行单一制和民族区域自治制度，理由是：（1）自秦汉以来，中国历史上就是一个统一的国家，不实行苏联的联邦制，符合中国的历史传统。(2) 与苏联国情不同。苏联少数民族人口占50%，且居住比较集中，而当时中国少数民族人口只占6%，且大多居住分散。(3) 苏联之所以实行联邦制，是因为苏联建国时，各民族已经形成了独立的国家，只有实行联邦制才可能把这些民族联合起来，而中国各民族当时并不存在独立建国的问题。考虑到当时外国以民族问题分化中国的图谋，中央采纳了李维汉的建议，并在《中国人民政治协商会议共同纲领》中作了明确规定。

【观点论争】

纵观古今，一直以来我国实行的都是单一制的国家政权结构形式，究其原因，有如下几个方面：(1) 历史原因。自从公元前221年秦军攻陷齐都临淄，结束割据状态，建立了我国历史上第一个中央集权政权，两千多年来，我国一直是一个单一制的统一大国。虽然期间几经分合，但国家的统一始终是历史发展的主流。特别是元朝以来700余年，中国再没有出现大的分裂状态，统一的格局和辽阔的疆域保持至今。各民族人民在统一的国家内共同生活，共同劳动，共同抵御外敌入侵，才创造出了伟大的中华文明和光辉的中华历史。因此，长期的历史传统决定了实行单一制的国家政权结构形式的可能性和必要性，同时历史也证明，只有统一才能带来各民族的共同繁荣和发展，统一才是民心所向。(2) 民族原因。中国有56个民族，其中少数民族人口总数还不到全国人口总数的1/10，但却分布在全国各地，形成了大分散、小集中，大杂居、小聚居的民族分布格局。各民族交错居住，友好交流合作，共同抵御外地入侵，这既是各民族相互影响、相互融合的结果，更进一步促进了民族团结，同时也决定了我国不能也没有必要采用复合制的国家政权结构形式。民族分离是极其有害的，在统一的多民族国家内实行民族区域自治才是解决民族问题的根本办法。(3) 社会稳定的需要。社会要发展，需要一个和平稳定的环境。国家的统一，各民族的团结，是中国社会稳定的首要标志，也是各族人民抵御外来侵略和颠覆的基本保障。新中国成立后，虽然没有发生过大规模的外敌入侵，但是一些国家的反华势力从未停止过对华渗透，总是千方百计挑拨我国民族关系，收买、培植反动分子，企图制造分裂活动。因此各族人民只有组成统一的大国，才能有效维护国家的独立与社会的稳定。(4) 现代化建设的需要。中国虽然地大物博，但是人口、资源分布以及经济文化发展不平衡，在现代化建设中必须加强各民族地区之间的互相合作、互通有无，把汉族地区的资金、技术同少数民族地区丰富的资源结合起来，才能共同发展。单一制的国家政权结构形式有利于加强这种横向联系，调动各地各方面的积极因素，共同进行社会主义现代化建设。

因香港、澳门分别于1997年和1999年回归，“一国两制”构想得以实践，也因此改变了中国单纯的政权结构，形成了在单一制国家结构体系中存在着多元化的因素。其具体内容：（1）港、澳特别行政区的立法机关是立法会，它享有完整的立法权，这不同于内地各省、自治区、直辖市设立的地方人民代表大会。（2）港、澳特别行政区虽然直辖于中央人民政府，但享有高度的自治权，而内地地方各级行政机关必须接受国务院的统一领导。（3）港、澳特别行政区分别有自己相对独立的法律体系。虽然宪法作为一个整体对港、澳特别行政区有效，但宪法的大部分条文，即关于社会主义制度和政策的条文，不适用于港、澳特别行政区。而且除了港、澳特别行政区基本法规定的全国性法律外，其他所有的全国性法律不适用于港、澳特别行政区。（4）中国公民虽然只有一个国籍，但内地的人进入港、澳特别行政区必须办理批准手续。持有香港特别行政区永久性居民身份证的中国公民拥有中华人民共和国香港特别行政区护照，持有澳门特别行政区永久性居民身份证的中国公民拥有中华人民共和国澳门特别行政区护照。（5）港、澳特别行政区除悬挂中华人民共和国国旗和国徽外，还可以使用各自的区旗和区徽。（6）港、澳特别行政区有权自行处理对外事务，能够在经济、贸易、金融、文化、体育、旅游等领域以"中国香港"、"中国澳门"的名义单独同各国、各地区及有关国际组织签订国际协定、保持和发展关系。（7）港、澳特别行政区的权力受到香港特别行政区基本法和澳门特别行政区基本法的确认和保护，具有稳定性和权威性。

## 二、复合制

复合制是指由两个或两个以上成员国联合组成联盟国家或国家联盟的国家结构形式，是一种国家同国家的结合。根据对国家联合的紧密程度和联合范围的不同需要，近代复合制国家主要采用邦联和联邦两种形式。

邦联是指两个或两个以上的主权国家或独立的成员单位为了临时的贸易或军事等目的而结成的比较松散的国家联合。邦联的基本特征是：（1）从法律体系和国家机构的组成看，邦联没有统一的宪法，也没有统一的立法机关、中央政府和军队，虽然设有处理共同事务的协商性机构，但这一机构没有超越于各成员单位之上的权威，其决议必须经各成员国政府的批准才能生效。（2）从邦联与各成员单位的关系上看，二者是协商关系。各成员单位保留有自己的主权，他们经过平等协商，把各自的一部分权力委托给邦联机构；邦联无权强制各成员单位的行为，而其成员单位有权随时脱离邦联，从而导致邦联解体。（3）从对外关系看，邦联不是严格意义上的国际法主体，不能作为联合国的成员，各成员单位的公民也没有统一的邦联国籍。联邦是典型的复合制国家形式，是指由两个或两个以上享有独立权限的成员单位（邦、州、共和国等）组成的统一的联盟性主权国家。

联邦的基本特征是：（1）从法律体系上看，不仅有联邦宪法，各成员国还有自己的宪法。（2）从国家机构的组成看，除联邦设有联邦立法机关、行政机关和司法系统外，各成员国还设有自己的立法机关、行政机关和司法系统。（3）从联邦与各成员国的职权划分看，其职权由联邦宪法作出具体划分。至于所谓剩余权力，有的宪法将它授予联邦，如加拿大；有的宪法将它授予各州，如美国。(4) 从对外关系看，联邦国家是独立的国际法主体，但有的国家也允许其成员国以主权国家身份对外发展关系。联邦国家的公民既具有联邦统一国籍，同时还拥有各自成员国的国籍。

【观点论争】

一般认为，宪政思想体系是由法治、民主、分权与联邦等内容构成的。因为多数宪政学者认为，联邦制有助于促进和保障人权、民主与法治：(1) 它实现了中央与地方关系权力分配的宪法化。(2) 它加强了地方的民主自治。(3) 它有助于个人权利与资源的保障。假设我们同意这样的说法，把推行联邦制也看作实现宪政主体的一个部分，那么能否作出这样的判断：所有采用单一制国家结构的各国都无权进入宪政国家的行列，或者说这些国家都不是完整意义上的宪政国家？这恐怕也太武断了吧。各国既然能够容忍在立宪国家中保留君主形式，为什么就不能容忍在立宪国家中保留单一制国家形式？且不论单一制结构形式究竟会对宪政思想有何危害性影响，且看中国作为社会主义性质的国家，它甚至突破国体范围，在本国领土范围内尚且容忍了资本主义制度在某一区域的存在，其政治上的包容性恐怕就不是一般资本主义国家所能够办到的吧。至于中央与地方在分权过程中出现的冲突问题，究竟是靠宪法诉讼还是靠政策、命令来解决，则是另一个层面需要讨论的问题。

# 第三节　地方自治

在中央与地方之间的管理模式中，除了政体形式与国家结构之外，中国实际上还存在着与单一制有关的地方自治模式，主要表现为三种：一为民族区域自治的模式，二为特别行政区自治的模式，三为农村自治的模式，四是城市自治的模式。所有这些形式都构成了新时期中国进行社会管理的新内容。

## 一、少数民族区域自治

少数民族区域自治模式是指在国家统一领导下，依照宪法和民族区域自治法的规定，以少数民族聚居区为基础，建立相应的自治地方，设立自治机关，行使自治权，使实行区域自治的民族的人民实现当家做主和管理本民族内部地方性事务的一种政治形式。作为一项完整的政治制度，民族区域自治制度包括以下三项内容：(1) 它必须在中华人民共和国范围内，在中央政府的统一领导下；(2) 民族区域自治必须以少数民族聚居区为基础；(3) 民族自治机关行使自治权。我国在单一制的国家结构形式下，采用民族区域自治作为解决民族问题和处理民族关系的基本政治制度。

少数民族区域自治制度的特点是：(1) 国家统一与民族自治的结合。民族区域自治是在维护祖国统一的前提下，少数民族聚居区的少数民族人民，既能管理国家又能管理本民族内部的地方性事务。所以民族自治地方是国家统一领导下的地方行政区域，是整个国家不可分离的部分。如果离开了国家的统一，各族人民的根本利益就无法得到保证，民族区域自治更无从谈起。(2) 政治因素和经济因素的结合。建立少数民族自治区域，主要是为了实现少数民族人民管理国家和本民族内部地方性事务的政治愿望。但是，民族自治地方既是一级地方政权，又是经济建设的实体。所以，建立民族自治地方不仅要考虑政治因素，也要立足于民族地区经济发展的基础上。因为历史和自然环境的原因，一般而言，少数民族聚居区经济相对欠发达，因此需要把一部分经济文化比较发达的汉族聚居区也划归到民族自治地区，以带动民族自治地方经济文化的发展。（3）民族自治与区域自治的结合。民族区域自治必须以少数民族聚居区为基础、以少数民族为主体来建立，它不是单纯的民族自治，也不是单纯的区域自治，而是民族自治与区域自治的结合。它不同于一些国家提出的民族文化自治。民族文化自治是一种部分地域一律按人的民族成分给予自治的民族自治。这种民族文化自治有损于劳动者的团结，也没有实施的现实基础，只是一座“空中楼阁”。而根据民族区域自治制度，凡少数民族聚居的地方，无论大或小，无论是单一的少数民族聚居区还是几个民族共同居住的居住区，只要符合建立自治地方的条件，都可以建立相应的自治地方，在一个民族自治地方内，其他少数民族也可以在其聚居区内建立相应的自治地方。

【资料检索】

1.《宪法》第4条第3款明确规定：“各少数民族聚居的地方实行区域自治，设立自治机关，行使自治权。各民族自治地方都是中华人民共和国不可分离的部分。”

2. 为什么民族乡不属于民族区域自治？这是因为，一方面，民族乡不是以少数民族聚居区为基础设立的，而是在散居区域中少数民族人口较多的地方设立的；另一方面，民族乡的管辖区域较为狭小，没有必要拥有民族自治地方依法享有的自治权限。

【观点论争】

在推行民族区域自治制度的过程中，我们其实也遭遇到一些阻碍。有的认为中央从少数民族那里取走的资源要比给予的物质帮助多得多——苏联波罗的海沿岸的一些加盟共和国曾经对苏联也有类似的言论。我们认为，这其实很好办，只要把在1949年以来的60

多年时间里，中央对各少数民族的财政援助与在少数民族区域进行资源开发所获取的利益进行对比，就会一目了然。少数民族有权利与全国人民共享国家进步和改革开放的胜利成果。如果各民族之间能够保持中国传统文化中的"和谐共识"，团结一致，同舟共济，就一定能够过上幸福美满的新生活。

## 二、特别行政区自治

为了完成祖国的统一大业，邓小平同志以其卓越的政治智慧提出了"一国两制"这一指导方针。所谓"一国两制"，即"一个国家，两种制度"，是指在统一的社会主义国家内，在中央的统一领导下，经过最高国家权力机关决定，可以容许局部地区由于历史的原因在相当长时期内不实行社会主义制度和政策，保持原有的资本主义社会经济制度和生活方式。"一国两制"构想的提出为解决香港问题、澳门问题和台湾问题打开了科学的通道，也为其他国家在单一制的体制框架内解决类似的问题提供了新的经验。

特别行政区是"一国两制"构想的产物。"一国两制"内容丰富，归纳起来，主要有以下方面：（1）坚持国家统一，维护国家主权和领土完整。实行"一国两制"的重要目的之一就是完成祖国统一大业，如果失去了"一国"这个前提，"一国两制"就不具备存在的基础。因此，要实行"一国两制"，就要坚持国家的统一、领土和主权的完整。（2）国家根本制度仍然是社会主义。所谓"两制"并非平行或等量齐观，除法定的个别地区允许实行非社会主义制度外，大陆地区必须实行社会主义制度。（3）特别行政区实行高度自治。特别行政区与其他行政区域不同之处在于，国家授予特别行政区以高度的自治权，包括行政管理权、立法权、独立的司法权和终审权。中央不去干预属于特别行政区自治范围内的事务。（4）在特别行政区，原有的社会、经济制度不变，生活方式不变，法律基本不变。这是"一国两制"方针中最能体现"两制"的内容。（5）特别行政区的行政机关和立法机关由当地人组成。香港、澳门特别行政区的行政机关和立法机关都由当地永久性居民组成，实行“港人治港”、“澳人治澳”，中央不派人去特别行政区参与行政管理和立法工作。

特别行政区的法律地位是指特别行政区在国家政权结构中依法所处的地位。它实质上是如何处理中央与特别行政区的关系，在法律上则表现为如何划分中央与特别行政区的职权。根据《香港特别行政区基本法》和《澳门特别行政区基本法》第1条和第12条的规定，港、澳特别行政区都是中国不可分离的部分，是中华人民共和国的一个享有高度自治权的地方行政区域。这表明，特别行政区既是中央政府领导下的地方政府，又与一般的行政区域在法律地位上有所不同。

中央与特别行政区的关系表现在两个方面：一方面，特别行政区对中央人民政府的直接从属性，特别行政区是中华人民共和国一个享有高度自治权的地方行政区域，直辖于中央人民政府。根据特别行政区基本法的规定，凡是主权范围内的事务均应交由中央负责处理。另一方面，特别行政区享有高度自治权。

1. 中央管理的有关特别行政区的事务。根据香港特别行政区基本法和澳门特别行政区基本法的有关规定，中央人民政府对特别行政区行使下列权力：（1）负责管理与特别行政区有关的外交事务。港、澳特别行政区作为非主权的地方行政区域，其本身并没有外交事务，只是在我国的整体外交工作中，有一些涉及港、澳特别行政区的外交事务，由中央人民政府负责处理。（2）负责管理特别行政区的国防。根据香港特别行政区基本法和澳门特别行政区基本法的有关规定，中央人民政府向特别行政区派驻军队负责特别行政区的防务。港澳驻军的职责是：维护国家的主权统一、领土完整和港澳的安全。港澳驻军不干预特别行政区的地方事务，并且除了遵守全国性法律外，还必须遵守特别行政区的法律。（3）任命行政长官和主要官员。中央人民政府有权任免港、澳特别行政区的行政长官和主要官员。所谓主要官员，在两个特别行政区基本法中都作了明确的规定。（4）决定特别行政区进入紧急状态。全国人民代表大会常务委员会决定宣布战争状态或因特别行政区内发生特别行政区政府不能控制的危及国家统一和安全的动乱而决定特别行政区进入紧急状态，中央人民政府可发布命令在特别行政区实施同紧急状态有关的全国性法律。（5）解释基本法。全国人民代表大会常务委员会享有基本法的解释权。（6）修改基本法。全国人民代表大会享有基本法的修改权。

2. 特别行政区享有的高度自治权。根据香港特别行政区基本法和澳门特别行政区基本法的有关规定，特别行政区享有的高度自治权主要包括以下几个方面：（1）行政管理权。第16条规定，特别行政区政府对特别行政区自治范围内的行政事务，享有管理权。包括：决定政策和发布行政命令权；人事任免权；社会治安管理权；有关财政、金融、贸易、土地、工商业、航运、民航、教育、科学、文化、体育、宗教、劳工、社会福利等领域的管理权。（2）立法权。第17条规定：特别行政区享有立法权。除了有关外交、国防和其他按照香港特别行政区基本法和澳门特别行政区基本法规定不属于特别行政区自治范围的法律，特别行政区不能自行制定外，它们可以制定所有民事的、刑事的、商事的和诉讼程序方面的适用于特别行政区的法律。它们所制定的法律只须报全国人民代表大会常务委员会备案，备案不影响该法律的生效。特别行政区制定的法律如果不符合基本法中关于中央管理的事务及中央与特别行政区关系的条款，全国人大常委会可将有关法律发回，但不作修改，经发回的法律立即失效。这表明，全国人大常委会将如何修改的问题完全交由特别行政区立法机关去决定，使特别行政区享有完整的立法权。（3）独立的司法权和终审权。《香港特别行政区基本法》和《澳门特别行政区基本法》第19条都规定，港、澳特别行政区享有独立的司法权和终审权，特别行政区各级法院依法行使审判权，不受任何干涉；终审权属于特别行政区终审法院。（4）中央人民政府授权特别行政区依照基本法自行处理的对外事务权。包括：参加与本特别行政区直接有关的外交谈判；在经济、文化、体育等领域发展对外关系，签订和履行有关协议；以适当的形式参加有关的国际组织和国际会议；对国际协议是否适用于特别行政区发表意见；签发护照和其他旅行证件，有权实行出入境管制；经中央协助或授权，与各国或各地区缔结互免签证协议；可在外国设立官方或半官方经济和贸易机构，报中央备案；经中央批准，可允许外国在特别行政区设立领事机构或其他官方、半官方机构。（5）其他权力。根据香港特别行政区基本法和澳门特别行政区基本法的有关规定，港、澳特别行政区可以行使港、澳基本法的修改提案权以及全国人民代表大会及其常务委员会和国务院授予的其他权力。

【资料检索】

1. 特别行政区之所以冠以这个名称，同其他行政区域区别开来，就在于它有如下一些“特别”之处：（1）特别行政区享有高度自治权。特别行政区是与省、自治区、直辖市处于同级的地方行政区域，但是它享有其他一级地方行政区域所不具备的高度自治权。（2）特别行政区保持原有的资本主义制度和生活方式50年不变。实行的基本社会制度不同，这是特别行政区同其他地方行政区域的根本区别。它意味着中央人民政府在50年内不改变港澳地区的资本主义制度，不会把社会主义制度和政策推行到港澳特别行政区去。（3）特别行政区实行“港人治港”、“澳人治澳”。特别行政区的行政机关和立法机关由当地永久性居民组成。所谓永久性居民，指在特别行政区享有居留权和有资格依照当地法律取得载明其居留权的永久性居民身份证的居民。这样就充分发挥了港澳同胞的积极性和主人翁精神，有利于港澳回归后的稳定和进一步的繁荣。（4）特别行政区原有的法律基本不变。根据《香港特别行政区基本法》第8条和《澳门特别行政区基本法》第8条的规定，特别行政区原有法律，除同基本法相抵触或经特别行政区的立法机关或其他有关机关作出修改者外，予以保留。根据这个规定，香港特别行政区的法律仍属于英美法系，而澳门特别行政区的法律仍属于大陆法系，不同于大陆地区的社会主义法系。

2. 特别行政区是指在我国版图内，根据我国宪法和法律的规定专门设立的，具有特殊的法律地位，实行特别的社会、经济制度，直辖于中央人民政府的行政区域。特别行政区是依据《宪法》第31条而设立："国家在必要时得设立特别行政区。在特别行政区内实行的制度按照具体情况由全国人民代表大会以法律规定。"特别行政区是我国境内的一级行政区域，是"一国两制"方针的具体体现。特别行政区作为一个地方行政区域，同其他行政区域相比，有许多共同点。比如，都是祖国不可分离的一部分；和其他一级地方行政区域一样，都直辖于中央人民政府；都选举全国人大代表参加全国人民代表大会，等等。

3. 特别行政区的法律地位，具体说来，包含以下内容：(1) 特别行政区是我国单一制国家不可分离的部分。特别行政区作为祖国的组成部分，是不能从祖国的版图上分割出去的。"一国两制"是"一国"基础上的"两制"，理所当然要维护祖国的统一、主权和领土的完整。(2) 特别行政区是我国的一个地方行政区域。特别行政区虽然享有高度的自治权，但它仍直辖于中央人民政府，是和省、自治区、直辖市同级的地方行政区域。它同中央的关系是一个统一国家内部中央与地方的关系，是领导与被领导、监督与被监督、授权与被授权的关系，不是平行的、并列的伙伴关系。(3) 特别行政区是实行高度自治的地方行政区域。特别行政区享有行政管理权、立法权、独立的司法权和终审权，实行高度自治。中央负责管理的仅仅是涉及特别行政区的外交、防务以及其他属于国家主权和国家整体利益范围内的事务，其他事务除了特别行政区基本法规定由中央监督的外，中央不予过问。(4) 特别行政区是直辖于中央人民政府的一级地方行政区域。这个规定包含三层意思：第一，特别行政区受中央人民政府直接管辖，在中央人民政府和特别行政区之间没有任何中间层次；第二，国务院对特别行政区进行直接管辖，并不是说其他中央最高国家机关同特别行政区没有任何关系；第三，特别行政区是一级地方政权。特别行政区只有一级政府、一级政权，特别行政区政府不再下设任何政权单位，其本身就是直接联系市民的政权组织。

4. 根据《香港特别行政区基本法》和《澳门特别行政区基本法》的解释，所谓的“中央”，不是我们通常说的“中共中央”，而是指与特别行政区发生领导与被领导、监督与被监督、授权与被授权关系的中央国家机关，包括全国人民代表大会及其常务委员会、国务院和中央军事委员会。

【观点论争】

特别行政区的民主制度的发展采取的是“渐进式”而非“激进式”，这主要是考虑到特别行政区与内地之间的互动影响。毕竟我们是在“一国两制”的框架下生活，每一个地方的社会发展进程都不太一样，相互之间总要有一个互相学习、交流和适应的过程。如同“罗马城不是一日建成的”，急是急不得的。

### 三、农村自治

无论是在土地或人口方面，中国农村无疑是占有绝对多数。但是，长期以来，人们对农村的看法始终没有走出“工业经济原材料出产地”和“扩大内需的商品市场”的概念范围，却忽略了农村本身的特性。20世纪70年代末，农村家庭联产承包责任制的迅速发展，使农村经济体制发生了重大变革，经济的自由必然导致社会治理方式的变化，于是在一些地方开始出现自我管理的组织——村民委员会，并在20世纪80年代初得到发展，现行宪法明确了它的法律地位和性质。

根据宪法和村民委员会组织法的规定，村民委员会是村民自我管理、自我教育、自我服务的基层群众性自治组织，实行民主选举、民主决策、民主管理、民主监督。村民委员会的任务是办理本居住地区的公共事务和公益事业，调解民间纠纷，协助维护社会治安，并且向人民政府反映群众的意见、要求和提出建议。村民委员会由主任、副主任和委员共3人至7人组成，村民委员会根据需要设人民调解、治安保卫、公共卫生等委员会。村民委员会成员可以兼任下属委员会的成员。人口少的村的村民委员会可以不设下属委员会，由村民委员会成员分工负责人民调解、治安保卫、公共卫生等工作。

中国农村的经济发展水平极不平衡，这也在一定程度上影响到农业生产和农民生活的提高。党中央提出的关于建设社会主义新农村的构想，应当成为推行农村自治制度大发展的机遇。因此，解决“三农”问题、林权和地权的落实问题、构建农村社会保障体系问题、农民工身份定位问题等，都是迫在眉睫的要害问题。从经济建设的大局出发，中国农村问题不解决好，势必会严重影响到整个构建的政治大局。因此，我们要消除那种“农村的自治等同于让农民自生自灭”的错误思想，政府要加大对农村的政策引导和财政投入，尽快让农业生产、农民生活快速、健康地发展起来。

【观点论争】

2012年2月9日，《南方周末》以“用铁的程序保障村民自治”为题发表了评论员戴志勇的文章。我国宪法规定了村民自治的内容，但是在实际方面，从村委直选到村务治理，都缺乏细致而又公正的民主程序。时任总理温家宝讲过：“没有程序的民主，就没有实质的民主”。文章中提到“宗族势力操纵选举”的弊端，也举了安徽省社科院研究员辛秋水的“村干竞选”的调查报告中提到的成功例子，文章在最后写道：在农村推行民主，只要有诚意，只要有制度设计的智慧，用铁的程序挡住各种干扰、操纵和扭曲，村民自治就不会成为一句空话。

## 四、城市自治

中国城市的发展水平因为地域的差距而形成不同的格局。一般来说，东部城市、大城市的发展要比西部城市、小城市更好一些，这也在一定程度上影响到城市管理的水平。居民委员会是新中国成立以后的产物。新中国成立初期，各地群众纷纷建立了一些群众性组织，但都是临时性的。为开展工作，各地在临时组织的基础上建立了居民委员会，为规范居民委员会的发展，1989 年，七届全国人大常委会十一次会议通过了《居民委员会组织法》。

根据宪法和居民委员会组织法的规定，居民委员会是居民自我管理、自我教育、自我服务的基层群众性自治组织。其任务是办理本居住地区的公共事务和公益事业，调解民间纠纷，协助维护社会治安，并且向人民政府反映群众的意见、要求和提出建议。居民委员会由主任、副主任和委员共 5 ~ 9 人组成，可设人民调解、治安保卫、公共卫生等委员会。作为基层群众自治组织，长期以来，居民委员会对于宣传法律和国家的政策、办理本居住地区居民的公共事务和公益事业、调解家庭和邻里纠纷以及协助维护社会治安等工作作出了贡献。

2011 年 7 月，中央提出了“社会管理创新”的概念，政府不能统管一切事务，它需要厘清自身职责，实现自我解放和赋权于社会，让一些职能重新回到社会，还原乡土自治的传统，推动社会多元共治，实现中国的长治久安。把原先的“社会治安综合治理委员会”改为“社会管理综合治理委员会”，看上去只是个别字词的改动，实际上却是整个管理理念与模式已经发生改变；从今后的社会发展趋势看，居民委员会的管理模式有可能向着社区管理模式转变，这也符合“小政府、大社会”的全新理念。目前，在一些城市，社区管理模式正在进行初步尝试，等到经验成熟以后，必定会向全社会推广。

【资料检索】

《宪法》第111条规定：城市和农村按居民居住地区设立的居民委员会或者村民委员会是基层群众性自治组织。居民委员会、村民委员会的主任、副主任和委员由居民选举。

【思考题】

1. 资产阶级的“三权分立”学说是人类历史上关于构建国家政权结构最佳的理论吗？它在各国所形成的不同版本又说明了什么？

2. 人民代表大会制度的实践与“三权分立”学说有何不同？它是否属于社会主义国家唯一的或是最好的分权形式？

3. 试比较单一制与联邦制之间的制度差异性？

4. “在中国，政治与经济体制改革都是自上而下进行的，地方权力的扩大也是由中央逐步放权的结果。”除此之外，你认为这一结果与“单一制”国家政权结构形式有无关系？

5. 在不改变单一制政权结构的前提下，你认为有无更好的办法或思路来解决中央与地方之间的权力冲突问题？

6. 上述哪些内容最能够体现民族区域自治的特点？为什么作这样的选择？民族区域自治与民族自决、民族自治之间有何区别？

7. 特别行政区的设立是否突破了我国单一制的国家结构形式的要求？它的后续意义何在？

8. 从宪政的角度分析，中央政府对特别行政区的管理是否还有需要改善之处？香港、澳门的特别行政区模式是否会被克隆到未来的台湾地区？两岸关系的发展前景取决于什么要素？

9. 基层群众性自治组织的自治权如何才能真正实现与国家政权相剥离？

# 第十五章　宪法范式

【内容摘要】早期宪法总是把政治管理作为其唯一的构建元素，而对社会生活亦即私人领域的诸多方面则保持“不干预原则”，这应当说有其可取之处。因为在历史上，国家与社会通常是被看作构建管理秩序方面的二元结构。但在现代社会，随着国家与公民社会的进一步融合，社会被逐步划分为公共领域与私人领域两种，作为宪法就需要对社会公共领域的部分事务进行调整，于是就不可避免地出现宪法干预国家的经济、文化、生态和社会的其他方面的现象，而传统的宪法范式也因此需要改变原来单一的政治范式，增加其他的宪法范式，以适应社会发展的需要。

## 第一节　政治宪法

在宪法的政治范式中，国体被认为是所有国家制度中最为重要的内容，是国家制度的核心部分，而决定国体性质的因素主要有三个：（1）社会各阶级、阶层在国家中的地位。（2）社会的经济条件。（3）社会的文化制度。上述内容决定着一个国家活动的方向，对国家的政策制定起着重大的作用，对国家性质的确定有着重大影响。

政治宪法，顾名思义，指的就是宪法的政治问题；而宪法最大的政治问题则是国家的领导权问题。此节在国家主权与宪制政权中已分别做过阐述，这里需要明确的是社会关系问题：不同的阶级、阶层在国家内部的社会地位。在社会主义国家，当人民主权问题已经解决了以后，接着便需要解决人民内部的关系问题。宪法学者通常是把这一方面的内容归结为国家性质。在我国现阶段，人民的范围包括以工人、农民和知识分子为主体的全体社会主义劳动者、社会主义建设者、拥护社会主义的爱国者和拥护祖国统一的爱国者。

【资料检索】

《宪法》总纲第1条第1款规定："中华人民共和国是工人阶级领导的、以工农联盟为基础的人民民主专政的社会主义国家。"这一规定明确了国家性质，即社会主义制度是我国的根本制度，人民民主专政是我国国家性质的具体体现。

现阶段的阶级与阶层的分布结构是：（1）工人阶级（通过中国共产党）对国家的领导是人民民主专政的根本标志。工人阶级之所以能够成为国家的领导阶级，是由工人阶级的阶级本质和历史使命决定的。工人阶级与大生产相联系，代表最先进的生产力，最有远见，大公无私，最富有组织性、纪律性和革命的彻底性。工人阶级对国家的领导是通过自己的政党——中国共产党来实现的。在现阶段，中国共产党代表中国先进生产力的发展要求，代表中国先进文化的前进方向，代表中国最广大人民的根本利益。（2）以工农联盟为阶级基础。我国是农业人口占绝大多数的国家。农民问题无论是在民主革命时期还是在社会主义革命和建设时期，始终都是一个最重要的问题。在社会主义时期，工农联盟是建立在坚持四项基本原则，坚持改革开放，实现社会主义现代化建设的基础之上的。在现阶段，工农联盟是实行社会主义市场经济的主要依靠力量，是党和国家制定政策和法律的出发点和依据。（3）知识分子是工人阶级的重要组成部分。知识分子是出生于各种不同的社会阶级，凭借自己的知识、技能和专长从事脑力劳动的劳动者。从历史上看，知识分子从来都不是一个独立的阶级，而是从属于不同阶级的特殊阶层。在现阶段，知识分子的性质和面貌已经发生了根本的变化。从总体上讲已经成为工人阶级的组成部分，在国家建设中发挥着非常重要的作用，因此也是人民民主专政制度巩固和发展的依靠力量之一。（4）其他社会阶层。新的社会阶层是指我国改革开放条件下出现的，与新的社会主义经济体制相联系的，有别于传统的阶级、阶层并且比较稳定和具有一定规模的新型社会团体。他们中的广大人员，主要是从工人阶级、农民阶级队伍中分化出来的，他们也是有中国特色的社会主义事业的建设者。我国新的社会阶层主要包括以下六类人员：民营科技企业的创业人员和技术人员、受聘于外资企业的管理技术人员、个体户、私营企业主、中介组织的从业人员与自由职业人员。他们同其他各劳动者阶层一样，在政治上都属于人民的范畴，是人民群众不可分割的一部分。（5）以广泛的爱国统一战线为政治联盟。统一战线是指一些阶级、阶层、政党、集团、国家为了实现某种共同目标，在共同利益情况下形成的一种联合，是一定社会政治力量的联合。爱国统一战线是指由中国共产党领导的，有各民主党派参加的，包括全体社会主义劳动者、社会主义建设者、拥护社会主义的爱国者和拥护祖国统一的爱国者的广泛的政治联盟。它包含两个联盟：一个是在我国大陆范围内，由以工人、农民、知识分子为主体的全体社会主义劳动者、社会主义建设者和拥护社会主义的爱国者所组成的政治联盟。这个政治联盟以社会主义为政治基础，是爱国统一战线的主体。另一个是广泛地团结台湾同胞、港澳同胞和海外侨胞，以拥护祖国统一为基础的政治联盟。这个政治联盟是以爱国主义为政治基础。

【观点论争】

1. 中国宪法学者一般认为，宪法学上的国体与政体的关系就是指国家性质和国家政权组织形式的关系，而在二者关系上必定是国体决定政体。我们认为这种说法只是一厢情愿的推论，在它们二者之间根本不存在谁决定谁的问题，或者说就是个伪命题。从各国今天推行的政体情形看，从来没有人是从国体出发来决定政体走向的，而是从适合本国国情的需要出发来选择的，与国体根本无关。

而且从宪政的角度出发，诸如总统制、议会制、委员会制或君主立宪制等，花样翻新，却丝毫没有影响到资产阶级的掌权问题。马克思的确曾经盛赞过巴黎公社的做法，列宁和斯大林也建立过苏维埃革命政权，中国今天实行的也是与上述做法基本一致的人民代表大会制度，三者之间可谓一脉相承。但是，谁又能够想到，为了解决历史遗留的问题，“一国两制”的实践，就能够轻易撕开政体的“铁幕”，甚至包容了资本主义制度的存在。这样的实证内容还不够充分说明问题的实质吗？

2. 1871 年巴黎公社革命期间，马克思在《法兰西内战》中总结了其起义失败的原因，提出无产阶级专政理论。他认为，在西欧国家，工人阶级占多数，却受雇于资本家，靠出卖劳动力为生；资本家因为掌握社会财富而控制政治。这是由少数人统治多数人的不合理的社会形态，必须建立工人阶级掌握国家政权的社会政治形态——社会主义社会。1917 年列宁领导的俄国十月革命取得胜利，实践了这一理论。

3. 毛泽东领导的中国革命于1949 年取得成功，他在《论人民民主专政》一文中对人民民主专政的思想作了系统阐述。在他看来，人民民主专政实质上即无产阶级专政。这是因为：从领导力量看，二者都是由工人阶级领导。无产阶级专政的根本标志是无产阶级单独掌握国家领导权。在中国，工人阶级是人民民主专政的领导阶级，它通过中国共产党实现领导，中国共产党是人民民主专政的领导核心。从阶级基础看，二者都是以工农联盟为基础。无产阶级专政的最高原则是无产阶级必须同农民结成牢固的联盟。历史证明，无产阶级只有同农民结成联盟才能最终战胜资产阶级，建立无产阶级专政。工农联盟是人民民主专政的阶级基础，是建立、巩固和发展人民民主专政和社会主义制度的重要保证。从国家职能看，二者都是对人民实行民主，对敌人实行专政，保卫社会主义制度，组织社会主义的经济、政治、文化建设。从历史使命看，二者都是以消灭剥削阶级和剥削制度，建设社会主义，为实现共产主义而奋斗为自己的历史使命。

## 第二节　经济宪法

经济制度是指人类历史上发展到一定阶段上的经济基础，即生产关系的总和。从总体上讲，经济制度包括生产资料的所有制形式、人与人在经济生活中形成的相互之间的关系和劳动产品的分配方式等三个方面的内容。其中生产资料的所有制形式是起决定作用的因素，它决定着一国经济制度的性质。经济制度是国家赖以建立和发展的经济基础，也是国家性质的决定因素。在阶级社会中，国家的阶级性质与一定的经济制度紧密相连。国家政权作为上层建筑的主要组成部分是由一定的经济基础决定，并为一定的经济基础服务的。我国的社会主义经济制度早在1956年生产资料的社会主义改造完成之后即已牢固确立。半个世纪以来，它不断地得到巩固和发展，形成了鲜明的中国特色。这一制度的确立，是由我国的社会主义性质和社会主义初级阶段的国情决定的。

### 一、生产资料所有制

中国当前正处在社会主义初级阶段，坚持公有制为主体、多种所有制经济共同发展的基本经济制度，是发展国家经济条件的基础。

1. 全民所有制经济。社会主义全民所有制经济，又称国有经济，是生产资料和生产成果归社会全体人民所有，并由国家代表全体人民占有生产资料的一种公有制经济形式。它是通过没收官僚资本为国家所有、取消帝国主义的一切特权、对民族资本主义实行赎买及由国家大力投资兴建各种企业等途径建立起来的。国有经济是社会主义经济基础的最重要的组成部分。由于国有经济控制着国民经济命脉，它的发展壮大对于发挥社会主义制度的优越性，增强国家的经济实力、国防实力和民族凝聚力，具有关键作用。

【资料检索】

1. 中共十五大报告对国有经济在整个国民经济中的主导作用进行了科学的阐述，即在关系国民经济命脉的重要行业和关键领域，国有经济要占据支配地位；而在其他领域，国有经济或者通过国家控股或参股等所有制形式发挥其影响力，或者坚决地“退”出，从而调整国有经济的布局，突出重点，提高整体素质。可见，国有经济在国民经济中的主导作用，主要体现在对国民经济发展的正确导向和对经济运行整体态势的控制和影响上。

2. 根据宪法和法律的有关规定，国有企业都属于全民所有制经济。除法律规定属于集体所有的森林、山岭、草原、荒地、滩涂等自然资源以外的其他一切矿藏、水流、森林、山岭、草原、荒地、滩涂等自然资源都属于国家所有；城市的土地，由法律规定属于国家所有的农村和城市郊区的土地，以及国家依法征用的土地也都属于国家所有。2004 年《宪法修正案》第 20 条规定，国家为了公共利益的需要，可以依照法律规定对土地实行征收或者征用并给予补偿。

2. 劳动群众集体所有制经济。劳动群众集体所有制经济，简称集体经济，是由集体单位内的劳动群众共同占有生产资料的一种公有制经济。集体所有制经济最初是在土地改革的基础上，通过对农业和手工业的个体经济实行社会主义改造而建立起来的。它包括农村集体经济和城镇集体经济。劳动群众集体所有制经济是社会主义公有制经济的重要组成部分，在国民经济中具有重要地位。

【资料检索】

1. 2005 年年底，十届全国人大常委会十九次会议高票通过了关于废止农业税条例的决定，9 亿农民告别被收取了 2000 多年的“皇粮国税”的历史。2006 年年初，中共中央和国务院通过《关于推进社会主义新农村建设的若干意见》，按照财政部向全国人大提交的《关于2005年中央和地方预算执行情况与2006年中央和地方预算草案的报告》，政府于2006年投入数千亿元，帮助欠发达地区发展经济和社会事业，救助社会弱势群体和经济困难的城乡居民，直接受益者逾亿人。①

2.《宪法》第8条第3款规定："国家保护城乡集体经济组织的合法的权利和利益，鼓励、指导和帮助集体经济的发展。"农村集体经济组织实行家庭联产承包经营为基础、统分结合的双层经营体制。农村中的生产、供销、信用、消费等各种形式的合作经济，是社会主义劳动群众集体所有制经济；城镇中的手工业、工业、建筑业、运输业、商业、服务业等行业的各种形式的合作经济，都是社会主义劳动群众集体所有制经济。另外，由法律规定属于集体所有的森林、山岭、草原、荒地、滩涂，农村和城市郊区除由法律规定属于国家所有的以外的土地，农村的宅基地和自留地、自留山等，也都属于集体所有。

3. 非公有制经济。在现阶段，除了全民所有制和劳动群众集体所有制经济之外，还存在着个体经济、私营经济和"三资"企业等非公有制经济，从而形成了以公有制为主体、多种所有制经济共同发展的基本经济制度。非公有制经济是中国社会主义市场经济的重要组成部分。具体包括：（1）个体经济；（2）个体工商户；（3）私营经济；（4）外商投资企业。

## 二、分配制度

分配制度是经济制度的重要内容，生产决定分配，所有制关系决定分配关系，生产力发展水平则是分配制度的物质前提。中国在社会主义初级阶段实行以公有制为主体、多种所有制经济共同发展这一基本经济制度就决定了现阶段的分配原则，即实行各尽所能、

① 《新京报》2006年3月7日。

按劳分配的原则；坚持按劳分配为主体、多种分配方式并存的分配制度。坚持按劳分配为主体，是社会主义公有制在整个经济制度中的主导地位的体现。

目前除按劳分配这种主要分配方式外，其他常见的分配方式还有：(1) 企业发行债券筹集资金，由此而出现凭债权取得的利息；(2) 随股份经济的产生，股份分红相应出现；(3) 企业经营者的收入中，包括部分风险补偿；(4) 私营企业雇用一定数量的劳动力，会给企业主带来部分非劳动收入等。

【资料检索】

2012 年 3 月 28 日，《21 世纪经济报道》记者从国家发改委获悉，收入分配整体方案年内将推出。主要包括：建立健全职工工资的正常增长机制，促进基本公共服务均等化，不断缩小城乡收入的差距等；对央企高管薪酬的调控，以及对垄断行业工资总额和工资水平的双重调控、提高城乡居民收入等。另据国家统计局在 2004 年和 2008 年两次经济普查数据，1992～2004 年劳动者报酬占 GDP 比重从 54.6% 下降到 47.1%。2004～2008 年按新口径，劳动者报酬占 GDP 比重从 50.6% 下降到 47.9%。

【观点论争】

1. 在改革开放初期，邓小平提出的“让一部分人先富起来，先富的带动后富的，走共同富裕发展的道路”的政策，无疑是正确的，也是卓有成效的。现在的问题是，社会财富不均衡，贫富悬殊拉大，人们要求“共同富裕”的愿望是合理的。但是，至少有两件事迫在眉睫：一是反贪腐，不能让蛀虫肆无忌惮地蚕食国家、集体的财产；二是要构建完善的社会保障体系，使得弱势群体能够过上温饱生活。在过去“国不富”、“民贫穷”的时代，全国人民在中央的领导下是勒紧裤腰带搞建设；今天，社会主义建设已经 60 多年、改革开放也有 30 多年、国家经济总量位居世界第二，在这样的情况下，人民有权要求过上物质相对丰富、精神需要充实的生活，对私有财产的法律保护应当同公共财产的法律保护等量齐观、相对持平，应当朝着“小河有水大河满”的思路向前发展。

2. 中国人民大学政治系教授张鸣认为，现在的中国，人与人收入的差距虽然巨大，但不能单从分配制度上找原因。现在的不平等，主要是起点的不平等。一个平民子弟和一个权贵子弟，从一出生开始，就没有一样待遇是平等的。①

### 三、公共财产权的保护

各国宪法都有关于对财产进行保护的条款。资本主义宪法通常只规定对私有财产的保护，而社会主义国家的宪法则在规定对公共财产进行保护的同时，还要规定对公民个人财产的保护。《宪法》对社会主义公共财产的保护是在第 12 条中明确规定：“社会主义的公共财产神圣不可侵犯。国家保护社会主义的公共财产。禁止任何组织或者个人用任何手段侵占或者破坏国家的和集体的财产。”

社会主义公共财产包括全民所有制经济的财产和集体所有制经济的财产，它是中国社会主义经济制度的基础，是国家繁荣昌盛和人民群众物质文化生活需要不断得以满足的物质前提和根本保障，也是各族人民享有各种权利和自由的物质保证。

## 第三节 社会宪法

社会宪法是通行于欧洲社会特别是德国和瑞士等国家的一个学术术语，指那些调节社会经济生活，规定社会经济权利为基本权的宪法。作为区别于政治宪法的一种类型，社会宪法主要指宪法规范的内容，它与传统政治宪法并不是替代性关系，而是补充关系，是

① 《每周文摘》2012 年 4 月 3 日。

指在仅规范包括国家机构及其权限与公民自由权在内的政治条款的基础之上，增加调整社会经济文化生活的内容与社会基本权利的条款。

社会宪法具有以下不同的特点：（1）它在理念上坚持的是实质平等的思想。政治宪法通常是以自由主义作为自己首要的价值观点，而社会宪法则会把公平看作社会正义的优先价值来考虑，而且不能仅仅考虑形式上的平等，还要尽可能地以国家的名义去实现社会的实质公平，减少社会的差距。（2）它注重对社会生活的调整。如宪法可以去调整婚姻、家庭生活，去保护非婚生子女的合法权益。人口严重超生现象是国家与社会的大问题，如果政府不加以调整就有可能面临失控的危险。因此，宪法将这一问题上升为国策是必要的，也是正当的。（3）它注重保护社会权利。在狭义的社会领域，社会保障与社会救济是实现实质平等的重要途径，社会宪法就是要在这些方面对社会弱势群体进行必要的物质帮助。如宪法规定公民在年老、疾病或者丧失劳动能力的情况下，有从国家和社会获得物质帮助的权利。（4）它对社会的协调发展与科学发展要有一定之规。胡锦涛同志提出的科学发展观是一个较为全面的思想，它不仅仅是指社会生态平衡的问题，还有社会的其他方面，因此将这一思想纳入宪法的思路是完全正确的。

另外，在提出社会宪法的范式概念时，我们认为应当包括“环境文明”的内容。随着经济的高速发展，技术的不断进步以及人口的不断增长，在当今世界，大气、土壤、水源以及粮食等人类生活的各种不可或缺的资源正在不断地受到污染，生态平衡正在受到不断的破坏，长此以往，人类的生存必将受到威胁。人类没有任何理由用今天的经济发展利益来损害子孙后代的生存环境。有鉴于此，当今国际社会正在展开一场防止公害扩展、推进环境保护的全球性范围的运动。

【资料检索】

1. 1919 年的德国魏玛宪法被确认为社会宪法的一个典范，因为它是人类历史上第一部较为全面地规定公民经济社会文化权利的宪法。2000 年瑞士宪法也属于这一类型，因为瑞士素有保障社会安全的传统。

2. 1972 年 6 月，联合国提出《人类环境宣言》，指出：人类有权在一种能够过着尊严和福利的生活环境中，享有自由、平等和充足的生活条件的基本权利，并且负有保护和改善这一代和将来的世世代代的环境的庄严责任。

【观点论争】

我们认为，提出社会宪法的范式这一概念，不仅是因为它与政治宪法存在着一定的差异性，而且更多的是从今后社会发展的需要来考虑的。在法学的一般理论中，我们一直在强调公平的正义理念，而作为根本大法的宪法却对此熟视无睹，这不应该是现代宪法的风格和价值取向。有理由相信，从未来的发展趋势来看，社会宪法的范式必将随着社会政治、经济、文化的进步而有了更大的发展空间。而把环境保护也作为社会宪法的一部分内容是十分必要的。因为环境的改善与否是关系到全人类的基本生存与发展的大事。

## 第四节 文化宪法

文化宪法主要是从调整公民文化生活的角度提出的。人类社会的文明，包括物质文明和精神文明。物质文明是人类改造自然界的物质成果，表现为物质生产的进步和人们物质生活的改善和不断提高。精神文明是指人类改造主观世界所取得的精神成果，它表现为教育、科学、文化知识等事业的发达和人们思想、政治、道德水平的提高。物质文明与精神文明互为条件、互为前提。物质文明是精神文明产生和发展的基础，最终决定着精神文明的发展程度；精神文明是物质文明的反映，对物质文明的发展有能动的反作用。二者总的发展状况是相互联系、相互协调的，但又不完全一致，精神文明可相对独立于物质文明而发展。不同的社会有不同的精神文明。

社会主义精神文明是建立在生产资料社会主义公有制的基础之上，是社会主义制度不可缺少的组成部分。教育科学文化建设和思想道德建设是我国社会主义精神文明建设的两个重要方面，宪法明确规定了教育科学文化建设和思想道德建设的基本内容。

### 一、教育科学文化建设的内容

教育科学文化建设，旨在提高整个民族的科学文化素质，为社会主义现代化建设提供智力支持，所以它既是物质文明建设的重要条件，也是提高人民群众思想道德水平的重要条件。我国目前所实施的科教兴国战略，就是要坚持科学技术为第一生产力，坚持教育为本，大力发展科学和教育事业，使经济建设真正转移到依靠科技进步和提高劳动者素质的轨道上来。

### 二、思想道德建设的内容

思想道德建设，是社会主义精神文明建设的另一重要内容，而且是决定精神文明建设的社会主义性质和方向的根本问题。思想道德建设，旨在提高中华民族的思想和道德素质，在全社会形成共同理想和精神支柱，为社会经济、政治的发展提供思想道德动力和保障。我国宪法不仅把马列主义、毛泽东思想、邓小平理论和“三个代表”重要思想列为思想道德建设的指导方针，还规定了思想道德建设的基本内容，它主要包括以下几个方面：（1）普及理想、道德、文化和法纪教育，培养“四有”公民。（2）提倡“五爱”教育，树立和发扬社会公德。（3）进行马克思主义教育，反对腐朽思想。

【资料检索】

宪法第19条至第22条对教育科学文化建设作出了规定。第一是发展社会主义教育事业。社会主义教育事业是实现社会主义现代化建设的基础。因此,《宪法》第19条规定:"国家发展社会主义的教育事业,提高全国人民的科学文化水平。国家举办各种学校,普及初等义务教育,发展中等教育、职业教育和高等教育,并且发展学前教育。国家发展各种教育设施,扫除文盲,对工人、农民、国家工作人员和其他劳动者进行政治、文化、科学、技术、业务的教育,鼓励自学成才。国家鼓励集体经济组织、国家企业事业组织和其他社会力量依照法律规定举办各种教育事业。国家推广全国通用的普通话。"国家先后制定了教育法、义务教育法和教师法等,系统地规定了教育领域的基本问题。以法律的形式来保障社会主义教育事业的发展。第二是发展科学事业。当代科学技术已成为第一生产力,科学技术的发展,是我国社会主义现代化的关键。在此基础上,国家还颁布了专利法、著作权法、发明奖励条例、自然科学奖励条例、科学技术进步奖励条例等法律、法规,详细规定了科学事业领域的具体问题,有力地保障和推动了国家科学事业的发展。第三是发展卫生和体育事业。发展卫生、体育事业,对于提高人民的健康水平,使他们在学习、工作、劳动和社会生活中发挥聪明才智,加速社会主义现代化建设事业的发展有极为重要的意义。在此基础上,国家颁布了食品卫生法、传染病防治法、母婴保健法、医疗机构管理条例、体育法、全民健身纲要等法律法规。第四是发展文学艺术和其他文化事业。发展文学艺术和其他文化事业,是培养人们健康情趣,提高人们精神素质的重要手段,也是精神文明建设的重要内容。在此基础上,国家还颁布了出版管理条例、印刷业管理条例、文物保护法等法律法规。

【观点论争】

1975年以留学生身份来到中国的、普通的外国人——阿克曼（于2011年被国家授予“中国梦践行者”称号）对实用主义作出这样的评价：“……你看中国这三十年的发展，毫无疑问，人们生活是改善了很多，但在中国还有很多地区的人民仍然很贫穷、很落后。我认为，假如一个社会的发展完全依靠实用主义，而失去超越物质的精神理想，是很危险的。我看中国现在最大的问题就是只求国力强，完全用物质价值来衡量生活改善，放弃了对自己生活和社会未来的理想……毒奶粉之类的事件说明中国确实面临社会道德危机，好像为了个人利益或者家庭利益，什么都可以做。所以我觉得现在中国要翻过的一堵大墙是，建立起码的社会道德观。”①

【思考题】

1. 如何理解在社会主义市场经济条件下的工农联盟的性质？

2. 在社会主义市场经济的大背景下，国有性质的企业在大踏步地退出市场，在这一过程中，是否会造成国有资产非正常的流失？应当如何才能防止这一现象的发生？

3. 当非公经济成分所占比重越来越大时，是否意味着社会主义的所有制性质已经在悄然地发生变化？

4. 分配制度的改革，是否为“资本”或其他利益优势公然剥削他人成为可能？宪法对防止“贫富悬殊现象”与“分配不公现象”产生有何作为？

5. 在社会主义国家里，宪法对公共财产的特殊保护的主要目的是什么？

6. “在人类社会物质财富较为发达的时候，宪法应当从保护

① 《南方周末》2012年1月5日。

形式平等的原则上升到保护实质平等的层面”。对这句话，你认为是否需要加上前置条件？为什么？

7. “科学文化知识”与“思想品德教育”是否具有同步规律的效应？在反规律现象的背后，可能隐藏着哪些社会弊病？

# 第十六章　宪法制度

【内容摘要】在宪政史上，每一个具体的宪法制度都是人民通过不断的抗争、在一次又一次血的教训中总结出来的。在宪法制度的诸项内容中，与政治管理最为密切的主要是代议制度、政党制度、选举制度和宪法保障制度等。在这些制度中，它们相互之间还存在着一定的关联性，如代议制是由各个政党在实际运作，政党的政治方针就会影响到国家政策；政党要进入议会就要通过选举活动，对选举行为的规范就成就了选举制度的产生；作为整个制度系统的运作保障，宪法监督机制将确保所有宪法制度是在民主、自由、有序与公正等价值理念的指导下完成。

## 第一节　代议制度

代议制度是近代资产阶级思想家们共同创立的一种宪政体制，是“三权分立”学说的实践性产物。人民管理国家不可能是群起而上，更何况国家管理也不必动用全国性的所有力量。如何才能做到既保证人民主权原则能够得以贯彻执行，又能够高效地、有序地、理性地管理国家，选择代表代行管理是一个被证明了的行之有效的办法。

【资料检索】

清朝末年，外国宪政思想被薛福成的《筹洋刍议》、王韬的《重民》、《达民情》、马建忠的《适可斋纪言》、郑观音的《盛世危言》和严复翻译的孟德斯鸠《法意》一书传播进来。

目前，中国选择人民代表大会制度作为政体形式，是基于以下几个方面的理由：（1）人大制度是在中国的具体历史条件下，由人民群众自己创立的，因而是适合中国国情的。鸦片战争以后，一些进步人士开始把西方的议会制与“三权分立”思想陆续介绍到中国来，孙中山先生还倡导五权宪法的学说和构想。在新民主主义阶段和后来的革命根据地时期，曾产生过“一切权力归农会”的政治主张和建立“三三制”的民主政权，中国共产党还引进了苏联的苏维埃制度。所有这些都在说明，人大制度的产生不是偶然的，它适合于中国的实际情况，尤其是当它获得了马克思主义基本理论的指导以后，更是具有了强大的生命力。（2）人大制度能够比较全面地表明我国人民民主专政的国家性质。从代表构成上看，人大注意吸收社会各方面的代表人物，如工人、农民、知识分子以及在爱国统一战线中的其他劳动者和爱国者的代表，使人大具有了广泛的社会基础和代表意义；从选拔代表的程序上看，我国的选举制度保证了国家权力机关的组成人员的结构能够比较鲜明地表现国家性质，保证这样的政权组织能够比较完善地实现人民民主专政的职能；从代表民意上看，先是由中国共产党提出国家发展的路线、方针和政治主张，然后交由人民讨论，在广泛听取并吸收群众意见之后，经法定程序向人大提出建议，由人大决定是否采纳和通过。由此可见，人大制度保证了人民当家做主的权利。（3）人大制度体现人民主权与国家政权的统一，同时又保证各级政府能够在民主的基础上集中处理国事，使之成为有效的行政工作系统。国家机关活动的根本原则是民主集中制，具体是指：各国家机关相互之间存在着不同的分工，人大负责立法，行政机关负责行政事务，司法机关负责审判或检察工作，但它们相互之间又存在着权力的制约关系。人大作为国家的权力机关，它有权也有责任对国家行政机关、司法机关等进行领导和监督，而其他国家机关应当按法定程序向人大汇报工作，接受人大的监督。这种制度保证了人民权力的集中和统一，同时，又能够使得各国家机关有效地开展工作。当然，作为一项具体的政体形式，人大制度并不是一出现就是世间最完美的一种，围绕着人大权力的配置，人大与其他国家机关的相互关系，人大在国家政治生活中的作用，等等，都还有许多问题需要在实践中不断探索。

【观点论争】

毛泽东指出：行政权力的集中化是必要的；当人民要求的政策一经通过民意机关而交付于自己选举的政府的时候，即由政府去执行，只要执行时不违背曾经民意通过的方针，其执行必能顺利无阻。这就是集中制的意义。只有采取民主集中制，政府的力量才特别强大。

## 第二节　选举制度

选举一般是指由社会成员按照一定的规则和程序选择特定的人担任特定职务的行为。宪法学上所讲的选举是指由选民、选举单位或国家机关按照法定的程序和方式，确定国家代表机关代表和国家公职人员的行为。

选举是资产阶级在革命胜利后为推行民主政治的产物。在专制政治时代，官吏的任用是君主根据一定的考试选拔制度或其他方式甚至君主的好恶来决定的，选举也就没有存在的意义。到了民主政治时代，国家政治以民主参与为基础，国家政权机关由人民代表组成，国家权力的取得要有人民的授权，国家权力的行使要接受人民的监督，作为集中人民意志和人民民主参与的最佳手段，选举才应运而生了。选举既然要达到民主法治的目的，就必须有一些原则来规范这一过程。选举制度，就是由相关法律所确定的、关于选举国家代表机关代表和国家公职人员所应遵循的基本原则、程序和方法等各项制度的总称。

## 一、选举原则

选举制度的基本原则是在选举过程中所应当遵循的基本原理和准则，它贯穿于选举过程的始终，对选举活动起着整体规划和方向指引的重要作用，是对选举制度基本价值的集中体现。根据宪法和选举法的规定，选举制度的基本原则包括：选举权的普遍性、选举权的平等性、直接选举与间接原则并用、差额选举和无记名投票。

【观点论争】

选举制度作为近现代民主制度的重要组成部分，既是资产阶级学者提出天赋人权学说、人民主权学说在资产阶级政治实践中的产物，也是资产阶级反对封建等级授职制的结果。因此，资产阶级革命胜利以后，随着代议政体的出现，选举制度作为合理分配与组织国家权力有效而民主的形式得到世界各国的普遍重视。在现代社会中，选举制度已成为调整国家权力活动的基本途径。

### （一）普遍平等原则

选举的普遍平等是就享有选举权的主体范围而言的，其含义是指凡达到选举年龄、具有本国国籍的公民，除被依法剥夺政治权利外，均享有平等的选举权和被选举权，是法律面前人人平等这一宪法原则在选举制度中的具体体现。其含义是，所有选民在选举过程中享有平等的权利和义务，每一个选民在一次选举过程中只能有一个选举权，所有选民所投选票均具有相等的价值和相同的效力。选举权的平等性并不是指绝对意义上的平等，它着眼于实质上的平等。《宪法》第 34 条和《选举法》第 3 条均规定：中华人民共和国年满 18 周岁的公民，除依法被剥夺政治权利的人以外，不分民族、种族、性别、职业、家庭出身、宗教信仰、教育程度、财产状况、居住期限，都有选举权和被选举权。由此可见，享有选举权的基本条件有三：一是具有中国国籍，是中华人民共和国公民；二是年满 18 周岁；三是依法享有政治权利。除此之外，公民不因任何其他外在因素的差别，而使享有选举权的资格受到限制或剥夺。同时，为保障华侨的选举权，根据华侨的实际情况，《选举法》第6条规定，全国人民代表大会和归侨人数较多地区的地方人民代表大会，应当有适当名额的归侨代表。旅居国外的中华人民共和国公民在县级以下人民代表大会代表选举期间在国内的，可以参加原籍地或者出国前居住地的选举。

【资料检索】

1. 根据1983年第五届全国人大常务委员会第二十次会议通过的全国人民代表大会常务委员会关于县级以下人民代表大会代表直接选举的若干规定，下列人员准予行使选举权：被判处有期徒刑、拘役、管制而没有附加剥夺政治权利的；被羁押、正在受侦查、起诉、审判，人民检察院或者人民法院没有决定停止行使选举权利的；正在取保候审或者被监视居住的；正在被劳动教养的；正在受拘留处罚的。上述人员参加选举，由选举委员会和执行监禁、羁押、拘留或者劳动教养的机关共同决定，可以在流动票箱投票，或者委托有选举权的亲属或其他选民代为投票。被判处拘役、受拘留处罚或者被劳动教养的人也可以在选举日回原选区参加选举。法律保护上述人员享有选举权的规定，充分表明选举的普遍性原则在我国政治生活中真正得到了实现。

2. 《选举法》第26条第2款规定：精神病患者不能行使选举权利的，经选举委员会确认，不列入选民名单。这一规定表明精神病患者和被剥夺政治权利的人都不能参加投票，但二者有本质区别：前者是选举权的主体，享有选举权，但由于其患病不具备行使政治权利的实际能力，暂时不能行使选举权；后者则是不具有选举权。

（二）直接选举与间接选举并用原则

直接选举和间接选举是两种不同的选举方式。直接选举是由选民直接投票选出代议机关代表或其他国家公职人员的选举方式；间接选举是由选民先选出代表或选举人，再由代表或选举人投票选举上一级代议机关代表或其他公职人员的选举方式。

【资料检索】

1. 1953 年的选举法根据当时的政治经济状况、群众觉悟水平及交通条件，只规定在乡级人大实行直接选举，但 1979 年的选举法将直选范围扩大到县级人大，大大提高了国家政治生活的民主程度。相信随着国家政治、经济的发展，人民民主意识的增强和文化素质的提高，中国将进一步扩大实行直接选举的范围。

2.《选举法》第 2 条规定："全国人民代表大会的代表，省、自治区、直辖市、设区的市、自治州的人民代表大会的代表，由下一级人民代表大会选举。不设区的市、市辖区、县、自治县、乡、民族乡、镇的人民代表大会的代表，由选民直接选举。"由此可见，在选举中采取的是直接选举和间接选举并用的原则。县级和县级以下人民代表大会代表实行直接选举，由选民直接投票产生，县级以上（不含县级）的人民代表大会代表实行间接选举，由下一级人民代表大会选举产生。

【观点论争】

相比较而言，直接选举是一种更为完备和民主的选举方式。它有利于选民直接挑选自己所熟悉和信任的人到国家政权机关中去代表他们行使管理国家的权利，便于选民直接向代表反映意见和要求并监督代表的活动，有利于代表联系选民，向选民负责并报告工作，有利于增强广大选民的主人翁意识和参政、议政的积极性，还有利于激发代表作为人民公仆的责任感。但是，如果从民主的实际效果而言，这又不是绝对的。一个国家究竟实行直接选举还是间接选举、还是二者并用以及二者具体比例的确定，都必须同该国的特定国情，如地理区域大小、人口数量、经济文化发展状况、选民素质的普遍水平等因素联系起来综合考虑。在一个人口较多、地域辽阔、各地区经济文化发展极不平衡、选民素质参差不齐的国家，即使全面实行直接选举，也无法达到由选民直接真实地表达个人意愿的目的。

（三）差额选举原则

差额选举是与等额选举相对应的一种选举方式。所谓差额选举，是指在选举过程中，候选人的名额多于应选代表名额的选举。《选举法》第30条规定：全国和地方各级人民代表大会代表候选人的名额，应多于应选代表的名额。由选民直接选举的代表候选人名额，应多于应选代表名额1/3至1倍；由地方各级人民代表大会选举上一级人民代表大会代表候选人的名额，应多于应选代表名额1/5至1/2。

【资料检索】

关于差额和等额的问题，在新中国成立后的选举实践中有一个从等额到差额的转变过程。1953年选举法中没有关于等额选举或差额选举的明确规定，但选举实践中采用的是等额选举方式。代表候选人名单一般是由领导人提出，群众讨论酝酿，广泛民主协商，然后正式确定的。这种选举方式一直沿用到1979年。1979年选举法首次规定各级人民代表大会的选举采用差额选举的方式。1982年，又对1979年的选举法作了修正，规定选举可以采取候选人数多于应选人数的办法，也可以经过预选产生候选人名单，然后进行选举。

【观点论争】

差额选举优于等额选举，它有利于选民根据自己的自由意志挑选自己满意的代表，从而体现民主选举的本意。我国选举法规定了差额选举原则。实行差额选举的好处在于：首先，差额选举给了选民更多的选择机会，有利于更好地发扬民主，以便选出人民满意的代表；其次，差额选举的结果必然使一部分候选人落选，这样既可以增强当选代表的公仆意识和责任心，同时对于未当选的候选人也会有教育和鞭策作用。

（四）无记名投票原则

无记名投票，也称匿名投票、秘密投票，是指选民在投票时按照自己的意愿填写选票，选民不在选票上署名，填写的选票不向他人公开，并由选民亲自将选票投入密封票箱的选举方式。无记名投票方法有利于选民在不受任何干扰的情况下，按照自己的自由意愿选举候选人。无记名投票原则是我国选举制度的基本原则之一，它为民主选举提供了自由表达选民意志的条件，有助于实现人民民主参政的切实性和有效性。

【资料检索】

在西方国家，早期选举曾通行公开选举原则，以举手表决、欢呼投票等方式进行选举，后来才转为采用无记名投票的方式进行选举，我国在1979年以前也是采取无记名投票和举手投票并用的投票方法。根据1953年选举法的规定，乡镇一级人民代表大会代表的选举可采用举手投票方法，也可以采用无记名投票的方法进行。由于当时文盲很多，选举法这样规定是符合当时的具体情况的。随着国家经济文化事业的发展和教育的普及，人民的文化水平和民主参政意识普遍提高，因此，1979年选举法规定，全国和地方各级人民代表大会代表的选举一律采用无记名投票的方式。不过，为了体现选举制度的民主性与科学性，《选举法》第38条第2款规定，“选民如果是文盲或者因残疾不能写选票的，可以委托他信任的人代写”；第40条规定：“选民如果在选举期间外出，经选举委员会同意，可以书面委托其他选民代为投票……”

【观点论争】

2004年，第十届全国人大会议的投票保密机制比以往任何时候都更为完善，这被认为是时代的进步。因为代表们不再担心自己的表决意愿被他人获知。但是，与此不同的是，美国议员的言论、表决都被记录了下来，使得选民对每一个议员的表决倾向都一清二楚，也为选民的下一次选举提供了必要的信息。在投票方面所产生的公开和秘密的价值选择，你认为应当如何取舍呢？

## 二、选举组织

选举组织是指承担选举的各项准备工作、主持选举和宣布选举结果的机构。由于采取直接选举和间接选举两种选举方式，所以负责选举工作的机构也不同，主要有各级人大常委会和选举委员会两种形式。

按照选举法的规定，实行间接选举时，选举工作由本级人大常委会主持，即全国人大常委会主持全国人大代表的选举，省、自治区、直辖市、设区的市、自治州的人民代表大会常务委员会主持本级人大代表的选举，并指导本行政区域内县级以下人民代表大会的选举工作。实行直接选举的地方，设立选举委员会主持选举工作，即不设区的市、市辖区、县、自治县设立选举委员会，选举委员会由本级人民代表大会常务委员会任命，并在其领导下主持本级人大代表的选举；乡、民族乡、镇设立的选举委员会由上一级人大常委会任命，即由不设区的市、市辖区、县、自治县的人民代表大会常务委员会任命，并受其领导。

选举委员会下设办事机构，办理选举的具体事务。按照《全国人民代表大会常务委员会关于县级以下人民代表大会代表直接选举的若干规定》，选举委员会的主要职能是：（1）主持本级人民代表大会的选举；（2）进行选民登记，审查选民资格，公布选民名单，受理对于选民名单不同意见的申诉，并作出决定；（3）划分选举本级人民代表大会代表的选区，分配各选区应选代表的名额；（4）根据多数选民的意见，确定和公布正式代表候选人的名单；（5）规定投票选举日期；（6）确定选举结果是否有效，公布当选代表名单，登记当选代表，并发给代表当选通知书。

## 三、选举程序

1. 选区划分。选区是指以一定数量的人口为基础而划分的进行直接选举、产生人大代表的区域，同时也是人民代表联系选民进行活动的基本单位。在我国，间接选举是由下级人民代表大会选举上级人民代表大会，不涉及选区划分问题。选区划分只存在于直接选举之中，《选举法》第 24 条第 1 款规定："不设区的市、市辖区、县、自治县、乡、民族乡、镇的人民代表大会的代表名额分配到选区，按选区进行选举。选区可以按居住状况划分，也可以按生产单位、事业单位、工作单位划分。"据此，选区划分要考虑并遵循以下原则：（1）便于选民就近参加选举，方便选民行使权利；（2）便于选举的组织工作；（3）便于选民了解代表候选人的情况；（4）便于代表联系选民，对选民负责，也便于选民对代表进行监督。所以，《选举法》第 24 条第 2 款规定："选区的大小，按照每一选区选一名至三名代表划分。"具体而言，选区划分的一个特色就是，不仅按居住状况划分选区，还可以按照生产或工作单位划分。在城市中，按照单位划分选区的情况非常普遍，而候选人往往也来自于各个单位，所以人大代表的职业代表性很强，构成了各级人大代表成分的一个重要特色。

2. 选民登记。选民是指具有中国国籍、年满 18 周岁的享有选举权的公民。由于选举是国家的一项政治活动，选举权是政治权利，所以在一国居住的居民不能自动享有选举权。外国人或依法被剥夺政治权利的公民，没有选举权；享有选举权的公民可以成为选民，但是在某一特定地区，甲地的选民不能成为乙地的选民。因此，在一次选举中，公民必须进行选民登记。所谓的选民登记，是指选举机构依法审查和确认公民选举资格的程序，有选举权的公民必须经过登记才能行使投票权。

在进行直接选举的地方，任何公民只有经过选民登记，才能享有特定地区的选民资格。办理选民登记的过程即是将审查合格的公民编入选民名册，并发给选民证。根据选举法的规定，选民登记有这样一些内容：（1）选民登记按选区进行，由选举委员会负责登记工作。（2）凡年满18周岁，未被剥夺政治权利的公民都应列入选民名单；精神病患者不能行使选举权的，经选举委员会确认，不列入选民名单。（3）经登记确认的选民资格长期有效，也即“一次登记，长期有效”。每次选举前对上次选民登记以后新满18周岁的、被剥夺政治权利期满后恢复政治权利的选民，予以登记；对选民经登记后迁出原选区的，列入新迁入的选区的选民名单；对死亡的和依照法律被剥夺政治权利的人，从选民名单上除名。（4）选民名单应在选举日的20日以前公布，实行凭选民证参加投票选举的，并应当发给选民证。（5）对于公布的选民名单有不同意见的，可以向选举委员会提出申诉。选举委员会对申诉意见，应在3日内作出处理决定。申诉人如果对处理决定不服，可以在选举日的5日以前向人民法院起诉，人民法院应在选举日以前作出判决。人民法院的判决为最后决定。

3. 提出并确认候选人。现代国家代表候选人的提出有自荐和推荐两种方式。不管是自荐还是推荐的方式产生，代表候选人的提出是民主选举的基础环节，是能否充分发扬民主、选好人民代表的关键。（1）推荐代表候选人。根据我国选举法的规定，全国和地方各级人大代表候选人按选区或者选举单位提名产生：在实行直接选举的地方，代表候选人由各选区选民和各政党、各人民团体提名推荐；在实行间接选举的地方，代表候选人由代表和各政党、各人民团体提名推荐，被提名者不限于各该级人大的代表。由此可见，推荐候选人的主体包括选民和代表、各政党和各人民团体两大类，其中选民或代表10人以上联名，可以推荐代表候选人；各政党和各人民团体可以联名或者单独推荐代表候选人。推荐人应向选举委员会或者大会主席团介绍候选人的情况。（2）确定正式代表候选人。在实行直接选举的地方，正式候选人的确定基本上分为两个步骤：（1）由选举委员会汇总各选区的代表人候选，制成名单并在选举日的15日以前公布。（2）所公布的提名名单由各该选区的选民小组反复讨论、协商，确定正式代表候选人名单。如果所提候选人名额过多，经选民小组反复讨论、协商，仍不能对正式代表候选人形成较为一致意见的，可以进行预选。正式代表候选人名单在选举日的5日以前公布。

县级以上实行间接选举的地方，在选举上一级人大代表时，提名、酝酿代表候选人的时间不得少于2日。各该级人大主席团将代表、各政党或各人民团体提出的候选人名单印发全体代表，由全体代表酝酿、讨论，如果所提代表候选人的人数符合差额选举比例，就直接进行投票选举；如果所提候选人的人数超过选举法规定的最高差额比例，就要进行预选，根据预选时得票多少的顺序，确定正式代表候选人的名单，进行投票选举。各级人民代表大会代表的选举，均实行差额选举。选举法还规定，在候选人具体人选确定后，选举委员会或者人民代表大会主席团应当向选民或者代表介绍代表候选人的情况，推荐代表候选人的政党、人民团体和选民、代表可以在选民小组会议上介绍所推荐的代表候选人的情况。但是在选举日必须停止对代表候选人的宣传。

4．选民投票。选民投票是选举人对被选举人的鉴别和选择，是整个选举过程中至关重要的一个环节。我国选举法关于投票程序作了如下规定：（1）设立投票箱和召开选举大会。在一般情况下，为方便选民在投票日选择适当的时间前往投票，在一个选区内设立投票站，安置投票箱，让选民投票选举。如果有条件安排统一时间，也可以召开选举大会集中组织同一选区的选民进行投票。（2）采用秘密投票方法。为保障选民在不受任何外来影响下自由投票，投票站应为选民设置不受干扰的书写环境。选民写票，其他人不得观看和干预。（3）代写和委托。选民如果是文盲或者因残疾不能写选票，可以委托他信任的人代写。选民如果在选举日外出，经选举委员会同意，可以书面委托其他选民代为投票。但每一选民最多只能接受3人的委托。(4) 如果老弱病残不便到投票站投票，选举委员会可以派工作人员带流动投票箱到选民的住地，让他们投票。(5) 选民填写选票自由。选民对于代表候选人可以投赞成票，可以投反对票，可以另选其他人，也可以弃权。但是，赞成的人数（包括在候选人之外另填写的被选举者在内），不能超过本选区应选的代表名额，否则即为无效。

5. 选票统计和确认选举结果。关于确定代表的当选，选举法规定：直接选举人民代表时，选区全体选民的过半数参加投票，选举有效；代表候选人获得参加选举的选民过半数的选票，始得当选。获得过半数选票的代表候选人超过应选名额时，以得票多的当选。若遇票数相等不能确定当选人时，应当就票数相等的候选人重新投票。获得过半数选票的代表候选人的名额少于应选代表的名额时，不足的名额应当在没有当选的代表候选人中另行选举，以得票多的当选，但是得票数不得少于选票的1/3。投票选举时，应由选民或者代表推选的监票、计票人员负责具体工作。监票人、计票人负责检验票箱，当众封箱和开箱计票。投票结束后，由监票人、计票人和选举委员会或者人大主席团的人员将投票人数和票数加以核对，作出记录，并由监票人签字。每次选举所投的票数，多于投票人数的无效，等于或少于投票人数的有效。每一选票所选的人数，多于规定应选代表人数的作废，等于或少于规定应选代表人数的有效。选举结果由选举委员会或者人民代表大会主席团依法确认是否有效，并在各选区分别予以公布，然后颁布代表当选证书。

## 四、代表监管

1. 罢免。根据宪法和选举法的规定，全国和地方各级人民代表大会的代表，受选民和原选举单位的监督。选民和原选举单位有权罢免自己选出的代表是监督代表的一种重要方式。(1) 罢免案的提出。根据选举法的规定，罢免分两种情况提出：对于县级的人民代表大会代表，原选区选民50人以上联名，对于乡级的人民代表大会代表，原选区选民 30 人以上联名，可以向县级的人民代表大会常务委员会书面提出罢免要求。对于县级以上的人大代表，在地方各级人民代表大会举行会议时，主席团或者 1/10 以上代表联名，可以提出对由该级人民代表大会选出的上一级人民代表大会代表的罢免案；在人民代表大会闭会期间，县级以上的地方各级人民代表大会常务委员会主任会议或者常务委员会 1/5 以上组成人员联名，可以向常务委员会提出对由该级人民代表大会选出的上一级人民代表大会代表的罢免案。罢免要求和罢免案都应写明罢免理由。(2) 罢免案的审议。县级和乡级被提出罢免的代表有权在选民会议上提出申辩意见，也可以书面提出申辩意见。县级人民代表大会常务委员会应当将罢免要求和被提出罢免的代表的书面申辩意见印发原选区选民。县级以上的地方各级人民代表大会举行会议的时候，被提出罢免的代表有权在主席团会议和大会全体会议上提出申辩意见，或者书面提出申辩意见，书面申辩由主席团印发会议。罢免案经会议审议后，由主席团提请全体会议表决。在人大闭会期间，县级以上的地方各级人民代表大会常务委员会举行会议时，被提出罢免的代表有权在主任会议和常务委员会全体会议上提出申辩意见，或者书面提出申辩意见，书面申辩由主任会议印发会议。罢免案经会议审议后，由主任会议提请全体会议表决。(3) 罢免案的表决。和选举时一样，罢免代表也采用无记名投票的表决方式。县级和乡级罢免要求的表决，由县级的人民代表大会常务委员会派有关负责人员主持。罢免决议经原选区过半数的选民通过，该代表就被罢免了。罢免县级以上地方各级人大代表，须经各该级人民代表大会过半数的代表通过；在代表大会闭会期间，须经常务委员会组成人员的过半数通过。罢免的决议，须报送上一级人民代表大会常务委员会备案。

2. 辞职。各级人大代表都可以提出辞去代表职务的请求。《选举法》第 49、50 条对此也作出了规定：县级的人民代表大会代表可以向本级人民代表大会常务委员会书面提出辞职，乡级的人民代表大会代表可以向本级人民代表大会书面提出辞职。县级以上各级人大代表可以向选举他的人大常委会书面提出辞职。辞职是代表所享有的权利，无须选民或选举单位同意。县级以上的各级人民代表大会常务委员会组成人员，全国人民代表大会和省、自治区、直辖市、设区的市、自治州的人民代表大会的专门委员会成员，辞去代表职务的请求被接受的，其常务委员会组成人员、专门委员会成员的职务相应终止，由常务委员会予以公告。乡、民族乡、镇的人民代表大会主席、副主席，辞去代表职务的请求被接受的，其主席、副主席的职务相应终止，由主席团予以公告。

3. 补选。代表在任期届满前因故出缺，由原选区或者原选举单位补选。县级以上的地方各级人民代表大会闭会期间，可以由本级人民代表大会常务委员会补选上一级人民代表大会代表。补选出缺的代表时，代表候选人的名额可以多于应选代表的名额，也可以同应选代表的名额相等。补选的具体办法，由省、自治区、直辖市的人民代表大会常务委员会规定。

【资料检索】

1. 选举工作的物质保障。为了有效地、切实地贯彻选举制度的各项原则，保证民主选举依法顺利的进行，选举法规定了对选举的物质保障和法律保障。从物质保障方面，第7条规定："全国人民代表大会和地方各级人民代表大会的选举经费，列入财政预算，由国库开支"，这是我国社会主义选举制度的民主性和优越性的典型表现。选举经费是参加选举的必要开支，包括选举组织经费、竞选经费和投票费用等。实行选举经费由国库开支的意义在于：一方面从物质上保证了整个选举活动能够正常、顺利地进行；另一方面则可以保证选举的平等性和公正性。选举的法律保障表现在以下两个方面：首先，我国选举法和其他有关的选举法律文件具体规定了选举的原则、程序、方式和方法，为选举活动的进行提供了详细的指导规范，从而从法律角度保证选举过程严格按照民主要求有秩序地进行，减少违法选举现象的发生；其次，我国选举法和刑法对破坏选举行为规定了严厉的制裁方式。

2. 选举工作的法律保障。《选举法》第55条规定："为保障选民和代表自由行使选举权和被选举权，对有下列行为之一，破坏选举，违反治安管理规定的，依法给予治安管理处罚；构成犯罪的，依法追究刑事责任：（1）以金钱或者其他财物贿赂选民或者代表，妨害选民和代表自由行使选举权和被选举权的；（2）以暴力、威胁、欺骗或者其他非法手段妨害选民和代表自由行使选举权和被选举权的；（3）伪造选举文件、虚报选举票数或者有其他违法行为的；（4）对于控告、检举选举中违法行为的人，或者对于提出要求罢免代表的人进行压制、报复的……"并规定以上述违法行为当选的，其当选无效。同时，《刑法》第256条对严重破坏选举的犯罪行为也作出了相应的规定。这些规定使我国人民选举权利的实现得到了国家法律的保障。

## 第三节 政党制度

自古以来，有政治的地方就少不了政党的存在，只是形成政党制度的时间一般要从近代资产阶级政治开始计算。所谓政党制度，是一种在法律上规范或在政治实践中存在、关于政党组织及活动规则的一种国家制度。在议会内部，不同的阶级或阶层会组成一定的团体，并通过推选代表来参与对国家的政权管理，政党就是这样的一种团体组织。于是，政党制度与国家政权组织形式构成了难以脱钩的政治关系。

【资料检索】

1. "王道荡荡，无偏无党；王道平平，无党无偏。"[①] 说明中

① 《尚书·洪范》。

国人从很早时候起就不喜欢“党”，这与儒家的一贯主张的“君子不党”不无关系。即便是像孙中山先生这样的开明人士，在其创办“同盟会”时，也不愿意使用“同盟党”这样的称呼。

2. 现代社会政治秩序离不开政党的存在。它是民主政府的必要机构，政党通过筛选领袖、形成议题、结合利益、组织政府并制定政策，从而影响民主进程。但是，从成立政党组织的角度来看，它的最初动因一定是和接近或夺取国家政权有关——政党是通过赢得公共职务的选举，为了以团体的名义获得对政府的控制而组织起来的团体——因为没有哪一个政党会自甘沦为永久的“在野党”。

在早期时候，政党活动与宪法发生关系是因为政党从属于结社自由，是公民个人和社团的自律行为，纯粹是私法范畴，宪法没有直接去规范政党的内部活动。但是，随着政党介入政治的范围和程度越来越深入，政党自身的组织化、严密化和体系化程度也越来越高，“寡头铁律”现象导致在政党内部产生了民主与自由的要求。与此相适应的，社会也对政党组织的民主化和活动的法治化提出了宪政性的约束的愿望。所以，政党问题也经历了从私法到公法的发展和演变的过程。

从宪法理论的角度对政党制度提出研究，其实是基于对政党的民主制度、政党的宪法地位、政党与国家政治生活之间的关系而提出的。可以说，在当今世界范围内，每一个民主政体的国家都存在着政党制度问题，这是谁也无法回避的。而且，政党制度往往会直接影响到一个国家的权力核心。因此，政党的民主问题实质上就是国家的民主问题，政党的法治问题也就成为了国家的法治问题，尤其是执政党的政治地位更是如此。最早提出政党民主问题的是德国学者罗伯·米谢尔斯，1911 年他在《现代民主中的政党社会学》一书中提出了“政党寡头”问题，认为这是政党自由理念之下政党的发展规律。事实上，当政党规模不断扩大，形成了专业化、组织化、体系化，将导致政党组织操纵在极少数的精英手中，这些人控制着政党的日常政务，影响着政党的决策。政党寡头现象与政党民主制度建设形成了对立局面，需要予以重视。

【观点论争】

政党进入国家权力范畴是近代历史上一个无可争辩的事实。从宪法或宪政制度管理的角度出发，它不可能会允许任何政党凌驾于宪法之上。这就不免需要对政党、政党制度、政党人物、组织体系等进行宪制，如同对国家机关进行宪制一样。宪制的内容一般要包括：党章、政党领袖、活动程序等。如何进行宪制？我国没有规定这一方面的具体做法。从其他国家的实践来看，通常是以司法审查的方式进行宪制。对政党（包括对执政党）进行宪制，它其实是符合“党领导人民制定宪法，党首先要遵守宪法”的逻辑认识；如果政党自己都不遵守宪法，它又有何资格要求大众去遵守宪法？所以，宪制政党是施行良法的一种正确选项。

政党民主有两层含义：一是政党内部的组织活动须服从民主的一般原则；二是政党外部活动不得与国家民主的理念相违背。这就把政党制度与国家法治联系起来。从政党的宪法地位来看，对政党组织与活动的最佳约束就是将其纳入国家法治化的轨道。

【观点论争】

近代中国的政党制度有其特殊的历史发展和演变的规律，具体有以下几个方面的特征：第一，缺乏民主政治基础。每一个政党徒有民主的外壳和主张，而在党争问题上，不论是内部党争还是外部党争，都不能以民主方式和原则来解决问题；第二，政党相互之间的治国主张差异很大，无法形式统一的意见，有的只是某种妥协，或短暂地平息矛盾，而在根子上是谁也无法说服谁；第三，政党的阶级性较为突出，由此决定了他们的政治信仰和政治主张的对立局面；第四，政党领袖的个人因素成为决定得失成败的关键，党员的群众力量不能成为主导的势力，这与第一点所说的缺乏民主基础有相当的关系。

世界各国的政党制度大体上有三种类型：一党制，主要指一个政党长期执政的政党制度。两党制，主要指两个政党长期轮流执政的政党制度。需要说明的是，不论是一党制还是两党制，并不一定就说明该国只有一个政党存在或只有两个政党存在，而是针对实际掌握国家政权的角度来说的。多党制是多数资本主义国家实行的政党制度。在这些国家当中，由于政治历史局势、经济发展模式和选举制度的不同，社会政治利益分化且较难协调，因而形成了较多政党分享国家权力的局面。

【观点论争】

在一些国家已经推行对政党的违宪案件进行司法审查的制度与实践。在德国，政党违宪案件由联邦宪法法院负责审理。这也是政党法治化的一个重要举措。用宪法规范政党活动是“公法私法化”的表现，意味着宪法超出国家政治领域，规范私人生活；政党受宪法理念与原则支配则是“私法公法化”的结果，意味着私法自治组织受公法原则的约束，也是政党组织“再政治化”倾向在法律上的表现。

1921 年 7 月 1 日，中国共产党宣告成立；1949 年 10 月 1 日，中国共产党领导中国人民赶跑了国民党在大陆的统治势力，建立了中华人民共和国，从此奠定了共产党对国家的执政地位。宪法在序言部分共有 5 次提到了中国共产党的历史功绩和领导地位，但在正文部分不再规定政党的地位。从今后的发展趋势来看，为了保证民主政治和依法治国的要求得以贯彻，中国共产党将在宪法、法律的框架内，通过人民代表大会这一中国政体形式发挥越来越重要的作用。

【资料检索】

1921 年 7 月 23 日，中共一大的全国代表 13 人以及共产国际代表马林和赤色职工国际代表尼科尔斯基来到上海法租界望志路树德里——今兴业路76号的会场，大会正式开始。为什么后来把7月1日作为党成立的纪念日？原来在1938年5月，时在延安的毛泽东与董必武是当初出席一大的代表，他们当时只记得是在7月初召开一大的，具体时间因为已经过了10多年，又无档案可查，于是就象征性地把7月1日作为党的生日。1941年6月，中共中央为了纪念党成立20周年，发出《关于中国共产党诞辰廿周年抗战四周年纪念指示》，正式将7月1日作为中国共产党的诞辰纪念日。

中国人民政治协商会议是实现多党合作和政治协商的重要机构，它是由中国共产党、各民主党派、无党派民主人士、人民团体、各民族和各界的代表、台湾同胞、香港、澳门同胞和归国侨胞的代表以及特别邀请的人士组成。政协的任务就是政治协商、民主监督和参政议政。与西方国家不同，我国在国家制度上坚持中国共产党对国家政治的领导；与其他社会主义国家不同，我国政党制度实行的是“一党执政，多党合作”的原则。中国共产党与各民主党派合作的基本方针是：长期共存、互相监督、肝胆相照、荣辱与共。

【资料检索】

1. 现阶段，与中国共产党一同影响中国政治的是各民主党派。现存的民主党派共有8个，它们分别是：“民革”——中国国民党革命委员会、“民盟”——中国民主同盟、“民建”——中国民主建国会、“民进”——中国民主促进会、“农工”——中国农工民主党、“致公”——中国致分党、“九三”——九三学社和“台盟”——台湾民主自治同盟。

2. 人民政协在历史上曾经起到过非常重要的作用——1954年以前是最高的立法机构。从1959年开始，人大开会，政协也开会，并称“两会”。政协的作用在于协商，其作用的大小取决于执政党的重视程度。因为政协本身既非国家机关，它就无法对国事形成有效的法律性约束；虽然在宪法的序言部分肯定了它的存在，而它的宪法地位却与民主党派没有什么两样。有人建议在中国搞“两院制”，把政协作为权力机关的监督机构。这是否适合国情呢？

## 第四节　宪法监督制度

宪法制定出来之后，不是要被束之高阁，而是要投入到宪政生活中去，因为宪法不是用来摆设和装点门面的，它只有在实际生活中才有可能产生出应有的价值、发挥出实效。在实施过程中，有两点值得注意：一是宪法是可以被社会接受的；二是宪法具有可实施的基本条件。

何谓宪法保障？从宪法保障的性质和功能看，它有广义和狭义两种概念。前者是指一种国家保障，是为了排除损害国家法律秩序与制度的规则体系，后者是指维护作为国家最高规范的宪法地位与信任体系的制度，其基本宗旨是保障宪法的国家性，赋予宪法在社会生活中持续发展的基础。宪法监督制度就属于宪法保障体制中的一个环节。

各国为了充分施展宪法的最高规范地位所带来的魅力，总是千方百计地让宪法成为社会生活中不可或缺的内容之一，成为立法审查和司法救济的直接法源之一。美国著名的“马伯里诉麦迪逊”一案，开创了司法机关审查立法案的先河，使得美国宪法在走向司法化的道路上迈出了关键的一步；步其后尘的欧洲各国尤其以法国为首的司法部门（第五共和之后设立的宪政院），更是把触手伸向立法案审查的许多方面，为维护法国宪法的稳定性起到关键的作用。除了通过司法审查的渠道来保障宪法之外，由国会设立类似的宪法委员会等机构来担任宪法审查的职责，也是一种有效的宪政选择。

【资料检索】

案情回放：原告马伯里是美国当时的地方“治安法官”，对他的职务任命要经过“总统任命、参议院批准、总统签署等”程序，时为即将卸任的总统亚当斯签署了对马伯里的任命，但是新任国务卿麦迪逊却把前任国务卿马歇尔（即现任大法官）没有来得及寄出的法官委任状扣压了下来。于是马伯里起诉到法院，要求命令国务卿送交授予他的委任状。大法官马歇尔对此案的推理是：首先他论证了原告马伯里对其委任状具有法律权利，其次确定国家应该对权利的侵犯提供法律救济。这两点是基于英国传统的、已经被普遍接受的行政法治原则。问题出在第三点上：如果法律确实能够提供救济，它是否应该是联邦最高法院所下达的强制令？这个问题涉及纯粹是技术性的司法管辖规则：强制令本身是初审法院所颁布的一种救济手段，而1789年的《司法法》授权最高法院对本案类型的案件进行初审；然而，联邦宪法第三章却明确规定了最高法院的初审与上诉管辖权，其中却没有规定最高法院可以初审马伯里类型的案件，因而《司法法》对管辖权的界定似乎不符合联邦宪法。这样，如果原告有权获得法律救济，而最高法院却不能给予救济，那一定是因为授权最高法院以司法管辖权的“法律是违宪的，因此绝对不能授予权力或规定其文字所试图规定的职责”。推理的结论于是出来了：一项由议会制订的法案是否可能违反宪法，以至于法院必须认为它不存在，而不得给予它任何法律效力（在英美法系的国家里，法官具有解释宪法和法律的权威）。

在宪法监督制度中，违宪审查是其主要内容。所谓违宪审查是指由特定国家机关依据特定的程序和方式对宪法行为是否符合宪法进行审查并作出处理的制度。关于它的起源问题，学界有不同的看法：说它最早起源于英国的学者认为，（1）英国十六七世纪的法学家、普通法院的首席法官爱德华·科克关于“普通法是至高无上的”观点。当时的国王詹姆斯一世宣称：他可以随心所欲地把法官那里的任何案件接过来，然后由他本人作出决定。科克加以拒绝的一句名言是：“国王不应在任何人之下，但应在上帝和法律之下。”（2）英国作为宗主国对殖民地立法的审查制度；说它是起源于法国的学者认为，法国1799年宪法和1852年宪法曾经规定，议会由四个部分构成——参政院、评议院、立法院和元老院，而元老院的职权为审查其他三院的立法案是否存在违宪现象，如合宪的则呈送第一执政官公布，其因此获得“护宪元老院”的美誉；说它起源于美国的学者认为，1803年发生的“马伯里诉麦迪逊”一案，开创了美国式的司法审查制度。

在现代国家中，关于违宪审查的做法各有不同。常见的有这样四种：

（一）司法审查制

目前有63个英美法系的国家采用这一制度。由普通法院行使违宪审查权的主要依据是：（1）对立法机关不抱绝对信任的政治理念。（2）在多数决定原则下保护少数人的政治理念。（3）在三权分立与制衡原则下法院制约其他国家机关的需要。（4）“司法权优越”的政治理念。（5）司法机关适用更高法律效力的法律的工作特性。（6）自由放任主义原理，即保护人权主要是通过司法途径。

（二）宪法法院审查制

1920年奥地利最早在宪法中设立宪法法院，以德国为代表的欧洲40多个国家设立宪法法院的原因是：（1）议会并非万能的，由其自我审查是不可信的；（2）这些国家在传统上对司法权抱有不信任的政治心理；（3）任何国家机关不得干预立法权的行使的政治理念；（4）大陆法系国家成文法的法律传统。

（三）宪法委员会审查制

法国虽然也是大陆法系的国家，但是它并没有设立宪法法院，而是成立宪法委员会。根据现行《宪法》第56条的规定，其成员为9人，任期9年，不得连任，不得兼任部长或议员。历届前总统为其当然的终身成员。

（四）最高代表机关审查制

这主要是由相信“议会至上”政治信念和议会具有自我纠正

能力的国家所采取的。审查的对象主要是法律以下的规范性法律文件。但在具体的实践中，由于代表机关缺乏日常的审查机构和操作规程，而其自身的立法任务又过于繁重，实际效果并不理想。我国目前也面临着同样的情形。

中国的宪法保障机制在纸面上也规定地较为健全：宣布宪法的最高地位、确立宪法保障的基本原则、设立宪法保障的机构体系等，似乎该做的都做了，就是效果不明显。具体规定和做法：(1) 宪法序言最后一段规定：本宪法……是国家的根本法，具有最高的法律效力。(2)《宪法》第5条明确规定："……国家维护社会主义法制的统一和尊严。一切法律、行政法规和地方性法规都不得同宪法相抵触。一切国家机关和武装力量、各政党和各社会团体、各企业事业组织都必须遵守宪法和法律。一切违反宪法和法律的行为，必须予以追究。任何组织或者个人都不得有超越宪法和法律的特权。"(3) 监督宪法实施的是全国人大及其常委会。(4)《宪法》第62条第11项规定，全国人大有权改变或撤销全国人大常委会不适当的决定。(5)《宪法》第71条规定，全国人大及其常委会认为必要时，可以组织特定问题的调查委员会。

【资料检索】

2002年中国人民大学宪政与行政法治研究中心进行的“中国公民宪法意识调查”表明，社会对宪法实施的总体效果为“不满意”。认为“好”或“比较好”的占45%，认为“比较差”的占26%，认为“差”的占17%，另有不做评价的占25%。

【观点论争】

有一种观点认为，虽然影响宪法的权威性高低的因素有许多，但是，它与违宪审查制度的健全程度一定是成正比关系：违宪审查制度越健全，宪法的权威性就越高；反之，宪法的权威性则越低。

【思考题】

1. 中国的人大在掌握国家权力方面要比其他国家的议会大许多，所以人大不是一般的议会可比的，人大制度也不是一般的代议制所能够概括的。那么，它与代议制政府的区别在哪里？

2. 在现实社会中，为什么有一部分人对人大代表的选举兴趣不大？

3. 直接选举的范围越大，是否意味着民主权利越大？你认为扩大直接选举的范围是改善民主政治的有效途径吗？

4. 中国宪法保障机制的现状如何？有无值得改进的地方？你认为有什么好的办法或措施？

# 第十七章 宪政组织

【内容摘要】宪政制度不仅要人去制定，也要有人去执行，因为“徒法不足以自行”。所以，组建一支管理机构是宪法所必不可少的。问题在于，组建什么样的国家机构才能够胜任执行宪法的任务？组建的国家机构需要多大的规模和组织体系、人员配备？国家机构的职能要做哪些分工？从纵向看，国家机构包括中央国家机关和地方国家机关（包含地方自治机关）；从横向看，国家机构包括代议机关、行政机关和司法机关。在中国，中央国家机关指全国人民代表大会及其常务委员会、国家主席、国务院、中央军事委员会、最高人民法院和最高人民检察院。地方国家机关分为一般地方的国家机关、民族自治地方的国家机关和特别行政区的国家机关。这些国家机构要按照什么样的组织与活动原则去执行宪法的各项具体制度？等等。所有这些问题都需要在宪法理论上进行必要的研究，在宪法中作出明晰的规定。

## 第一节 组织原则

制定和实施宪法都离不开一定的组织机构，国家机构就是国家为行使国家权力、实现国家职能而建立起来的国家机关的总和。国家机构同国家机关的区别在于，前者是指全部国家机关的集合体，后者是指某一单个的国家机关。由于宪法最重要的功能就是规范国家权力，使国家权力的行使有一定的范围和限度，这就要求国家机关必须按照法定的职权以及行使职权的方式和程序行使权力，从而防止国家权力的滥用，从根本上保障公民的权利和利益。因此，规定国家机构是宪法重要的内容，任何国家的宪法都不例外。

国家机关是按照一定的组织程序和法律要求形成的。那么，在组建和管理国家机关的过程中，宪法就需要对其提出原则性的要求，这就是国家机关的组织和活动原则，其具体内容包括如下：

1. 民主集中制原则。它是国家政权的重要的组织和活动原则，是一种民主与集中相结合的制度，即在民主基础上的集中和在集中指导下的民主的结合。根据宪法规定，国家机构贯彻民主集中制原则的表现为：(1) 在人民与国家权力机关的关系上，全国人民代表大会和地方各级人民代表大会都由民主选举产生，对人民负责，受人民监督。(2) 在国家权力机关与其他国家机关的关系上，国家行政机关、审判机关、检察机关都由人民代表大会产生，对它负责，受它监督。(3) 在中央与地方的关系上，中央和地方的国家机构职权的划分，遵循在中央统一领导下，充分发挥地方的主动性、积极性的原则。(4) 在国家机关内部的领导制度上，全国人民代表大会和地方人民代表大会实行少数服从多数的集体领导制度，而国务院、中央军委和地方各级人民政府则实行首长个人负责制。

2. 社会主义法治原则。宪法明确规定了国家机构组织和活动的法治原则。要建设社会主义法治国家就要做到“有法可依，有法必依，执法必严，违法必究”。在立法方面需要我们不断完善社会主义法律体系，使国家机关的组织和活动有法可依；在法律适用方面，要求任何的国家机关都必须依法办事。只有国家机关严格依法办事，才能不断推进国家的法治建设。

3. 民族平等和民族团结原则。中国是统一的多民族国家，全国各族人民当家做主是社会主义民主的基本内容。民族平等是法律平等含义的自然延伸，但它又有特殊的意义，即民族平等要反对少数民族主义和大汉族主义，要着重于各民族之间的实质平等，而不能仅仅停留在形式的平等上；民族团结是在民族平等的基础上提出的，是从维护国家大局的角度提出的，是从有利于各民族之间的协调发展提出的。只有坚持民族平等与民族团结的原则，才能真正实现国家的和谐与进步。

【资料检索】

从宪法、国家机关组织法、选举法和实践情况看，民族平等和民族团结原则在我国国家机构的主要表现是：(1) 在全国人大中，即使是人口特少的少数民族也至少有1名代表。(2) 在全国人大常委会组成人员中，应当有适当数量的少数民族代表。(3) 自治区、聚居的少数民族多的省的人民代表大会代表的名额，可以在法律规定的标准外另加5%。聚居的少数民族多的县、自治县、乡、民族乡的人民代表大会代表的名额可以在法律规定的标准外另加5%。(4) 全国人大设民族委员会，协助全国人大及其常委会就民族事务方面立法或者作出决定。(5) 国务院管理和领导民族事务，国务院设民族事务委员会，作为国务院领导下专门管理民族事务的机关；县以上地方各级人民政府设立民族事务委员会或者民族宗教事务委员会，主管少数民族事务。(6) 在诉讼过程中应尊重少数民族使用本民族语言文字的权利。(7) 在少数民族聚居的地方实行区域自治，设立自治机关，行使自治权。民族自治地方的自治机关是自治区、自治州、自治县（不包括民族乡）的人民代表大会和人民政府。

4. 责任制原则。《宪法》第27条规定，一切国家机关实行精简的原则，实行工作责任制。因此，责任制原则是宪法规定的国家机构组织和活动的一项基本原则。责任制原则是指每一个国家机关及其工作人员在行使职权、履行职务时，都必须对其产生的后果负责。责任制在国家机构体系中具体表现为集体负责制和个人负责制两种形式。集体负责制是指全体组成人员和领导成员的地位、权利平等，在重大问题上由全体组成人员集体讨论并且按照少数服从多数的原则作出决定，集体承担责任。各级人民代表大会及其常务委员会、各级人民法院、各级人民检察院等都是集体领导、集体负责的机关。集体责任制能够集思广益，充分发挥集体的智慧和作用，避免主观性、片面性，而且还可以避免国家权力过多地集中于个人或者极少数人手中，防止独断专行和个人决定重大问题。个人负责制是首长个人决定问题并承担相应责任的领导体制。国务院及其各部、委，中央军委和地方各级人民政府都实行个人负责制。个人负责制权责明确，果断迅速，讲究效率，因而适合于国家行政机关和军事机关的性质和工作特点。当然，首长个人的决定权是建立在集体讨论的民主制度之上的，并非个人的独断专行，因此，个人负责制仍是民主集中制的一种体现。

5. 精简、效率原则。《宪法》第27条第1款规定："一切国家机关实行精简的原则，实行工作责任制，实行工作人员的培训和考核制度，不断提高工作质量和工作效率，反对官僚主义。"这说明，精简和效率的原则是我国国家机构组织和活动的一项重要原则。为了避免国家机构设置重新陷入膨胀—精简—再膨胀的怪圈，应当继续转变政府职能，实行政企分开。深化行政体制改革，实现国家机构组织、职能、编制、工作程序的法定化，严格控制机构膨胀，坚决裁汰冗员。改革干部人事制度，进一步完善国家公务员制度，建立一支高素质的专业化国家行政管理干部队伍。

【资料检索】

改革开放以来，国家机构进行过多次改革，成果显著。特别是国务院历经1982年、1988年、1993年、1998年、2004年5次政府机构改革，使国务院工作部门由1981年的100个减少到28个，取得了较大成绩。但是，目前的官民比例为1∶28还是比较高的，机构改革还没有突破性的进展。

【观点论争】

"小政府、大社会"作为现代社会与国家关系的模式，所要求的是：(1) 要以提高政府工作效率为目标，转变政府职能，政府不再包办一切；(2) 在建立“小政府”的同时，必须扩大社会权力，推动广泛的社会自治。所谓大社会，是指社会自治权力的广泛性，社会主体自由范围的扩大，社会参与经营管理和民主管理范围的扩大；同时，也意味着社会对政府权力控制和监督能力的增强。

6. 联系群众，为人民服务的原则。《宪法》第27条第2款规定：“一切国家机关和国家工作人员必须依靠人民的支持，经常保持同人民的密切联系，倾听人民的意见和建议，接受人民的监督，努力为人民服务。”这说明“联系群众，为人民服务的原则”是国家机构组织和活动的原则。这一原则要求：国家机关要坚持群众路线的工作方法，“从群众中来，到群众中去”；一切国家机关及其工作人员要对人民负责、受人民监督；公民对任何国家机关和国家工作人员，有提出批评和建议的权利，对于任何国家机关和国家工作人员的违法失职行为，有向有关国家机关提出申诉、控告或者检举的权利；反对官僚主义；人大代表应当同原选举单位和选民保持密切的联系，听取和反映人民的意见和要求，努力为人民服务等。

7. 坚持党对国家机构的领导的原则。宪法序言规定了四项基本原则，确立了“党的领导”原则。党对国家事务的领导是通过对国家机构的领导来实现的。党对国家机构的领导主要是政治、思想和组织领导，把对国家重大事务的主张通过立法程序变成法律，再通过国家机关中的党组织和党员的模范先锋作用来实现党对国家的领导。党对国家机构的领导，并不是党政不分，并不是替代国家机关行使国家权力。总之，坚持党的领导是国家机构贯彻上述基本原则的保证。

## 第二节　代议机关与代表

《宪法》第2条规定：“中华人民共和国的一切权力属于人民。人民行使国家权力的机关是全国人民代表大会和地方各级人民代表大会……”宪法的规定表明了全国人民代表大会是最高国家权力机关的性质和它在整个国家机构体系中居于首要的地位。全国人民代表大会是最高国家权力机关。人民在普选的基础上选举代表组成各级人民代表大会代表人民行使国家权力。其中全国人民代表大会集中了全国各族人民的意志和利益，行使国家最高权力，行使国家的立法权，决定国家生活中的其他重大问题。

## 一、全国人民代表大会

全国人民代表大会在我国国家机构体系中居于首要的地位，国家主席、最高行政机关、最高审判机关、最高检察机关、最高军事机关都由它产生，对它负责，受它监督。任何国家机关都不能超越全国人民代表大会之上，也不能和它并列。《宪法》第 59 条规定："全国人民代表大会由省、自治区、直辖市、特别行政区和军队选出的代表组成。各少数民族都应当有适当名额的代表。"同时在代表总额中规定华侨应有出席全国人民代表大会的代表若干人。总的来说，目前我国采取的是地域代表制与职业代表制（军队）相结合、而以地域代表制为主的代表制。全国人大代表以间接选举的方式产生，但代表名额仍然以一定的人口比例为基础，适当照顾到一些地区和单位的特点、城乡之间的差别。

《宪法》第 60 条第 1 款规定，全国人民代表大会每届任期 5 年。宪法为了保证本届全国人大任期届满时有新的一届全国人大及时接替工作起见，特别规定：在每届全国人民代表大会任期届满的 2 个月以前，全国人民代表大会常务委员会必须完成下一届全国人民代表大会代表的选举。如果遇到不能进行选举的非常情况，由全国人民代表大会常务委员会以全体组成人员的 2/3 以上的多数通过，可以推迟选举，延长本届全国人民代表大会的任期。在非常情况结束后一年内，必须完成下届全国人民代表大会代表的选举。此外，《全国人大组织法》第 39 条规定了全国人大代表的任期的起算时间是"从每届全国人大举行第一次会议时开始，到下届全国人大举行第一次会议时止”。新当选的代表的任期不是以该代表当选的时间为起点，也不是以下届代表当选的时间为终点，而只能开始于本届全国人大举行第一次会议之时，终止于下届全国人大举行第一次会议之时。全国人大代表可以连选连任，没有届数限制。

全国人民代表大会行使最高国家权力：（1）修改宪法，监督宪法实施。宪法是国家的根本大法，只能由全国人大来行使宪法的修改权。按照规定，修改宪法应由全国人民代表大会常务委员会或者1/5以上的全国人民代表大会代表提议，并由全国人民代表大会以全体代表的2/3以上的多数通过。为维护宪法的最高权威，全国人民代表大会还行使监督宪法实施的职权。（2）制定和修改基本法律。基本法律是以宪法为根据的由全国人民代表大会制定的最重要的法律，包括刑事、民事、国家机构的和其他的基本法律。基本法律一般是涉及公民最基本权利和义务的那些法律，或者是涉及国家机构以及国家机关相互之间关系、中央和地方关系的法律。这些法律涉及整个国家生活中的根本性、全局性的问题，因此必须由全国人民代表大会制定和修改。（3）选举、决定和罢免国家机关的重要领导人。全国人民代表大会有权选举全国人民代表大会常务委员会委员长、副委员长、秘书长和委员，选举中华人民共和国主席、副主席，中央军事委员会主席，最高人民法院院长，最高人民检察院检察长；有权根据国家主席的提名决定国务院总理的人选，根据国务院总理的提名决定国务院副总理、国务委员、各部部长、各委员会主任、审计长和秘书长的人选，根据中央军事委员会主席的提名决定中央军事委员会副主席和委员的人选。全国人民代表大会有权罢免以上人员。根据全国人民代表大会组织法第15条的规定，全国人民代表大会3个以上的代表团或者1/10以上的代表，可以提出对于全国人民代表大会常务委员会的组成人员，中华人民共和国主席、副主席，国务院和中央军事委员会的组成人员，最高人民法院院长和最高人民检察院检察长的罢免案，由主席团提请大会审议，并经全体代表的过半数同意，才能通过。或者由主席团提议，经大会全体会议决定，组织调查委员会，由全国人民代表大会下次会议根据调查委员会的报告审议决定。（4）决定国家重大问题。全国人民代表大会有权审查和批准国民经济和社会发展计划以及计划执行情况的报告；审查和批准国家预算和预算执行情况的报告。批准省、自治区和直辖市的建置，决定特别行政区的设立及其制度，决定战争和和平的问题等。例如，第八届全国人民代表大会第五次会议通过关于批准设立重庆直辖市的决定；第七届全国人民代表大会第三次会议通过关于设立香港特别行政区的决定。（5）监督权。全国人民代表大会有权监督宪法的实施；有权改变或者撤销全国人民代表大会常务委员会制定的不适当的决定；根据宪法和法律，在全国人民代表大会会议期间，全国人民代表大会常务委员会、国务院、最高人民法院、最高人民检察院对全国人民代表大会负责并报告工作；中央军事委员会主席对全国人民代表大会负责。在全国人民代表大会会议期间，一个代表团或者 30 名以上的代表，可以书面提出对国务院和国务院各部、各委员会的质询案，受质询的机关必须答复。在全国人民代表大会审议议案的时候，代表可以向有关国家机关提出询问，由有关机关派人在代表小组或者代表团会议上进行说明。（6）其他应当由它行使的权力。宪法采取列举的方式规定全国人民代表大会的职权，但这种列举不可能穷尽全国人民代表大会的全部职权，而国家生活中特别重大的问题又必须由全国人民代表大会来处理。这样的规定是为了“留有余地”。

全国人民代表大会是以会议方式进行工作的机关。因此，全国人民代表大会开展工作的基本形式是召开全国人民代表大会会议，以全体会议的决议行使职权。根据宪法的规定，全国人民代表大会会议每年举行一次，由全国人民代表大会常务委员会召集。如果全国人民代表大会常务委员会认为有必要，或者有 1/5 以上的代表提议，可以召开全国人民代表大会临时会议。至于全国人民代表大会的例会每年究竟应在什么时候召开，宪法没有明确规定。根据全国人民代表大会议事规则的规定，全国人民代表大会会议应于每年的第一季度举行。这样便于审查批准本年度的国家预算和上一年度的国家决算。全国人民代表大会会议公开举行，在必要时，经主席团和各代表团团长会议决定，可以举行秘密会议。国务院的组成人员、中央军事委员会的组成人员、最高人民法院院长和最高人民检察院检察长，列席全国人民代表大会会议；其他有关机关、团体的负责人，经主席团决定，也可以列席全国人民代表大会会议。

全国人民代表大会举行会议的时候，设立主席团。主席团是大会期间的决策机构，对大会的顺利进行起着保证作用。根据全国人民代表大会组织法，会议主席团在每次会议的预备会议中选举产生。主席团的任务主要有五项：（1）主持本次会议；（2）提出最高国家机关领导人的人选和确定正式候选人名单；（3）组织代表团审议各项议案；（4）处理代表团和代表在会议期间提出的议案、罢免案、质询案；（5）草拟大会审议通过的决议草案。

全国人民代表大会的会议形式包括预备会议、主席团会议、全体会议、代表团会议和小组会议。

【资料检索】

全国人民代表大会通过法律案以及其他议案，选举和罢免国家领导人都要经过以下四个阶段：（1）提出议案。根据全国人民代表大会组织法和全国人民代表大会议事规则，可以向全国人民代表大会提出属于全国人民代表大会职权范围内的议案的主体有以下9个：全国人民代表大会主席团、全国人民代表大会常务委员会、全国人民代表大会各专门委员会、国务院、中央军事委员会、最高人民法院、最高人民检察院、一个代表团或30名以上的代表联名。（2）审议议案。对国家机关提出的议案，由主席团决定交各代表团审议，或者先交有关专门委员会审议，提出报告，再由主席团审议决定提交大会表决；对代表团和代表提出的议案，则由主席团决定是否列入大会议程。或者先交有关专门委员会审议、提出是否列入大会议程的意见，再决定是否列入大会议程。（3）表决通过议案。议案经审议后，由主席团决定提交大会表决，并由主席团决定采用无记名投票方式或者举手表决方式或其他方式通过。宪法规定，宪法修正案由全国人民代表大会全体代表2/3以上的多数通过；法律和其他议案由全国人民代表大会全体代表过半数通过。（4）公布法律、决议。法律议案通过后即成为法律，由中华人民共和国主席签署主席令加以公布；选举结果及重要议案，由全国人民代表大会主席团以公告公布或由国家主席以命令形式公布。

## 二、全国人大常委会

全国人民代表大会常务委员会是全国人民代表大会的常设机关，也是行使国家立法权的机关。全国人民代表大会常务委员会是全国人民代表大会的常设机关。全国人民代表大会常务委员会必须服从全国人民代表大会。它受全国人民代表大会监督，向全国人民代表大会负责，并在全国人民代表大会每次召开会议时向它报告工作。全国人民代表大会常务委员会，由每届全国人民代表大会第一次会议从代表中选举委员长、副委员长若干人、秘书长和委员若干人组成。由于我国宪法并未规定常委会成员的具体名额，通常是由每届全国人大第一次会议选举和决定任命办法确定。现行宪法规定，委员长、副委员长连续任职不得超过两届。

全国人民代表大会常务委员会的职权主要有：（1）解释宪法，监督宪法的实施。宪法和其他普通法律一样，为了正确理解，准确执行，必要时需要作出具有法律效力的解释，即对宪法条文的含义、内容和界限进行说明。但宪法是根本法，对它的解释权只能由全国人民代表大会常务委员会行使。而解释宪法与监督宪法的实施又有着密切的联系。根据宪法规定，全国人民代表大会及其常务委员会都有权监督宪法的实施。这一规定是对五四宪法的发展。五四年宪法规定只能由全国人民代表大会监督宪法的实施。考虑到全国人大每年只举行一次会议，每次会期只有十几天，不便于经常进行工作。因此，八二宪法把这项职权同时赋予全国人大常委会。(2) 立法权。全国人民代表大会常务委员会有权制定除由全国人民代表大会制定的基本法律以外的其他法律，并且在全国人民代表大会闭会期间，对全国人民代表大会制定的基本法律有权进行部分修改和补充，但是不得同该法律的基本原则相抵触。(3) 解释法律。全国人民代表大会常务委员会所解释的法律，并不限于它自己所制定的法律，也包括由全国人民代表大会制定的法律。全国人民代表大会常务委员会解释法律，指的是当法律的规定需要进一步明确具体含义的，或法律制定后出现新的情况，需要明确适用法律依据的，由全国人大常委会进行法律解释。(4) 人事权。在全国人民代表大会闭会期间，全国人民代表大会常务委员会有权根据国务院总理的提名，决定部长、委员会主任、审计长、秘书长的人选；根据中央军事委员会主席的提名，决定中央军事委员会其他组成人员的人选；根据最高人民法院院长的提名，任免最高人民法院副院长、审判员、审判委员会委员和军事法院院长；根据最高人民检察院检察长的提请，任免最高人民检察院副检察长、检察员、检察委员会委员和军事检察院检察长，并且批准省、自治区、直辖市的人民检察院检察长的任免；决定驻外全权代表的任免。(5) 财政决定权。全国人民代表大会常务委员会在全国人民代表大会闭会期间，有权审查和批准国家预算在执行过程中所必须作的部分调整方案。全国人民代表大会常务委员会财政决定权中的预算权在《预算法》中得到了进一步具体化。全国人民代表大会常务委员会监督中央和地方预算的执行；审查和批准中央预算的调整方案；审查和批准中央决算；撤销国务院制定的同宪法、法律相抵触的关于预算、决算的行政法规、决定和命令；撤销省、自治区、直辖市人民代表大会及其常务委员会制定的同宪法、法律和行政法规相抵触的关于预算、决算的地方性法规和决议。国务院财政部门编制中央决算草案，报国务院审定后，由国务院提请全国人民代表大会常务委员会审查和批准。(6) 其他重大问题决定权。(7) 监督权。

(8) 全国人大授予的其他职权。

【资料检索】

1. 第十届全国人大常委会共有163人，其中少数民族27人，女性24人，既是少数民族又是女性的有4人。这些组成人员中应当有适当名额的少数民族代表。全国人大常委会组成人员不得担任国家行政机关、审判机关和检察机关的职务。如果担任上述职务，必须向常务委员会辞去常委会的职务。但法律并没有规定全国人大常委会组成人员不得在其他单位和机构中担任职务，因此，在历届的常委会委员中有一半左右的人员在其他单位和机构中担任职务。全国人大常委会委员的专职化一直处于徘徊状态。2003年第十届全国人民代表大会在组织常委会的时候又确定了部分常务委员会委员为专职委员。

2. 全国人民代表大会常务委员会在全国人民代表大会闭会期间，有以下重大问题的决定权：(1) 有权审查和批准国民经济和社会发展计划在执行过程中所必须作的部分调整方案；(2) 有权决定批准或废除同外国缔结的条约和重要协定；(3) 规定军人和外交人员的衔级制度和其他专门衔级制度；(4) 规定和决定授予国家的勋章和荣誉称号；(5) 决定特赦；(6) 如果遇到国家遭受武装侵犯或者必须履行国际间共同防止侵略的条约的情况，有权决定宣布战争状态；(7) 决定全国总动员和局部动员；(8) 决定全国或者个别省、自治区和直辖市进入紧急状态。

3. 在法律监督方面，全国人民代表大会常务委员会有权撤销国务院制定的同宪法、法律相抵触的行政法规、决定和命令；有权撤销省、自治区、直辖市国家权力机关制定的同宪法、法律和行政法规相抵触的地方性法规和决议。在工作监督方面，全国人民代表大会常务委员会有权监督国务院、中央军事委员会、最高人民法院和最高人民检察院的工作；国务院、最高人民法院、最高人民检察院在全国人民代表大会闭会期间，对全国人民代表大会常务委员会负责并报告工作；中央军事委员会主席在全国人民代表大会闭会期间对全国人民代表大会常务委员会负责。在常务委员会会议期间，常务委员会组成人员十人以上，可以向常务委员会书面提出对国务院和国务院各部、各委员会的质询案，由委员长会议决定交受质询机关书面答复，或者由受质询机关的领导人在常务委员会会议上或者有关的专门委员会会议上口头答复。

全国人民代表大会常务委员会主要通过举行会议、做出会议决定的形式行使职权。全国人民代表大会常务委员会全体会议一般每两个月举行一次，由委员长召集并主持。会议通常在双月下旬召开，会期一般为一周左右。在每次举行会议前一周，委员长会议决定常委会议召开的日期及会期，并拟定议程草案，由常委会全体会议决定。尽管全国人民代表大会常务委员会是全国人民代表大会闭会期间经常行使国家权力的机关，但实际上它并不是每天都召开会议进行工作的。一般说来，全国人大常委会每年召开6次，每次一周左右会期。因此，宪法规定，由委员长、副委员长、秘书长组成委员长会议，处理全国人民代表大会常务委员会重要的日常工作，但委员长会议不能代替常务委员会行使职权。委员长会议根据需要不定期召开。

【资料检索】

根据全国人民代表大会组织法和全国人民代表大会议事规则的规定，预备会议由全国人民代表大会常务委员会主持。每届全国人大第一次会议的预备会议，由上届全国人大常委会主持。会议的任务是讨论本次会议的议程，选举大会主席团和秘书长以及其他必须解决的事项。预备会议的目的在于保证全国人民代表大会的顺利进行。主席团第一次会议推选主席团常务主席若干人，推选主席团成员若干人分别担任每次大会全体会议的执行主席。主席团常务主席召开并主持主席团会议。主席团第一次会议由全国人大常委会委员长召集。全体会议是全体代表参加的大会，它是人大会议的基本形式，是全国人大通过决议的场所。代表团会议是由各代表团举行的会议，但不能形成正式的决议。小组会议是各代表团分成若干小组举行的会议。根据全国人民代表大会组织法，全国人民代表大会代表按照选举单位组成代表团。代表团在每次全国人民代表大会会议举行前，讨论全国人民代表大会常务委员会提出的关于会议的准备事项；在会议期间，代表团全体会议、代表小组会议审议大会的各项议案和有关报告，并可以由代表团团长或者由代表团推派的代表，在主席团会议上或者大会全体会议上，代表代表团对审议的议案发表意见。

全国人民代表大会常务委员会设立办公厅，在秘书长的领导下工作。办公厅的各下属机构，分工研究、处理有关的日常具体事务。常务委员会根据需要还可以设立工作委员会。全国人民代表大会的委员会分为常设性委员会和临时性委员会两大类。全国人民代表大会的常设性委员会主要是指各专门委员会。

专门委员会是全国人民代表大会的辅助性的工作机构，是从代表中选举产生的、按照专业分工的工作机关。临时性委员会主要是指全国人民代表大会及其常务委员会认为必要时，按照某项特定的工作需要组成的对于特定问题的调查委员会。调查委员会的组成人员必须是全国人民代表大会代表。调查委员会无一定任期，对特定问题的调查任务一经完成，该委员会即予撤销。全国人大及其常委会根据调查委员会的报告，作出相应的决议。

【资料检索】

1. 各专门委员会为完成其任务而进行下列具体工作：（1）审议全国人民代表大会主席团或全国人民代表大会常务委员会交付的议案；（2）向全国人民代表大会主席团或全国人民代表大会常务委员会提出属于全国人民代表大会或者全国人民代表大会常务委员会职权范围内同本委员会有关的议案；（3）审议全国人民代表大会交付的被认为同宪法、法律相抵触的国务院的行政法规、决定和命令，国务院各部、各委员会的命令、指示和规章，省、自治区、直辖市的人民代表大会及其常务委员会的地方性法规和决议，以及省、自治区、直辖市人民政府的决定、命令和规章，提出报告；(4) 审议全国人民代表大会主席团或全国人民代表大会常务委员会交付的质询案、听取受质询机关对质询案的答复，必要时向全国人民代表大会主席团或全国人民代表大会常务委员会提出报告；(5) 对属于全国人民代表大会或全国人民代表大会常务委员会职权范围内同本委员会有关的问题，进行调查研究，提出建议。

2. 目前，全国人民代表大会设立以下9个专门委员会：(1) 民族委员会；(2) 法律委员会；(3) 财政经济委员会；(4) 教育科学文化卫生委员会；(5) 外事委员会；(6) 华侨委员会；(7) 内务司法委员会；(8) 环境与资源保护委员会；(9) 农业与农村委员会。各委员会由主任1人、副主任和委员若干人组成。各委员会的人选由全国人民代表大会主席团在代表中提名，由大会表决决定。在全国人民代表大会闭会期间，全国人民代表大会常务委员会可以补充任命专门委员会的个别副主任委员和部分委员。全国人民代表大会各专门委员会每届任期与全国人民代表大会的任期相同，即为5年。除上述共同工作之外，各专门委员会还有自己的特殊工作。如民族委员会审议自治区报请全国人民代表大会常务委员会批准的自治区自治条例和单行条例。向全国人民代表大会常务委员会提出报告；对加强民族团结问题进行调查研究，提出建议。又如法律委员会统一审议向全国人民代表大会或全国人民代表大会常务委员会提出的法律草案。其他专门委员会也就有关法律草案向法律委员会提出意见。

### 三、全国人大代表

全国人民代表大会代表是最高国家权力机关组成人员，代表人民的利益和意志，依照宪法和法律赋予全国人民代表大会的各项职权，参加行使国家权力。全国人大代表是间接选举产生的。是由省、自治区、直辖市、特别行政区和军队选出的。各少数民族都应当有适当名额的代表。全国人大代表每届任期5年，从每届全国人民代表大会举行第一次会议开始，到下届全国人民代表大会举行第一次会议为任期届满。

全国人民代表大会代表享有以下权利：（1）参加全国人民代表大会会议的权利。全国人民代表大会代表出席全国人民代表大会会议，依法行使代表的职权。代表未经批准两次不出席本级人民代表大会会议的，其代表资格终止。（2）提出议案的权利。全国人民代表大会代表30人以上联名可以提出属于全国人民代表大会职权范围内的议案。1/5以上的全国人民代表大会代表可以提出修改宪法的议案。全国人民代表大会代表对全国人民代表大会及其常务委员会的工作，有提出建议、意见和批评的权利；对提出的建议、意见和批评，由全国人民代表大会常务委员会负责落实。（3）审议议案和报告的权利。全国人民代表大会代表审议大会的各项议案和报告。议案是属于全国人民代表大会职权范围内的；报告一般包括全国人民代表大会常务委员会工作报告，政府工作报告，最高人民法院、最高人民检察院工作报告，国民经济和社会发展计划、预算执行情况的报告等内容。（4）有依照法律规定的程序提出质询案或者询问的权利。在全国人民代表大会会议期间，30名以上代表联名，可以书面提出对国务院和国务院领导的各部、委的质询案。（5）提出罢免案的权利。1/10以上的全国人民代表大会代表有权联合依照法律规定的程序提出对全国人民代表大会常务委员会组成人员，中华人民共和国主席、副主席，国务院组成人员，中央军事委员会组成人员，最高人民法院院长，最高人民检察院检察长的罢免案。（6）享有非经法律规定的程序，不受逮捕或者刑事审判的权利。在全国人民代表大会开会期间，没有经过全国人民代表大会会议主席团的许可，在全国人民代表大会闭会期间，没有经过全国人民代表大会常务委员会的许可，全国人民代表大会代表不受逮捕或者刑事审判。如果因为全国人民代表大会代表是现行犯而被拘留的，执行拘留的公安机关必须立即向全国人民代表大会会议主席团或者立即向全国人民代表大会常务委员会报告。（7）言论和表决的免责权。全国人民代表大会代表在全国人民代表大会各种会议上的发言和表决不受法律追究。（8）执行代表职务的物质保障权。全国人民代表大会代表有在履行职务时根据实际需要享受适当补贴和物质上的便利的权利。（9）参观、视察等权利。代表在参观或者视察工作中发现问题，可以提交有关国家机关处理，必要时可以报全国人民代表大会常务委员会处理。

全国人民代表大会代表还必须履行下列义务：（1）模范地遵守宪法和法律。（2）同原选举单位和群众保持密切联系。代表要经常深入选民中了解他们的意愿，向选举单位和群众介绍全国人民代表大会的工作情况，等等。全国人民代表大会代表联系群众的方式和渠道是很多的，其中特别重要的有两种：一是参观和视察工作，二是参加原选举单位召开的人民代表大会。（3）保守国家秘密。（4）在自己参加的生产、工作和社会活动中，协助宪法和法律的实施。（5）接受原选举单位和群众监督。代表要及时向原选举单位报告自己的工作，听取他们对自己工作的意见和要求。

### 四、地方各级人民代表大会

地方各级人民代表大会包括省、自治区、直辖市、自治州、县、自治县、市、市辖区、乡、民族乡、镇的人民代表大会。地方各级人民代表大会是地方国家权力机关。我国各级国家权力机关就是各级人民代表大会。就全国而言，全国人民代表大会是最高的国家权力机关。对于地方来说，同级人民代表大会就是该地方的国家权力机关，它决定本行政区域内的重大事项，本级的地方国家行政机关、审判机关、检察机关都由它产生，对它负责，受它监督。它们是各该行政区域内的人民行使地方国家权力的机关。

地方各级人民代表大会由人民代表组成。人民代表通过间接选举或者直接选举的方式产生。省、自治区、直辖市、自治州、设区的市的人民代表大会代表，均由下一级人民代表大会间接选举产生；县、自治县、不设区的市，市辖区、乡、民族乡、镇的人民代表大会代表则由选民直接选举产生。地方各级人民代表大会的代表名额和代表产生办法由选举法规定。各行政区域内的少数民族应当有适当的代表名额。地方各级人民代表大会每届任期5年。

地方各级人民代表大会的工作方式是召开会议，会议每年至少举行一次。经1/5代表提议，可以临时召集本级人民代表大会会议。县级以上的地方各级人民代表大会会议由本级人民代表大会常务委员会召集。每次会议举行预备会议，选举本次会议的主席团和秘书长，通过本次会议的议程和其他准备事项的决定。县级以上的地方各级人民代表大会举行会议的时候，由主席团主持会议。乡级人民代表大会举行会议时，选举主席团，由主席团主持会议，并负责召集下一次的本级人民代表大会会议。

## 五、县级以上地方各级人大常委会

县级以上的地方各级人民代表大会设立常务委员会，作为本级人民代表大会闭会期间经常行使地方国家权力的机关。它是本级人民代表大会的常设机关，对本级人民代表大会负责并报告工作。省、自治区、直辖市、自治州、设区的市的人民代表大会常务委员会由本级人民代表大会在代表中选举主任、副主任若干人、秘书长、委员若干人组成。县、自治县、不设区的市、市辖区的人民代表大会常务委员会由本级人民代表大会在代表中选举主任、副主任若干人和委员若干人组成。名额按照《地方各级人民代表大会和地方各级人民政府组织法》的规定确定。常务委员会的组成人员不得担任国家行政机关、审判机关和检察机关的职务；如果担任上述职务，必须向常务委员会辞去常务委员会的职务。常务委员会每届任期同本级人民代表大会每届任期相同，都是5年，它行使职权到下届本级人民代表大会选出新的常务委员会止。

县以上地方各级人民代表大会常务委员会的职权有以下几个方

面：（1）在本行政区域内，保证宪法、法律、行政法规和上级人民代表大会及其常务委员会决议的遵守和执行。（2）领导或者主持本级人民代表大会代表的选举；召集本级人民代表大会会议。（3）讨论、决定本行政区域内政治、经济、教育、科学、文化、卫生、环境和资源保护、民政、民族工作的重大事项；根据本级人民政府的建议，决定对本行政区域内的国民经济和社会发展计划、预算的部分变更。（4）监督本级人民政府、人民法院、人民检察院和下一级人民代表大会及其常务委员会的工作。如撤销下一级人民代表大会及其常务委员会的不适当的决议；撤销本级人民政府的不适当的决定和命令；受理群众对国家工作人员的申诉和意见。（5）按照法律规定任免国家行政机关、人民法院和人民检察院的有关工作人员。（6）在本级人民代表大会闭会期间，补选上一级人民代表大会出缺的代表和罢免个别代表。（7）决定授予地方的荣誉称号。（8）省、自治区、直辖市的人民代表大会常务委员会可以制定和颁布地方性法规。省、自治区的人民政府所在地的市和经国务院批准的较大的市的人民代表大会常务委员会可以制定地方性法规，报省、自治区人民代表大会常务委员会批准后施行。

县级以上地方各级人民代表大会常务委员会的工作方式主要是举行会议。常务委员会会议由主任召集，每两个月至少举行一次。县级以上的地方各级人民代表大会常务委员会主任会议可以向本级人民代表大会常务委员会提出属于常务委员会职权范围内的议案，由常务委员会会议审议。县级以上的地方各级人民政府、人民代表大会各专门委员会，可以向本级人民代表大会常务委员会提出属于常务委员会职权范围内的议案，省级、自治州、设区的市的人民代表大会常务委员会组成人员 5 人以上联名，县级人民代表大会常务委员会组成人员 3 人以上联名，也可以向本级人民代表大会常务委员会提出议案，由主任会议决定是否提请常务委员会会议审议，或者先交有关的专门委员会审议、提出报告，再决定是否提请常务委员会会议审议。常务委员会的决议以全体组成人员的过半数通过。

主任会议由常务委员会主任、副主任、秘书长组成（县级由主任、副主任组成），处理常务委员会的重要日常工作。

地方各级人民代表大会代表是地方各级国家权力机关的组成人员。人民代表依法享有的权利主要有：（1）地方各级人民代表大会举行会议时，代表10人以上联名可以书面形式提出对本级人民政府和它所属各工作部门以及人民法院、人民检察院的质询案。（2）在审议议案时，代表可以向有关的地方国家机关提出询问。（3）代表在人民代表大会及其常务委员会会议上的发言和表决不受法律追究。（4）县级以上的地方各级人民代表大会代表非经本级人民代表大会主席团许可，在大会闭会期间，非经本级人民代表大会常务委员会许可，不受逮捕或者刑事审判。（5）在出席人民代表大会会议和执行代表职务的时候，国家根据需要给予代表往返的旅费和必要的物质上的便利或补贴。

地方各级人民代表在享有上述权利的同时，有义务与原选举单位或者选民保持密切联系，接受原选举单位和选民的监督，宣传法律和政策，协助本级人民政府进行工作，并且向人民代表大会及其常务委员会、人民政府反映群众的意见和要求。

【资料检索】

1. 根据宪法、地方各级人民代表大会和地方各级人民政府组织法的规定，地方各级人民代表大会的职权可以概括为：（1）地方性法规的制定权。根据《宪法》第100条、《立法法》第63条和地方各级人民代表大会和地方各级人民政府组织法的规定，省、自治区、直辖市的人民代表大会及其常委会，在不同宪法、法律、行政法规相抵触的前提下，可制定和颁布地方性法规，报全国人民代表大会常务委员会和国务院备案；较大的市（含省、自治区人民政府所在地的市、经济特区所在地的市和经国务院批准的较大的市）的人民代表大会制定的地方性法规，须报省、自治区人民代表大会常务委员会批准后施行，并由省、自治区的人民代表大会常务委员会报全国人民代表大会常务委员会和国务院备案。(2) 决定权。县级以上的地方人民代表大会有权审查和批准本行政区域内的国民经济和社会发展计划、预算以及它们执行情况的报告；讨论、决定本行政区域内的政治、经济、教育、科学、文化、卫生、环境和资源保护、民政、民族等工作的重大事项。乡级人民代表大会根据国家计划，决定本行政区域内的经济、文化事业和公共事业的建设计划；审查和批准本行政区域内的财政预算和预算执行情况的报告；决定本行政区域内民政工作的实施情况。(3) 监督权。县级以上人民代表大会有权听取和审查本级人民代表大会常务委员会的工作报告；有权听取和审查本级人民政府和人民法院、人民检察院的工作报告；有权改变或者撤销本级人民代表大会常务委员会的不适当的决议；有权撤销本级人民政府的不适当的决定和命令。乡、镇人民代表大会有权听取和审查乡、民族乡、镇的人民政府的工作报告；有权撤销本级人民政府不适当的决定和命令。(4) 人事任免权。县级以上人民代表大会有权选举并罢免本级人民代表大会常务委员会的组成人员；有权选举并罢免省长、副省长，自治区主席、副主席，市长、副市长，州长、副州长，县长、副县长，区长、副区长；有权选举并罢免本级人民法院院长和人民检察院检察长。选举或罢免人民检察院检察长，须报上一级人民检察院检察长提请该级人民代表大会常务委员会批准；有权选举上一级人民代表大会代表；乡、镇人民代表大会有权选举本级人民代表大会主席团主席、副主席；有权选举并罢免乡长、副乡长，镇长、副镇长。(5) 其他职权。地方各级人民代表大会在本行政区域内，保证宪法、法律、行政法规和上级人民代表大会及其常务委员会决议的遵守和执行。此外，还应负责保护公共财产、私人合法财产，维护社会秩序，保障公民、少数民族、妇女的合法权益，保障集体经济组织应有的自主权等。

2. 根据全国人民代表大会组织法和全国人民代表大会常务委员会议事规则的规定，全国人民代表大会常务委员会在举行会议，审议、通过法律案和其他议案，选举和罢免国家领导人时，均须遵循以下四个程序：（1）提出议案。在全国人民代表大会常务委员会会议期间，可以向常务委员会提出议案的主体有以下几个：委员长会议、全国人民代表大会各专门委员会、国务院、中央军事委员会、最高人民法院、最高人民检察院或全国人大常务委员会组成人员10人以上联名。(2) 审议议案。国家机关提出的议案，由委员长会议决定提请常务委员会会议审议，或者先交有关专门委员会审议、提出报告，再决定提请常务委员会会议审议；常务委员会组成人员提出的议案，由委员长会议决定提请常务委员会会议审议，或者先交有关的专门委员会审议、提出报告，再决定是否提请常务委员会会议审议；不提请常务委员会审议的，应当向常务委员会会议报告或者向提案人说明。对列入议程的议案，提出议案的机关，有关专门委员会和常务委员会的有关工作部门应提供有关资料，在听取议案说明后再分组审议，并交有关专门委员会进行审议。属于法律草案的还要交法律委员会统一审议，由法律委员会向下次或以后的常委会会议提出审议结果的报告，并将其他有关专门委员会的审议意见印发常委会，由常委会再次进行审议。（3）通过议案。议案经审议后，由常务委员会会议表决通过。常务委员会的决议由常务委员会以全体委员的过半数通过。（4）公布法律、决议。法律议案通过后即成为法律，由中华人民共和国主席签署主席令予以颁布；任免案及其他议案，由全国人民代表大会常务委员会以公告或由国家主席以命令形式颁布。

3. 案情回放：2001年，汝阳县种子公司委托伊川县种子公司代为繁育杂交玉米种子20万斤。后来，伊川县种子公司将种子按市场价转卖他人，因而未能向汝阳县种子公司如期履约。2003年，汝阳县种子公司诉至洛阳市中级法院，要求赔偿。双方就赔偿价格和适用法律问题引发争议。原告主张适用国家《种子法》，被告主张适用《河南省农作物种子管理条例》。助理审判员李慧娟支持原告意见，她在判决书中指出："《种子法》实施后，玉米种子价格已由市场调节，《条例》作为法律阶位较低的地方性法规，其与《种子法》相冲突的条款自然无效。”该案作出后，遭到了河南省人大常委会的质疑，认为是司法机关对人大的“严重侵权”，李慧娟法官被法院党组处理——撤销审判长职务和助理审判员资格。①此案引发的思考已经远远超出了适用法律之争。

## 第三节　执法机关

在国家权力分布中，国家元首与行政首脑通常会被划到政府执法的系统中去。他们都是由代议机关直接或间接选举产生的，行使国家的行政权力。有的国家元首和行政首脑被合二为一，如美国总统；有的则按照二元要求加以适当分离，如法国与德国。

### 一、国家元首

国家元首是国家机关之一，是国家最高职位的代表，是国家对内对外的象征。在实践方面国家是存在的，但是它又是抽象的实体，没有元首的国家就如同一个人没有了“大脑”。元首的形式有许多，如古代世袭的君主、全民信教国家的教主（或精神领袖）、民选的总统，比较特殊的是瑞士，委员会集体构成元首。

中国国家主席是国家机构的重要组成部分，属于中国最高权力机关的范畴。国家主席不是掌握一定国家权力的个人，而是一种国家机关。他同全国人民代表大会或者全国人民代表大会常务委员会结合起来行使国家元首的职权，对外代表国家。

国家主席、副主席由全国人民代表大会选举产生。产生国家主席和副主席的具体程序是：首先由全国人民代表大会会议主席团提出国家主席和副主席的候选人名单，然后经各代表团酝酿协商，再

① 《南方周末》2003年11月20日。

由会议主席团根据多数代表的意见确定正式候选人名单，由大会选举产生国家主席和副主席。《宪法》第79条第2款规定："有选举权和被选举权的年满四十五周岁的中华人民共和国公民可以被选为中华人民共和国主席、副主席。"因此，当选国家主席和副主席的基本条件有二：一是政治方面的条件，即国家主席、副主席的人选，必须是有选举权和被选举权的中华人民共和国公民；二是年龄方面的条件，即他们必须年满45周岁。中华人民共和国主席、副主席的任期同全国人民代表大会每届任期相同，即都是5年，连续任职不得超过两届。

国家主席的职权主要有以下四个方面：（1）公布法律，发布命令。法律在全国人民代表大会或全国人民代表大会常务委员会正式通过后，由国家主席予以颁布施行。国家主席根据全国人民代表大会常务委员会的决定，发布特赦令、宣布进入紧急状态、发布动员令、宣布战争状态等。（2）任免国务院的组成人员和驻外全权代表。国务院总理、副总理、国务委员、各部部长、各委员会主任、审计长、秘书长，经全国人民代表大会或全国人民代表大会常务委员会正式决定人选后，由国家主席宣布其任职或免职。国家主席根据全国人民代表大会常务委员会的决定，派遣或召回驻外大使。（3）外交权。国家主席代表中华人民共和国进行国事活动，接受外国使节，例如代表国家接受外国大使递交的国书，出席国际会议，与外国元首会谈。国家主席根据全国人大常委会的决定，宣布批准或废除条约和重要协定。（4）荣典权。国家主席根据全国人民代表大会常务委员会的决定，授予国家的勋章和荣誉称号。

从国家主席的职权内容可以看出：国家主席根据全国人民代表大会及其常务委员会的决定行使职权；国家主席对外代表国家，是国家元首的重要组成部分；国家主席不具有行政实权。

国家副主席协助国家主席工作，副主席没有独立的职权。副主席可以受国家主席的委托，代替执行主席的一部分职权，如代替主席接受外国使节等。副主席受委托行使国家主席职权时，具有与国家主席同等的法律地位。国家主席缺位的时候，由副主席继任主席的职位。副主席缺位的时候，由全国人民代表大会补选。国家主席、副主席都缺位的时候，由全国人民代表大会进行补选；在补选以前，由全国人民代表大会常务委员会委员长暂时代理主席的职位。

【资料检索】

1. 毛泽东主席的称呼或许可以推演到1930年时的瑞金苏维埃中央人民政府时期。1949年新中国成立后，他才真正当选中华人民共和国中央人民政府委员会的主席。从这时开始，毛泽东成为党中央的最高领导和国家元首，以主席之名统帅三军；后来国家主席之位转至刘少奇同志身上，职权亦没有太大变化。“文革”开始以后，刘少奇在事实上被“打倒”，国家主席一职一直空缺。1982年宪法恢复了国家主席一职，但是，同以往的职权相比，已经减少了许多，成为了真正的“国家象征”。

2. 美国前总统尼克松在《领袖们》一书中这样写道：“政治越是民主，就越不喜欢倔犟、个性与傲慢。所以美国的工人曾经说过：他们不愿意选那些可以向他们脸上吐唾沫的人当官，而愿选那些他们可以随便向他脸上吐唾沫的人来当官。这是人性使然，也许不是政治的需要。”

## 二、国务院

国务院是中央人民政府，是最高国家权力机关的执行机关，是最高国家行政机关，行使行政权。国务院在整个国家行政机关体系中居于最高地位，它统一领导地方各级人民政府的工作，统一领导和管理国务院各部、各委员会的工作。相对于最高国家权力机关来说，它处于从属地位，因为国务院是由国家最高权力机关组织产生的，它必须对全国人民代表大会及其常务委员会负责并报告工作。

国务院由总理、副总理若干人、国务委员若干人、各部部长、各委员会主任、审计长、秘书长组成。国务院总理的人选，根据国家主席的提名，由全国人民代表大会决定。副总理、国务委员、各部部长、各委员会主任、审计长和秘书长的人选根据国务院总理的提名，由全国人民代表大会决定。在全国人民代表大会闭会期间，根据国务院总理的提名，由全国人民代表大会常务委员会决定部长、各委员会主任和秘书长的人选。国务院总理、副总理、国务委员、各部部长、各委员会主任、审计长和秘书长的任免决定以后，都由中华人民共和国主席公布。中华人民共和国国务院的任期为5年，与全国人民代表大会的任期相同。我国宪法规定，总理、副总理、国务委员连续任职不得超过两届。国务院实行首长负责制即总理负责制。总理负责制是指国务院总理有权领导国务院的各项工作，对属于国务院职权范围内的事务拥有完全决定权，同时总理对国务院的工作负相应的责任。国务院实行总理负责制是由国务院的性质和任务决定的。国务院的性质是行政机关，国务院的任务是执行最高国家权力机关作出的决定，处理全国范围内的日常行政事务。所以，无论从性质上，还是从任务上看，国务院都必须实行总理负责制。国务院的会议分为国务院全体会议和国务院常务会议。国务院全体会议由国务院全体组成人员参加。国务院常务会议由总理、副总理、国务委员、秘书长组成。总理召集和主持国务院的全体会议和常务会议。根据国务院组织法的规定，国务院工作中的重大问题，必须经国务院常务会议或者国务院全体会议讨论，在集体充分讨论的基础上由总理作出决定。

国务院的职权主要有：（1）行政法规的制定和发布权。国务院有权根据宪法和法律制定有关行政机关的活动准则、行政权限以及行政工作制度和各种行政管理制度等方面的规范性文件。（2）行政措施的规定权。国务院在行政管理中认为需要的时候，或者为了执行法律和执行最高国家权力机关的决议，有权采取各种具体办法和实施手段。（3）提出议案权。国务院是最高国家权力机关的执行机关，为了完成宪法和法律规定的各项任务，国务院必须提出有关的法律草案、经济和社会发展计划及其执行情况、国家预算及其执行情况等议案，经最高国家权力机关审议批准，使之变成指导社会生活和经济建设的法律性文件。这些计划、报告都必须在全国人民代表大会及其常务委员会会议上以议案的形式提出。(4) 对所属部委和地方各级行政机关的领导权和监督权。国务院有权对我国地方各级国家行政机关发布指示、规定任务，进行行政领导和监督；有权改变地方各级行政机关所发布的不适当的决定、命令和规章；有权确定其所属各部、各委员会等中央国家行政机关的工作内容、工作制度、工作任务和所担负的职能与责任；有权改变或者撤销各部、各委员会发布的不适当的决定和命令。国务院所属各部委和地方各级行政机关必须接受国务院的统一领导和监督。(5) 对外交、国防、民政、文教、经济等各项工作的领导和管理权。国务院根据国家宏观计划的安排，负责组织、管理和实施我国武装力量的建设；通过组织设置民政部、公安部、司法部、监察部、教育部、科学技术部、文化部、卫生部等，管理和领导国家民政、公安、文教等各项工作；通过国家计划等宏观调控手段和其他经济手段，组织、指导和监督国有企业、集体经济和其他各种经济组织依法进行生产和经营活动；领导和管理民族事务，保障少数民族的平等权利和民族自治地方的自治权利；保护华侨的正当权利和利益；领导和管理国家的对外事务；等等。(6) 行政人员的任免、奖惩权。国务院有权依照宪法、国务院组织法、地方各级人民代表大会和地方各级人民政府组织法以及国家公务员法等有关法律和行政法规，任免国家行政机关的领导人员，奖励先进的工作人员，惩罚违反法纪、造成一定后果的人员。(7) 行政区域建置和划分的审批权。批准省、自治区、直辖市的区域划分，批准自治州、县、自治县、市的建置和区域划分；决定省、自治区、直辖市的范围内部分地区进入紧急状态。(8) 最高国家权力机关授予的其他职权。这主要是指全国人民代表大会及其常务委员会以决议形式，将某些属于全国性的行政工作任务，或者某些特别重要的其他临时性工作，授权由国务院办理。

【资料检索】

1. 截至2007年4月，国务院共有28个组成部门。其中22个部、4个委员会、1个中国人民银行、1个审计署。它们是依法分别履行国务院基本的行政管理职能的行政机构。各部、各委员会是其主要机构。国务院管理的全国性行政工作主要由它们具体承担。此外各部、各委员会在国务院的统一领导下，负责主管某项行政事务。各部设部长1人，副部长2~4人，各委员会设主任1人，副主任2~4人，委员5~10人。

2. 新中国成立以来，国务院机构设置几经调整和改革，变动很大。改革开放30多年来，根据精简和效率原则，国务院进行了5次大的机构改革。目前国务院有以下机构设置：(1) 国务院办公厅。它是国务院依据国务院组织法的规定设立的协助国务院领导处理国务院日常工作的机构，由秘书长领导，并设副秘书长若干人，协助秘书长工作。秘书长受总理领导。(2) 国务院组成部门。国务院组成部门由各部、各委员会、中国人民银行、审计署组成。各部、各委员会有权根据法律和国务院的行政法规、决定、命令在本部门权限内，发布命令、指示和规章。各部、委的设立、合并和撤销，由国务院总理提出意见或建议，由全国人大决定，在全国人大闭会期间，由全国人大常委会决定。部长、委员会主任统一领导本部门的工作，他们是国务院的组成人员。

地方各级人民政府是地方各级人大的执行机关，是地方各级国家行政机关，从属于本级人大，由它产生，向它负责，受它监督。县级以上的地方各级人民政府在本级人大闭会期间，对本级人大常委会负责并报告工作。地方各级人民政府还要服从上一级国家行政机关的领导，对它负责并报告工作。全国地方各级人民政府都是国务院统一领导下的国家行政机关，都服从国务院。

【资料检索】

行政运作离不开文官制度。不论是内阁制还是总统制，文官都是民选的，它是政府执行决策的文职官员。文官制度始于19世纪的英国和美国，“二战”后的法国和日本等国也相继沿用。其特点是：(1) 公开竞争、择优录用；(2) 保持中立、不与党派共进退；(3) 实行功绩制（merit system）、不受政治因素影响；(4) 法律提供保障、没有过失不受免职、常任。

地方各级人民政府的职权概括起来主要有以下几方面：(1) 执行决议、决定，发布决定、命令。县级以上的地方各级人民政府执行本级人大及其常委会的决议，以及上级国家行政机关的决定和命令，规定行政措施，发布决定和命令；执行国民经济和社会发展计划、预算。乡、民族乡、镇的人民政府执行本级人大的决议和上级国家行政机关的决定和命令，发布决定和命令；执行本行政区域内的经济和社会发展计划、预算。(2) 地方规章的制定权。省、自治区、直辖市的人民政府可以根据法律、行政法规和本省、自治区、直辖市的地方性法规，制定规章，报国务院和本级人大常委会备案。省、自治区的人民政府所在地的市、经济特区所在地的市和经国务院批准的较大的市的人民政府，可以根据法律、行政法规和本省、自治区的地方性法规，制定规章，报国务院和省、自治区的人大常委会、人民政府以及本级人大常委会备案。(3) 行政管理和领导权。县级以上的地方各级人民政府领导所属各工作部门和下级人民政府的工作；管理本行政区域内的经济、教育、科学、文化、卫生、体育事业、环境和资源保护、城乡建设事业和财政、民政、公安、民族事务、司法行政、监察、计划生育等行政工作；依照法律的规定任免、培训、考核和奖惩国家行政机关工作人员；办理上级国家行政机关交办的其他事项。乡、民族乡、镇的人民政府管理本行政区域内的经济、教育、科学、文化、卫生、体育事业和财政、民政、公安、司法行政、计划生育等行政工作；办理上级人民政府交办的其他事项。（4）行政监督权。县级以上的地方各级人民政府有权改变或者撤销所属各工作部门的不适当的命令、指示和下级人民政府的不适当的决定、命令。（5）依法保障各方面的权利。地方各级人民政府应保护全民所有的财产和劳动群众集体所有的财产，保护公民私人所有的合法财产，维护社会秩序，保障公民的人身权利、民主权利和其他权利；保护各种经济组织的合法权益；保障少数民族的权利和尊重少数民族的风俗习惯；保障宪法和法律赋予妇女的男女平等、同工同酬和婚姻自由等各项权利。县级以上的地方各级人民政府还要帮助本行政区域内各少数民族聚居的地方依照宪法和法律实行区域自治，帮助各少数民族发展政治、经济和文化的建设事业。

宪法改变了以前地方各级人民政府的集体负责的领导体制，实行首长负责制，即省长、自治区主席、市长、州长、县长、区长、乡长、镇长负责制。这是由行政机关的性质和职权决定的，目的是为了提高行政工作效率。地方各级人民政府的行政首长主持人民政府的工作，对重大问题有决定权。行政首长的决定权是建立在广泛听取各方面意见的基础上的，而非独断专行。地方各级人民政府的会议分为全体会议和常务会议。全体会议由本级人民政府全体成员组成，常务会议由人民政府的正副职组成。省、自治区、直辖市、自治州、设区的市的人民政府的秘书长也参加常务会议。行政首长根据会议的讨论意见作出最后决定，并对决定的后果负全部责任。

【资料检索】

1. 省、自治区、直辖市、自治州、设区的市的人民政府分别由省长、副省长，自治区主席、副主席，市长、副市长，州长、副州长和秘书长、厅长、局长、委员会主任等组成。县、自治县、不设区的市、市辖区的人民政府分别由县长、副县长，市长、副市长，区长、副区长和局长、科长等组成。乡、民族乡的人民政府设乡长、副乡长。民族乡的乡长由建立民族乡的少数民族公民担任。

镇人民政府设镇长、副镇长。《宪法》第106条规定："地方各级人民政府每届任期同本级人民代表大会每届任期相同。"

2. 《地方组织法》第68条规定，省、自治区的人民政府在必要的时候，经国务院批准，可以设立若干派出机关。以前曾称为"行政公署"、地区，随着经济的发展，许多地方实行地市合并、市管县的体制，撤销了一大批此类派出机关。另外，县、自治县的人民政府在必要的时候，经省、自治区、直辖市的人民政府批准，可以设立若干区公所，作为它的派出机关。市辖区、不设区的市的人民政府，经上一级人民政府批准，可以设立若干街道办事处，作为它的派出机关。

3. 党政领导干部辞职暂行规定要求："党政领导干部因工作严重失误、失职造成重大损失或恶劣影响，或者对重大事件负有重要领导责任等，不宜再担任现职，本人应当引咎辞去现任职务"。在此规定以后，中国已经向"责任政府"的理念转变。

## 三、国家军委

《宪法》第93条第1款规定："中华人民共和国中央军事委员会领导全国武装力量。"因此，中央军事委员会是全国武装力量的最高领导机关，是国家机构的重要组成部分。它由最高权力机关产生，中央军事委员会主席对全国人大和全国人大常委会负责，但不需要报告工作。

中央军事委员会由主席、副主席若干人、委员若干人组成。中央军事委员会主席由全国人民代表大会选举产生。全国人民代表大会根据中央军事委员会主席的提名，决定中央军事委员会其他组成人员的人选。全国人民代表大会有权罢免中央军事委员会主席和其他组成人员。在全国人民代表大会闭会期间，全国人民代表大会常务委员会根据中央军事委员会主席的提名，决定中央军事委员会其他组成人员的人选。中央军事委员会每届任期同全国人民代表大会每届任期相同，都是5年。但宪法没有对中央军委主席和副主席连续任职的届数作出限制。

中央军事委员会实行主席负责制。中央军事委员会主席有权对中央军事委员会职权范围内的事务作出最后决策。当然，中央军事委员会是作为一个集体来领导我国的武装力量的，主席负责制并不否定民主集中制。

【资料检索】

1. 2002 年年底，胡锦涛接任中共中央总书记、国家主席职位；2004 年 9 月 19 日，中共十六届四中全会决定由胡锦涛接替江泽民担任中央军委主席，后者同时表示将向全国人大辞去目前担任的国家军委主席一职。2005 年 3 月，十届全国人大三次会议接受了江泽民的辞职报告，并选举胡锦涛为新的国家军委主席。而在此期间，胡锦涛已经以党中央军委主席的名义任免了部分军事领导人员。

2. 宪法没有规定中央军事委员会的具体职权，1997 年 3 月 14 日施行的《国防法》第 13 条规定，中央军事委员会领导全国武装力量，行使下列职权：(1) 统一指挥全国武装力量；(2) 决定军事战略和武装力量的作战方针；(3) 领导和管理中国人民解放军的建设，制订规划、计划并组织实施；(4) 向全国人民代表大会或者全国人民代表大会常务委员会提出议案；(5) 根据宪法和法律，制定军事法规，发布决定和命令；(6) 决定中国人民解放军的体制和编制，规定总部以及军区、军兵种和其他军区级单位的任务和职责；(7) 依照法律、军事法规的规定，任免、培训、考核和奖惩武装力量成员；(8) 批准武装力量的武器装备体制和武器装备发展规划、计划，协同国务院领导和管理国防科研生产；(9) 会同国务院管理国防经费和国防资产；(10) 法律规定的其他职权。

## 第四节 司法机关

中国人关于司法的认识基本是停留在传统的概念上，虽然已经把司法机关作为了与行政机关基本并行的安排，却仍然“低人一等”，这一问题主要出现在我们没有很好地去理解设立司法权的意义究竟为何。代议机关会犯错，行政机关也会犯错，那么应当由谁来评判其中的是非曲直？这就是司法机关存在的价值，也因此要求司法机关保持公正和中立的作用。从宏观上说，这样的设置还是没有逃脱“自我纠错”的悖论，因为司法机关也是“政府”的一部分，但是毕竟有了第三方的力量。再进一步说，司法机关也一样会犯错，这就需要借用“权力制衡”学说来解决了。

### 一、法院

《宪法》第123条规定：“中华人民共和国人民法院是国家的审判机关。”这一规定明确了人民法院的性质。人民法院是国家机构的组成部分，通过审判活动参与国家权力的行使。审判权是指法院依法审理和判决刑事、民事案件和其他案件的权力。审判权只能由人民法院独立行使，其他任何机关、团体或个人都无权进行审判活动，任何公民有权拒绝人民法院以外的任何机关、团体或个人的非法审判。《宪法》第128条规定：“最高人民法院对全国人民代表大会和全国人民代表大会常务委员会负责。地方各级人民法院对产生它的国家权力机关负责。”这一规定确立了各级人民法院由同级人大产生，并对同级人大及其常委会负责的原则。根据这一规定，在我国，人民法院的地位低于同级人大及其常委会，并接受它的监督。

各级人民法院，由院长、副院长、审判委员会、庭长、副庭长和审判员若干人组成。最高人民法院院长由全国人大选举和罢免，副院长、审判委员会委员、庭长、副庭长和审判员由最高人民法院院长提请全国人大常委会任免。地方各级人民法院院长由地方各级人大选举和罢免，副院长、审判委员会委员、庭长、副庭长和审判员由本院院长提请本级人大常委会任免。在省、自治区内按地区设立的和在直辖市内设立的中级人民法院院长，由省、自治区、直辖市人大常委会根据主任会议的提名决定任免，副院长、审判委员会委员、庭长、副庭长和审判员由高级人民法院院长提请省、自治区、直辖市的人大常委会任免。人民法院的助理审判员由本院院长任免。各级人民法院院长每届任期与本级人民代表大会每届任期相同，均为5年，最高人民法院院长连续任职不得超过两届。

《宪法》第127条第2款规定："最高人民法院监督地方各级人民法院和专门人民法院的审判工作，上级人民法院监督下级人民法院的审判工作。"这表明上下级人民法院之间的关系不是领导关系，而是监督关系。宪法这一规定的目的，是为了保障各级人民法院能够依法独立进行审判。根据宪法和有关法律规定，人民法院的组织系统为：最高人民法院、地方各级人民法院和军事法院等专门人民法院。地方各级人民法院包括：高级人民法院、中级人民法院和基层人民法院。高级人民法院包括省、自治区、直辖市高级人民法院；中级人民法院包括在省、自治区内按地区设立的中级人民法院，在直辖市内设立的中级人民法院，在省辖市、自治区辖市以及自治州设立的中级人民法院；基层人民法院包括县、自治县、不设区的市和市辖区人民法院。基层人民法院可以设立若干派出法庭。专门人民法院是指设在专门部门的审理特定案件的人民法院，包括军事法院、铁路运输法院、海事法院、森林法院等专门法院。它的特点是不依行政区划为根据而设立，而是按特定部门设立，也不受理一般的刑事、民事案件，而是审理有关的专门案件。

【资料检索】

司法自律性的表现：（1）法院只受理实际的案件。只有在审理具体案件时，法院才对所适用的法律文件的合宪性进行审查；

(2) 法院尽量避免卷入涉及政治问题的案件之中，因为它的弊端是会危及公众对法院的信任。法院的自我约束，是司法制度保持独立、廉洁和称职的表现。

【观点论争】

在西方国家，司法权的确立是与“什么是能够有效确保人们遵奉自然法”的政治制度的思考分不开的。联邦党人汉密尔顿说过：“大凡认真考虑权力分配方案者皆可察觉在分权的政府中，司法部门的任务性质决定该部门对宪法授予的政治权力危害最寡，因其具备的干扰与为害最小……故可断言：司法部门既无强制、又无意志，而只有判断；而且为实施其判断需借助于政府部门的力量。”这说明在“三权”中，司法权是最弱的，为求自保，其职权就需要有所加强。

中国实行的审级制度是四级两审终审制，即案件经两级人民法院审理即告终结的制度。对地方各级人民法院所作的第一审判决和裁定，如果当事人或其代理人不服，在法定期限内，可以按法定程序向上一级人民法院上诉；如果人民检察院认为确有错误，应依法向上一级人民法院抗诉。地方各级人民法院对第一审案件的判决和裁定，当事人及其代理人在法定期限内不上诉，人民检察院不抗诉，那么一审的判决和裁定就是终审的、发生法律效力的判决和裁定。中级、高级和最高人民法院对第二审案件的判决和裁定以及最高人民法院对第一审案件的判决和裁定都是终审的、发生法律效力的判决和裁定，当事人不得再上诉。

【资料检索】

案情回放：2002 年 4 月，沈阳“黑道人物”刘涌被一审法院判处死刑，但是二审法院以该案证据不足改判死缓刑，在这一判决书中甚至直指侦查期间存在刑讯逼供一节。在这之后，法学专家与社会民众形成截然不同的意见：前者认为改判得法，后者认为二审有袒护之嫌。2003 年 12 月，最高人民法院将此案作提审处理，并作出死刑判决。[①]

根据现行宪法和人民法院组织法的规定，人民法院审判工作的原则有：（1）依法独立审判的原则。人民法院依照法律规定独立行使审判权，不受行政机关、社会团体和个人的干涉。（2）在适用法律上一律平等的原则。人民法院审判案件，对于一切公民，不分民族、种族、性别、职业、社会出身、宗教信仰、教育程度、财产状况、居住期限，在适用法律上一律平等，不允许有任何特权。（3）使用本民族语言文字进行诉讼的原则。各民族公民都有用本民族语言文字进行诉讼的权利。人民法院对于不通晓当地通用的语言文字的当事人，应当为他们翻译。在少数民族聚居或者多民族杂居的地区，人民法院应当用当地通用的语言进行审讯，用当地通用的文字发布判决书、布告和其他文件。（4）公开审判的原则。人民法院审判案件，除涉及国家机密、个人隐私和成年人犯罪案件外，一律公开进行。（5）被告人有权获得辩护的原则。被告人除自己进行辩护外，有权委托律师为其辩护，可以由人民团体或者被告人所在单位推荐的或者经人民法院许可的公民为其辩护，可以由被告人的近亲属、监护人为其辩护。人民法院认为必要时，可以指定辩护人为其辩护。（6）合议的原则。人民法院审判案件，实行合议制。人民法院审判第一审案件，由审判员组成合议庭或者由审判员和人民陪审员组成合议庭进行；简单的民事案件、轻微的刑事案件和法律另有规定的案件，可以由审判员 1 人独任审判。但人民法院审判上诉和抗诉的案件，由审判员组成合议庭进行。合议庭由院长或者庭长指定审判员 1 人担任审判长。院长或者庭长参加审判

① 《最高法院今日提审“刘涌案件”有两大悬念》，载《北京晨报》2003 年 12 月 18 日。

案件时，自己担任审判长。（7）回避的原则。当事人如果认为审判人员对本案有利害关系或者其他关系不能公平审判，有权请求审判人员回避。审判人员是否应当回避，由本院院长决定。审判人员如果认为自己对本案有利害关系或其他关系，需要回避时，应当报告本院院长决定。

【资料检索】

1. 英国《王位继承法》第3条："法官任职，须行为良好，非经国会之咨请，不得将其免职。"德国《基本法》第97条第1款："法官独立行使职权，只服从法律。"日本1946年宪法第76条第3款："所有法官，均依其良心，独立行使职权，仅受宪法及法律之约束。"

2. 1991年10月24日，《俄罗斯司法改革构想》提出：确立司法机关在国家机构中独立于立法机关和行政机关，使之与议会、政府三足鼎立，使得法院在诉讼中占据中心地位；为确保法院独立，实行由联邦政府统一管理法院的财政预算的制度、保证法官个人独立的职业保障制度、法官任职终身制等一系列配套改革措施；通过设立宪法法院和仲裁法院，改革普通法院，从而完善了科学合理的法院体系。

3. 美国的大法官由总统任命，却不被政治家所利用。里根与布什总统都对1973年保护堕胎权的罗伊诉韦德的判决进行指责，并想由他们挑选的法官来推翻这个判例。然而，当他们有机会这样做的时候，他们所挑选的三位大法官却出乎意料地作出截然相反的决定。这些法官不仅维护了罗伊案原判决的有效性，而且为更合理地采用和依赖宪法的道德解读提供了新的法律基础。①

① 罗纳德·德沃金著，刘丽君译：《自由的法：对美国宪法的道德解读》，上海人民出版社2001年版，第6页。

【观点论争】

目前我国法院审判中存在着这样几个突出问题：(1) 哪些案件可以受理，哪些案件不能受理？是制度说了算还是个人说了算？(2) 法院上下之间的审判工作指导关系（俗语“通气”）有无可能让审级差别归于无效？(3) 法院判决遭遇“执行难”，症结何在？它对法院权威的影响是否需要进行评估？

## 二、检察院

各级人民检察院与同级人大及其常委会的关系上，各级人民检察院的地位低于同级国家权力机关，各级人民检察院由同级人大产生，对同级人大及其常委会负责并接受它们的监督。尽管宪法没有明确规定人民检察院向同级人大及其常委会报告工作，但人民检察院组织法、全国人民代表大会议事规则、全国人民代表大会常务委员会议事规则、地方组织法都要求人民检察院向产生它的同级人大及其常委会报告工作，在实践中也是这样做的。

人民检察院由检察长、副检察长、检察委员会委员和检察员若干人组成。最高人民检察院检察长由全国人大选举和罢免，副检察长、检察委员会委员和检察员由最高人民检察院检察长提请全国人大常委会任免。地方各级人民检察院检察长由地方各级人大选举和罢免，副检察长、检察委员会委员和检察员由本院检察长提请本级人大常委会任免。地方各级人民检察院检察长的任免，须报上一级人民检察院检察长提请该级人大常委会批准。在省、自治区内按地区设立的和在直辖市内设立的人民检察院分院检察长、副检察长、检察委员会委员和检察员由省、自治区、直辖市人民检察院检察长提请本级人大常委会任免。人民检察院的助理检察员由本院检察长任免。各级人民检察院检察长每届任期与本级人民代表大会每届任期相同，均为 5 年。最高人民检察院检察长连续任职不得超过两届。

根据宪法和人民检察院组织法的规定，我国人民检察院的领导体制为“双重领导体制”，即最高人民检察院对全国人大及其常委会负责并报告工作。地方各级人民检察院对本级人大及其常委会负责并报告工作。最高人民检察院领导地方各级人民检察院和专门人民检察院的工作，上级人民检察院领导下级人民检察院的工作，下级人民检察院必须接受上级人民检察院的领导，对上级人民检察院负责。

【资料检索】

1. 1951 年，中央人民政府委员会以各级人民检察署组织通则确立了其双重领导体制，即地方检察署同时受上级检察署和同级人民政府委员会的领导；1954 年宪法和检察院组织法将之改为上级垂直领导；1978 年将上下级改为“监督关系”；1979 年，又恢复“双重领导体制”，该制度适用至今。

2. 《宪法》第 129 条规定：“中华人民共和国人民检察院是国家的法律监督机关。”这一规定明确了人民检察院的性质。人民检察院作为我国国家机构的组成部分，依法独立行使检察权。第 133 条规定：“最高人民检察院对全国人民代表大会和全国人民代表大会常务委员会负责。地方各级人民检察院对产生它的国家权力机关和上级人民检察院负责。”

根据宪法和人民检察院组织法等法律的规定，人民检察院的组织体系为：最高人民检察院、地方各级人民检察院和专门人民检察院。地方各级人民检察院分为：省、自治区、直辖市人民检察院；省、自治区、直辖市人民检察院分院，自治州和省辖市人民检察院；县、市、自治县和市辖区人民检察院。省、县一级人民检察院根据工作需要，提请本级人大常委会批准，可以在工矿区、农垦区、林区等区域设置人民检察院，作为派出机构。专门人民检察院包括军事检察院、铁路运输检察院等。

按照现行宪法和人民检察院组织法的规定，人民检察院的主要工作原则是：（1）公民在适用法律上一律平等的原则。各级人民检察院行使检察权，对于任何公民在适用法律上一律平等，不允许有任何特权。（2）依法独立行使检察权的原则。人民检察院依法独立行使检察权，不受其他行政机关、社会团体和个人的干涉。（3）实事求是，群众路线，重证据不轻信口供的原则。人民检察院在工作中必须坚持实事求是，贯彻群众路线，倾听群众意见，接受群众监督，调查研究，重证据不轻信口供，严禁逼供，正确区分和处理敌我矛盾和人民内部矛盾。各级人民检察院的工作人员在行使职权时，必须忠实于事实真相，忠实于法律，忠实于社会主义事业，全心全意为人民服务。（4）使用本民族语言文字进行诉讼的原则。各民族公民都有用本民族语言文字进行诉讼的权利。人民检察院对于不通晓当地通用语言文字的诉讼参与人，应当为他们提供翻译。在少数民族聚居或者多民族共同居住的地区，人民检察院应当用当地通用的语言进行讯问，起诉书、布告和其他文件应当根据实际需要使用当地通用的一种或者几种文字。

【资料检索】

《检察院组织法》第5条规定了检察院的权能：1. 对于叛国、分裂国家以及严重破坏国家政策、法律、法令、政令统一实施的重大犯罪案件，行使检察权；2. 对国家工作人员的渎职犯罪行使检察权；3. 审查公安机关侦查的案件，决定是否逮捕、起诉或者不起诉等；4. 专门的法律监督权。

【观点论争】

检察官需要保持独立地位，这在世界范围内都是无可置疑的。在“水门事件”中，美国独立检察官制度在其中所起的作用是得到全社会肯定的。但是，独立检察官制度也并不能保证检察官个人公正行使起诉权。这里有一个两难的选择：如果授予检察官绝对的独立权力，从权力可能导致腐败的角度看，检察官的权力本身又该如何受到制衡呢？如果不授予其独立的起诉权，检察官就有可能被某种政治势力所控制，最终导致“虚设”。

## 第五节 自治机关

在国家政权结构中出现自治机关的现象，肯定是有其特殊原因的，譬如，因为中国在客观上存在着56个民族，而除了占人口多数的汉族以外，其他的55个民族在人口上只占少数。因此，民族管理模式就会因其特殊的分布情形而发生变化。在历史上，中国少数民族形成了聚居和杂居的两种现象，这就为民族区域自治创造了条件，自治机关也就应运而生；又如，为了解决历史遗留的港澳问题，在“一国两制”的框架下，就需要赋予港澳人民相当高的自治权，成立自治机关。自治机关的出现，使得中国的政权结构呈现出多元现象，对单一制的中国政府而言，这既是机遇，也是挑战。

### 一、少数民族自治机关

少数民族自治机关是指在民族自治地方设立的、行使同级相应地方国家机关职权、同时行使自治权的国家机关，包括自治区、自治州、自治县的人民代表大会和人民政府。民族自治地方指的是自治区、自治州和自治县。至于民族乡，它是采用少数民族自己管理自己内部事务的一种基层政权形式。凡是相当于乡的少数民族聚居的地方，应当建立民族乡，它是普通乡建制的一种，不是一级民族自治地方。

自治区、自治州、自治县的人民代表大会及其常务委员会是各自治地方的国家权力机关，自治区、自治州、自治县的人民政府是本级人民代表大会的执行机关，也是地方国家行政机关。因此，自治地方的人民法院和人民检察院就不是自治机关，因为人民法院和人民检察院是代表国家统一行使审判权和检察权的机关，不属于少数民族行使自治权的范围。

自治区、自治州的人民代表大会代表由下一级人民代表大会选举产生，自治县的人民代表大会代表由选民直接选举产生。自治区人民代表大会代表的具体名额，由全国人民代表大会常务委员会依照选举法确定。自治区、自治州的人民政府分别由自治区主席、副主席，州长、副州长和秘书长、厅长、局长、委员会主任等组成；自治县的人民政府由县长、副县长和局长、科长等组成。各民族自治地方人民政府实行自治区主席、自治州州长、自治县县长负责制。自治区主席、自治州州长和自治县县长必须由实行区域自治的民族的公民担任，自治区、自治州和自治县的人民政府的其他组成人员和所属工作部门的干部中，要尽量配备实行区域自治的民族和其他少数民族的人员。自治区、自治州和自治县的人民政府由本级人民代表大会选举产生，任期与本级人大相同。

自治区、自治州、自治县的自治机关除行使宪法规定的一般地方国家机关的职权外，还行使宪法、民族区域自治法和有关法律授予的自治权。自治权，即民族自治机关依照宪法和法律规定享有的管理本民族内部事务和决定本地区合理发展的自主权，是民族区域自治的核心。自治机关依照宪法和法律规定的权限行使自治权，根据本地方的实际情况贯彻执行国家的法律、政策；在不违背宪法和法律的前提下，有权采取特殊政策和灵活措施，加速民族自治地方经济、文化事业的发展。

【资料检索】

1.《宪法》第112条对“自治机关”作出了如下明确的规定：“民族自治地方的自治机关是自治区、自治州、自治县的人民代表大会和人民政府。”自治机关是少数民族行使自治权的国家机关，只有自治区、自治州、自治县的人民代表大会和人民政府才是自治机关。比如内蒙古自治区的自治机关是内蒙古自治区人民代表大会及其常务委员会和内蒙古自治区人民政府，而内蒙古自治区下设的市、县、旗的人民代表大会和人民政府，就不能叫作自治机关，除非境内的其他民族又建立的自治地方，如内蒙古自治区下设了的鄂伦春自治旗，则该旗的人民代表大会和人民政府是自治机关。

2. 民族自治地方的自治权主要有以下几个方面：(1) 制定自治条例和单行条例。自治条例和单行条例由民族自治地方的人民代表大会制定。自治条例是对如何组织自治机关、如何行使自治权作出的较为全面规定的规范性法律文件，单行条例是侧重于解决本民族自治地方某方面事务的规范性法律文件。自治区的自治条例和单行条例报全国人民代表大会常务委员会批准后生效；自治州、自治县的自治条例和单行条例，报省或自治区的人民代表大会常务委员会批准后生效，并报全国人民代表大会常务委员会备案。(2) 对上级国家机关的决议、决定、命令和指示可以变通执行或停止执行。上级国家机关的决议、决定、命令和指示如果不适合本民族自治地方实际情况的，自治机关可以报经该上级国家机关批准，变通执行或停止执行。(3) 管理地方财政的自主权。凡是依照国家财政体制属于民族自治地方的财政收入，都应当由民族自治地方的自治机关自主地安排使用。同时，各民族自治地方的自治机关在执行财政预算过程中，自行安排使用收入的超收和支出的结余资金。(4) 安排和管理地方经济建设事业的自主权。在国家计划的宏观指导下，民族自治机关有权自主地安排和管理本地方的经济建设事业。有权根据本地方的特点和需要，制定经济建设的方针、政策和计划；在坚持社会主义原则的前提下，合理调整生产关系，改革经济管理体制。(5) 管理本地区文化、教育、体育、卫生等事业的自主权。民族自治地方的自治机关有权自主地管理本地方的教育、科学、文化、卫生、体育事业，保护和整理民族的文化遗产，发展和繁荣民族文化。有权根据国家的教育方针，确立本地方的教育规划、教育制度和教育设施；自主地发展具有民族形式和民族特点的文化事业；自主地决定本地方的科学技术发展规划、医疗卫生事业的发展规划；自主地发展体育事业，开展民族传统体育活动；等等。(6) 使用和发展本民族语言文字的权利。民族自治地方的自治机关在执行职务时，有权依照本民族自治地方自治条例的规定，使用当地通用的一种或几种语言文字；同时使用几种通用的语言文字执行职务的，可以以实行区域自治的民族的语言文字为主。(7) 组织本地方公安部队。民族自治地方的自治机关依照国家的军事制度和当地的实际需要，经国务院批准，可以组织本地方维持社会治安的公安部队。

3. 根据《宪法》第113条的规定，民族自治地方的人民代表大会中，除实行区域自治的民族的代表外，其他居住在本行政区域内的民族也应当有适当名额的代表。自治区、自治州的人大常委会由本级人民代表大会在代表中选举主任1人、副主任若干人、委员若干人和秘书长1人组成；自治县的人大常委会由本级人民代表大会在代表中选举主任1人、副主任若干人和委员若干人组成；自治区、自治州和自治县的人大常委会组成人员的名额分别与省、设区的市、县相等。民族自治地方的人大常委会中应当由实行区域自治的民族的公民担任主任或者副主任。民族自治地方的人民代表大会所属工作部门要尽量配备实行区域自治的民族和其他少数民族的人员。自治区、自治州和自治县的人民代表大会及其常务委员会每届任期均为5年。

## 二、特别行政区自治机关

### （一）行政长官

行政长官具有双重身份：区最高首长和行政机关首长。担任的条件是：年满40周岁、在香港（或澳门）连续居住满20年。每届任期5年，可连任1届。

身为行政长官，其主要职权：（1）领导区政府；（2）负责执行基本法和其他法律；（3）签署立法会通过的法案，公布法律；（4）决定政府政策和发布行政命令；（5）人事提请任免和建议罢免权（包括司局级官员、行政会议人员、法官、公职人员等）；（6）执行中央政府（限于基本法）的命令；（7）（在基本法框架内）处理对外事务；（8）其他职权等。

（二）行政机关

特别行政区政府是行政机关，下设政务司、财务司、律政司和各局、处、署（澳门分别设为司、局、厅、处）等。其官员任职资格包括：在香港（或澳门）连续居住满15年，并在外国无居留权的永久居民。

特别行政区政府的职权：（1）制定并执行政策；（2）管理各项行政事务；（3）（在基本法的框架内受中央授权）办理对外事务；（4）编制并提出财政预算、决算，拟定并提出法案、议案、附属法规；（5）委派官员列席立法会或立法会议（听取意见）并（或）代表政府发言。

（三）立法机关

特别行政区立法会是其立法机关，议员的身份资格没有像上述那样严格。立法会由选举产生，每届任期4年；其主席由议员互选产生，由年满40周岁、在香港（或澳门）连续居住满20年，并在外国无居留权的永久性居民来担任。

港澳特别行政区立法会的职权：根据基本法规定并依照法定程序制定、修改和废除法律；根据政府的提案，审核、通过财政预算；批准税收和公共开支；听取行政长官的施政报告并进行辩论；对政府的工作提出质询；就任何有关公共利益问题进行辩论；同意终审法院法官和高等法院首席法官的任免；接受香港（或澳门）居民申诉并作出处理；有权对行政长官进行调查、弹劾，并报请中央政府决定。

（四）司法机关

我国香港、澳门特别行政区分属英美法系和大陆法系，在司法机关设置上就会略有不同：

1. 香港特别行政区法院依次设立终审法院、高等法院、区域法院、裁判署法庭和其他专门法庭；其法官由当地法官、法律界及其他知名人士组成的独立委员会推荐，行政长官任命；终审法院和高等法院的首席法官应由在外国无居留权的永久性居民中的中国公民来担任。

香港特别行政区的终审权属于其终审法院，法律渊源包括：基本法第18条规定的适用于香港特别行政区的法律（主要是基本法、不抵触基本法的香港原有法律包括普通法、衡平法、条例、附属立法和习惯法，香港特别行政区立法机关制定的法律和列于基本法附件三的在香港特别行政区实施的全国性法律）、其他普通法适用地区的司法判例可作参考。香港特别行政区法院独立进行审判，不受任何干涉，司法人员履行审判职责的行为不受法律追究。

2. 澳门特别行政区依次设立初级法院、中级法院和终审法院。其中初级法院可设置若干专门法庭；澳门特别行政区设立行政法院，管辖行政诉讼和税务诉讼。各级法官的任职资格与推荐程序与香港特别行政区的做法基本一样；澳门特别行政区法院独立进行审判，不受任何干涉。

澳门特别行政区检察院之检察长由永久居住澳门的中国公民担任，由行政长官提名，报中央政府任命；检察官由检察长提名，报行政长官任命。检察院独立行使法律赋予的检察职能，不受干涉。

此外，香港、澳门特别行政区还设立一些非政权性的机构，如香港为区域性组织，澳门为市政机构，其接受政府部门的咨询，或负责提供文化、健康、环境卫生等服务等。

【资料检索】

澳门特别行政区行政长官还行使下列职权：（1）制定行政法规并颁布执行；（2）委任部分立法会议员；（3）依照法定程序任免检察官；（4）依照法定程序提名并报请中央政府任命检察长，或建议免除其职务；（5）依法颁授澳门特别行政区奖章和荣誉称号。

【观点论争】

在“一国两制”的框架下，内地与港澳之间事实上形成了法律、法治无法统一的局面：以社会制度而言，存在着社会主义与资本主义的不同；以法统而言，有英美法系和大陆法系的不同；后者又夹杂着社会根本制度的差异，使得原本就大相径庭的法治格局变得更加扑朔迷离，即便是签订了司法协助协议，也未必就能够处理好所有的互涉案件。这其中还不包括百年来所形成的不同文化背景下的思想、生活习惯等。当一些香港人看不惯一些内地人的不文明言行时，内地人也会看不起香港人的殖民性，双方的过度交流就会逐步演变为族群间的交战：你骂我是蝗虫（香港的一则广告语），我骂你是走狗（北大中文系教授孔庆东语）。[①] 从这中间也能够依稀看到，百年的“骨肉分离”，已经使部分人淡漠了彼此之间原本应有的亲情，又何止是法治格局的差异性。

【思考题】

1. “民主集中制”与“个人负责制”之间是一种什么样的关系？为什么在军队和国务院政府部门要推行个人负责制而不是民主集中制原则？

2. 人大的改革出路在哪里？

3. 从五四宪法到八二宪法，关于“国家主席”，它们都作出不同的规定，试比较二者的利弊。

4. 宪法对全国人大委员长、国家主席、国务院总理等都有“连任”的限制，唯独对中央军委领导人是例外，这是出于什么样的政治考量？

5. 内地的司法机关也一样握有“独立司法，不受干预”的法

① 《南方周末》2012年2月9日。

杖，但是，为什么在遇到问题时就不如港澳的司法机关那么好使？这其中的原因出在什么地方？

6. 是法院独立还是法官独立。按照《宪法》第 125 条的规定，当然是法院独立，而从中能否得出法官独立的主张？

7. 你认为我国的法院体制与外国的法院体制有何不同？有无改进的必要与可能？

8. 你认为目前检察院体制改革的核心内容是什么？为什么？

# 参考文献

1.《马克思恩格斯全集》。

2.《马克思恩格斯选集》。

3. ［古希腊］亚里士多德著：《政治学》，商务印书馆 1983 年版。

4. ［美］博登海默著，邓正来译：《法理学——法律哲学与法律方法》，中国政法大学出版社 1999 年版。

5. ［英］罗杰·科特威尔著：《法律社会学导论》，华夏出版社 1989 年版。

6. ［美］罗斯著：《社会控制》，华夏出版社 1989 年版。

7. ［法］亨利·莱维·布津尔著：《法律社会学》，上海人民出版社 1987 年版。

8. ［奥］凯尔森著，沈宗灵译：《法与国家的一般理论》，中国大百科全书出版社 1996 年版。

9. ［法］卢梭著，何兆武译：《社会契约论》，商务印书馆 1982 年版。

10. ［英］洛克著：《政府论》，商务印书馆 1982 年版。

11. ［美］潘恩著：《潘恩选集》，商务印书馆 1982 年版。

12. ［法］孟德斯鸠著：《论法的精神》，商务印书馆 1982 年版。

13. ［英］M. J. C. 维尔著，苏力译：《宪政与分权》，三联书店 1997 年版。

14. ［法］让·博丹著，［美］朱利安·H. 富兰克林编，李卫海、钱俊文译:《主权论》，北京大学出版社 2008 年版。

15. ［美］罗杰·希尔斯曼、劳拉·高克伦、帕特里夏·A.韦茨曼著:《防务与外交决策中的政治》，北京商务印书馆 2000 年版。

16. ［美］伯纳德·施瓦茨著:《美国法律史》，王军等译，中国政法大学出版社 1990 年版。

17. ［美］罗斯科·庞德著，邓正来译:《法理学》，中国政法大学出版社 2004 年版。

18. ［德］黑格尔著，贺麟、王太庆译:《哲学史讲演录》第一卷，商务印书馆 1959 年版。

19. ［英］米尔恩著:《人的权利与人的多样性——人权哲学》，中国百科全书出版社 1995 年版。

20. ［美］韦伯著:《经济与社会》，商务印书馆 1997 年版。

21.《西方法律思想史资料选编》中关于［古罗马］西塞罗所著《法律篇》一书中的内容，北京大学出版社 1982 年版。

22.《毛泽东选集》，人民出版社 1991 年版。

23. 沈家本著:《历代刑法考》。

24. 王立民主编:《中国法律思想史》，清华大学出版社 2008 年版。

25. 谢晖著:《法学范畴的矛盾辨思》，山东人民出版社 1999 年版。

26. 胡玉鸿著:《法学方法论导论》，山东人民出版社 2002 年版。

27. 张文显主编:《法理学》，高等教育出版社、北京大学出版社 1999 年版。

28. 李道军著:《法学导论》，山东大学出版社 2004 年版。

29. 王学辉著:《从禁忌习惯到法起源运动》，法律出版社 1998 年版。

30. 刘作翔著:《法律文化论》，陕西人民出版社 1992 年版。

31. 孙国华、朱景文主编：《法理学》，中国人民大学出版社 1999 年版。

32. 李达著：《法理学大纲》，法律出版社 1983 年版。

33. 高其才著：《中国习惯法论》，中国法制出版社 2008 年版。

34. 陈金钊著：《法治与法律方法》，山东人民出版社 2003 年版。

35. 费孝通著：《乡土中国》，三联书店 1985 年版。

36. 马克思主义理论研究和建设工程重点教材编写组：《法理学》，人民出版社、高等教育出版社 2010 年版。

37. 张文显著：《法哲学范畴研究》，中国政法大学出版社 2001 年版。

38. 吕世伦、文正邦主编：《法哲学论》，中国人民大学出版社 1999 年版。

39. 付子堂著：《法理学进阶》，法律出版社 2005 年版。

40. 林纪东著：《法学通论》，远东图书公司 1974 年版。

41. 张千帆著：《宪法学导论》，法律出版社 2008 年版。

42. 许崇德主编：《中国宪法》（第 3 版），中国人民大学出版社 2006 年版。

43. 董之伟：《公民权利国家权力对立统一关系论纲》，载《中国法学》1995 年第 6 期。

44. 周叶中主编：《宪法》，高等教育出版社 2000 年版。

45. 林来梵著：《从宪法规范到规范宪法》，法律出版社 2001 年版。

46. 韩大元等著：《宪法学专题研究》（第 2 版），中国人民大学出版社 2008 年版。

47. 朱福惠主编：《宪法学原理》，中信出版社 2005 年版。

48. 董之伟著：《法权与宪政》，山东人民出版社 2001 年版。